小笠原流

やさしさが伝わる日本の礼法

前田紀美子

玉川大学出版部

本書は小笠原惣領家礼法に基づいて書き記しました。

目次

第四章 床の間と部屋の出入り

第五章 訪問とおもてなし

第六章 拝礼・式典の作法

第七章　年中行事

第八章　人生の通過儀礼

第九章　日常の心得

第十章　折形の礼法、贈答の包み・結び

第一章

日本の礼儀作法

一　礼儀作法を知る

礼法とは礼儀作法のことをいいます。私たちが平和で穏やかに過ごしていくために、日常の社会生活で必要なこととして自然に生まれたもので、対人関係を滑らかにしてゆく、潤滑油のような役割をしているのが礼儀作法なのです。

礼法というのは人に対する尊敬や親愛の心を、その心にいちばんふさわしい言葉や動作で表すことをいいます。相手へのやさしい心遣いや温かい思いやりの心を、目立たない自然な形でさりげなく表すものです。心と動作（形）が互いに相まって一緒になり初めて成り立つもので、心と形が調和した状態をいいます。

私たちが生活の中で人と人との間を円満にするためには、それにふさわしい礼儀作法を心得ていなくてはなりません。街路でも乗り物の中でも公衆の一人として大勢の人々と接してゆくわけで、一人で暮らしていくことのできないのが私たちの社会生活なのです。相手を思いやって動作をするということは、その人に人としての威儀をそなえさせます。また心のこもった自然でさりげない表現は相手に素直に伝わり、その美しい動作からは、奥ゆかしい気品さえ感じられるものです。

礼法を心がけることは心身の修養にもなり、万人に欠くことのできないものでもあります。変化の多い今日の生活では、ついその場に適した形にのみ心を奪われ、精神が伴わない対応をしてしまいがちです。これでは虚礼になりかねません。どんな場合でも、なぜそうするのか、そうしなければならないのか、というように、その本質をしっかりとらえ、形ばかりでなく、その根底にある相手を思いやる真心と、自身の慎みの心とが一緒になって初めて礼儀作法になるということを十分理解し、身につけたいものです。それを元に時と場合に応じて柔軟に使い分けることができれば、それが礼法の心であり行動なのです。

礼儀作法というと窮屈で堅苦しいことのように感じ、形式のみが目立つものと誤解している方も多いようですが、本来は決してそのようなものではありません。作法という形の奥底には、思いやりと真心という礼儀の心が流れています。礼儀作法は特別なことではなく、社会人として当たり前のことを自然に振る舞うことができれば、それでよいのです。見るからに尊敬できる品格というものは、長い間の不断の心と形の礼法を重ねて初めて得られるもので、一朝一《いっちょういっ》夕《せき》に身につくものではありません。

小笠原惣領家の伝書の中に「水は方円の器《うつわ》に随《したが》う心なり」という言葉があります。心身が調和した状態をいっており、「水がどんな器にも形を変えて従うように、融通性をもって自然な振る舞いで対処しなければならない。時、所、対人関係における自分の立場をわきまえて礼を行えば、それが礼の心であり行動なのです」ということです。

これに加えて小笠原惣領家では、行動を規定するものとして「美」を基準にしています。

小笠原惣領家に伝わる礼法の躾《しつけ》和歌には、

足も手も　みな身につけて　つかうべし
　離れば人の　目にや立ちなん
無躾《ぶしつけ》は　目にたたぬかは　躾とて
　目にたつならば　それも無躾
仮初《かりそめ》の　立居にもまた　すなおにて
　目にかからぬぞ　躾なるべき

というように、それぞれの極意が示されています。自己を目につかないようにする中で、美しい立ち居振る舞いや、相手に対する細やかな心遣い、自らをある限度ひきしめる節度などが磨かれていたようです。また伝書の中に「見にくう候《そうろう》」「見よく候」ということばが頻繁《ひんぱん》にあらわれてきます。老人を敬うことの一つに、「わかき人、年寄りおしのけ、御前などへさし出て候事、みにくう候間、下手の人なりとも年寄りたるをば敬いたるが、見よく候」というように、若い者が、たとえ相手が自分よりも身分が低いからと、老人を押しのけて前に出るような行いは見にくいものだといましめ、見にくいという美的基準で老人を敬う「行動の美学」が判断されています。

礼法の美による価値基準には、自己主張を抑え、相手の心を察し、環境を知り、それに自分を合わせてゆく、そして全体の力の中で自己の充実を感じるという、日本人の心の動きをみることができます。このように小笠原惣領家礼法は、礼を行う心の座りを究極に求める礼法であり、そこに美を見出すことに努めてもいました。

『小笠原惣領家伝書』の中には、八百年にわたる日本人の「心」と「知恵」が脈打っています。その基本精神は、あくまでも相手を思いやる「心遣い」にあるのです。先人の心と知恵は現代の私たちにも十分通じ、合理的で少しも無駄のない諸作《しょさ》には、深く教えられるところがあります。礼儀作法、つまり礼法は、相手を思う真心をいかに美しく、無駄のない合理的な形として示すことができるかという点に立脚しています。

二　礼儀作法の誕生と発達

礼儀作法とは、時と所と場合によって自己の衝動や感情を制御する機能であり、「しきたり」や「決まり」、身体の起居動作はそれを体現するための法式なのです。

私たちの祖先はこの自己抑制機能に、美的な基準、道徳的な基準を付け加え「文化」という概念の一翼《いちよく》を担うまでに礼儀作法を引き上げたのです。

礼儀作法は「社会人としての生活を遺憾《いかん》なく送るため」のものであり「他人に迷惑をかけないため」のものです。しかし「真心」がこもっていても、ひとりよがりの思いやりに欠けた動作は、「ありがた迷惑」という言葉があるように、受け止める側の個人の基準がまちまちである以上、無礼と判断されてしまう場合もあります。こうした食い違いを最小限に抑えるものとして、礼儀作法の体系化が進み、共通の約束ごととしての礼式が作りあげられ、その記録として「礼法の書」が編《あ》まれるのです。

私たちが「礼法」というとき、礼法を行う側、受ける側の心のあり方を中心に置きながらも、こまごまとした作法について論じられるのはこうした理由があるからなのです。

日本の礼法を語るためには、孔子の「礼」という思想に触れなければなりません。孔子の教えは儒教として結実し、中国の歴史を貫いてきたばかりではなく、日本人の性情をも規定することが大であり、二千五百年を経た今も生き続けているのです。

孔子が主張した最高の徳目が仁であることは広く知られています。仁とは、門人の問いに答えて発した、「己の欲せざるところは、人に施すこと勿《なか》れ」（金谷治・訳）に集約されます。「自分の望まないことは他人にもしむけるな」という意味ですが、『聖書』のマタイ伝にある、「すべての人にせられんと思うことは人にもまたその如くせよ」に見事に対応しています。

このように、仁が自己の内面を照射する思いやりの心であるとすれば、礼とは仁の外的発現であるといえます。

門人の顔回《がんかい》が仁について問うたとき、孔子の答えは「己を克《せ》めて礼を復《ふ》むを仁と為《な》す」でした。わが身を慎んで社会規範に従う事が仁であり、自己の内面を透過して生まれる振る舞いそのものが最高の徳目となるのです。

日本の礼法は、このように中国の儒教精神が色濃く投影されています。聖徳太子の定めたといわれる『十七条憲法』の中に「和を以《も》って貴《とうと》しと為す」という言葉がありますが、これは孔子の門人有《ゆう》若《じゃく》の言葉「礼はこれを和を用うることを貴しとなす」（貝塚茂樹・訳）に呼応するものです。

このような精神基盤によって、貴族社会に浸透していた礼儀は、武家社会に移行していきます。室町時代が安定した足利四代将軍義持の治政において、実権を握っていた前三代将軍義満より、十世小笠原長秀は武家の礼法を定めるように命を受けます。そして今川左京大夫氏頼と伊勢武蔵忠朝臣の両氏とともに、礼儀も武術も含めて武士一般の教義をまとめた『三儀一統』を撰述《せんじゅつ》しました。これは武家礼法の古典とされ、その後日本の礼法を論じるのに欠かせないものとなります。すでにこの頃、小笠原氏は武家礼式を代表する重要な存在となっていました。

三　日本の礼法を司っていた小笠原惣領家と糾法《きゅうほう》の歴史

小笠原惣領家は、清和天皇（平安・八五八～八七六年）の流れを汲《く》む源氏の系統で、天皇の孫にあたる経基王は「源」の姓を賜《たまわ》り、弓馬に大変すぐれていました。経基の子孫で有名な人には鬼退治の源頼光や八幡太郎義家などがいます。この義家の弟であり、武勇でならした新羅三郎義光が、佐竹氏・武田氏などと並び小笠原氏も属する甲斐源氏《かいげんじ》の始祖《しそ》にあたります。

義光のひ孫にあたる加賀美次郎遠光も文武に秀《ひい》で、高倉天皇のとき宮中の紫宸殿《ししんでん》の上に怪《あや》しい光が現れ、人々を害そうとした折に召し出され弓を放ち、これを追い払ったという武勇伝の持ち主です。甲斐國巨摩《こま》郡小笠原の荘に生まれ住んでいたことから、高倉帝より「小笠原」の号を賜り、その子長清（応保二年・一一六二～仁治三年・一二四二）が初めて「小笠原」の姓を名乗り小笠原惣領家の始祖となります。

すでに小笠原氏は弓馬術を得意とし、源頼朝の弓馬の師で、将軍源頼朝が弟の範頼に与えた書簡の中にも長清のことを「ことにいとおしく」と形容した記述が『東鑑《あづまかがみ》（吾妻鏡）』などにも見られ、源頼朝に重用《ちょうよう》され、その信任の厚さがうかがわれます。鎌倉幕府の最盛期で、この頃はまだ礼式は定められておらず、武家にとっては最も現実的な要請、すなわち弓馬の術を司《つかさど》っていたのです。

家法である弓馬の法を小笠原惣領家では糾法と呼んでいます。「糾法」とは、鎌倉以来の犬追物《いぬおうもの》や流鏑馬《やぶさめ》などで知られる小笠原流の弓術や馬術の全体を含んでおり、「世間おだやかで平和な時は束《そく》帯《たい》の法となし、進退応対の躾《しつけ》を宗《しゅう》とし、世間さわがしく戦時のときは軍旅のはかりごとをなして天軍地利人和の行をもととす」と伝書にあります。

後に弓馬の法に礼法が加えられる遠因とも見られる事跡に、頼朝の鶴岡八幡宮などへの公式の社参の儀式についても、大江広元とともに行列次第を定めたり、関与していたことが挙げられます。

小笠原惣領家の糾法に礼法が正式に加えられるのは長清から七世の小笠原貞宗の代になってのことです。系図に「貞純親王より貞宗に至る糾法は弓馬なり。貞宗既《すで》に弓馬及び礼法を潤色《じゅんしょく》し、以来、政長より以下累代《るいだい》糾法は弓・馬・礼法の三者也」とあります。

貞宗は後醍醐天皇に親しく、弓馬の奥儀を尋ねられて鳴弦《めいげん》等の秘術を奉ったので「小笠原は日本武士の定式たるべし（日本武士之定法）」という御手判を下賜《かし》され、正三位に任じるとともに昇殿を許し、官画工に貞宗の像を描かせ、三階菱の家紋に加えて王の字を賜りました。これが小笠原惣領家の家紋「三階菱」になります。

武門としては将軍足利尊氏の糾法の師範となり足利尊氏の要請に応えて鎌倉幕府攻撃に加わりました。戦功があったことにより、信濃国守護に任じられます。足利尊氏が室町幕府開府にかけた時代です。

仏法においては大鑑禅師に帰依し、禅師を信州に招じて伊那の開禅寺を門基しています。貞宗は、「射・（弓）・御（馬）・礼の三者をもって、まさに我が家の業となすべし。一つも欠くるあるべからず。もし、わが子孫なりといえどもゆるすなかれ。あに不肖、人に許さんか。また我が子孫なりといえども、禅師の法系を罰《ばち》がざれば、すなわち我が子孫たらず、しかしてまた、我が家緒を罰ぐべからず」という厳しいものでした。

貞宗より三世後の小笠原長秀は三代将軍足利義満の命を受け、武家礼法の基本として、『三議一統』という書物を編しています。伝書には「前の将軍義満命じて曰く、『武家諸礼・品節を総記して、これを献ずべし』、長秀を召して命じて曰く。子男より公侯伯に至るべき儀をもって長秀撰定し、これを呈すべしとなり。今川左京太夫氏頼と伊勢武蔵守寛忠朝臣を加え、三雄心を同じくして一書を撰ぶ。名付けて『三議一統家弓法集』という」と記されています。

これを見ると武家の礼法だけのようにも思えますが、『三議一統』の内容は、供奉の仕方、食事のとり方、書状の様式、宮仕えや応対の行い方まで含まれ、他に生臭《なまぐさ》い物があるかと思えば、鎌倉武士が都で公卿たちと交流する必要から蹴鞠《けまり》の項目までそろえられています。礼儀も武術も含め武士一般の教養を目指したもので、武家礼法の古典といわれます。後世、小笠原といえば礼法といわれる基盤がこの頃にできあがったわけです。

長秀の長男長将、次男長義はともに結城の陣で戦死し、長秀の弟政康が家督を継ぐことになります。小笠原政康はこの足利義教のときの結城合戦で大功を挙げ、弓馬の面でも新技術を開拓している武将です。

政康より六世後の小笠原長時の時代になりますと、室町幕府も終わりの頃で世は戦国時代、戦闘に明け暮れることになります。信濃の小笠原氏は隣国の甲州の武田信玄の強力な軍団と何度も戦い、最後の決戦の桔梗《ききょう》ヶ原《がはら》合戦では長時は自ら太刀を振るって十八騎を討ち倒すという豪勇でしたが、遂には信玄に破れ松本城も落ち、領地を失い浪々の末、息子の貞慶が松本城を奪い返したという報を聞きながら故郷に戻る前に奥州で客死するという悲運の人でした。

このときにまつわる「小笠原牡丹《ぼたん》」のエピソードを、著者の恩師である三十二世小笠原忠統先生は時々語ってくださいました。

「私は昭和二十七年頃から十四年余り、先祖に縁の深い松本の地である市立図書館の館長を務めていました。その頃、松本市内に久根下さんという人がいて、ある日突然『お預かりしていた牡丹をお返しいたします』と言って、見事な八重咲きの白牡丹の株を持って来てくれました。預けた覚えもないので不思議に思って訳《わけ》を聞いてびっくりしました。『実はこの牡丹は、長時が松本を落去するとき、永年鍾愛《しょうあい》していたもので、武田勢に踏み乱されるのを惜しんで、祈願寺に預けていったものだ』と言うのです。その寺の檀家であった久根下氏の祖先が、『殿様の牡丹を枯らしてはいけない』ということで、株分けか芽分けなりをして自分の家で代々育ててきたもので、この八重の白牡丹は土地では「小笠原牡丹」と呼ばれているということです。

私としては、四百八年ぶりにこの花が小笠原家に帰ってきたことで、実に不思議な気持ちを味わいました。太刀で鹿の角の股さえ引き裂くほどの強力《ごうりき》であったと伝えられる長時に、牡丹を愛する優雅な心の一面があったことを知り、またこの花を代々育て続けてくれた久根下氏の家の温かい心遣いに心を打たれたことでした」というお話です。この牡丹は松本城内の庭園に今も咲き続けているそうです。

長時の子、小笠原貞慶は父とともに松本を逃れ、長時が越後から京に移るとき父と別れます。当時僅《わず》かに九歳、以来三好や尾張の信長について松本奪還を目指し努力を続けます。本能寺の変の混乱期に信州の旧臣とともに松本を攻め、遂に長時の落去以来三十三年ぶりに松本を回復し信州深志域に入城、そして貞慶は深志城改め松本城としました。この長い流浪の間、辛酸をなめながらも、合戦の合間を縫って奥州の父を訪ね、糾法の的伝を受け、また代々伝わる文書を譲り受け、家法の研鑽《けんさん》を怠らなかったようです。

貞慶は松本城を回復した以後は家康の幕下につき、小田原の陣以降、家康の関東移封に伴って子息秀政が松本から古河に移されるに従ってそこに移り、比較的安定した晩年を送ります。その間、『三議一統』以来の武家礼法に、伊勢・今川の故実を参照し、後世「天正本七冊」と称せられる礼書を編纂《へんさん》して、これを子息秀政に伝えています。この「礼書七冊」は戦国の戦乱を経て、徳川の安定に至るまでの時期に集大成された礼式書で、後の華美を誇るのみの煩雑な礼法と比較して武家の質朴な礼の本義というべき性格を示しています。

貞慶の嫡子《ちゃくし》小笠原秀政は、父貞慶が徳川家康の幕下に属する証とし、十五歳で家康のもとに人質となり、家康の重臣、岡崎城代石川康昌に預けられます。ところが、その石川康昌が家康に背き、秀吉のもとに仕えたとき、秀政もともに連れて行ってしまいます。こうして父貞慶は家康のもとに、子息秀政は秀吉のもとにという別れ別れの状態となり、家康と貞慶、秀政の関係は大変難しいものになります。

しかしその後、秀吉と家康が和睦を結ぶと、人質であった秀政は家康のもとに返されます。このとき秀吉の口添えで過去のいろいろないきさつを水に流すため、家康の長男岡崎三郎信康の息女福姫と秀政は結婚することとなり、小田原陣後、家康の関東移封に伴って古河（三万石）に移されますが、その後飯田（五万石）を経て故郷の松本の藩主（八万石）へと加増されながら復します。大坂夏の陣には家康の婿《むこ》の名に恥じず、長男忠修とともに壮烈な死を遂げる活躍をします。

秀政の二男小笠原忠真《ただざね》は家康の孫福姫を母として生まれ、大坂夏の陣では父や兄に劣らず、自ら太刀を揮《ふる》って奮戦し、身に七か所の重傷を受け、家康は特に医師を派遣してその傷を見舞っています。

大坂夏の陣の功績により松本（八万石）から明石（十万石）を経て小倉（十五万石）と増封を受け、兄の遺児長次は中津（八万石）、弟忠知は杵築《きつき》（四万石）、さらに弟重直は松平丹後守の養子となり宇佐郡龍王（三万七千石）というように、九州の北辺に三十万石を超える小笠原系の諸藩の惣領として、徳川の九州対策の要《かなめ》としての役割を果たします。

忠真は家伝の弓馬のみならず、武道に深い関心があり、明石在城のときも宮本武蔵を歓待し、小倉移封の後はさらに優遇し、その養子伊織を武蔵の代わりとして召し抱え、後に家老にまで取り立てます。武蔵も長期間小倉に留まって、剣法を家士に教えたりしていま す。武蔵は画技でも有名ですが、細工物にも巧みであったらしく、桑《くわ》の木を材料にして銀の鋲《びょう》で留めたりした湯たんぽを武蔵に作らせて将軍家光に献上しています。

江戸時代の小笠原惣領家は代々将軍家の糾法（弓・馬・礼）を司っており、以前と同じく「お止《と》め流」で将軍家以外では行えないものでした。またその奥義は「一子相伝《いっしそうでん》」として同じ子供でも家を継ぐ者にのみ伝えるものであり余人には伝えませんでした。

以後、幕末まで転封なく、幕末には分家の小笠原壱岐守が老中でもあり、この九州における小笠原の役割もあって徳川に準ずることとなります。幕末の藩主小笠原忠忱《ただのぶ》は明治の廃藩置県では伯爵を授けられ、分家は子爵ということになります。

武士の時代である江戸時代も徐々に経済の実権は町民階級に移り、

世の中が平和になるにつれ礼法への関心が高まり、町民の側にも礼法が必要になってきましたが、小笠原惣領家は一子相伝、しかも将軍家の「お止め流」として市井《しせい》に広がるということはありませんでした。

そこで町方に小笠原流と称して礼法を教授する浪人や御家人が輩出し、礼法にいろいろな枝葉をつけて俗化していき、身すぎ世すぎに礼法を教える者が多くなると平和な時代の風潮に合わせて、室町時代以来の簡素な武士的な作法が、裕福な町人の好むような、派手な仰々しい華美に流れたものとなり、また、形式万能の窮屈なしかつめらしいものとなっていき、それが小笠原流の名を冠して流布《るふ》することになっていきます。

三十世小笠原長幹《ながよし》氏は貴族院議員として、現在も行われている国勢調査を始めるなど、家法の糾法は殿様の家系として守ることに徹していました。

戦後、職業的な礼法師匠の形から入る礼法は堅苦しく封建的という烙印を押され、してはならないものとなってしまいました。その結果として礼儀作法が伝わらなくなり、相手のことを考えない、そして無作法な人間が増えてきてしまったのは否めない現実です。そのような中、真の「礼法」を望む声が高まり、小倉初代藩主忠真の三百五十年祭の折、郷土の人たちから「礼儀や躾の空白が看過できないほどになっている。そうした空白が目立った現代でこそ小笠原惣領家の当主であるあなたが、率先して礼法の普及に努めるべきではないか」と強く薦められたのが、昭和から平成にかけて活躍した三十二世小笠原忠統《ただむね》先生でした。自身も教壇に立ちながら終戦直後の教育界では礼儀や躾を教えられなかった苦い反省もあって、秘伝を守る立場から広める決心をしたのです。

小笠原惣領家に伝わる伝書や忠統先生が躾けられた経験では、礼儀とは相手への温かい心遣い、思いやりの心を日本人特有の自らを抑制する美意識を通して、目立たぬ自然な形でさりげなく表していくものでした。

そんな心と形の交流を大切にしながら、伝統を身につけ、これからの日本の流れに沿って、「形」は時代環境や生活様式によって変化するが、根本に流れる「思いやりの心」は変わるものではなく、礼儀の「心」は作法の「動作」と互いに補い合って礼儀作法になるものなのだと常々教授くださいました。

礼儀や躾の空白が心の荒廃をもたらしているのではないかと憂慮する一方、八百年という時を超えて伝えられてきた礼法の一体系を埋もれさすに忍びず、礼法を日本文化の財産の一つとして未来に生かし、門外不出で「お止め流」であった家法の礼法を自分の代で世に出し、一般に伝える強い決心をし、縁のあった私や直弟子《じきでし》を取り、直門として丁寧に厳しく、しっかりと教示してくださいました。常に心と形のつながりを重視し、相手に対する心遣いとそれを受け止める心遣いを大切に考えて、日本人が失ってきた「日本の心」を、礼法の面から少しでも復権できればという願いを込め、日本人の「こころ」と「知恵」が脈打っている礼法の基本精神である相手を思いやる「心遣い」は合理的で深く教えられるところがあります。現代に求められている礼法教育に、私たち直門の弟子数人をお供に小笠原惣領家礼法の普及に人生後半全力を注がれました。

今一度、原点を振り返って、作法の形式の内にこめられていた日本人の温かい心の流れを改めて探り直して、八百年に及ぶ小笠原流礼法は今後も伝えられていくことでしょうし、忠統先生が希望してやまなかったように、家庭の中に浸透していくことでしょう。私たち直門の弟子は恩師のその思いを伝えていくことを願ってやみません。

最後に小笠原忠統惣領家の略系図を参考までに付記しておきます。

清和天皇（五十六代帝、平安時代）→貞純親王（清和天皇の皇子）→経基王（貞純親王の子で清和天皇の孫にあたり、弓馬に優れ「源」の姓を賜る）→満仲→頼信→頼義→義光（新羅三郎義光）→義清→清光→遠光（加賀美次郎遠光）→一世長清《ながきよ》（始賜小笠原号）→二世長経《ながつね》→三世長忠《ながただ》→四世長政《ながまさ》→五世長《なが》氏《うじ》→六世宗長《むねなが》→七世貞宗《さだむね》（後醍醐天皇より王の字の家紋を賜り、三階菱となる）→八世政長《まさなが》→九世長基《ながもと》→十世長秀《ながひで》（義満の命により『三議一統』を撰した）→十一世政康《まさやす》→十二世持長《もちなが》→十三世清宗《きよむね》→十四世長朝《ながとも》→十五世貞朝《さだとも》→十六世長棟《ながむね》→十七世長時《ながとき》（惣領家の礼法の大成者で、同門の武田信玄との数度の合戦の後、深志城が落城）→十八世貞慶《ていけい》（深志城（後に松本城）を奪還した。「礼書七冊」を著した）→十九世秀政《ひでまさ》（松本八万石から明石十万石、小倉十五万石と増封。家康の孫娘の婿）→二十世忠真《ただざね》（家康の孫福姫を母として生まれた。初代小倉城主）→二十一世忠《ただ》雄《たか》→二十二世忠基《ただもと》→二十三世忠総《ただふさ》→二十四世忠苗《ただみつ》→二十五世忠固《ただかた》→二十六世忠徴《ただあきら》→二十七世忠嘉《ただひろ》→二十八世忠幹《ただよし》→二十九世忠忱《ただのぶ》（明治時代、幕末を迎え明治の廃藩置県、明治維新後、本家は伯爵、分家は子爵ということになり爵位は正五位）→三十世長幹《ながよし》→三十一世忠春《ただはる》→三十二世忠統《ただむね》（小笠原惣領家当主。元伯爵、小笠原惣領家第三十二代宗家。当主は大名であり貴族院。小笠原流は流鏑馬《やぶさめ》で名高い弓・馬術に始まり、蹴鞠《けまり》等の筆法までである。「お止め流」で将軍家以外には門外不出であるが、真の礼法を望む声が高まり、守る立場から広める立場に立つ決心をし、忠統先生が初めて一般に伝え広めた。）

四　日本と西洋の礼儀作法について

1　日本の礼儀作法

日本の礼儀作法は、元々宮中の儀式から由来しているものが多く、平安時代に貴族の間に礼儀作法が一応完成されました。鎌倉時代には武家の礼儀作法が勢力を得るようになりましたが、その根本になっているのは、やはり平安時代から公家に行われていたものが多かったと伝えられています。

鎌倉幕府の源頼朝は、源氏の出である源遠光父子（後の一世小笠原長清）に武家の礼儀作法を作らせました。これが小笠原流の始まりです。

室町時代には、小笠原・今川・伊勢の三家が足利義満の命により、武家に最も重んぜられた弓馬の法式とともに礼儀作法の形を整え（三議一統）、日常の礼儀、起居動作《ききょどうさ》等の法式はもとより、年始から年末に至るまでの諸儀式や、饗応、待遇の礼、書札《しょさつ》の礼などをはじめ、多くの項目にわたってその内容を充実させました。

しかし時代が進み生活様式が変わってくるにつれて、儀式や行事に関する作法は次第に変わってきて中断するものもありましたが、一般日常の礼儀作法、起居動作の法式は、昔からの礼法を今日まで保ち伝えてきたのでした。明治維新後は、外国の礼儀作法をも必要に応じて取り入れ、日本独特のものと併せて行われるようにもなりました。

西洋の文化が輸入され、昔ながらの儀式作法が影を潜めたかのように見えた時代もありましたが、明治天皇の聖慮《せいりょ》によって、一般の儀式作法も再興されるようになりました。

日本の礼儀作法は、これまでいろいろな変遷を遂げており、なかには衰微して行われなくなった儀式作法も少なくありません。しかし今日のような変化の甚だしい時代になっても、なお数百年の古儀が存ぜられ行われるのは、揺るぎないところであり、何ものをもってしても代えることのできないものであると言わざるを得ません。

外国人からは、日本人ほど礼儀正しい国民はいない、東洋の君子国ともいわれ、君子としての気高い礼法を伝えた立派な国と、これを誇った時代もありました。

日本の礼儀作法は、過去の形式であるばかりでなく現代にも行われ、また将来にも及ぼされるもので、社会生活の礎《いしずえ》となる大切なものです。私たちが今日行う動作は祖先からの礼法であると同時に、やがてはまた子孫の礼法でもあるのです。祖先から伝えられた由緒正しい礼儀作法を十分にわきまえ、会得して、常に身につけ心にも忍ばせていきたいものです。これを日常生活の基準として日々心豊かに、そして心に余裕をもって、毎日を平和で穏やかに暮らしていきたいものです。

2 西洋の礼儀作法

西洋では礼儀作法のことを、エチケットといいます。この語源はフランスの宮廷で、参内者のために礼儀作法を書きつけた、チケット（札）から来たもので、西洋の礼儀作法も日本と同じく、宮中の儀式から生まれたものでした。

西洋には騎士《ナイト》があって、日本の武士と同じく戦いに出て行く者として、領主に仕えていましたが、その伝統に大きな相違があります。日本の武士が一人の領主に仕えたのに反し、騎士は転々として気に入った領主に仕え、さらに領主の夫人や姫君など貴婦人を守る任務があったのです。これらの貴婦人を尊敬する騎士の風習からレディファーストは生まれ、今ではそれは男性が女性をいたわる一般的な美風となり、さらに弱い者をいたわる礼儀作法に発展したものです。

日本の社会が家と家との縦の結びつきだったのに反し、西洋の社会は早くから個人主義が重要視され、個人と個人の横の結びつきによって社会が成長したので、いろいろな面で違ってはいます。

特に人に迷惑をかけない公衆道徳が発達し、レディファーストとともに西洋礼法、エチケットの根本精神になっており、日本でも今はエチケットという言葉とともに、西洋の礼儀作法がだんだん一般化されてきました。

3 現代に続く礼儀作法

礼儀作法が、時代の移り変わりや生活様式の変化によって変わっていくことは、日本の生い立ちを見ても明らかです。

家と家との結びつきだった昔とは違い、礼法は、個人の人格を認め、それを尊重する、人と人との関係であり、尊敬と親愛を基として、相手を大事にすること、他人を思いやることがあくまでも基本です。

小笠原流というのは、三つ指ついてというのが代表のように思われ、堅苦しいもの、古くさいものと頭から決めつけている人が少なくありませんが、三つ指をつくおじぎは小笠原流の教えにはありません。かえって礼を失するおじぎだとされています。このように小笠原流礼法やマナーがいかに誤解されているかがわかります。礼法、あるいはマナーに対する誤った思い込みを解くために、礼法の本質を伝えておきたいと思います。

礼法、マナーは決して窮屈なものではありません。何かがんじがらめの規則があって、そのとおりにしないといけない、と思われているようですが、規則があるとすれば、そこには必ずそうしたほうがよい、そのほうが無理がない、という根拠があります。その根拠を覚えておけば、いろいろな動作が自然にできるようになります。

例えば「畳《たたみ》の縁《へり》を踏んで歩いてはいけません」と言われても、理由が説明されていないと覚えにくく、縁を意識することで、かえって動作はぎこちなくなります。昔はお膳を高く捧げ持って歩きましたので自分の足元が見えなくなり、縁につまずいてひっくりかえったら大変だ、というところから生まれた作法であるということを知れば、納得できるはずです。納得すればその作法が抵抗なく受け入れられます。「敷居を踏んではいけない」というのも、敷居を踏むと家の根太《ねだ》がゆるむという合理的な理由からです。

礼法を身につけようと思うなら、規則や型ができた根拠まで調べておくと、あるいは教えてもらうと窮屈で面倒だなという気持ちは消えるはずです。

礼法の基本精神は、あくまで相手を思いやる「心遣い」にあります。礼法やマナーの大本を押さえておけば、ケース・バイ・ケースでどう行動するのが自然か、理にかなっているかが、自ずとわかってくるはずです。

そして礼法やマナーを自由に使いこなせるということは、臨機応変、ときに他人の気持ちを思いやって行動する精神につながります。

私たちは祖先から伝えられた由緒正しい礼法（礼儀作法）を十分にわきまえ、会得して、心に忍ばせ、これを日常生活の基本として進んでいきたいものです。

それでは、私たちは日々の生活の中で、どのようにそれを身につければよいか、以下順を追って説明していくことにします。

第二章　礼儀作法の基本動作

一　美しい立ち居振る舞い

室町時代の小笠原惣領家の古伝書には「まず女はいかにも心やわらかにあるべし。それも日本国は和国とて女の治め侍《はべ》るべき国なり」という文が挙げられています。その例として、天照大神、神功皇后、推古・皇極・持統・元明・元正・孝謙の女帝たちから北条政子まで引き合いに挙げ、「されば男女によるべからず、心うかうかしからず。正直にたよりたしかならん人、肝要たるべしと見えり」と結局は人間として浮《うわ》ついていない正直で頼りがいのある人なら、男女の差は問題ではないとしています。

過去、社会的に活躍した女性たちは、どんなに男性を凌《しの》ぐ才能と力量を持っていたとしても、女性としての慎《つつし》み、思いやり、エレガントで美しい振る舞いというものを忘れなかったのです。それは日本の貴重な伝統だったといっても過言ではありません。

「礼の心」から生まれた「美」は慎みの美につながっています。自分を美しく見せようというのではなく、そこから一歩下がって、相手や周囲を立てる態度の中からさりげない美ができてくるものなのです。つまり、礼法的に見た美は、精神面が充実している「心の美しい人」が第一番です。心の美しさ、美しい心とは、やさしい気持ち、愛する気持ち、清らかな気持ちといったらわかりやすいと思います。「気くばり」「心くばり」という言葉がありますが、根底にはやさしい思いやりの心が求められている証《あかし》なのです。

自分以外の人やものを立てるということは、やさしさと愛を育んでいるからこそできることなのです。また人を立てるには、自然と自分が控えめになります。礼法ではこれを「我意をおさえる心」と呼んでいます。昔風にいうと、「我が心に思うことをやめて、人の道理を立てる」ことです。自分が控えめであれば、当然人間関係は丸くなります。周りの人をいつも気にかけて、それに合わせていく姿は美しいものです。人のことを思いやって自然な形で表れた諸作が「礼儀作法」といえます。

形式だけをまねるやり方は、心が伴わないため身のこなしがとかく目に立つことになり、小笠原惣領家では「無躾《ぶしつけ》」として戒めています。取ってつけたような動きではなく、体全体が水の流れるような自然な美しさを持つことが肝心《かんじん》です。美しい服装をしていても、立ち居振る舞いが板について自然でなくては、その人の魅力は感じられません。礼法にかない身についた立ち居振る舞いからにじみ出る美しさには、その人の教養や、人となりから自然にあふれてくるゆかしいものがあります。

礼法の基本ともいえる気遣いを「自己への慎みの気遣い」あるい

は「内なる気遣い」というように、「動作と気遣いの合致」の面から見ても、礼法は知識だけでは成り立たず、実際の行動で示すことによって、はじめて礼法として成り立つのです。

観念や知識としての礼儀の心遣いを作法という形式にのっとって実際に行うにあたっては「怪我《けが》」といわれる失敗や危険のないように、しかも美しく流れるような動作で手順よくやらなければならないのです。

また礼法にかなった立ち居振る舞いは、急に人前に出たときにしようと思っても、普段の生活において身についていなければできるものではありません。美しい立ち居振る舞いは、どれ一つ取っても背景にそれなりの合理的な理由があり、幾多の先人が考え、長年かかって育んできた「礼の心」が受け継がれ、現代の私たちの生活に役に立っているのです。立ち居振る舞いには、その人となりが自ずと表れ、美しい礼儀作法を心得ている人は対人関係もうまくいき、そこから信頼も得られます。礼法は生きざま全てなのです。

二　正しい姿勢

小笠原惣領家礼法の正しい姿勢の基になっているのは、鎌倉時代の弓道の基本体系である「胴作り《どうづくり》」という腰の安定した姿勢です。弓を射る（的に当てる）ときは胴を真っすぐにして、体が前後左右に傾いてはいけません。正しい姿勢は腰をしっかり据え、腹式呼吸の要領で下腹部に十分力を入れ、背骨が垂直線に添っていて、内臓を圧迫することなく、全身の筋肉にできるだけ負担をかけないものです。この弓道の胴作りが小笠原惣領家礼法の基本になっています。

小笠原流は本来、武士の弓馬術から始まったもので、室町時代、弓馬術に礼法が加わって、現代につながる小笠原惣領家礼法の体系が完成されました。どちらかといえば質実剛健で、しかも合理的な動作が多く、「怪我」といわれる危険防止も考えられた礼法なのです。

ただし小笠原惣領家礼法は一子相伝《いっしそうでん》で、江戸時代には将軍家の「お止《と》め流」として市井《しせい》に広がることはありませんでした。しかし江戸の平和な時代になると、小笠原惣領家とは無縁な町の礼法専門家たちが、小笠原流の名のもとに町民好みに、礼法を煩雑で瑣末《さまつ》主義的なものにしてしまいました。そして窮屈で堅苦しい小笠原流礼法と勘違いされたまま今日に至っているのです。

小笠原惣領家礼法は、立ち居振る舞い一つにしても、「己れの慎みの心」を第一に、美しさを基準に体系的に組み立てられています。小笠原惣領家の作法では、座る、立つ、歩く、おじぎをする、物を運ぶなど、百余りの動作が躾の基本になっています。その中でも歩き方は礼儀作法のうえで、立ち居振る舞いのすべての基本とされ、歩くことが一人前にできることが重要です。

その伝授の厳しさ、稽古《けいこ》の激しさについては伝書にも記されています。武田信玄、織田信長と同時代の小笠原惣領家の先祖、長時がその嫡子《ちゃくし》貞慶に作法を伝授したときのことが「長時より貞慶の御躾方御稽古の時は長袴《ながばかま》の膝がぬけ申したるもの音申されたり」と記されています。一子相伝でしたから、親子二人だけで、余人を近づけずに行われたようです。閉め切った襖《ふすま》の外で長袴の膝が破れてしまう音を聞き、その稽古の激しさを察したという、それほど厳しいものだったようです。

礼儀の「心」と作法の「形」が互いに補い合った立ち居振る舞いは、他人への思いやりの心に立った、合理的で美しい動作なのです。

礼儀の「心」を持ち、どうすればよいかわかっても、それを体で「形」として表現するためには、それなりの稽古が必要になります。「心身ともに健康である」という表現があるように、日頃の立ち居振る舞いも「心と形ともに美しく」ありたいものです。

1　正しい立ち姿

大部分の動物は四本の足で歩きますが、私たち人間は二本の足で立って歩きます。どうして人間ばかりが二本足で歩くようになったのかといえば、人間の大脳が発達して重くなったために、立ち姿勢でなければ頭が支えきれなくなったからです。大脳の発達している動物、チンパンジーやゴリラなども立って歩くことができますが、人間に比べれば立っている時間はごくわずかです。

その重い頭を脊柱《せきちゅう》と骨盤とでしっかり支えているわけですから、ほんのちょっとした姿勢の悪さも首や骨、筋肉に大きな負担をかけることになります。頭を傾ける癖《くせ》、顎《あご》を突き出して歩く癖、背中を丸めて歩く癖などがあると、首や背骨や筋肉に大きな負担をかけ、胸や腹部の臓器が圧迫され、背骨にずれが生じて健康を損なう場合も少なくないのです。ですから、あるがままの正しい姿勢を保つことは、健康のためにも大切なことで、小さい頃より習慣づけるとよいでしょう。

立ったときの美しい姿勢

立ったときの美しい姿勢

1　まず背筋を伸ばすことが基本です。上体を真っすぐに、髪の毛を上に引っ張られたような気持ちで伸ばします。背骨が真っすぐになっていれば内臓を圧迫することもありません。

2　両足をそろえ下腹《したはら》にやや力を入れ、後ろへ引くような心持ちで腰は伸ばし、股《もも》をつけ合わせて真っすぐに伸ばし、しっかりと立ちます。

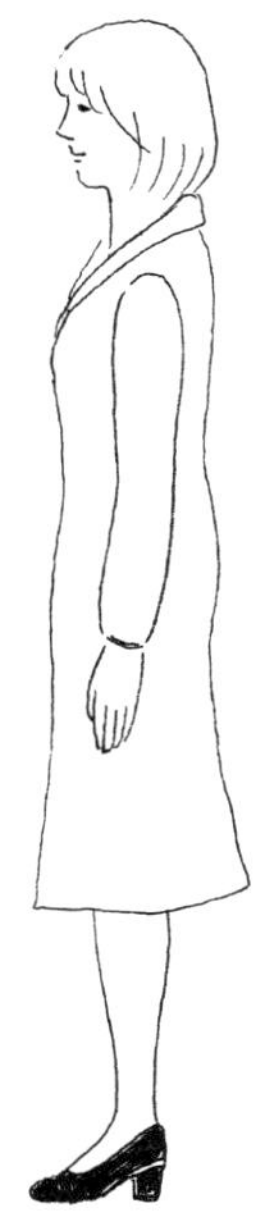
横向きの姿勢

3　首は真っすぐにし、前後左右に傾かないように、肩と耳とが一直線になるようにして、肩は怒らないように水平にし、あまり張らないように注意します。

4　顎はいくぶん引きぎみにし、口は軽く結びます。口の中で舌を上側の口蓋《こうがい》に密着させると、唇の締まりがよくなります。

5　左右の足先は踵《かかと》を合わせ、そろえます。足の開き方は、男女、服装によって違ってきます。男性は洋服のとき和服のときも、踵をつけて足先を十五センチほど開いた形をとります。ただし長時間におよぶ場合は踵を少し開いてもよいでしょう。女性は、洋服のときも和服のときも、足先は開かず、きちんとそろえたほうが慎ましさが出ます。重心は土踏まずの少し前に落ちるようにすると安定します。

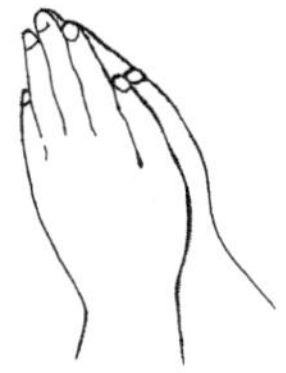
合掌の手

6　手先は指と指の間が離れないように、親指と小指とで他の指を締めるようにし、我を控えた手として掌《てのひら》を少しすぼめ加減にして、横の股に添えて自然に垂らします。この場合の掌の形は、神仏に合掌《がっしょう》するときの形でそのまま開いて両股の横に添え、自然に垂らしたのと同じ形にします。室内でしたら両手は真横よりも少し内側に自然に置くようにします。

7　視線は、時と場合によって加減しなければなりませんが、広い所ならばおおよそ六メートルほど前方の正面の床に落とすようにします。

8　整えた姿勢で、静かに呼吸します。

全体の感じは堅くなりすぎてもいけませんし、ゆったりしすぎてもいけません。「正しい姿勢」とは脊柱が垂直線に添っていて内臓を圧迫することなく、全身の筋肉にできるだけ負担をかけない状態をいいます。

正しい姿勢は、座ったり、腰掛けたり、歩いたり、さまざまな動作の基本となりますから、姿勢の移り変わりに対処できるように身体を柔軟に保っておくことが大切です。

正しい立姿は安定しており呼吸も静かで精神的にも落ち着きをもたらしてくれます。

立ったままで長い話などを聞く場合に、「楽な姿勢で」と言われたら、片方の足（右足）を前に少し出すか、両足を少し開くかして、肩や腰から少し力を抜いて姿勢をゆるやかにします。

2 正しく座った姿勢

座礼の動作を学ぶには、先ず腰から上の身体の構えを整えることが第一です。上体の姿勢は腰の据《す》え方が基本となります。礼法ではこれを「胴作り」といい、座礼の動作はこの胴作りに重点を置くとよいでしょう。

座ったときの美しい姿勢

1 腰の据え方は、背を平らに上体を真っすぐに伸ばし、みぞおちを落とさないよう腹部に力を入れます。

2 両足の親指先を三～四センチ軽く重ねて（左右どちらが上になってもよい）、その上に腰を据えます。女性は膝頭《ひざがしら》を合わせ、男性は膝頭の間に握りこぶし一つ入る程度に開きます。昔は男女の足の重ねに違いがあり、女性は親指の重ねは右が上、男性は左が上と躾《しつ》けましたが、現代ではあまりこだわることはありません。もし、しびれそうになったときには、重なった両足の親指を重ね違えたり、上下に動かしたりしていると、軽いしびれでしたら防ぐことができます。身体の重みを下腹《したはら》に置く気持ちで腰を落ち着かせると、自然に腰が据わりますから、しっかりとした姿勢を整えることができます。

なお、女性は重ねた両足の踵《かかと》を開いて腰をのせ座ると、長い時間正座をする場合などに適しているかもしれません。男性は両足先を寄せて重ねると、心持ち高めに座ることができます。

3 両手は肘《ひじ》を身体に軽くつけるようにして、指の間が広がらないように指先をそろえて掌《てのひら》をややすぼませるように両股《りょうもも》の腿上にやや八の字形に置きます。男性は女性よりも掌の位置をやや身体に近づけるとよいでしょう。肩の力を抜いて水平に保ち、下腹を後ろに引き、腰を前に引き、背骨が腰骨にささっているような気持ちで背筋を伸ばします。

4 呼吸によって姿勢が崩れますから、呼吸法に気をつけましょう。吸った息はおなかに届くように力を入れます。吐《は》くときは吐ききってしまわず、少し残すようにして次の息を吸い込むと姿勢が崩れません。呼吸は複式呼吸の要領で静かにします。

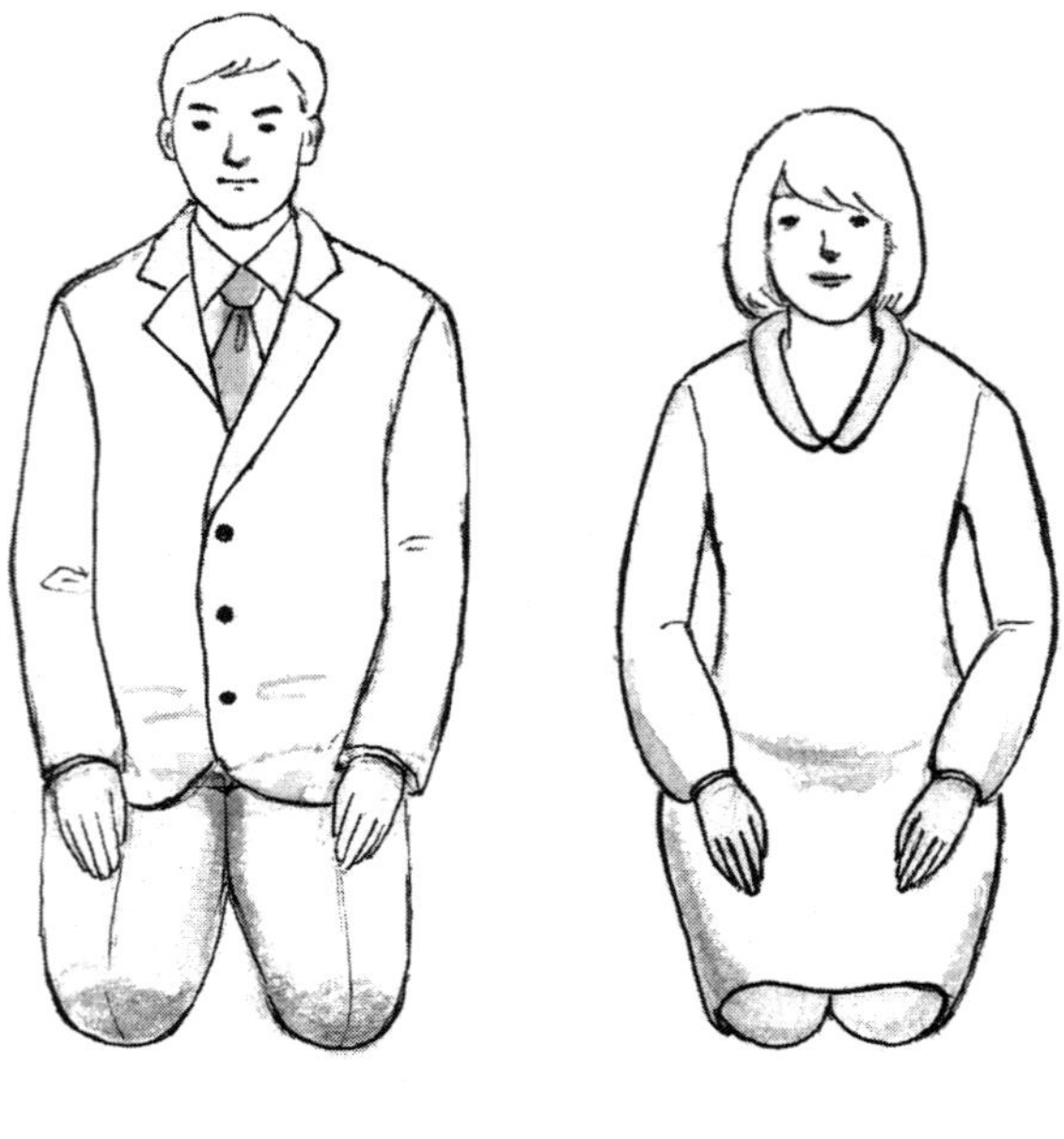

正しく座った姿勢

5 目は正面の一メートルくらい先の畳《たたみ》の上を見ます。狭い場所では正面よりやや下めを見ます。人と話をするときは相手の目をよく見なさいと言われますが、長い会話となると身じろぎ一つしないで目だけを見つめるのは大変なことです。相手と向かい合って座っているときは、目から胸のあたりに視線を置くとよいでしょう。目は口ほどにものを言うといいますが、相手の目を見れば真偽の程もうかがえますし、反応もつかめます。視線にも礼の心は必要なのです。

昔も今も視線はあまり動かさないものとされ、視点は相手の一部に置き「静」であることが美しい形です。落ち着きのない目つきは落ち着きや自信のなさを表すことになりますから注意しましょう。だからといって、初対面から相手のことをじっと見つめることはやめましょう。少し会話をして相手が理解できるようになったら目を見て話すほうが心が通じ合えるものです。一方、外国人は相手の目から視線をはずすことをきらいます。視線をはずすと本心を言っていないと考えるようです。

6 口は軽く閉じます。

遠山の目つき

初めて会ったに人に対しては「遠山の目つき」という基本的な視線があります。どういう視線かといいますと、山の頂上だけを見つめると、その周りの景色はボケてしまいます。しかし、山全体を見ようとすれば、高い山であっても頂上から裾野《すその》まで全体の景色を見ることができます。このように、意識して全体にものを見ることを「遠山の目つき」といいます。初めて人に会ったとき、相手の人の目をじっと見ると、目に集中してしまい、その人の全体の姿が見えなくなってしまいます。そこで、「遠山の目つき」で全体を眺めて、その人となりを理解してから、次は話に集中するように目を見て話すという順序にするとよいでしょう。

このような要領で整えた姿勢は、礼法の上では「生気体《せいきたい》」という姿勢で、完全に整った姿勢です。「正座は健康の源」ともいわれます。背骨が真っすぐに立っていると、脊椎《せきつい》の中を通っている神経に負担をかけず、内臓の各器官を圧迫することもなく、最も正常な状態に保つことができます。そればかりでなく、背骨を真っすぐにすると背筋が緊張し、その緊張に従って、背筋の中にある「筋紡錘《きんぼうすい》」という信号機能が緊張して脳を刺激し、頭の働きを強めます。

しびれたときの応急処置

最近は正座よりも椅子《いす》に腰掛けての生活がどの家庭でも多くなりました。そのためか、たまに正座するとすぐにしびれてしまうようです。正座に慣れると結構長い時間しびれることなく座ることができるようになりますが、いずれにしてもしびれはくるものです。

足をしびれさせるというのは、正しい姿勢ができていないということで、足を押しつぶすように座るために、血管を圧迫し、その結果足がしびれるのです。ですから、しびれないようにするには、正しい姿勢で座る稽古《けいこ》をすることです。その中でいちばん気をつけたいのは「胴作り」です。胴作りというのは体の構えを作ることですので腰が中心になります。まず腰を据えるためには腹部を伸ばし下腹に力を入れます。このような胴作りを正しく身につけておくと、長時間座っていてもしびれずにすみます。

正しい正座かどうかによっても、しびれの時間にはずいぶんと違いがあります。しびれの始まる前に足の親指を動かしたり、重ねの上下を換えたりすることによって、血液の流れをよくします。それでもしびれてしまったら「跪座《きざ》」といって正しく座った姿勢から少し腰を浮かせ、爪先を片方ずつ立てて合わせ、踵《かかと》も合わせましょう。足の裏が畳に垂直になるようにします。足先が開いたり、踵を開いたりせず正しく腰がのっているように注意しましょう。しびれを直すには跪座になった踵の合わせ目に腰を落ち着けるようにして、しばらく待つとよいでしょう。万が一足がしびれてしまって、立つときによろけてしまいそうな場合でも、前もって爪先を立てて確実に立てるかどうか、試しておくことも大切です。

跪座の姿勢

跪座の形は寝殿造りや板の間で座っていた平安時代では、正座よりも一般的な座り方でした。現在のような正座は書院造り以後、室町時代に畳が座敷全体に敷きつめられるようになってからのことです。跪座の姿勢は、立ったり、座ったりする動作の途中で必ず一度この姿勢を経由します。また、低い位置で動作する際の基本姿勢です。この跪座の姿勢は失礼にはあたりませんから、ゆっくりと動作することで、しびれを直すとよいでしょう。

また、挨拶がすみ、相手から「どうぞお楽に」とうながされたら「失礼します」と挨拶して男性はあぐらをかいてもよいでしょう。女性は相手の人と反対側（下座《げざ》）に足を出し、横座りになってもよいでしょう。このとき、出した足の裏をなるべく見せないように心がけます。

3　椅子《いす》の作法

椅子の種類は高いものから低いもの、柔らかいもの硬いもの、一《いち》様《よう》ではありませんから、高い椅子にはやや浅めに、低い椅子にはやや深めに、腰の掛け方を加減したほうが正しい姿勢がとりやすいようです。

椅子には左側から掛ける原則もありますが、上座《じょうざ》がはっきりしているときは、下座《げざ》側から腰掛けるのが作法です。椅子に腰掛ける場合も、立ち、座るときと同じく上を受けるという考え方で下座側から進む心遣いが必要です。

宴会時のように多人数がテーブルに並ぶ場合や暖炉がある場合は、上座と下座が明らかですが、普通の洋間に案内された場合には、室内の飾り方、出入り口の関係、テーブルと椅子との配置、椅子の種類（格式）等よく部屋の様子を見て礼を失しないように気をつけます。

また会議場などテーブルに椅子がびっしり並んでいる場合は、隣の方に迷惑がかからないよう左右いずれから腰掛けても差し支えありません。

目上の方と同席する場合には、その方が腰掛けてから、また他家を訪問した場合には、主人側のすすめがあってから腰掛けるようにします。

椅子の掛け方

1 椅子の下座側の脇に立ちます。

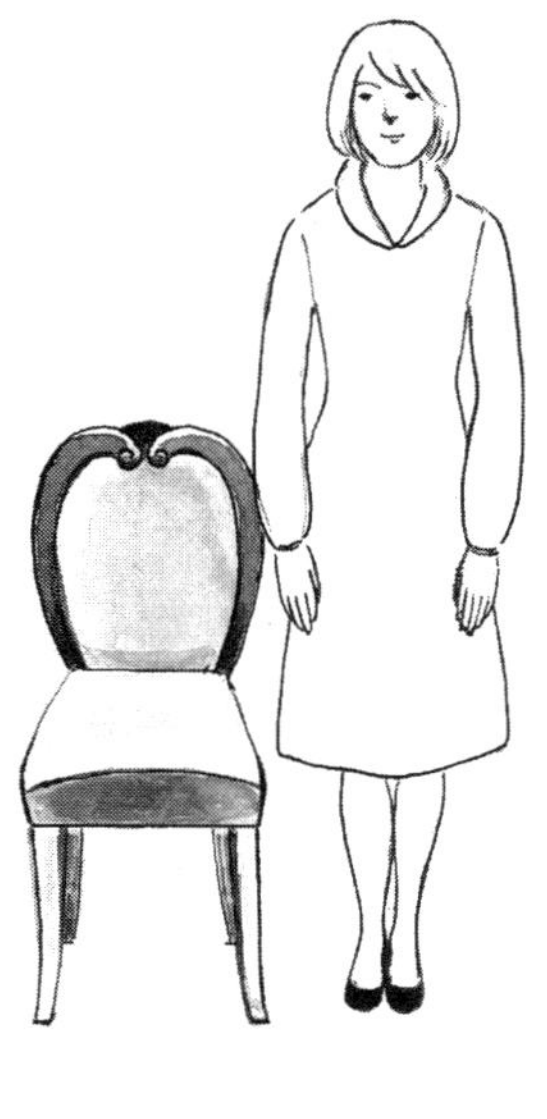

2 椅子から遠いほうの足を一歩前に進めます。（女性の場合はこの一歩を斜め前に進めてもよいでしょう）

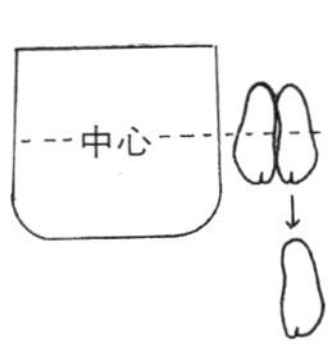

3 内側の足を椅子の角を通り越して正面に進めます。（この場合腰掛けようとする椅子の様子によっては、椅子に近いほうの手を椅子の背にかけて足を進めてもよいでしょう）

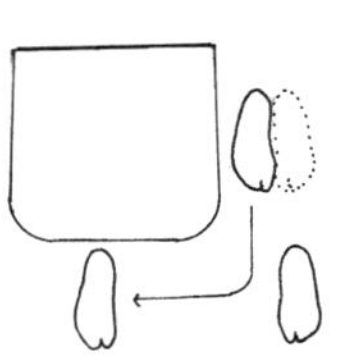

4 外側の足（最初に前に進めた足）にそろえます。

5 静かに腰をおろしながら両手を膝の上に置き、姿勢をととのえます。

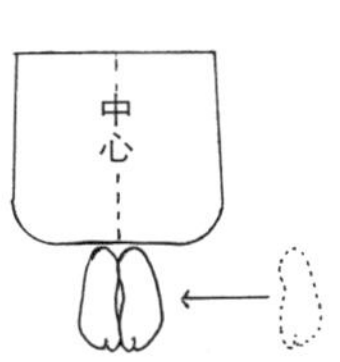

椅子の立ち方

立つ場合も掛けたときと同様に下座のほうから動作を始めます。

1 両手を膝に置いたまま静かに立ちます。立ちながら両手は両脇に接します。

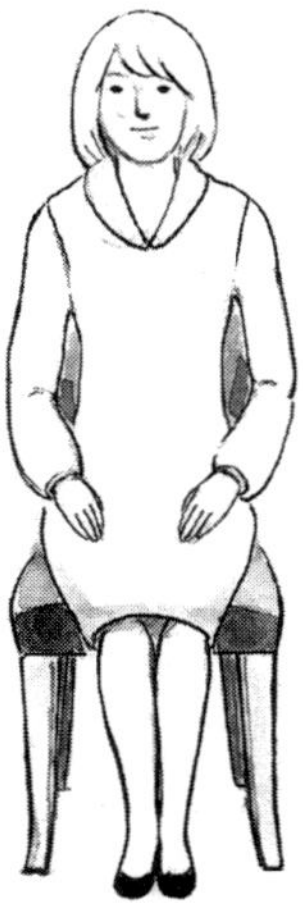

2 離れようとする足を横に一歩開きます。（下座側）

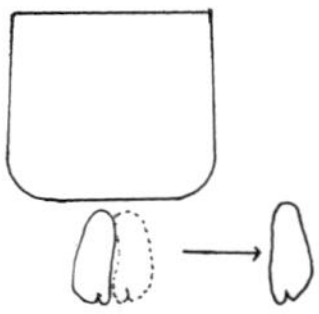

3 内側の足を外側の足に近づけつつ一足後ろに引き（退き）ます。

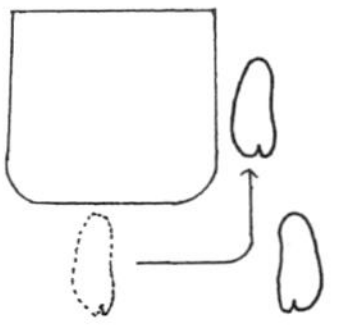

4 外側の足を一歩引いて（退いて）内側の足にそろえます。

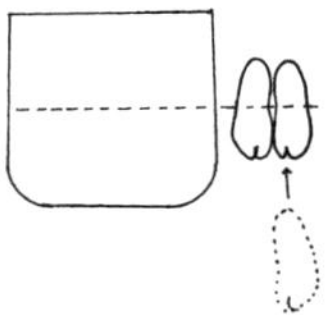

目上の人が室に入ってきたら、すぐ椅子から立って迎えるのが礼儀です。辞居するときも同様に椅子から立って挨拶します。

4 椅子の掛け方・立ち方の心得

座るとき、腰を曲げて椅子のある場所を確かめるような動作をして座る人がいますが、正しくは上体を曲げずに椅子に対して垂直になるように、重心の移動を行います。

1 椅子に正しく腰掛けるには、先ず爪先をそろえる習慣をつけるとよいでしょう。背筋を真っすぐにし、背もたれにはもたれかからないようにし、顎《あご》を引き、首を正しく落ち着かせます。上体の構えは正座の場合と同じです。

2 女性は両膝をつけ、爪先をそろえたほうが慎ましさが出ます。男性は爪先を十五センチほど開いたほうが自然でしょう。場合によっては踵《かかと》をおよそ十二センチ開けても差し支えありません。

3 腕は身体から離れないようにし、掌《てのひら》は指をそろえ心持ちすぼませ加減にして、膝の中央、両股の上に八の字形で自然に置くとよいでしょう。ただし楽な雰囲気のときには、左右の手を重ねて片方の膝の上に置いてもよいですし、両足をそろえたまま、左右どちらかに少し斜めに流す置き方をしてもかまいません。少しくだけた席で、人の話を長い時間聞かなければならないときは、礼を失しないよう姿勢に注意しながら足を軽く組み、膝を横にし、靴先は下に向ける程度までは差し支えありませんが、足を組み違えたり、膝を開いて腰掛けたり、組んだ足を前方へ跳ねあげ靴底を見せる掛け方などは最も無作法といえます。

4 一般的にはいくぶん浅めに腰掛けたほうが、正しい姿勢がとりやすく、仕事をする場合は、やや深めに腰掛けたほうが能率が上がります。

5 前にテーブルや机があるときは、座ってから椅子を静かに引きます。立つときは椅子を静かに後ろに押してから立ちます。椅子での正しい座り方の原則は足が床にきちんと着くことです。

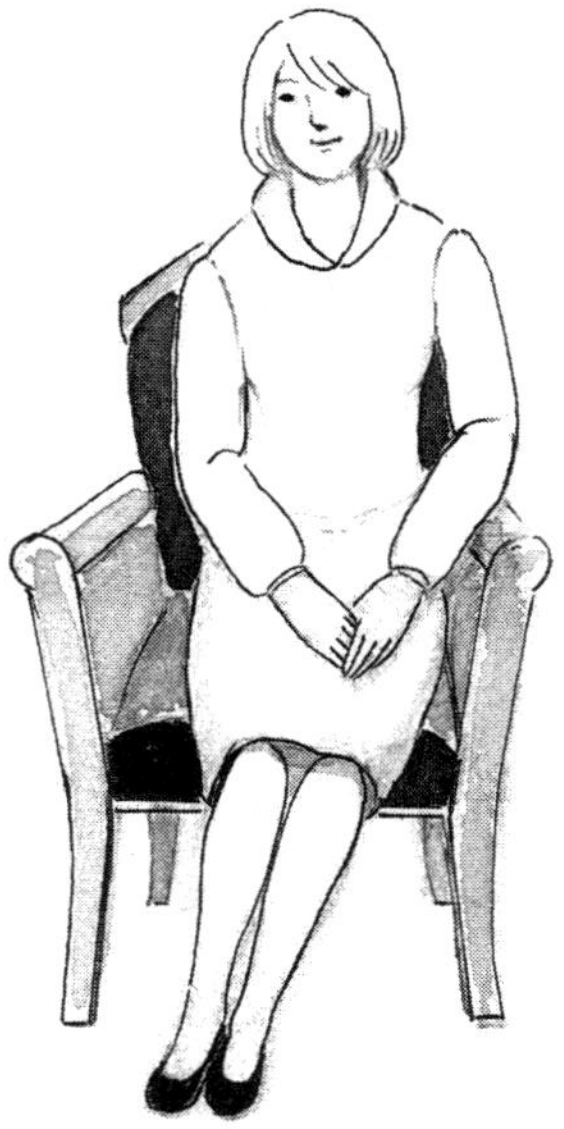

楽な雰囲気の座り方

三　正しい動作

1　正しい座り方・立ち方

立つ、座るの動作を行う場合は、常に背筋を伸ばし、腰を曲げたりしないことです。普段から意識して、立つ、座るの合理的で美しい動作を身につけておきましょう。

立った姿勢から座る

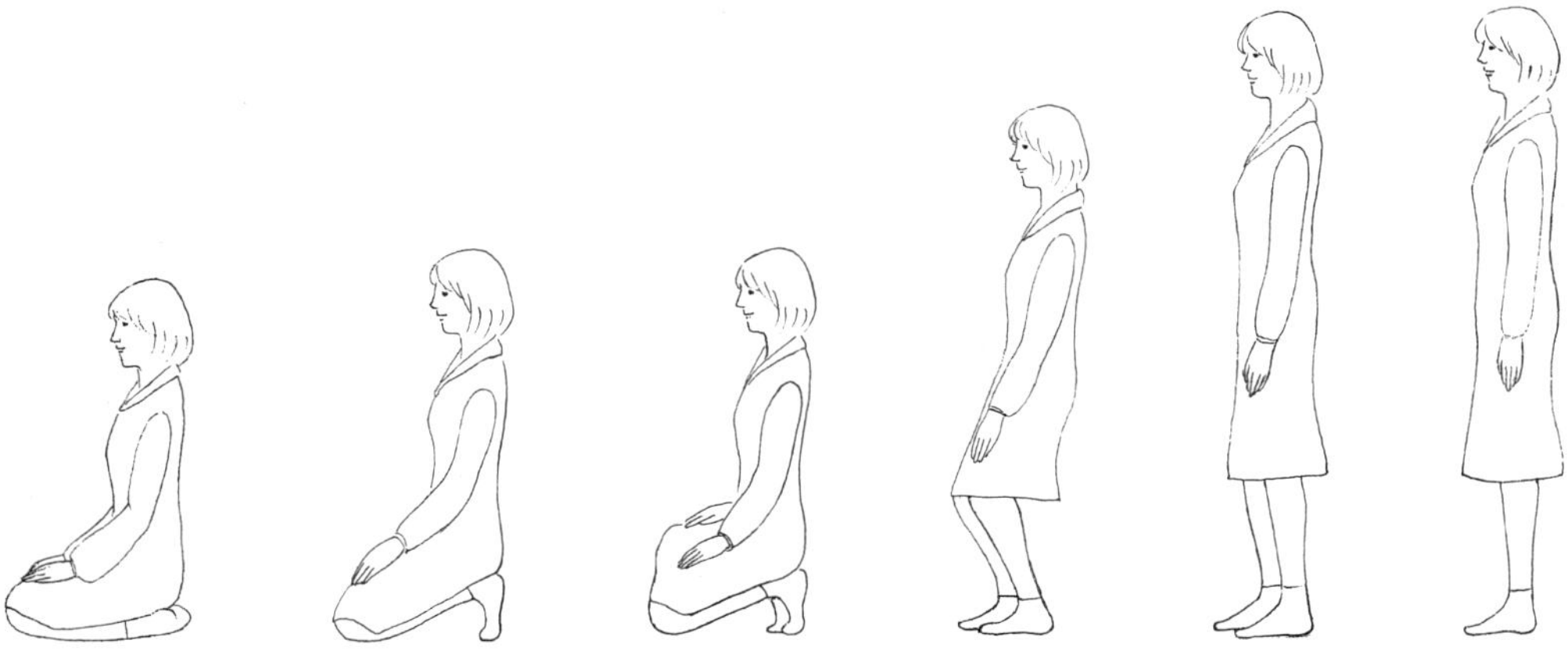

1 先ず立った姿勢で身体を整えます。

2 左足（または下座足）を半歩ほど後ろに引きます。

3 左右の膝を同時に折り曲げ、垂直方向に静かに身体を沈めていきます。上体が揺れないように足先と腿に力を入れます。

4 先に引いた左足の膝を畳につけ、右足の膝を徐々に沈めて両膝をそろえます。（跪座《きざ》の姿勢）

5 跪座の姿勢から一方ずつ足を寝かせて、足指を重ね、正座の姿勢になります。（両足の足先の重ねはどちらを上にしてもよいです）

6 最後まで気を抜かず、滑らかに座り正座の姿勢をとります。昔は女性は下座足を半歩前に進めて正座をし、男性とは区別しましたが、現在では時と場合によって使いわけるとよいでしょう。

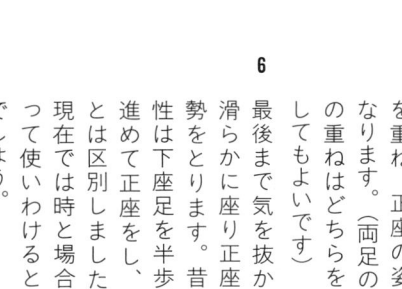

座った姿勢から立つ

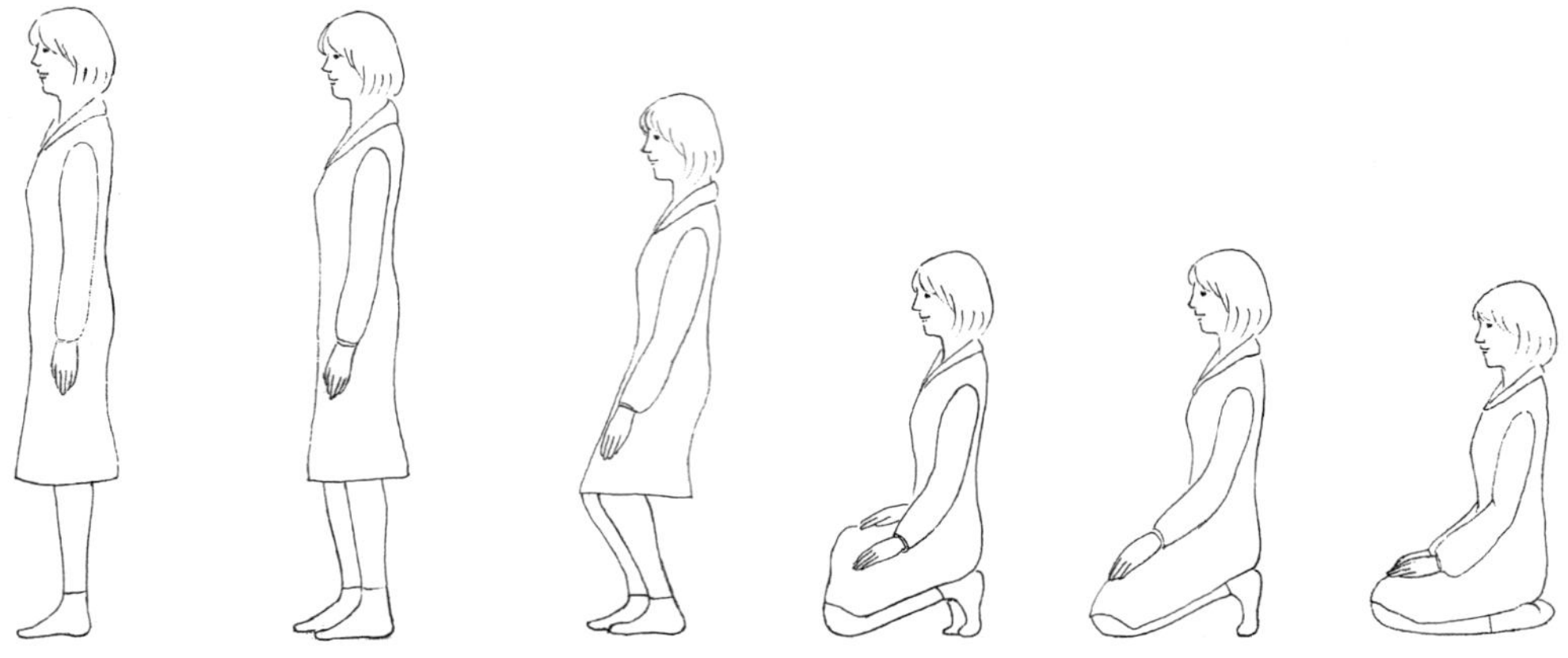

1
立つときには、最初にきちんとした正座の姿勢をとり、腹部に十分力を入れ、心を落ち着けてから始めるようにします。

2
背筋を伸ばしたまま、少し腰を浮かせ、片方の爪先を立て、腰を安定させ、もう片方の爪先を立てて跪座の姿勢をとります。

3
膝を立てながら下座側の足を徐々に前方に踏み出します。このとき踏み出す足を前に出しすぎないように注意します。

4
腰に十分力を込め、息を深く吸い込みながら、水中に浮かび上がるような気持ちで静かに垂直方向へゆっくりと立ち上がっていきます。

5
踏み出した足の膝が伸びきる前に、もう一方の足を静かに前にそろえます。

6
動作は動きと動きが移り変わっていく間は少しも休みなくすると、一連の動きがスムーズにできます。

小笠原惣領家礼法の本来からいうと、立ち方、座り方は「即立ち」「即座り」といって両足をそろえたまま膝を折り曲げてそのままの位置で立ったり座ったりするのが理想的で、これを奇麗な動作としてできなくてはならないのですが、このような動作は稽古の積み重ねによって鍛《きた》えられていかないと、なかなかできるものではありません。反動を使った無理な立ち方、座り方をするよりは、むしろ片足を引くなり、出すなりのやり方のほうが無理のない美しい動作だと思います。現在では上を受け取るという考えで、下座側の足を少し引くと承知しておけばよいでしょう。立ち方・座り方を練習する際は、進める足も退く足もなるべく小さい歩幅で練習するとよいでしょう。

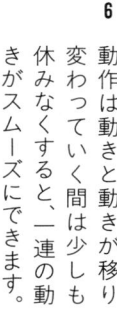

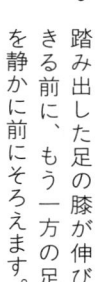

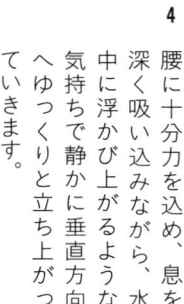

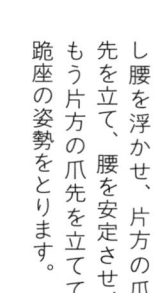

2　座布団《ざぶとん》の作法

座布団のすすめ方・入り方

室町時代以前は、床が土間や板の間だったので、その上に円座や敷皮を敷いていましたが、畳ができてからは座る場所に畳を敷くようになり、やがて座敷全体に畳を敷きつめるようになり、座布団が使われ始めたのです。最初は身分の高い人しか使えませんでしたが、明治に入ると一般でも使用されるようになり、和室作法として来客には必ず使うようになりました。

座布団は本来客があることを事前に知っていたら、到着する前に定位置に敷いておきます。厚くて大きい座布団は、広げたまま左手にのせ、右手を添えます。薄いものは半分に折って、折り目のあるほうを手前にして左手にのせ右手を添えます。こうして客の横または前に来ましたら、正座をし座布団を置き、両手を座布団の両端に添え、座布団をほんの少し客の方へ「どうぞ」の気持ちを込めて押し進めます。

座布団は中央の「しめ糸」の飾りがあるほうが表で、表を上にしてすすめます。正面は四辺のうち違い合わせのない「わ」が膝前にくるようにすすめます。主人側から「どうぞお当てください」とすすめられたら「失礼します」と挨拶してから、座布団の上に座ります。

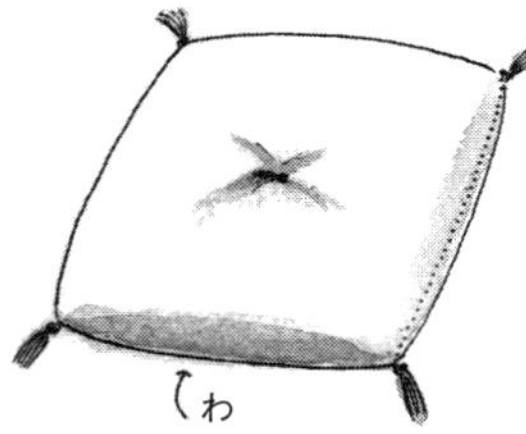

座布団の表裏・正面

座布団の入り方

座布団は洋間の応接セットと同じで、定まった位置に置かれてあるものですから、自分で勝手に動かさないようにします。

原則として座布団は上座に置いてすすめられますから、下座側横から入るのが本来なのですが、宴会や狭い部屋など、敷きつめられている場合は後ろから入ることになります。

座布団の横からの入り方

横からの入り方

1 座布団の横（下座側）に正座します。
2 跪座の姿勢をとります。
3 回り膝または送り膝で四十五度くらい回り、両膝を座布団にのせます。
4 膝行して入ります。
5 向きを変えて、姿勢を正します。

後ろからの入り方

1 座布団の後ろに座ります。
2 跪座の姿勢をとり、片膝ずつ進めて両膝を座布団にのせます。静かに膝行し、正座します。
3 薄い座布団は正座のまま膝行して座布団の中央まで進みます。

いずれも座布団の真ん中に座り、衣服の乱れを直します。両手で座布団を膝の下に引っ張り込んだり、端のほうに半分座ったりするのは、見苦しく無作法になります。

座布団の下り方

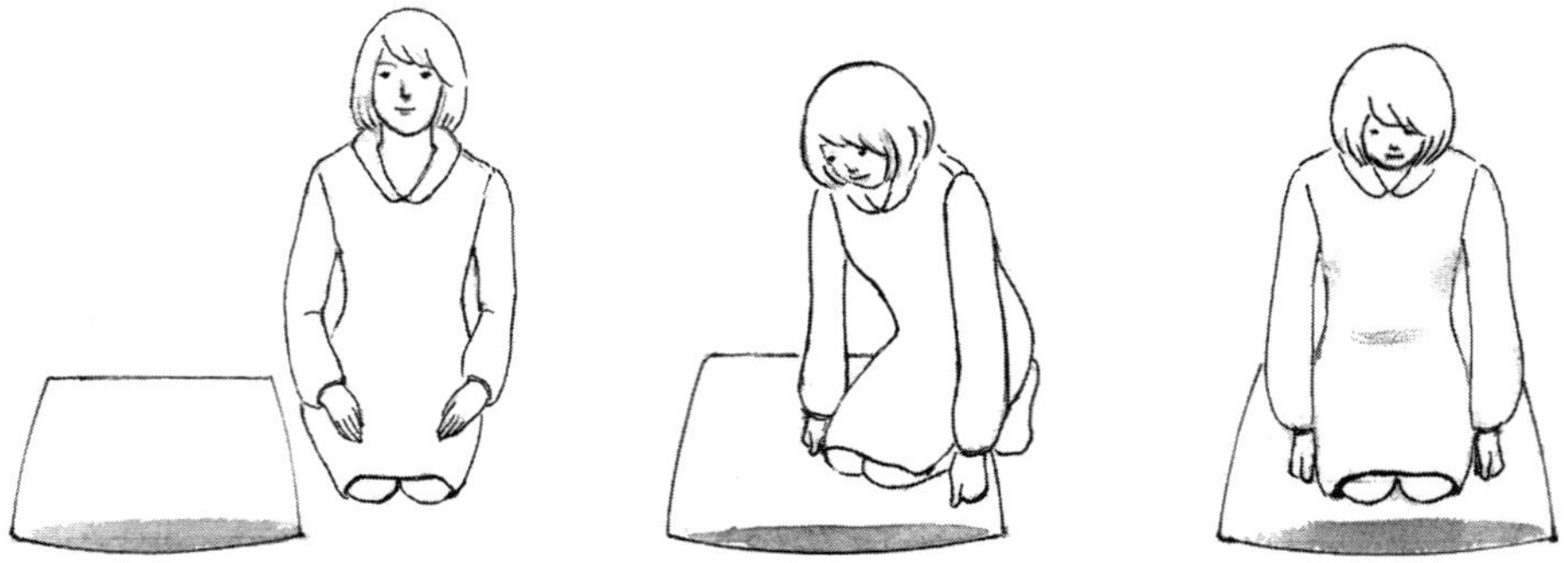

横に下りる場合

横に下りる場合

1 下座側のほうに膝退しながら足先を下座に下ろします。

2 両足が下りたら跪座の姿勢をとります。

3 回り膝か送り膝で正面に向き直ります。

後ろに下りる場合

1 後ろにそのまま下りるだけですので、膝退を繰り返し下ります。

2 またはやや屈体をして手を添え、片膝ずつ膝退をし、その動作を繰り返して下りてもよいでしょう。

3 膝行・膝退

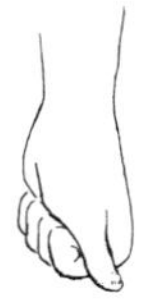

膝行、膝退のときの手の形

正座から少しの距離を進退するには、いちいち立ったりせずに膝を使った進退をします。

昔は神前や仏前を拝するとき、または高貴な人の前に出たり、物をすすめたり下げたりする場合に、先方を敬い慎む心持ちを表す意味で、相手方の前から一メートルくらいのところで歩みを止めて、正座をし、そこから膝で進み、膝で退《さ》がるのが目上や年長者に対する作法でした。

礼法ではこれを膝行、膝退といいます。現在では立って歩いてきて、相手の三歩くらい手前に座り一礼したあと、物を手渡したり、受け取ったりすることができるところまで、上体を少し慎んだ姿勢で前へ進んだり後ろに退がったりします。

この進み方、退がり方には手をついての場合と、手をつかずに膝だけでする場合、手と膝とを代わるがわるに進める場合等、種々の仕方があります。膝でする進退も歩み方と同じくすべての身体の基本となる大切な動作です。

手をついての膝行

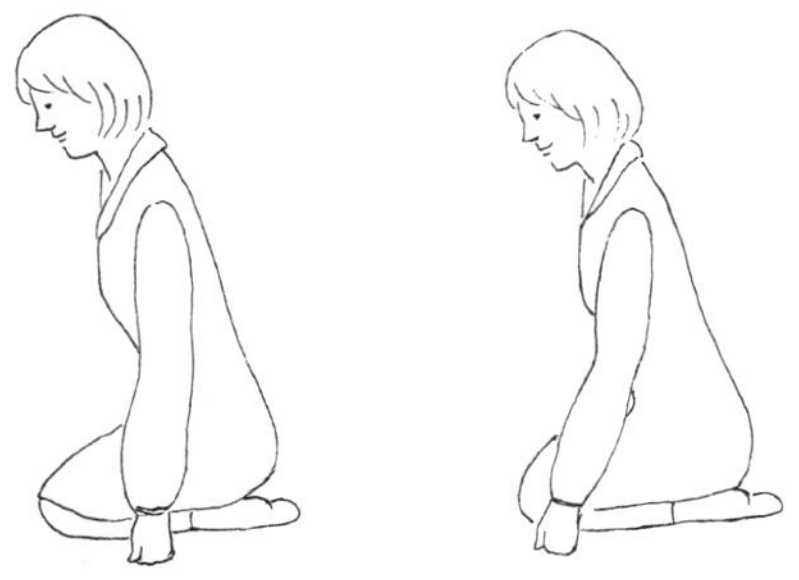

1 両手は軽く握って膝頭《ひざがしら》の横につきます。

2 両膝を少し浮かせ、身体の横に手が来るまで足の甲で進みます。

手をついての膝退

1 退《さ》がるときは身体の横に手を置き、

2 その手のところに膝頭が来るまで退がります。

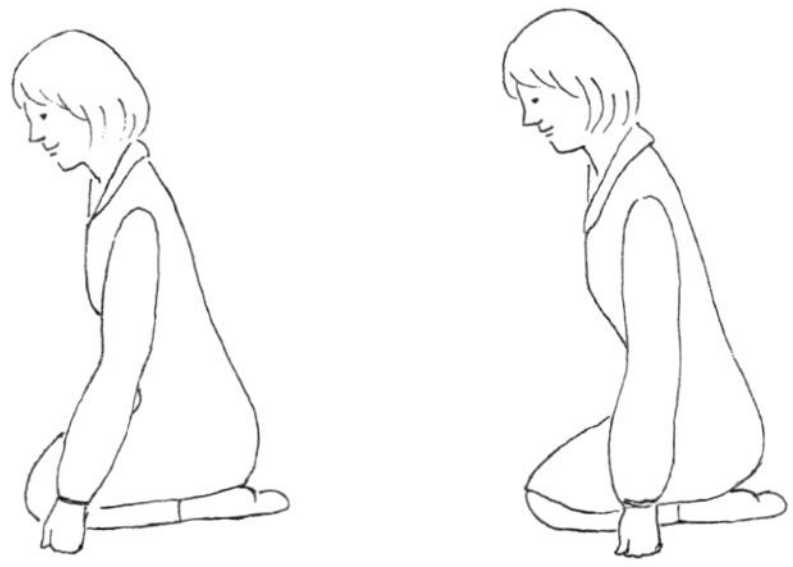

膝だけでする膝行・膝退

この進み方・退がり方は改まった場合に多く行います。手に品物を持ってする場合と手を膝に置いてする場合とがあります。物を持った場合は片手があいていても手はつきません。

1 跪座の姿勢から片膝を立てます。（下座の膝）

2 足指に力を込めて畳を押すように進みます。

3 逆側の膝を立て同様に進みます。

4 物を持っての膝行の場合は物が揺れないよう上体をしっかり据えるために膝を立てすぎないようにしましょう。

5 退がるときは、進むときと同じような要領で代わるがわるに退がり、最後は膝をそろえます。膝だけで進退するとき、身体を左右に傾けたり揺れたりしないように注意しましょう。

そのほかに手と膝を代わるがわるにする進退で古式の場合、神仏の前や儀式で進退する最も丁寧な膝行・膝退のやり方もあります。

4 送り膝・回り膝、座って方向を変える

向かい合って座っている場合、そのまま立つと相手を見おろし失礼になってしまいます。その場合は、正面より三十五度なり九十度なり向きを変えてから立つようにします。回り膝にしろ、送り膝にしろ、向きを変えるときは上座のほうに回るのが一般的です。

送り膝

正座のままで膝を送ります。

物を持って送り膝をする場合は、ひと膝ずつ送るとよいでしょう。

1 正しい正座の姿勢から

2 両膝の横に手をつき、方向を変えるほうの右手（下座側）をひと膝分開き、置きます。

3 両膝を軽く浮かし、離れて置いた手のほうに送ります。

4 この動作をくり返し正面をはずします。

5 左に送り膝する場合は、これと反対にします。

回り膝①（ズボンや袴《はかま》などの場合）

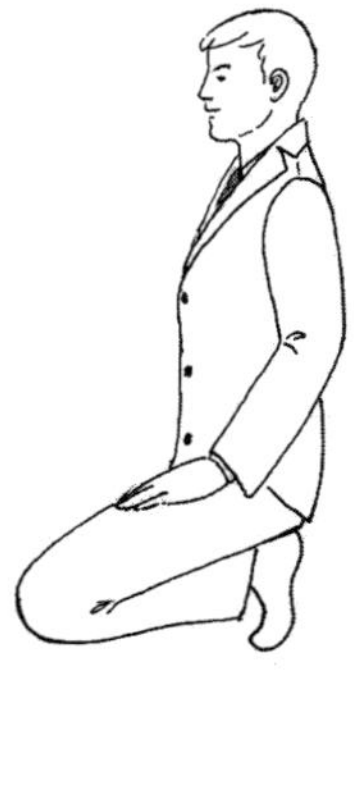

1 正座の姿勢から跪座の姿勢をとります。（左回りの場合）

2 右膝を少し浮かせ、腰から回るような気持ちで身を左に回していきます。

3 途中まで回った上体で左膝が浮いてくると右膝は下がり始めます。

4 回り終わりは、左膝が少し浮き、右膝が立つ状態になります。

5 右に回る場合はこれと反対にします。

回り膝②（スカートや着物の場合、女性回りともいいます）

1　正座の姿勢から跪座の姿勢をとります。

2　回る方向の足（下座側）の爪先を、回るほうに少しずらします。

3　爪先に力を入れながら左膝を少し浮かせます。

4　同時に右膝で左膝を押すようにして回る方向を変えます。

5　右に回る場合は、これと反対にします。

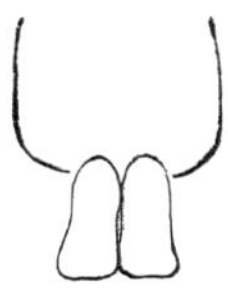

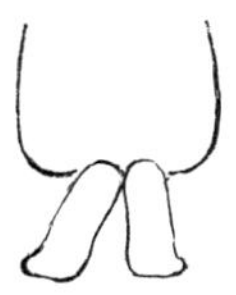

回り膝③（真後ろに百八十度回り、退がる場合）

1　正座の姿勢から跪座の姿勢をとります。

2　右膝を少し浮かせ、左膝頭は畳につけたまま左足先を右足先と平行にします。

3　腰を据え、身体の上体を真っすぐに保ちながら両足先に力を込め、百八十度くるりと回って向きを変えます。このとき姿勢には十分注意して、上体を揺るがせないようにします。

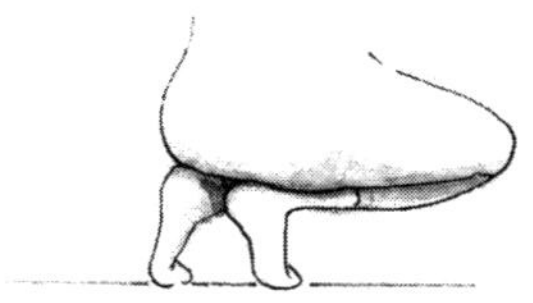

4　右に回る場合はこれと反対にします。

5　正しい歩き方

歩き方は礼法の立ち居振る舞いすべての動作の基本です。小笠原惣領家の作法では、座り、立ち、歩き、おじぎができ、ものが運べるなど、百という基本動作が躾《しつけ》の基本になっていました。

自然に美しく歩くためには、踏み出した足は軽く力を入れずに、残ったほうの足に体重をもたせておいて、身体の運行につれて重心を移していく、どちらかといえば後ろの足を前に運ぶことを中心に考えて歩いていくと、重心の移動が平均して美しく歩くことができます。

昔の人は、下駄を履いていても足指で鼻緒《はなお》をしっかり挟むだけでなく、足の親指の爪先で下駄の先端を押さえて歩くので下駄の面全体が足の裏にピッタリくっついて、ガラガラ音を立てた歩き方にはなりませんでした。そんな訓練をいつとはなしに身につけているので、スリッパを履いても、あのペタペタ歩きにならないのです。足の指先に力を入れて歩くようにすると、周りに迷惑になる音を出さないで静かに歩くことができるはずです。

礼法での歩き方は、時と場合に応じてさまざまあります。足運びの変化の速度だけをとってみても、次のように多種あります。

・練《ね》る……殿中などを大名がゆったりと歩くような歩き方。一息吸って一足進め、一息吐《は》く間は停止し、次に一息吸うとき、また歩くという悠長《ゆうちょう》な歩き方。歩み幅はいちばん広い。この歩き方は、今では日常の動作として用いられませんが、歩き方の基礎を会得して、身体のこなしを滑らかにするうえで必要です。

・運ぶ……一息吸うとき一足、一息吐くとき次の足を出す。歩み幅はかなり広くなります。

・歩む……呼吸と足は「運ぶ」ときと同じですが、少し息も早く、畳の縦を三歩半（女性は四〜五歩）ぐらいで歩く、歩き方の基本。

・進む……もっと息を早くし、一息吸う間に二歩進んでしまう。歩み幅は後ろ足の爪先が前足の踵《かかと》につくぐらいです。

・走る……もっと速く小走りに進み、歩み幅は後ろ足の爪先が前足の半ばぐらいになります。一呼吸で四歩進みます。

以上の歩き方は、土踏まずあたりから親指の方に徐々に足の重心移動を行います。これを「時宜《じぎ》に従《したが》いて」加減していくわけですが、今では和室そのものが少なくなり、狭くもなったので、伝書に表れるこのような歩き方を応用することはまずないでしょうが、日本古来の「歩《あゆ》み」の美しさを忘れてしまうのは残念です。前に述べた「歩む」という歩き方が、現在の畳の上を歩く場合の基本になります。自分に合った素直な歩き方を身につけ、背筋をピンと伸ばし、美しく歩く姿は見ていてとても気持ちのよいものです。

歩き癖《ぐせ》のいろいろ

1 正常な歩き方……正しい歩き方は、左右の足が一本の線を挟むように並行に運びます。

2 千鳥歩き……千鳥がピョンピョンと飛び歩きをしているのに似ています。一本線の上を歩くのですから、身体が揺れてよろけてしまいます。

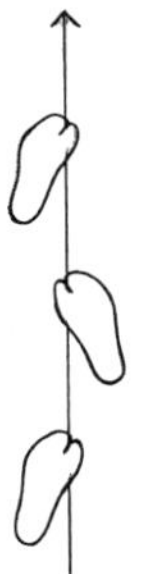

3 内輪歩き……内股歩きともいいます。内側に足が向く控えめな心を示したのでしょうか。昔は女らしい歩き方とされていました。

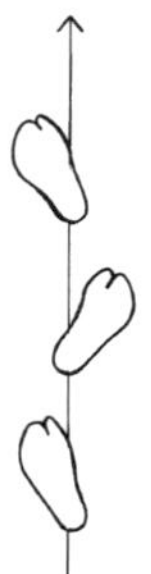

4 外輪歩き……外股とか、がにまた歩きといって、足先が外へ外へと向いて歩く癖のことですが、爪先の内側が触れ合うように歩く練習をすると正常な歩行が可能になります。

歩むときにはどんな場合でも、いろいろな癖をつけないように注意しなければなりません。肩を怒らせ、そり身になったり、背を丸めたりしないように注意します。

足の歩む方向が内輪や外輪にならないように、真っすぐに運ぶ歩行を身につけることは、礼法の動作としてばかりでなく、やがてこれが端麗な容姿となって表れるのです。

6 立って方向を変える

立ち居振る舞いに際して、身体の方向を変える場合には、最も正しい淀《よど》みのない動作によって移動しなければなりません。無駄な足使いをせず、自然な流れで正確な方向転換ができるようにしておきましょう。立っての方向の変え方には基本が二つあります。一つは自分が立っている位置を移動しないで九十度、または百八十度回る方法で、回ろうとする方向の逆側の足を片側の足の前にかぶせて回ります。もう一つは対面者がいる場合や九十度向きを変えて歩み去る場合などに適したやり方で、回ろうとする方向側の足を後ろに引いて向きを変えます。

足を後ろに引くことから礼法ではこの方法を「ひらく」といい、ただ回る場合と区別しています。いずれにしても、大切なのは重心が常に身体の中心にあり、基本姿勢の上体がしっかりしていなければなりません。その場になって無駄な足使いや、不自然な姿勢をしないよう、向きの変え方を普段から心がけ会得しておくとよいでしょう。方向転換は、上座を受けて、上座側に回るのが原則です。

立って回る

自分の立っている位置を移動しないで、前向きから後ろ向きに変える動作です。右回りの仕方について説明します。

1 まず左足の中央を右足先にT字形に合わせ、身体を真右に回します。

2 次に右足の中央を左足の踵に右と同様T字形に合わせて身体をもう一度真右に向けます。

3 左足を右足にそろえて正しく向きを変えた姿勢になります。

左回りの場合には、これと反対の動作をすればよいのです。

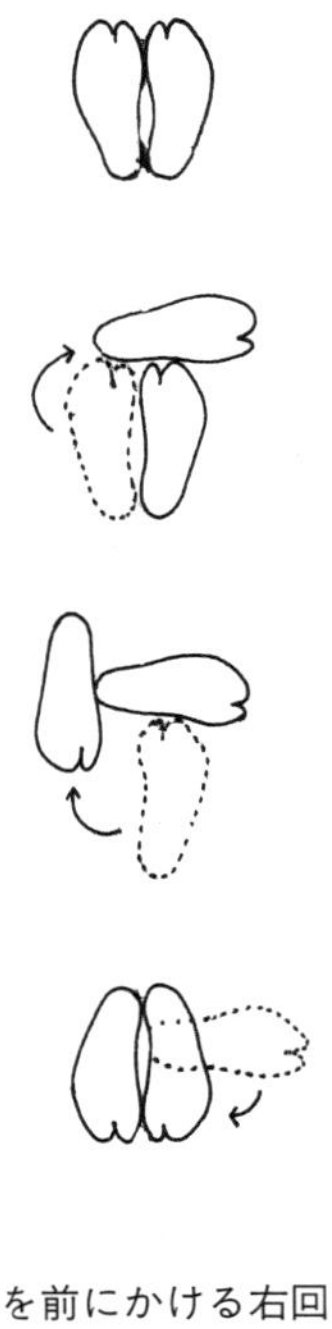

足を前にかける右回り

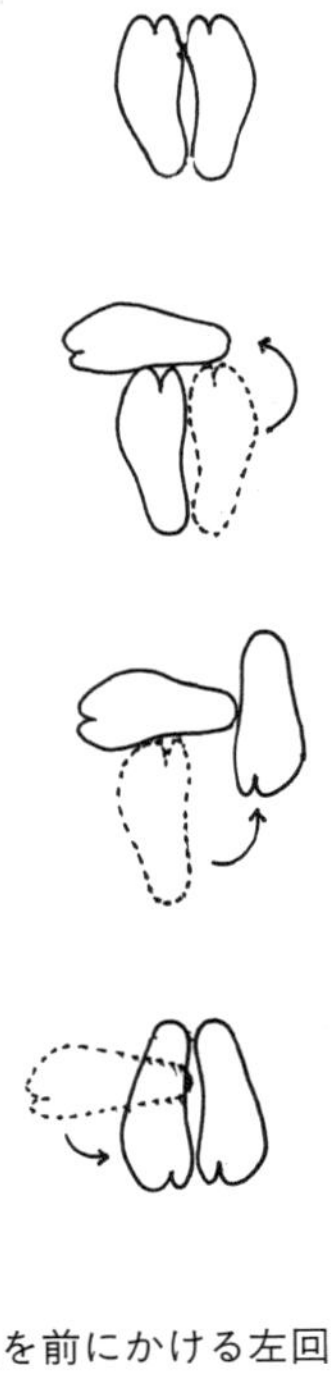

足を前にかける左回り

立ってひらく

1 回ろうとするほうの足を反対側の足の後ろ、踵の方向に九十度ひらき、同時に身体をその方向に回します。

2 残った足をひらいた足にそろえます。

3 初めにひらいた足を、回ろうとする方向にもう一度九十度向け、同時に身体をその方向に回し、足をそろえ、下座足から歩み始めます。

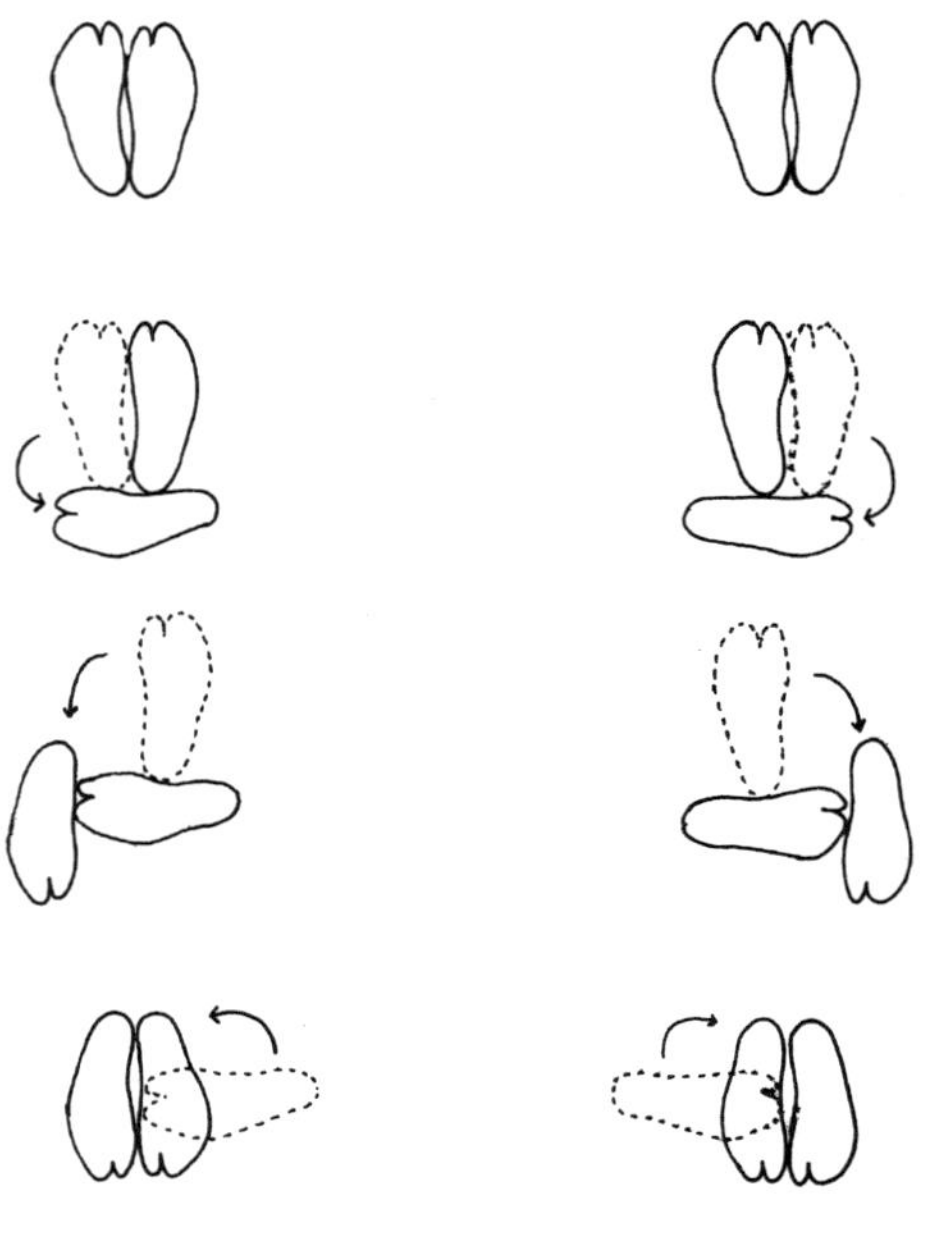

足を後ろにかける右回り　　足を後ろにかける左回り

ひらいて退《さ》がる

ひらき方の応用として、相手に後ろを向けないで退がりながら回る方法です。

1 後ろに退がりながら背を向けずに向きを変えるには、右に回る場合は右足を左足の後踵の方向に約四十五度ひらき、同時に身体を腰ごとその方向に回します。

2 残った左足を、ひらいた右足にそろえます。

3 右足を一歩踏み込むくらいにひらきます。同時に身体は右足をひらいた方向に回り、後ろに残った足から歩き始めます。足の動きに逆らわず上体がついていくためには、腰を軸《じく》にしたひらき方が必要です。左回りの場合はこれと反対の動作になります。

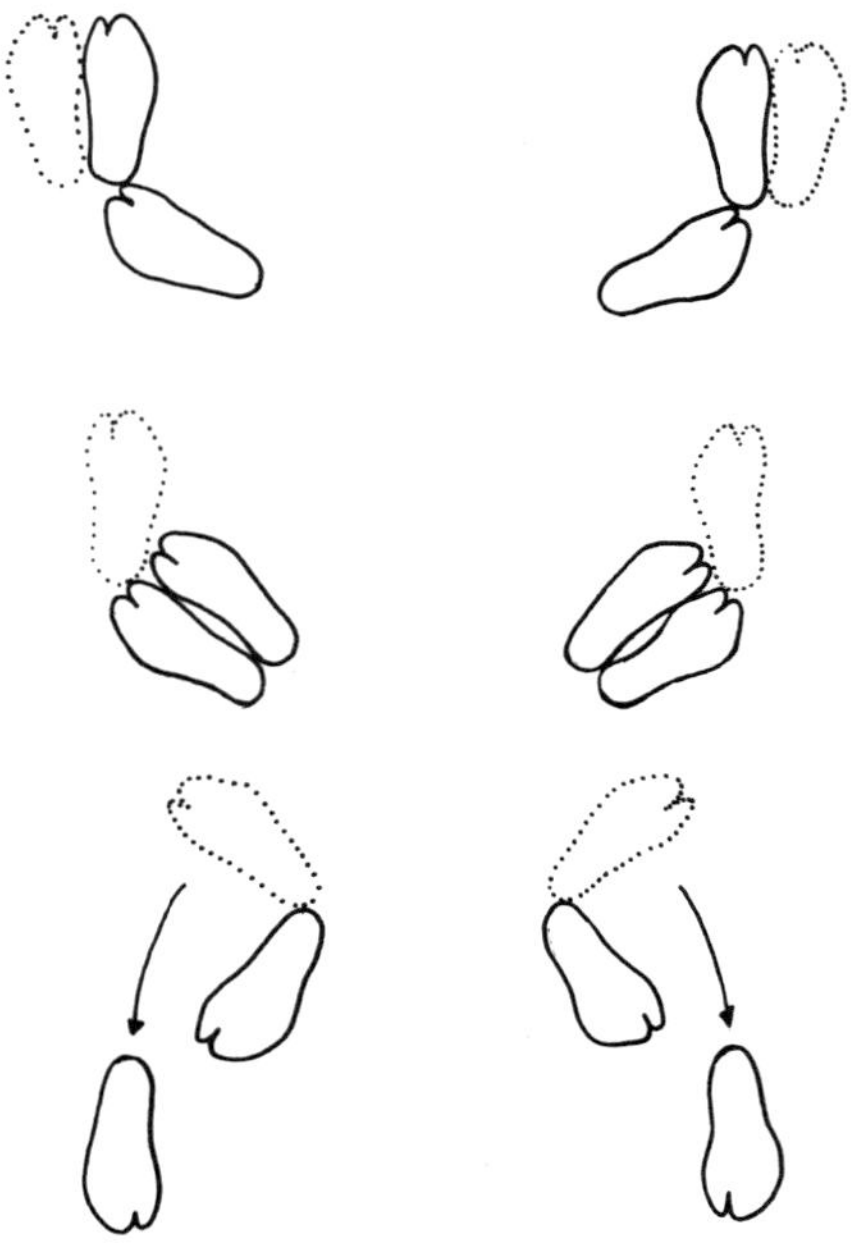

ひらいて退がる右回り　　ひらいて退がる左回り

第三章　おじぎの礼法

一　おじぎ

おじぎには座っての「座礼」と立っての「立礼」があります。

小笠原惣領家の礼法は、もともと武家の秩序を守るために伝承された日本間の座敷でのおじぎ、座礼の形式で、礼の仕方、受け方などTPOに合わせて目礼《もくれい》、首礼《しゅれい》、指建礼《しけんれい》、爪甲礼《そうこうれい》、折手礼《せっしゅれい》、拓手礼《たくしゅれい》、双手礼《そうしゅれい》、合手礼《ごうしゅれい》、合掌礼《がっしょうれい》などがあり、それぞれ身分関係によって軽重があり、男女によっても変化をつけていました。おじぎの中では、この座礼が最も完成された美しい形を伝えています。その座礼の原理が立礼にも同じように働いています。

おじぎは相手に対して敬意や感謝を表し、心を通わせる行為ですから、その心が相手に伝わるようなおじぎをしなくてはなりません。相手がまだ頭を下げているのに先に上げてしまったり、逆に相手かまわず深々と何度もおじぎをするのは、心が伴わないことになってしまいます。

昔はお互い扇子《せんす》を膝先に置いてから、静かに礼をし合うという取り決めがありました。「礼三息《れいさんそく》」といって、吸う息で上体を前傾させ、動作を静止し息を吐き、再び吸う息で上体を起こして、姿勢を正し、膝先の扇子を身につけるという躾《しつけ》がお互いの身に備わっていました。現代ではここまで丁寧にする必要はありませんが、せめて心の中に思っている感謝や敬意が相手の心に素直に伝わるようなおじぎを心がけたいものです。

年長者や目上の人に対しては敬意の心で、年少者や目下の人に対しては親愛の心を持ち、慎ましさと誠実さがそのまま形となって表現されることが大切です。その場その場に応じて真面目な精神が表れるおじぎを心得ておくとよいでしょう。

例えば劇場などで人の前を通って席に着くときや、バスや電車の空席に腰掛けるときも、ちょっと軽いおじぎをして「すみません」「恐れ入ります」と挨拶すれば、「さあどうぞ」と気持ちよく通してもらえたり腰掛けられたりするものです。人ごみの中で他人の足を踏んだり、身体にぶつかったとき、「失礼」「ごめんなさい」と頭を下げたら、どんなに怒っている人でも「いいえ」と顔色をやわらげて、その場が収まります。このようにおじぎは礼儀作法の根本をなすものです。形の上だけで上手にしようとしても、心に誠実さがなくては美しく正しい形は表れません。人間の心はよく目に表れますので、おじぎをするときは必ず相手に注目することが大切です。

小笠原惣領家の伝書の中には、「人に式対（おじぎのこと）のことを、さのみ繁きはかえってろうぜき（無礼）なり、三度に過ぐべからず」「万事に礼を深くすること慮外なり」とあります。何度も何度もおじぎをするのはかえって失礼だということです。おじぎのしすぎでその場の雰囲気を壊さないように配慮したり、時と場所をわきまえるように戒めています。昔も変わらず、おじぎはタイミングや加減がいかに難しかったかがわかります。粗末であっても丁寧すぎても困るのがおじぎです。

二　立礼

最近では立ったままおじぎをする立礼がほとんどです。立礼は、軽い挨拶には会釈《えしゃく》（浅い礼）、改まった挨拶には敬礼（普通の礼）、神前や仏前または目上、長上に対するごく丁寧な場合は最敬礼（最も丁寧《ていねい》な礼）と、三通りに分けられます。

おじぎをするときは、まず頭から背筋をスッと伸ばした形をとって気持ちを改めて真《す》ぐなる心で相手にのぞみます。その心を眼差《まなざ》しに込めて相手に向け一礼を交わします。大事なのはこれから先です。下げてきた頭を上げてきたとき、お互いのタイミングがピッタリと合って同時に目と目が合います。不思議なものでこうしたおじぎができると、初めて会った人でもそれだけで気持ちがスーッと通じ合ってしまうものです。

1　会釈（浅い礼）

まず正しい姿勢をとります。おじぎを始めると視線は徐々に下がってきます。

普段の日常生活ではこの程度の軽いおじぎをします。会釈をきちんと美しくできると、その人の人柄も表れてきます。上体は十五度くらい前傾します。息使いは前傾が止まるまで息を吸い、止まったら吐《は》いて、また吸いながら上体を戻します。

2　敬礼（普通の礼）

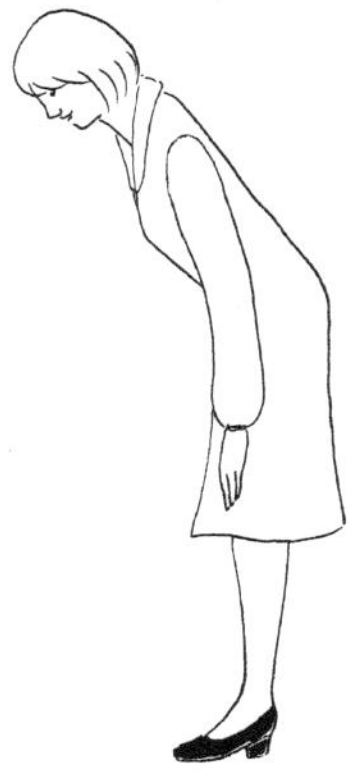

特に丁寧におじぎをするときは、会釈より深い礼をします。上体は四十五度くらいまで前傾します。

手の位置は指先が膝頭《ひざがしら》上に届くほどにします。体を屈し、動きが止まった時点で息を吐き、一拍おいて、再び息を吸いながら初めと同じ速度で上体を元に戻していきます。

3 最敬礼（最も丁寧な礼）

神前や仏前の儀式などで、ごく丁寧な場合にする礼です。直角に近く前傾し、掌《てのひら》で膝頭を包むほどです。上体は九十度くらいに曲げます。

4 帽子を取っておじぎをする場合

女性の帽子は髪の飾りや服飾品の一部とみなされ、室内でも、おじぎのときでも脱がなくても差し支えないことになっています。

男性の帽子はおじぎをする場合、特別な場合のほかは必ず脱がなくてはなりません。ツバのあるものはツバを持ち、ソフトや山高は縁や山を持ち、両手は軽く足の側面に添って伸ばします。どんなときでも帽子の内側が相手に見えないよう注意します。

外国では国旗掲揚や答礼などの場合、右手で帽子をとり左胸に当ててする敬礼がありますが、日本でも用いられるようになってきました。

挨拶以外で帽子を脱ぐのは、室内、劇場、映画館、レストラン、展覧会場、葬儀の前を通るときなど、脱がなくてよいのは戸外、商店の中、エレベーターや電車、自動車などの乗り物の中です。

三 座礼

座礼はいつも座った姿勢で身構えをしてから動作を始めます。立礼と同じように「礼三息」で行います。礼と呼吸が身につき、心のこもったおじぎはそのまま相手に素直に伝わり、その美しい動作からは奥ゆかしい気品さえ感じられることでしょう。

座礼での手の動き

おじぎをするときは、上体と手は同じ速度で動作をし、手には体重をかけないようにします。指と指の間が広がらないように小指と親指とで他の指をすぼませるようにし、手の甲にいくぶん丸みを持たせます（合掌《がっしょう》の手を左右に開いた形）。

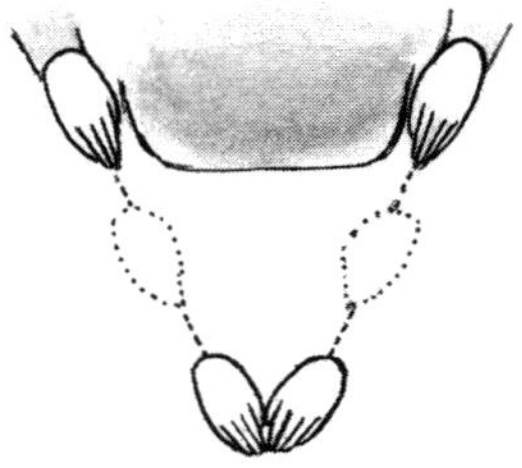

背筋は真っすぐに伸ばし、肘《ひじ》を張らないようにし、首だけを下げてぬき襟《えり》を見せることのないように注意します。

手を両方から前方に寄せてくるときは、左右から三角の山形《やまがた》を描くような格好で進めます。

1
目礼《もくれい》と首礼《しゅれい》

目礼は相手の顔に注目をし、首礼は首だけを下げます。年長者が年下の人にする場合が多いでしょう。

2
指建礼《しけんれい》

そろえた指先が膝の横で軽く畳につくほどに上体を傾けます。両腕は身体に添え、手首は軽く膝横に触れます。

茶菓を出したり受けたりするときや、中座する場合などの慎んだ姿勢です。

3
爪甲礼《そうこうれい》

左右の手を合掌の場合の掌《てのひら》の形で指をそろえて手の甲にやや丸味を持たせ、膝の両横におろし、その指先を折り曲げながら人差し指と中指の先に親指先を置き、上体を前に傾けます。両腕は身体に添え、手首は軽く膝に触れます。

年長者や目上の人の話などを慎んで聞くときの姿勢でもあります。

4
折手礼《せっしゅれい》

膝の両側に膝頭と並べて両手をおろし、掌を畳につけておきます。肘《ひじ》を身体から離さないようにして上体を徐々に前傾します。

挨拶の言葉を交わす場合や、大切な物を拝見する場合などの慎んだ姿勢です。

5
拓手礼《たくしゅれい》

手首を膝先に置き、指先をやや八の字形に寄せます。

上体は顔が畳からおよそ四十センチほどの浅い礼になります。

6
双手礼《そうしゅれい》

上体を下げながら左右の手を前に進め、掌が膝頭からおよそ八センチ前になり両親指先の間隔がおよそ十センチになったとき動作を止め、肘は軽く膝につきます。顔と畳との距離はおよそ三十センチほどの深い礼です。

7
合手礼《ごうしゅれい》

上体が徐々に下がるとともに両手が前に進み、左右の手を寄せていき、両手の人差し指を三角につき合わせ、胸は膝につきます。神前や仏前での礼でもあり、最も丁寧な場合の礼です。

8
合掌礼《がっしょうれい》

合手礼の両手が合掌され、古式の神仏に対しての礼です。その時代の合手礼は貴人などへのおじぎとして最も丁寧な礼とされていました。

四　握手

握手は西欧文化における礼と同じ意味を持つものですから、礼における作法の心はそのまま通じるものであると思います。

日本でも握手は最近一般的に広く行われるようになりましたので、社交上のエチケットとして握手の仕方を心得ておくとよいでしょう。握手は手と手を握り合う動作になりますから、立礼とは違った親近感が表現できます。

手を握るときの力や手の温感によって、立礼よりももっと正確に相手に対する思いを伝えることができます。それだけに心が伴わない形式的なものであれば、それも相手に伝わることになってしまいますから、難しいといえます。

握った手は肘《ひじ》の高さまで上げます。基本的には肘の高さという感覚です。親指を除く四本指をつけ、いい加減な握り方をせずにしっかりと握ることが原則です。

ただし一般的な上位の人との握手の場合には、軽く会釈してから握手をするとよいでしょう。

握手の仕方

1　握手を自分のほうから差しのべることのできるのは、年上の人が年下の人に対して、上位の人が下位の人に対してですので、年下や下位の人から先に求めてはいけません。

2　相手が手を差し出すのを待って初めて握手をします。すぐ応じるのが礼儀です。

3　男女の場合なら、女性のほうから先に手を出します。ただし相手の男性の地位が高いか年長である場合には、自分から手を出さないのがエチケットです。

4　正しい立ち姿勢で相手の目を見ながら右手を出します。先に手を出したほうが先に手を握りしめ、握りしめられたらすぐ握り返し、静かに離します。

5　握手は強くなく弱くなく適度に握り、二、三度上下に軽く振ってもよいでしょう。男性と女性の握手は軽く握るのがエチケットです。強く握ると特別の意味がこもることになります。

握手

6　握手をするとき、男性は手袋をしていたら取り、女性は儀礼用、装飾用のものに限り取らなくてもよいでしょう。

五　おじぎのいろいろ

1　前を通り過ぎるときの礼（前通りの礼）

人の前後を通る場合にも、相手との関係や場所からなどで、それぞれの礼があります。人の前はなるべく通らないようにするのが礼儀ですが、だからといって前を通らないようにするために、強いて窮屈な後ろのほうを通って相手の身体や着物などに触れることなどは、なおさら失礼にあたります。

そこで余儀なく人の前を通る場合には、相手との位置や関係によって礼の動作をしなければなりません。

美術館内での前通りの礼

また、後ろを通る場合でもそのまま通り過ぎないで前を通るときと同様に相応の礼をつくすように心がけることが大切です。

前通りの礼①

相手の人が椅子などに腰掛けている前を通過する場合、相手の正面近くに歩んだところで止まって、相手に近いほうの足を一歩開き、残る足をそろえて相手のほうに向き礼を行い、進む方向に近いほうの足から踏み出して静かに通り過ぎます。

前通りの礼②

人の前にしろ後ろにしろ、通り過ぎるときには足早に通り過ぎるようにして、相手の目ざわりにならないよう心遣いをすることが大切です。掲示物等を見ている人の前や後ろをどうしても通らなければならない場合があります。前を通り過ぎるときは、普通に歩いてきて、少し手前で両足をそろえて軽い礼をします。次に上体を少し屈《かが》めて、やや急ぎ足で進み、通り越してから身体を起こし、相手の目ざわりにならないよう気をつけて前に進みます。上体を屈めたときは背すじは丸めないで、きちんと伸ばします。

後ろを通り過ぎるときは、ついいい加減になりがちですが、結構気配《けはい》でわかるものです。後ろを通る場合でも、軽い挨拶をして通るようにすると、見えないところの心遣いが奥ゆかしく感じられます。

2　行き逢《あ》いの礼

往来の途中や廊下、あるいは庭園などで知っている人に会った場合、すれ違い際に挨拶をしなければならないことがあります。このときの礼の仕方や方向の変え方は案外難しいものです。

道で年長の人や知人に会ったときは、目線を少し前の道に落として歩いて行き、お互いに通路の中央を譲り合う意味で端に避け、相手の五、六歩手前に近づいたとき斜めに向き合うか、あるいはそのままの向きで一礼し、互いに相手から遠い足から歩み始め、相手に道を譲る感じにします。

行き逢いの礼

お互いに親しい仲なら、両方とも歩きながら会釈を交わします。廊下や狭い道では互いに右によけ、会釈を交わしながらすれ違います。身体をはすにして道を譲る感じにすると、やさしい気持ちが伝わります。狭い場所で立ち止まって挨拶する場合には、周りの人の通行のじゃまにならないように、他の人が通れるようにあけておく心遣いが必要になります。

また、学校や会場などで同じ先生や知人に一日何度も会うことがあります。こういう場合には、最初に立ち止まって挨拶をしたら、あとは歩きながら会釈を交わすだけでもよいのです。

お年寄りや身体の不自由な人とのすれ違いには相手の進行のじゃまにならないように気を遣ってあげましょう。

急ぎの用事で仕方なく人を追い越す場合は、「急いでおりますので」「ちょっと失礼させていただきます」と一言断ってから通り越します。歩くときは周りの人への心配りが必要です。向こうから来る人と肩がぶつかったり、持っている手提げやバッグ等がぶつからないようにします。もしそうなったら、ちょっと止まって軽い会釈をして「すみません」と挨拶できる習慣をつけるとよいでしょう。

友人や知人と歩いているとき、人の迷惑を考えず、おしゃべりに夢中になって横に並んで歩き、前から来る人や後ろから来る人のじゃまになったりしていることを忘れてしまうことがあります。廊下や街の歩道など幅の狭い所を歩くときは特に注意が必要ですから気をつけましょう。

3　曲がり角や階段での礼

曲がり角で出会った場合の礼

相手のじゃまにならないように道をあけます。曲がり角では内回りをするものなので、あらかじめ外側に立って内側をあけておきます。立ち止まって挨拶しなければならないような人ならば少し近づいてきたら立ち止まり挨拶を交わし、相手に遠いほうの足から歩き出します。普段は歩きながらの挨拶でよいのです。

階段で人に出会ったときの礼

階段を昇り降りしている途中で挨拶をしなければならない人と出会うこともあります。年長者や上司と出会った場合、相手が二、三段上くらいまで降りてきたらおじぎをし、相手が通り過ぎるのを待って上がっていきます。

階段を降りている途中で出会ったら、同じ段に来るまでその場で待ちます。同じ段のところでおじぎをし、相手が二、三段上がるのを見送ってから降ります。階段が狭いようでしたら踊り場まで戻って待ち、相手が少し上に来たときおじぎをします。

階段で人に出会ったときの礼

4 エレベーターで出会ったときの礼

エレベーターでは奥のほうが良い位置になります。操作盤（階のボタンや開閉を押すところ）が右にある場合は左奥ですし、左にある場合は右奥になります。広いエレベーターで操作盤が両方にある場合は、奥の位置ならどこでもよいことになります。

年長者や上司、お客様が入ってくるのがわかったら、サッと奥の場所をあけて入り口近くに立って待ち、完全に入ってからおじぎをします。同じ階で降りる場合は、年長者や上司、お客様を先に降ろします。このときエレベーターのドアが急に閉まらないよう気をつけます。エレベーターやドアの前で年長者や上司、お客様と居合わせたら、一歩退いて軽いおじぎをしながら先を譲ります。

5 車の乗り降り

座席の上位

自家用車は運転手の隣席が上位となります。
タクシーでは運転手の後席が最上位です。

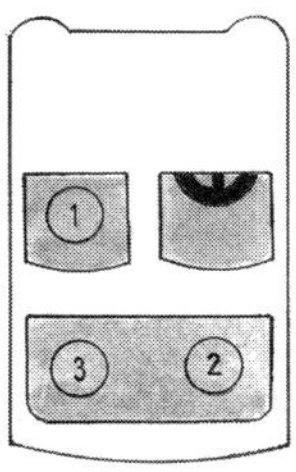

自家用車

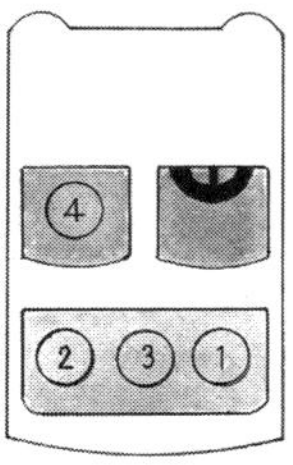

タクシー

車に乗るときは、大きなバッグや荷物を車内に入れてから体を入れます。

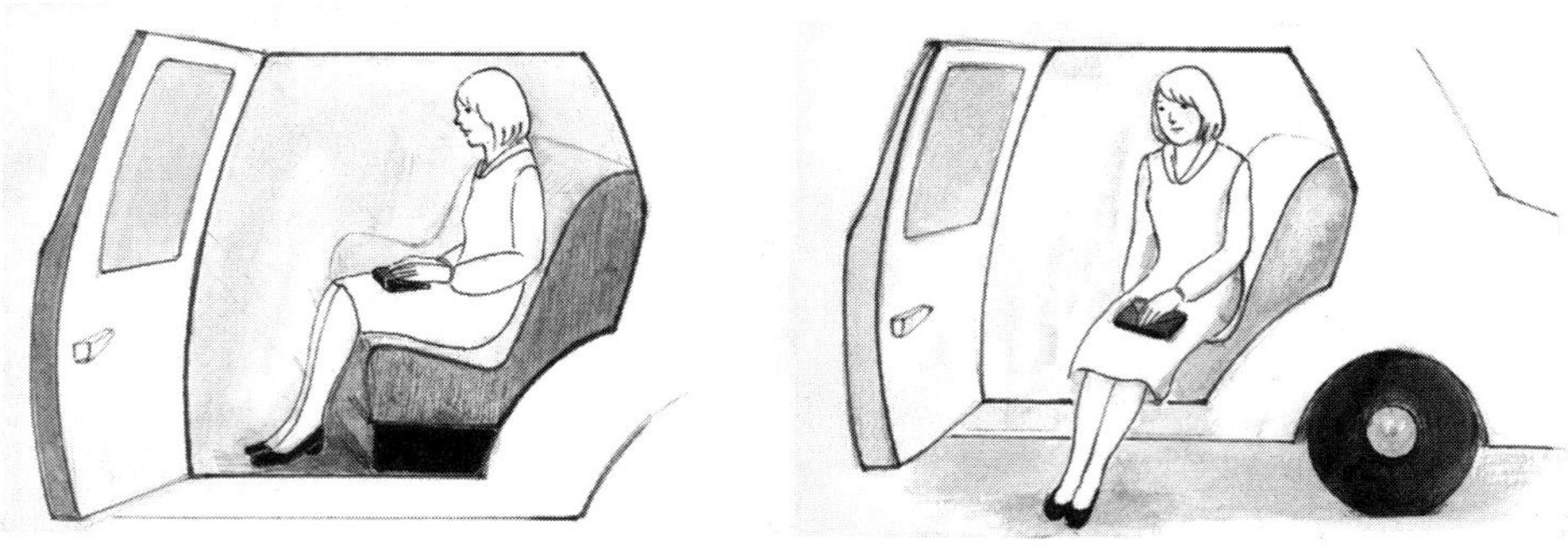
車の乗り降り

1 まずシートの端に浅く腰をかけ、両足をそろえて浮かし、体を半回転させて中に入ります。

2 奥の座席には、腰を掛けたまま体をずらせながら進みます。

3 車を降りるときも同様に、両足をそろえて車外へおろして立ち上がります。

六　物の受け渡しと心

私たちの生活の中で物を渡したり、受け取ったりする動作はたくさんあります。受け渡しのタイミングや動作が時と場合にピッタリ合えば、人と人との心のつながりをスムーズにすることが多いだけに、昔から礼儀作法の中でも大きな比重を持っていました。

小笠原惣領家礼法の原典ともいえる「礼書七冊」の伝書のうち一冊が「万請取り渡《よろずうけと》しの次第《しだい》」で占められているのを見てもわかります。

これは室町時代の武家の礼式で、大名の家臣が相手方の大名の家臣に会って大切な本を手渡すときのものですから、とても複雑な手順になっています。また太刀、弓、槍、鎧《よろい》などの武具や馬、鷹などを贈り贈られる場合の披露なども同じで、本を例にすると、相手方の大名がいかに読みやすくなるかという心遣いとその心を通わせるタイミングに終始するものでした。

このような物の受け渡しが、そのまま現代の生活に応用できるものではありませんが、危険を避けて、相手が受け取りやすく、また使いやすいように渡す心遣いは同じです。

では人に物を渡すとき、最も気をつけるべきポイントを六つ挙げてみます。

(1) いつも相手の身になって考える
(2) 危険がないように注意する
(3) 使いやすいように心がける
(4) 受け取りやすいように心がける
(5) 見やすいように気を配る
(6) 取り落としたりすることがないように気をつける

1　物の正しい渡し方・受け方

小刀や鋏《はさみ》など

刃の部分に触れると危険な物は、柄の上のほうを右手で軽く持ち、左手で柄の下を支えて渡すようにすると、受け取るほうは柄の部分を握ることができて、すぐ使えます。

傘やステッキ、ゴルフクラブやバットなど

握りのほうを上にして、立てて渡すほうが安全で相手も受け取りやすいでしょう。長い物は先を相手に向けたり、不用意に握り回したりすると武器にもなりかねないものですから、渡すほうも受け取るほうも十分に注意しなければなりません。時代劇をよく見るとわかりますが、家の中で刀を持ち歩くときには、かならず右手に持っ

ているものです。これは剣道にも受け継がれ、竹刀《しない》は右手で持ち一礼してから改めて左手に持ち替えます。右手で持っていれば突然に切りかかることはできないわけですから、切りかかる敵意はまったく持っていないことを表す動作になります。

このように危険な物の受け渡しには、相手に安心感を与えることが礼儀になってくるわけです。そのために、受け渡す場合、危険になるものは下のほうを向けるとよいでしょう。

書くものの渡し方

ペンの渡し方

日常生活の中で「何か書くものを貸してください」と頼まれることはよくあることです。万年筆やボールペンはキャップを取って相手がすぐ持って書けるように渡します。インクがスムーズに出るかどうか試し書きをしてから渡すとより親切なことになります。

小笠原惣領家の古い伝書の中にはペンの代わりに筆の出し方が記されています。これによると、まず、硯《すずり》を使いやすいように主人の右に置き、硯の蓋《ふた》をあけて、硯に水を入れ、墨をよくすってから主人のほうに向け直します。それから筆を持ち筆台にもたせかけ、主人が筆を持ちさえすればすぐに書けるような状態にすることが心遣いであると書かれています。さらに主人の側にいて書くことを見ていないほうがいいと判断した場合には、じゃまにならないように主人から見えない所に控え、書き上げて筆を筆台に置いたところを見計らって主人の前に進み出るといった細かな配慮までも記してあります。たしかに自分がものを書いているとき、そばでじっと見られていたのでは何となく書きづらいし、人に見られたくない書面もあるので、こうした配慮は必要なことといえるでしょう。

扇子《せんす》の渡し方

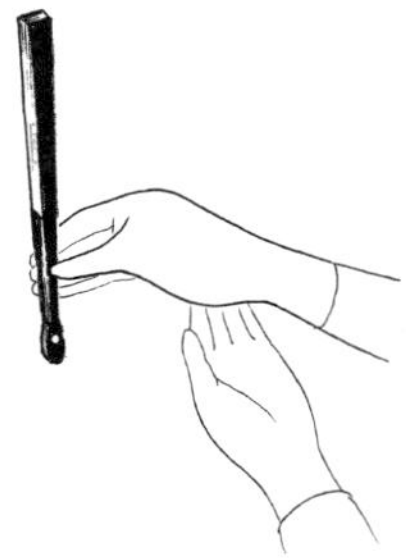

現代では扇子を使うことはめったになくなりましたが、着物で正装のときや特別な場合はまだ使う機会があります。扇子の渡し方も用途によって違います。着物の正装時や袴《はかま》をはいて扇子を腰に差そうとするときの渡し方は、扇子の要《かなめ》のあるところを右手で持ち、左手の掌を上に向けて添え、竹（紙）の部分を上にして渡します。こうして渡せば相手はそのまま竹（紙）の部分を持って腰に差すことができます。相手が扇子であおぐために借りるときには、渡す人は

この逆で要を上にして前と同じように渡します。相手のほうは右手で扇子を受け取り、左手を添えて開き、あおぐことができます。

取っ手のついているものを渡すとき

取っ手のついているものを渡すときにも、当然相手がすぐ使えるように相手の右になるように渡します。洋服ブラシ、ドライヤー、ヘアブラシなど日用品の中でも数え切れないほどあります。このような物はすべて相手の右に置くことになります。同時に使いたいドライヤーとブラシは、左にドライヤーを置き、右にブラシを置くと両手に持ってすぐ使うことができます。

紅茶やコーヒー茶碗にも取っ手があります。もともとは右側に向けて置きます。

眼鏡《めがね》を渡すとき

眼鏡ケースに入っているなら蓋《ふた》を開いて相手がすぐにかけられるように、つるを開いて渡します。このときケースに眼鏡をふく布が入っていれば、ふいてから渡すとより親切になります。

食べ物を渡すとき

例えば口や手を汚すような食べ物、あるいはソースや水滴がたれ衣服を汚す気遣いがある物などは、紙ナプキンや懐紙を添えて渡すとよいでしょう。ソフトクリームや棒についたフランクフルト・ソーセージ、紙コップに入ったジュースやシェークなど、立ち食いの場合も同じようにナプキン類の紙とともに渡しましょう。

本や書類を渡すとき

読みやすいように渡します。正面を自分のほうに向けて持ちます。相手の前で時計回りに回して相手方に正面を向けて渡します。一見大げさに見える作法ですが、タイミングを合わすという意味からみれば有意義なものです。取り回す「間」をとることによって心が通い合うことになります。

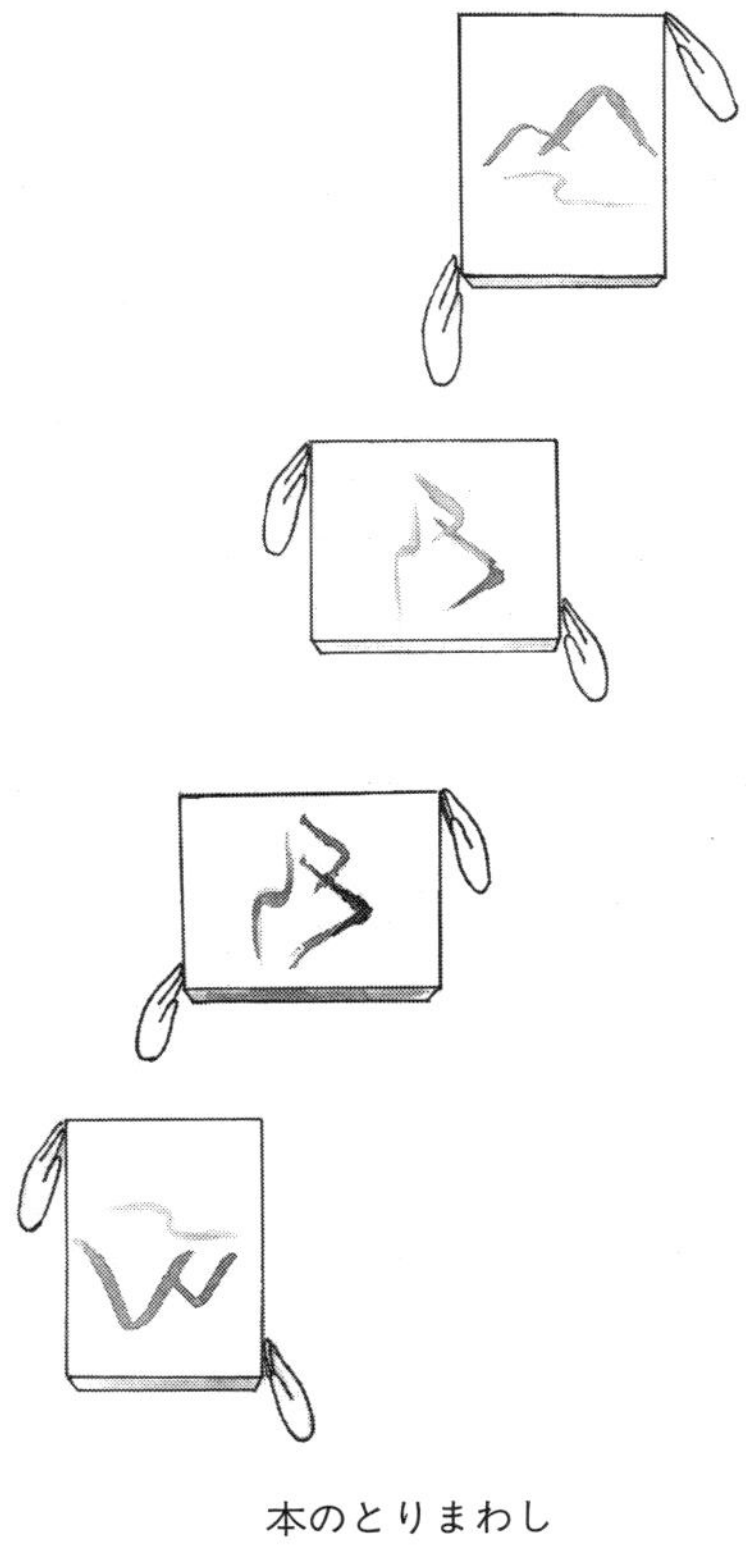

本のとりまわし

軽い物・重い物を持つとき

重い物の持ち方

軽い物はつい無造作に持ちがちですが、指輪とか香合など貴重な物の場合が案外多いものです。相手に渡す場合は、重々しく、うやうやしく持つほうが心が伝わります。重い物の場合、人前に運んだりするとき、いかにも重そうに持って出たのでは「こんなに重い物を持ってきたんだぞ」という感じを与え、相手の心に負担をかけることにもなります。物を持つときは、軽い物は重々しく、重い物は軽やかに持ったほうが美しい形になります

　茶道に伝えられている作法に、「軽いものは重々しく、重いものは軽く」という扱い方があります。茶釜などの重いものを、いかにも重そうに持って出ると、無理しているんだぞという押しつけがましさを相手に与えてしまうからです。同じようなことが小笠原惣領家の伝書にも「目をしかめ、せいを出すふりは見苦しきなり」と表現されています。逆に棗《なつめ》など軽いものでも、丁重に差し出されれば、それが価値のある芸術作品のように見えるものです。記念すべき大切な指輪を渡そうとする男性が、その指輪を軽々しく扱ったりはしません。渡す動作に愛情の深さが表れているのです。こうした目立たない、込められた心の深さが受け渡しに表れ、相手への思いやりになるのです。

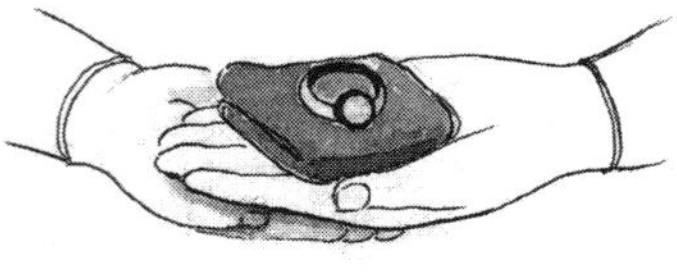

軽い物の持ち方

七　物の取り回しと正しい持ち方

何でも物の扱いは、丁寧に、静かに、そして安全であるということが大切です。表書きのある贈り物や本、正面のある品物（香炉など）を渡すときは、渡す相手に正面が向くように取り回して進めなければなりません。渡した後は両手を一度に引かず、一方ずつ順に引くと美しく安全です。畳の上を滑らせて進めるときは、品物を押し進めて一拍置いてから手を引くような「間」を心がけます。

　またおみやげなどの贈り物を差し出すとき、風呂敷や紙の手さげ袋ごと渡す人がいますが、風呂敷は品物を汚さないためのチリよけですし、紙の手さげ袋は、それに加えて持ちやすくするためのものですから、渡す前に手早く開いて簡単にたたんでから渡すほうがよいでしょう。

テーブルの上に物を置く場合

貴重な物や壊れやすい物は一旦片端をテーブルの面につけ、あとで底面全体がつくようにすると安全で音も立ちません。特にお盆の場合など負担がありません。また、コップや平たい物でしたら指先を品物の底面より下に突き出し、指がテーブル面についたら静かに置きます。または品物の底に小指が少し出るようにして持ち、先に小指をテーブルについてから品物を丁寧に置くようにします。

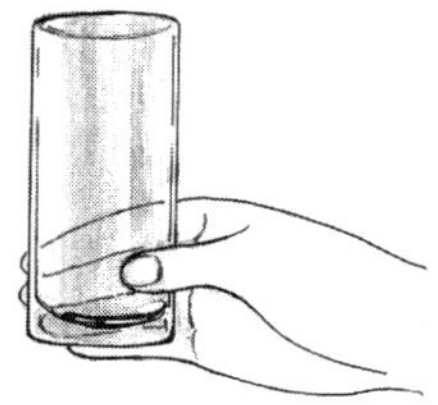

コップの持ち方

正しい持ち方の基本

物の持ち方はその種類、大小、形状、重量などによって違います。食べ物を盛った膳や器は、息をかけないようにするために高めに持ち、両肘は丸く張り加減にして、肩から肘、肘から手先までの線がなだらかになる「円相《えんそう》」の持ち方になるよう気をつけます。

目通り

神仏への供物は目の高さに持ちます。これは捧げ持つ形でごく丁寧な持ち方ですが、日常ではほとんど用いません。

肩通り

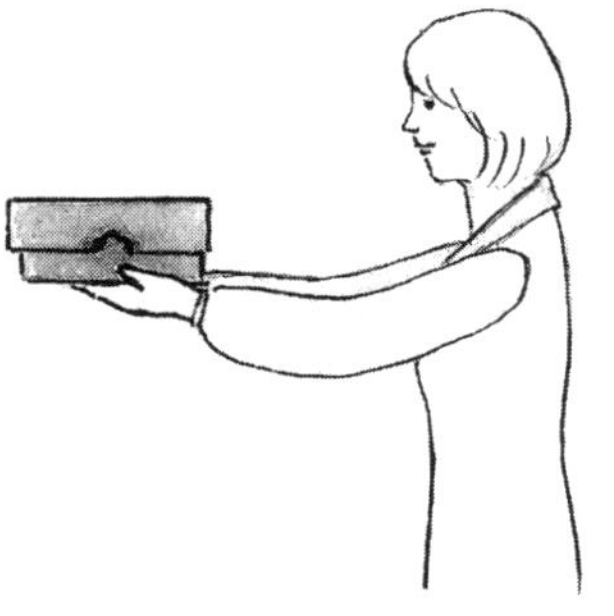

目上の人へ物品を運ぶときや、お客様に運ぶ膳などは、やはり捧げ持つ気持ちで「肩通り」の高さに持つのが丁寧です。

胸通り

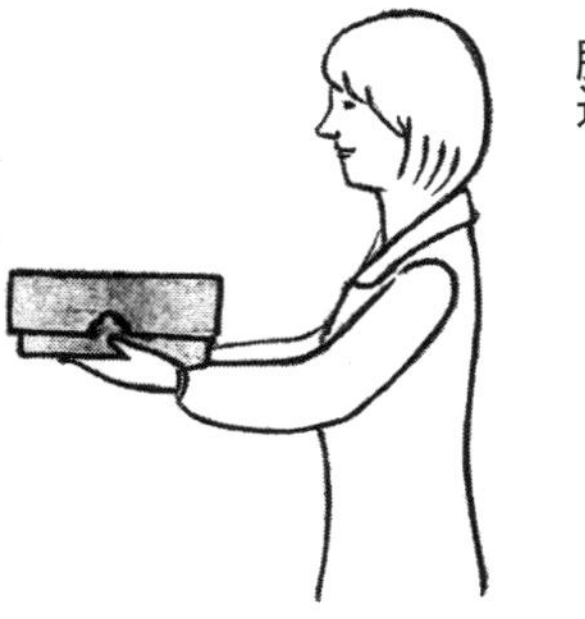

やや親しい間柄の方には「胸通り」といって胸の高さで持ちます。普通の場合の持ち方として適当です。

帯通り

膳や盆で空《から》になった器などを下げる場合、「帯通り」といってみぞおちの高さに持ちます。

いずれの持ち方も、背筋を伸ばした上体を保ち、円相で持つようにします。

第四章　床の間と部屋の出入り

一　日本建築と床の間

日本建築では客間が家の主室となっています。この客間である主座敷は書院の様式が用いられ、床の間はその中心となっています。

床の間の起源は遠く、平安時代の貴族の住宅、寝殿《しんでん》造りに始まり、当時の仏教信仰から寝殿造りの正面に貴人席として設けてあった御《み》張台《ちょうだい》が仏像や仏画の安置の場所となり、これが後の建築に取り入れられて床の間となったといわれています。

鎌倉、室町時代になって、中国の寺院建築の書院（仏典を講義する部屋）の手法を取り入れて、武士の簡素な生活に適する書院造りの建築様式が生まれてきました。床の間は室町時代には押板《おしいた》と呼ばれ、花、燭台《しょくだい》、香炉《こうろ》（三具足）を飾り、礼拝していた空間でした。一般に普及したのは、掛軸を主とした書画の鑑賞が流行するようになってからで、現在のような床の間になったのは、桃山時代の頃と思われます。

初期の床の間には仏像を安置し、香・華・燭を供え礼拝する信仰の場所としての面が強く、後には仏像に代わって観音菩薩の画像・高僧の墨跡《ぼくせき》や山水、花鳥の掛軸に三具足、五具足を飾る（供える）のは、この仏像、仏画を安置する床の間の前身の名残なのです。

床の間はその造り方で正式、略式に分けられ、それによって作法も異なります。床住が角材で床框《とこかまち》がある床の間と、それに続いて床脇棚のあるのが正式で、真の床または本床《ほんどこ》といい、床面は畳とするか、薄縁《うすべり》を敷き込むかまたは床板を張り、付書院を設けます。

二　床の間の本勝手と逆勝手

床の間は礼拝の場所であるため、座敷の最も上位です。本勝手、逆勝手と称されるのも、床の間と床脇棚の位置関係をいっているのです。

向かって右に床の間、左に床脇、違い棚があるのを本勝手の床といいます。この場合、客位（上座）は向かって右側になり、主位（下座）は向かって左側になります。その逆に左に床の間、右に床脇違い棚のあるのを逆勝手の床といいます。この床の間を右、左へつけるのは、家の設計上光線の入る方へつけるのが原則です。

この床の本逆《ほんぎゃく》の勝手は茶室でも同様で、向かって右に床のあるのを本勝手の茶室といい、その本・逆によって作法も違ってきます。

床の間の種類は、本床のほかに蹴込床《けこみどこ》、踏込床《ふみこみどこ》、洞床《ほらどこ》、釣床《つりどこ》、袋《ふくろ》床《どこ》、織部床《おりべどこ》、龕合床《がんごうどこ》、などの八法に大別しています。

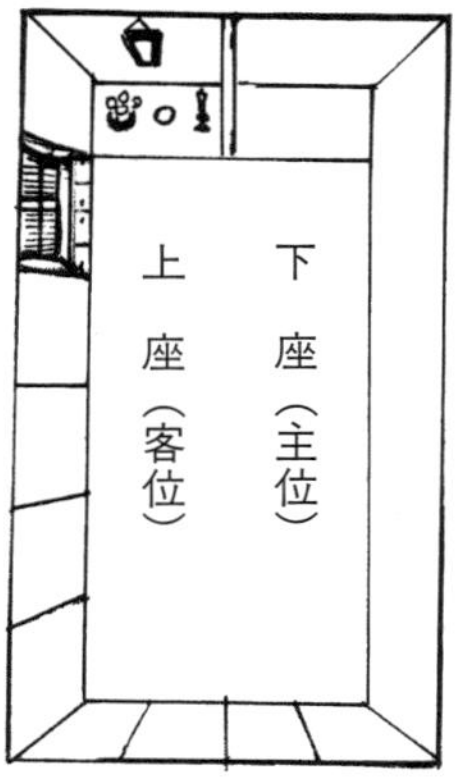

逆勝手

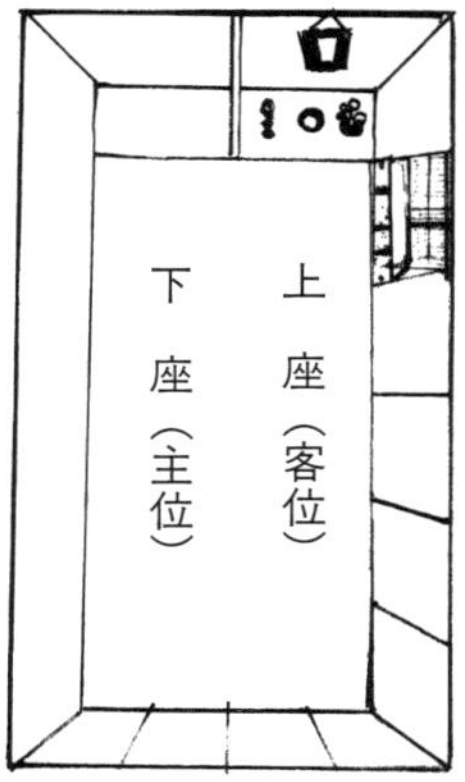

本勝手

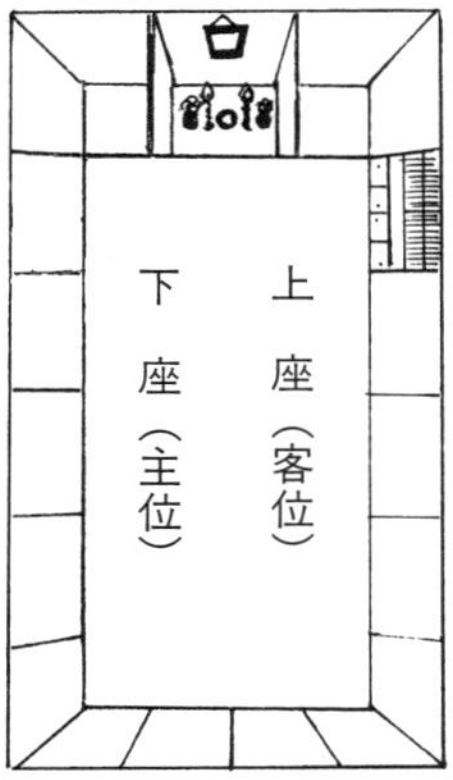

正式な構え（広間）

床の間の本勝手と逆勝手

三　書院の由来

元来書院の名称は、昔中国において天下の学者を集めて書を講《こう》ずる所を書院と名付けた例があり、寺院で仏書を講義する部屋を書院と名付けました。鎌倉時代禅宗《ぜんしゅう》が伝来してから寺院に書院が造られたのが起こりです。当時までの邸宅は寝殿造りでしたが、その後武家の邸宅が寺院の書院を模して建てられるようになり、書院造りという住宅様式が生まれました。武家はこれを客の対面所あるいは座禅する室に用いました。これが現代の客座敷の起こりです。

1　付書院《つけしょいん》と平《ひら》書院

付書院

書院には、付書院と平書院とがあります。付書院は明床《あかりどこ》、明書院などの別名があります。床の間から続いた座敷の内側から縁側の方に張り出した出窓風の造りで、下《か》部机《ぶづくえ》ほどの高さに水平に板を取り付け、前に明《あかり》障子《しょうじ》をはめ、その上に組子障

平書院

子または透彫《すかしぼ》り、彫刻を施した板の欄間《らんま》にはめた形のものです。付書院という名称は、床の間に続いて付いている意味からのようです。

平書院は平面的で略された書院で、縁側に張り出しがなく明障子だけになっています。

2 書院飾り

書院は昔僧侶が書見をした窓の変化したものですから、文具や巻物を主として飾るわけです。中央に喚鐘《かんしょう》を吊り、床の間寄りの柱に鏡、床の間と反対側に払子《ほっす》を掛け、下方の板の上の飾りは中央に硯屏《けんぺい》を、その前に硯《すずり》を置き上に水滴《すいてき》、墨一丁《すみいっちょう》、右方に筆架けに筆《ふで》一管《いっかん》、硯の左方に筆洗いを置くこともあります。上座に軸盆に巻物を正しく置きます。この巻物の反対側に印籠《いんろう》または薬籠《やくろう》をのせた盆を置くこともあります。または、半紙の上に硯箱を置いただけの場合もあります。気をつけなければならないことは、床と棚飾りの品物が重複しないことです。また、床の間に掛軸と卓香炉だけを飾り、書院の方に花瓶一瓶、または二、三瓶飾ってもよいでしょう。

書院飾り

四 床飾り

床飾りの第一は掛軸です。掛軸には一幅《いっぷく》ものから二幅対《にふくつい》・三幅対・五幅対などありますが、普通正式とされているのは三幅対です。表装は三幅とも同一の仕立てをするのが習慣になっていますが、昔は中央の中尊《ちゅうそん》だけ別の表装をしたようです。

床の上には、三具足《ぐそく》（香炉・燭台・花瓶）、五具足（香炉・香合・香匙台《こうさじだい》・鶴等の燭台一対・花瓶一対）を飾り、花は立花になります。

今では一幅か二幅の掛軸に生け花（花瓶）と香炉というのが一般的になりました。

正式床飾りの一例

五　床脇違い棚

床脇の違い棚は、その起源についていろいろの説がありますが、寝殿造りの家屋における黒棚《くろだな》や、御厨子《みづし》が、書院造りの家屋の発生とともに、それらが造りつけに工夫されて、床の間の発達とともに今日に至ったようです。

その造り方は大体、天袋《てんぶくろ》、違い棚、地袋《じぶくろ》から成り、この三つとも備えつけたもの、この内のいずれか二つ、あるいは一つだけでできているもので、座敷の手法、床の間とのつり合いなどを考えて工夫を凝らすべきものです。

略式床飾りの一例

棚飾り

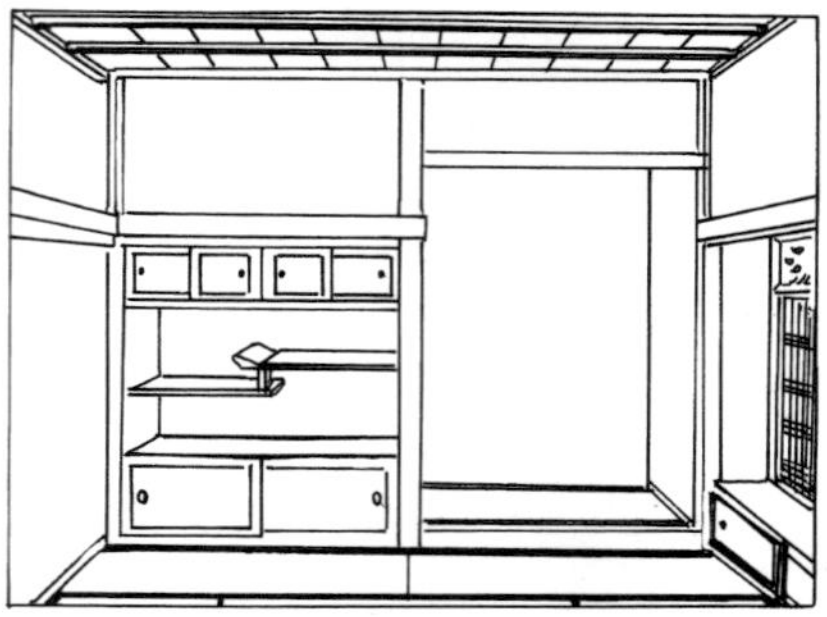

床脇違い棚

棚飾りはその造りに応じて香匙《こうさじ》・香合《こうごう》・焚き殻入れを香盆にのせて香箱を添え、または食籠《じきろう》・菓子鉢・古銅器《こどうき》・手《て》匣《ばこ》類・壺類・磁器等すべて何にしても他と重複しないよう、取り合わせよく飾ります。

棚の数にもより、上座（床の間）のほうから下座のほうへ、上の棚から下の棚へと品物の品位により順序よく飾るようにします。

例えば、上位に巻物（盆にのせる）、その下座に書物（書物の題名が見えるのを避けてその上に文鎮《ぶんちん》をのせる）、地袋《じぶくろ》の上に硯箱《すずりばこ》を料紙にのせて置き、地板は花瓶または盆景《ぼんけい》を配するというような順序に飾ります。それに特に重い品物は棚の上に置かずに地袋または地板の上に置くようにします。

小笠原惣領家の伝書に「書院床飾《とこかざ》りの次第、硯、墨、筆架、軸の物にても、または歌書にても何成ともヶ様《かよう》の類の物。床には三幅（三幅対の掛軸）、三瓶（生花）。違い棚は硯箱、料紙、香盆、香爐《ろ》、香匙、火筯、ヶ様の類のもの、盆山（盆景）是は書院床にも、また違い棚にも事により餝《かざ》り申し候」と大体の作法を述べています。その文に続いて、「惣別《そうべつ》ヶ様の餝りは、其の御客の心を請けて餝り申す物にて候ゆえ、定法これなく、大かたこの類の物を餝り申し候。万事躾け方、此心得多くこれ有《あり》」としており、部屋の飾り方は、一応このような物をそれぞれの場所にあてて飾りはするが必ずしも定法があるわけでなく、客の心を受けて飾るものであり、このような心がけが躾というもの全般にわたるものだと記しています。

つまり、床飾りを例に引いて作法の考え方全般に相手のことを考え、それを受けてサービスすることが根本であると結論づけています。

客を迎える座敷の整えようからみても、相手を思いやり、それに合わせてゆく作法、飾り方が大切になるのです。

六　部屋の出入りの心得

案内なしに他人の部屋に入るときは、洋間ならドアをノック、日本間ならまず外で「入ってもよろしゅうございますか」と伺い、「どうぞ」という許しを受けてから入るべきで、突然入るのは失礼です。たとえ年下の人の部屋であっても、無断で入るのはよくないことですから慎まなければなりません。

私の恩師の小笠原忠統先生のお話の中に「明治頃の話を母などから聞くと、旧大名華族、特に作法の宗家としての私どもの家の作法はなかなかきびしかったもののようで……」と言って次のようなお話をしてくださいました。

当時の家令（江戸時代でいえば家老）などは、廊下など歩いていても、足音一つせず、主人の部屋の近くに来ても、かすかに袴《はかま》の音のする程度であったといいます。そこで襖際《ふすまぎわ》まで来ると、咳《せき》ばらいというほどでなく、軽くしわぶく程度の音を立てる。昔は忍者の合図にも使われたというかすかなしわぶきでも、唯の咳かは判断がつくもので、部屋の内にいる主人はその音で「ああ、あの家令が来たな」ということがわかり、そして一応迎え入れる態勢をとり、姿勢なども正したうえで、わかってはいても「誰か」という問いかけをします。そこで家令ははじめて「○○でございます」と声を出して答えます。そして内部の準備を見計らってから襖を開けることになるわけです。

丁寧なものとして三度に襖を開ける作法のやり方を襖の内部にいるほうから見ていくと、まず、わずか手の先が入る程度に襖が開かれます。これがこれから人が入っていくという合図になります。次は身体の半分まで開かれます。外側の人には主人はまだ見えませんが、部屋の様子は大体のみ込めますので、その部屋で処すべき態度の見当などが一応つけられます。最後に身体の入る広さに開け、お互いに全身が見合わせられるという手順です。

これだけの段階を踏めば、中にいる人も、入る人も心の準備が整いますし、襖の弱点もカバーできるわけです。こうした信頼関係がもとになって、お互いの心の負担を少なくするように組み立てられていったのが襖の作法です。今では襖を三度に開ける正式な作法は、よほど儀式ばったときや茶会などでもなければ使われなくなりました。襖の作法にしても時代環境や生活様式の移り変わりによって、作法の「形」が変化するのは自然なことですが、襖の作法に込められた部屋の中にいる相手への心遣いとお互いに察しあう心は、いつの時代にも通じることです。この襖の作法の底に流れる精神を基本と考え、常に忘れないようにすれば、自分なりの自然で美しい作法が身につくでしょう。

昔は襖を開閉するにも、その場所柄や相手と自分の上下、主客の関係などにより作法を違えなければなりませんでした。客を案内して襖を開け閉《た》てする場合や、自分が座敷の出入りをするために開閉する場合など種々ありました。このほかにも座敷の様子、襖が一本《いっぽん》引《び》きか二枚引違《ひきちが》いか四枚建《よんまいだて》なのか、また襖の幅の大小なども影響されたようです。ここでは自分が出入りする場合、正座での開閉三手《みて》と、同じく立っての開閉二手《ふたて》の、二通りを紹介します。

1 襖《ふすま》の開け閉て（座っての場合）三手《みて》

1 開けようとする襖の前に座り、近いほうの手を引手にかけ少し開けます。今から部屋の中に入りますというドアのノックと同じ意味があります。

2 引手から手を襖の下に移して、開けやすい姿勢になります。

3 身体の中央まで押して開けます。

4 手を替えて、身体が通るだけの広さに開けます。（手を替えたほうが身体に無理がなく美しいからです）

5 膝行して敷居を越し、相手に背を向けないように送り膝をして襖のほうに向き直ります。

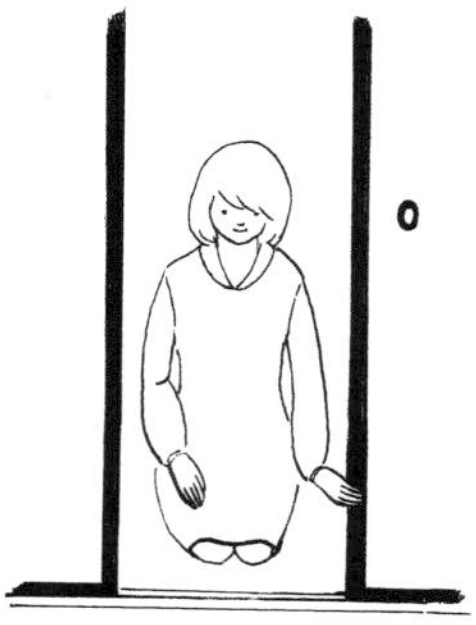

6 開いた襖に近いほうの手で、身体の中央まで閉め、

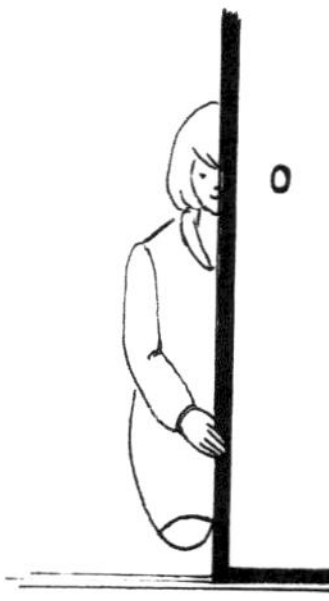

7 反対側の手で、手の甲が柱かまたは残っている襖の縁に触れるまで閉め、手は膝の上に戻します。

8 手を替え、引手に手を移し、残りを静かに閉めます。必要があれば右手（この場合）を襖の下に添えてもよいでしょう。

2 襖の開け閉て（立っての場合）二手《ふたて》

1 開けようとする襖正面に立ち、近いほうの手を引手に掛け、少し開けます。

2 その手を縁にあて、自分が出入りできるだけの広さに開けます。

3 下座足から進み入り、上座のほうに回って襖のほうに向き直ります。

4 襖に遠いほうの手で縁を持ち、柱または、残っている襖の縁に手の甲が触れるくらいまで閉めます。

5 反対の手で残りを静かに閉めきります

七　ドアの開け方と閉め方

ドアを開けるときは、ノックをします。ノックは「これから入ります」といった合図になります。

部屋の中の人からは姿勢が整ってから「どうぞ」といった返事があるでしょうから、それからドアを開けることになります。

必要以上に広く開けないように気をつけ、自分の身体や衣服が触れないくらい開けるのがよいでしょう。ドアに添って身体を回し、内側のノブを反対の手で持って閉めるとき、左右の足を交互に使い、同じ足を続けて使わないように注意しないと動作が不自然になって見苦しくなってしまいます。

ノブは開閉のすむまで離さないように注意すると、余分な音がしないで静かに閉まります。

部屋の中に大勢いるときや会議のときなどは、ノックをして返事がない場合があります。こんな場合はノックをしてから数秒間、間《ま》をおいてから開けるようにすれば失礼にはなりません。背を見せないように向き直り、浅い礼をします。

1　向こう側に押して開けるドアの場合

ドアの開け方

1　ノックをして遠いほうの手でノブを持ち、身体が通れるくらいまでドアを開けます。

2　ドアに近いほうの足から進め中に入り、身体の向きを変えながら、もう片方の手で内側のノブを持ち替えます。

3　ドアの方に少し向きを変えてから、静かに閉めます。

4　部屋の中の人に後ろを見せないように向きを変え、ここでおじぎをします。

八　畳のへり

畳の上を歩くときに「畳のへりを踏んではいけません」とよくいわれます。

畳のへりを踏んではいけないという作法が生まれたのは室町時代で、足利幕府の礼法としての小笠原惣領家礼法が整ってきた頃です。当時の御殿の畳は高麗縁《こうらいべり》、繧繝縁《うんげんべり》などの錦や分厚いものが多く用いられていました。

身分の高い人にお茶や料理を運ぶときは、息のかかる失礼を避けるために目の高さまで膳を捧げて（目通りの持ち方）持ち運びましたから、どうしても足元は見えにくくなり、畳のへりにつまずいて膳や盆をひっくり返しでもしたら、それこそ大変でした。

小笠原惣領家の伝書にも、「飯、点心（菓子、果物のこと）、肴《さかな》以下を目より上に持ちたる由《よし》申し候えども、それも余りにことごとくし候。また足本（元）も見えかね候」とあって足元が危険であるというようなことを書いています。

ここで「ことごとしく」とされているのは目より上に膳を高く持ち上げて運ぶ作法で、小笠原流では古くから「目通り、肩通り、胸通り、帯通り」といった、膳を運ぶときの高さの目安があり、大切な客ほど高く捧げ持ちました。畳一畳の縦を四～五歩（男子は三歩半ほど）で歩くというのは、へりにつまずかないためにも合理的な足運びであったということがわかります。

高麗縁と繧繝縁

高麗縁
白地に雲形や菊の花などの模様を黒く織り出したもの（白地に金糸で刺繍したものもあります）

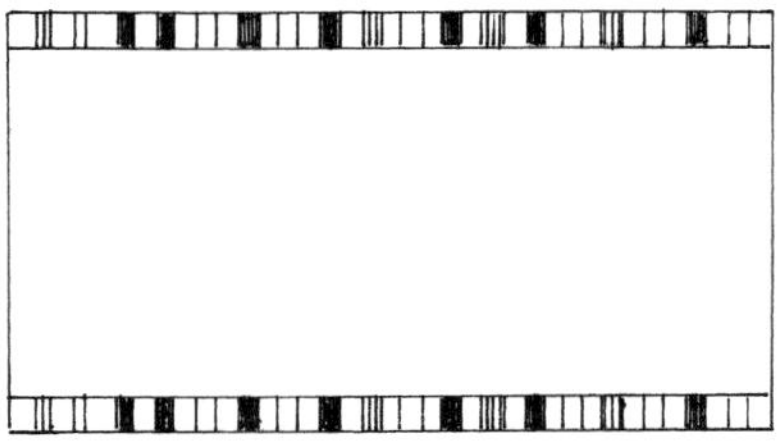

繧繝縁
同じ色をだんだん濃くなるように染め出したもの（縦じまに五色の色がついているお雛様の畳などに使われています）

畳《じょう》結界《けっかい》

結界とは仏教用語で聖地と俗地を隔てる境界という意味で、昔一般の人（客）が座る畳と貴人（主人）が座る畳は区別され、へりはその境目に当たる結界と考えます。へりを踏むと、それまで端然と保たれていた空間の格式が崩壊すると考えられました。私たちは人前を横切るとき「前を失礼します」という意味で軽いおじぎをします。畳のへりはそうした個人個人の領域を示し、精神的なプライバシーを保つものだと考えられ、祖先は日常もこうした空間の秩序を取り入れていました。「畳のへりを踏まない」というのは、個人の精神の尊重とつまずかないようにという合理性を合わせ持って一つの作法となったのです。

「敷居を踏まない」というのも同じような理由による作法の一つで、敷居の凸部に気を配らないと危険ということを、敷居を踏むと根太《ねだ》がゆるむという日本建築の特徴をとらえた合理性、そして一つの領域から他の領域に入るという境界線の意味を合わせ持っている作法であったといえます。

「畳のへりを踏むな」という作法は、確かに足元に注意して歩くことは危険防止と、個人の精神を尊ぶ意味において踏まないほうがよいといえます。

単に畳のへりを踏まないようにすることだけに気を遣うあまり、動作がぎこちなくなることのほうが無作法になる場合もあります。礼儀の「心」と作法の「形」が互いに補い合って礼儀作法になるのだということを忘れないでほしいものです。形だけを身につけようとするのではなく、その心を理解することが大切なのです。

第五章

訪問とおもてなし

一　訪問の作法

伊達政宗の残した言葉に「この世に客に来たと思えば何の苦しみもなし」「朝夕の食事はうまからずとも誉めて喰うべし、元来客の身なれば好き嫌いは申されまじ」という言葉があります。

客の心になるということは、相手を大切に思う心遣い、自分のわがままを抑える気持ち、客と亭主との心よい気持ちの交流を念頭に置き、相手を十とすれば自分を七に置くぐらいの気持ちが必要となります。

小笠原惣領家の伝書の中でも繰り返し説かれる「時により人によるべし」「時宜《じぎ》よろしきよう、気遣い肝要なり」という心得が訪問に際しても重要なポイントなのです。

お客様がいらしたときには、煎茶に和菓子あるいは紅茶、コーヒーに洋菓子などをお出しします。そのとき、菓子をお客様の左前にお茶を右前に置きます。これは取りこぼせば粗相をしやすいお茶のほうをお客様の利《き》き手の右側に置くということなのです。それに従ってお菓子は左側に置きます。些細なことですが、そういう小さな心遣いを人によりＴＰＯに合わせて発揮することが訪問やおもてなしのときの礼儀といえるでしょう。相手の状況を正しく思いやる心、それを正確に受けとめる心、その心を持っていれば、その場にふさわしい作法が自然に出てくるものです。

作法というのは決まりではなく、お互いの心を通わせ合う手段として生まれてきた形式だということを常に心に思うことです

他家を訪問するといっても招待されて訪問する場合と、招待はなくても訪問しなければならない場合との二通りあります。

まず、実際の訪問に先立っての心得として、予告なしの訪問はよほどの急用でない限りできるだけ避けることです。ちょっとした訪問が相手の生活のリズムやサイクルを大きく変えてしまう失礼になるからです。

実際によんどころない事情ができ、不意に訪ねた場合、一般的には「玄関先で用事をすませましょう」と思われがちですが、大切な急ぎの用事だからこそ不意の訪問になったのですから、主側でもその事情をくみとって配慮してあげることになります。

また、招待された訪問の場合、当日約束の時間を守るのは当然のことですが、先方はこちらの受入れ準備に忙しい場合が多いですから、招待されたほうもその辺を配慮した行動が必要になってきます。

招かれて行くとき、頼みごとで行くとき、相手と親しい間柄のとき、初対面のとき、先輩や上役、あるいは儀式的な訪問など、その目的や相手との関係、その場の状況に見合ったさまざまな心遣いや

振る舞いが要求されることを念頭において訪れたいものです。わずかな訪問時間でも、実際に訪問の目的を遂げ、さらに余韻のある豊かな交流の時間を持つことができれば最高です。それには細やかな心の準備がいるものなのです。

1　招待された場合

正式に招待されるときは、前もって何月何日何時、どこに、人数は何人、一緒に招待する人は誰と誰などを書き添えた案内状が届くか、親しい間柄でしたら電話などで必ず案内があります。この招待状を受け取ったら、できるだけ早く出欠の返事をします。間際まで返事をほうっておくと、招待する側の準備等に差しさわりがあるばかりでなく、失礼にもあたります。

返事の出し方は、表書きの〇〇〇〇行というところは行を消して様を入れます。また、御出席、御欠席のいずれかを消すことになりますが、いずれの場合でも自分が出す立場にあるのですから御という字を消し、わきに一言その会の趣旨によって「おめでとうございます」とか「久々に皆様にお目にかかれるのを今から楽しみにしております」などを書き入れます。また欠席の場合には「残念ながら当日はよんどころない用事ができまして……」というように自分の気持ちを書きましょう。芳名の芳も消したほうがよいでしょう。

一般的な訪問としては、手紙や電話で先方の都合を聞くのはもちろんですが、この場合訪ねたい時刻と場所、所要時間などをはっきり述べましょう。何日頃とか何時頃と漠然とした通知は、その間先方を足止めすることになりますので慎みましょう。

電話を利用する場合は、相手が自分より目上の人なら、直接電話口に呼びつけるのは失礼ですので、取り次ぎの人に用件を話して本人の都合を尋ねてもらうのが本意（エチケット）です。

手紙またははがきを利用する場合には、返信用の切手またははがきを封書に添えるようにします。相手が親しい友達であっても往復はがきを用いる心遣いはしたいものです。

訪問の時刻は火急の用事以外は早朝や夜間、食事時間などを避けなければなりませんが、相手の都合により日没後に訪問して差し支えない場合もあります。

訪問の場合は用事のいかんを問わず、その人の自宅に訪問するのが正式ですが、時間の節約と形式の簡素化から、今日では略式の訪問場所としてお互いに都合のよい場所を選ぶことが多くなりました。

茶道では「前礼」といって、お茶会に招待された客は、その前日に招待のお礼に伺うという作法があります。近頃では電話でもよいようになりました。大切な集まりなどの場合には時間の思い違いなどがないように電話の前礼なども活用してみてもよいのではないでしょうか。

そして、予告したからには当日の約束の時間を守ることは当然のことですが、あまり早めに到着するのも考えものです。先方がこちらの受け入れ準備に忙しかったりする場合が多いからです。一般に他家への訪問の場合はビジネスの場合とは逆に、約束の時間から四～五分遅れて伺ったほうが、先様も「さあどうぞ」と、お客様を待ち受ける余裕が持てるのでタイミングとしてはよいでしょう。年長の方を訪問する場合は特にそう心がけたいものです。

2 招待なしの場合

予告して訪問するのが原則ですが、新年、中元、歳暮の挨拶をするときや、頼まれたことについて報告するとき、吉報をもたらすときなどは習慣として差し支えないとされています。またごく親しい間柄で、近所まで用があったついでに訪問するとか、ちょっとご機嫌伺いに訪ねるというような場合には、先方の迷惑になる時刻を避け、敬意を表す程度にして長話はしない心がけが大切です。

3 心をしのばせる服装

相手をどう大切にするかということが小笠原惣領家礼法の基本精神ですから、服装に関しても、訪問する人も、される人もまず相手によい印象を与えることが大切です。目立たなく美しくというと、まず相手に清潔感を与えることが第一になります。

公式の訪問での招待状に正装とある場合は、女性はイブニングドレスかアフタヌーンドレスを、そうでない普通の場合はワンピースでもスーツでも差し支えありません。

帽子をかぶる場合は、洋服の色の中から一色を選ぶと無難です。普段かぶり慣れていない人は鍔広《つばひろ》のものより、顔の輪郭に添ったものの方がすっきり見えます。アクセサリーも大げさにならない心がけが大切です。全体が足元まですっと抵抗なく整っていれば適切です。

4 手みやげを贈る

相手への真心が贈り物という形になって表れます。何を贈るかは、何が喜ばれるか思案する気苦労もありますが楽しさもあります。そうであってこそ贈る側、贈られる側の心が形を通して結ばれるのです。

ごく親しい仲で折にふれて手作りのお菓子や手芸品、丹誠込めて咲かせた庭の花や季節の果物などをあげたり、いただいたりするのは楽しいもので、交際を親密なものにするうえにもよいものです。

手みやげを渡す時機ですが、家族が釣ってきた魚、潮干狩《しおひがり》の獲物の貝、自宅で咲いた花や野菜、冷蔵庫に入れたほうがよい生菓子類などは早く渡して処理してもらわなければならないので玄関先で挨拶のとき渡します。また部屋に通されてから渡すのは気が引ける軽い手みやげなら「みなさんでどうぞ」などと言葉を添えて出迎えの人に差し出してもよいでしょう。

しかし、改まった訪問で、挨拶の品物として贈る場合は、客間に通されて挨拶がすんでからすぐに差し上げるようにします。

5　玄関での作法

玄関の起こりは、元来禅寺の門から発し、通玄関《とおりげんかん》と称するものが略されたもので、鎌倉時代に禅宗《ぜんしゅう》の寺院で宮殿に入る門（玄関）を造ったのが初めてです。それが足利時代になって武家の邸宅に玄関を設けるようになりましたが、これは門ではなく式台《しきだい》と称する板敷の段を設けてこれを家の入り口としました。今の玄関に近い形式のものが生まれたわけです。今日の玄関は本式の玄関と家の入り口とを融合して工夫されたもので、家の入り口という以外に精神的な意味が含まれて存在しているものなのです。

建物の面積が大きくなると本玄関（客用）と内玄関（家族用）は分けるようになりましたが、現在では一か所で両方を兼用の玄関が多くなりました。

玄関での注意

玄関は家族の出入り口であると同時に来客の送り迎えに用いる大切な所でもあります。

車で訪問したとき、門外で下車します。先方に車寄せのある家なら、それが目上の人の家であっても車寄せで下車します。訪問先に到着したら心を落ち着けて身じまいを整え、コートなどは脱いでから呼び鈴を押します。二度も三度も押すのは忙しそうでもあり催促がましくも感じられるのでやめましょう。

それでも応答がないときは、玄関が開くときには一歩玄関に入って「ごめんください」と声をかけます。何度声をかけても応答のないときは、念のため勝手口の方へ回って「ごめんください」と言ってみます。これは必ずしも失礼ではありません。そのとき初めて応答がありましたら「表へ回りますから」と言って玄関先へ引き返します。

家へ通されるとき、履物《はきもの》の扱いにも注意します。禅寺などを訪ねると上がり口に脚下照顧《きゃっかしょうこ》と書かれています。文字通りに解釈すると足元に気をつけましょうということです。履物の扱いが人柄を決めるということでもあります。迎えてくれる人に背を向けないように、ちょっと屈んでから履物をそろえるたしなみはほしいものです。小さな心遣いをＴＰＯに合わせて発揮するのが、訪問に求められる礼儀でもあるのです。

また小笠原惣領家の伝書に「飾りは、その御客の心を請けて飾り申すものに候」とあり、これももてなしのうちの一つですから、迎える側の気持ちがどこに表れているやもしれません。客は玄関先でのちょっとした間にも、玄関の飾りものなどに気を配るのも相手への礼の一つです。

訪問の際の作法はこうあるべきだと決めてしまうと、かえって形式ばってしまい親しい雰囲気を壊すことにもなりかねません。人と人との心を円滑に交流させるための常識が、この訪問の際の礼儀に表れているように思います。

6 履物をそろえる

迎えに出た方に背を向けないように、真っすぐに上がってからそろえます。先様に背を向けることのないよう、やや身体を斜めにして履物の向きを変え、下座よりにそろえて置きます。

目上の方と一緒に訪問したような場合は、目下にあたる人が二人分そろえます。玄関での礼は立礼だったら浅い礼、座礼でしたら指建礼か折手礼がよいでしょう。

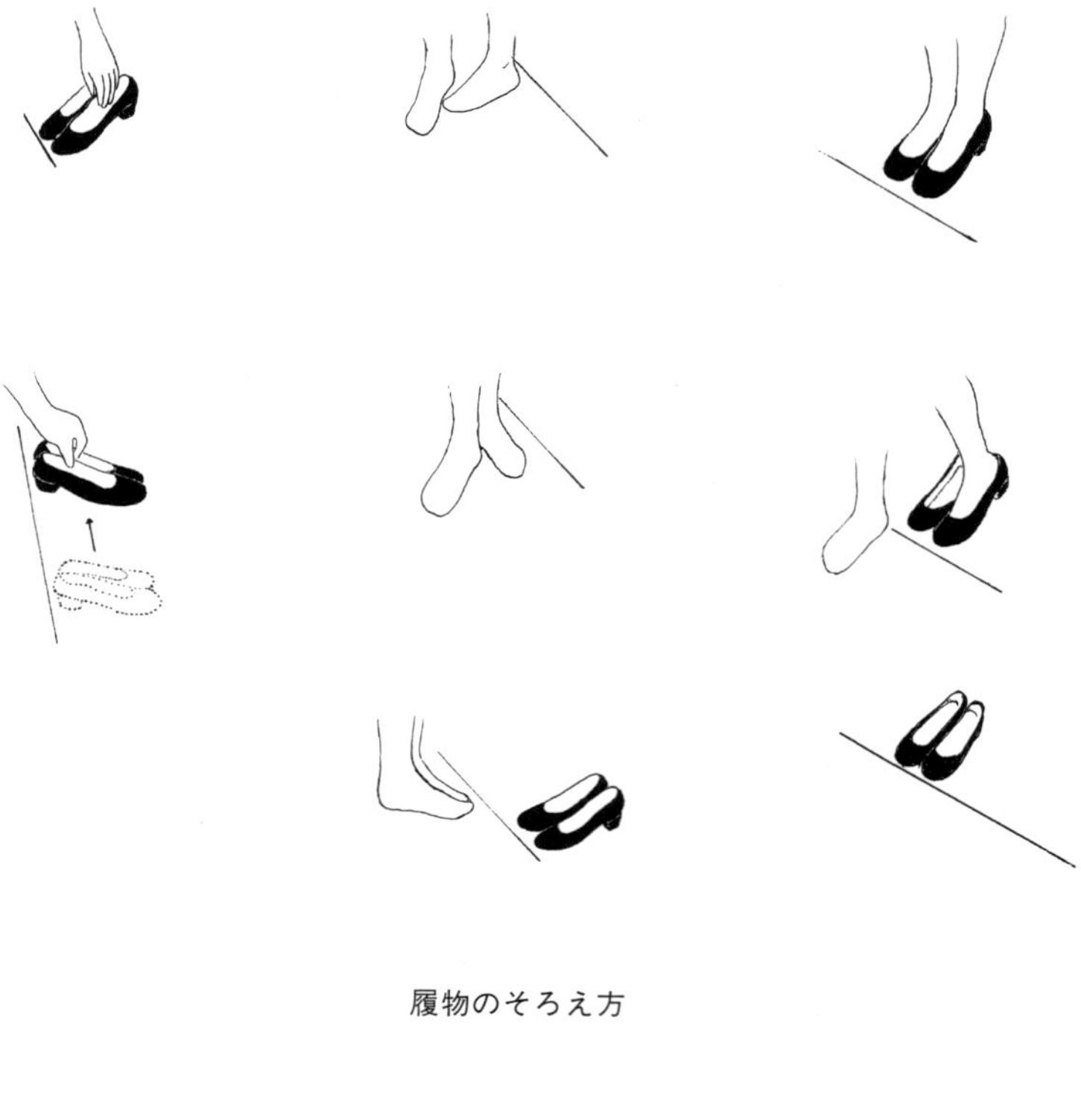

履物のそろえ方

7 客室での作法

和室の上座・下座

和室の上座・下座は普通床の間を中心にして決めます。上座は客の座る場所で客位ともいい、下座はその家の主人または応接にあたる人の座る場合で主位ともいいます。

客は床を側面にして座り、主人は客に向かい合って、床脇棚を側面にして座ります。

床脇棚が略されて押入れになっている場合でも上座・下座の決め方には変わりありません。

客が多人数の場合は、床の前を正客の座とし、それに向かって床脇棚の方へ次客、三客は正客の隣というように交互に上座・下座を配置します。もし床の間のない座敷なら奥を上座とし、入口に近い方を下座として、庭に面していれば、庭を背にする位置を上座とします。

以上の心得があればどんな座敷へ案内されてもまごつくことはありませんが、いわゆる「床柱を背負う」という、床の間を背にする座は貴人の座と定められていましたので普通遠慮すべきです。

和室の客の位置（和室の上座・下座）

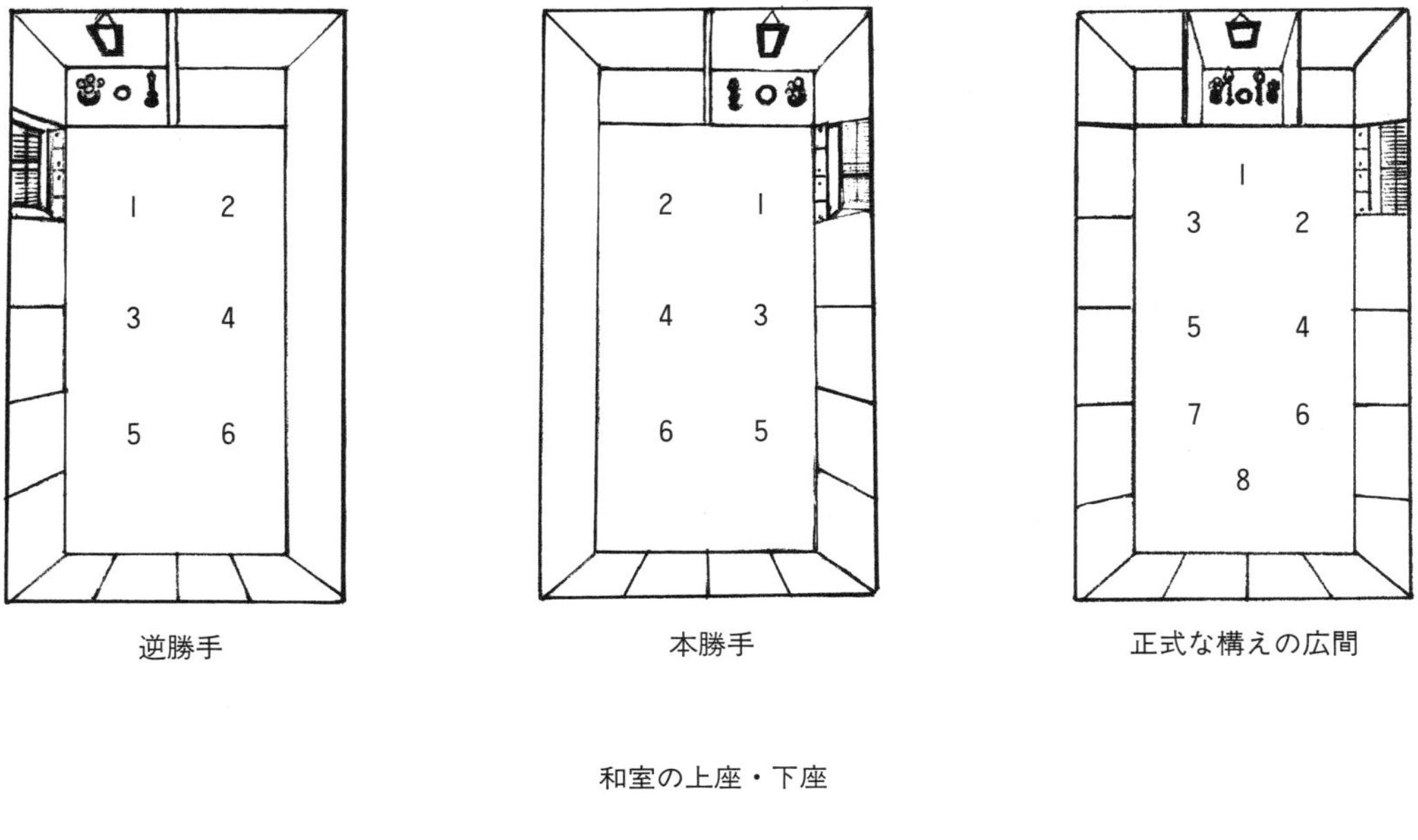

逆勝手　　本勝手　　正式な構えの広間

和室の上座・下座

和室での着席の仕方

座敷へ通されたら、上座に案内されますが先方の主人が来られるまで、端座《はしざ》して待ちます。座布団をすすめられても一礼して敷かずに控えて待ちます。主人との挨拶がすんで「どうぞお当てください」などと言われてから「恐れ入ります」「ありがとうございます」などと言って座布団に座ります。座布団は真ん中に正しく座るのが礼儀です。勝手に座布団の位置を変えて隅のほうに引き寄せたり、膝下に敷き込んだり、座布団の端に斜めに座ったりするのは無作法になります。

主人をしばらく待たねばならないようなときは「どうぞ座布団をお当てになってお待ちください」と言われるでしょうが、その場合は下座の座布団に着いて待ちます。主人が見えたら、すぐ座布団からおりて、下座側で挨拶します。

洋室の上座・下座

洋室では暖炉を装飾して部屋の中心とします。そこが上座となります。

暖炉などが無い場合は部屋の奥、窓に近いほうが上座となり、入り口近くが下座となります。

洋室での着席の仕方

洋室では暖炉の側が正面に相当します。洋室に案内されたら、入り口近い末席の椅子に腰掛けて主人が来るのを待ちます。主人が見えたら必ず椅子から立ち上がって挨拶します。主人から上座の椅子をすすめられたら、一礼して腰を掛けます。

洋間の上座下座

先客のある場合

客間に通されて先客のあるときは、先客が目上の人であっても、まず主人に挨拶した後で先客に会釈をするのが礼儀です。もし主人からその先客を紹介されたら、「初めてお目にかかります。どうぞよろしく」と挨拶します。また名刺を求められたら差し上げます。また先客が自分と親しい間柄であっても、主人を差し置いて話し込んだり、割り込んだりするのは失礼になります。

二人以上同席の場合には、お互いに共通な話題を出して明るい座談に努めます。

おみやげの渡し方・受け方

贈り物を持参する場合、正式には和紙で包みます。その上に水引をかけます。水引は慶事の場合は金銀・紅白など、凶事の場合は黒白などを使います。

熨斗《のし》は先様の伸展を祝福する意味ですから、慶事の場合は用いますが、凶事には使いません。

昔は贈る品物によって包み方を変えたり、上書きに品物の内容を書く習慣があり、儀式的な贈答の場合は目録を添えて贈りました。

慶事の贈り物で、相手が親しい人ならばその場で包みを開け、中身を拝見しても差し支えありません。相手の心遣いに感謝の言葉を述べましょう。相手に渡すときは、最初は自分のほうに向けて置き、とり回して正面を相手の方に向け直し、両手で持って相手の正面に置き、少し押し進めるのが作法で、受け取ったほうは軽く押しいただいて上座に置き、礼を述べます。

差し出すとき「心を込めて選びました」「お口に合うとよろしいのですが」などと言葉を添えましょう。「つまらないものですが」「粗末なものですが」という謙遜《けんそん》の言葉が今まで一般的に使われてきましたが、あまりへりくだるよりも素直な言葉を添えたほうがよいでしょう。自分が大事に抱えてきたものを訪問先へ心と一緒にお渡しするという、自然な気持ちが表れることが大切なのです。

おみやげを贈る（和室の場合）

1 贈り物は自分の下座側にいったん置き、挨拶を交わします。風呂敷がある場合は風呂敷からはずし、贈り物は自分の正面に置き、風呂敷を手早くたたみ、自分の下座側に置きます。

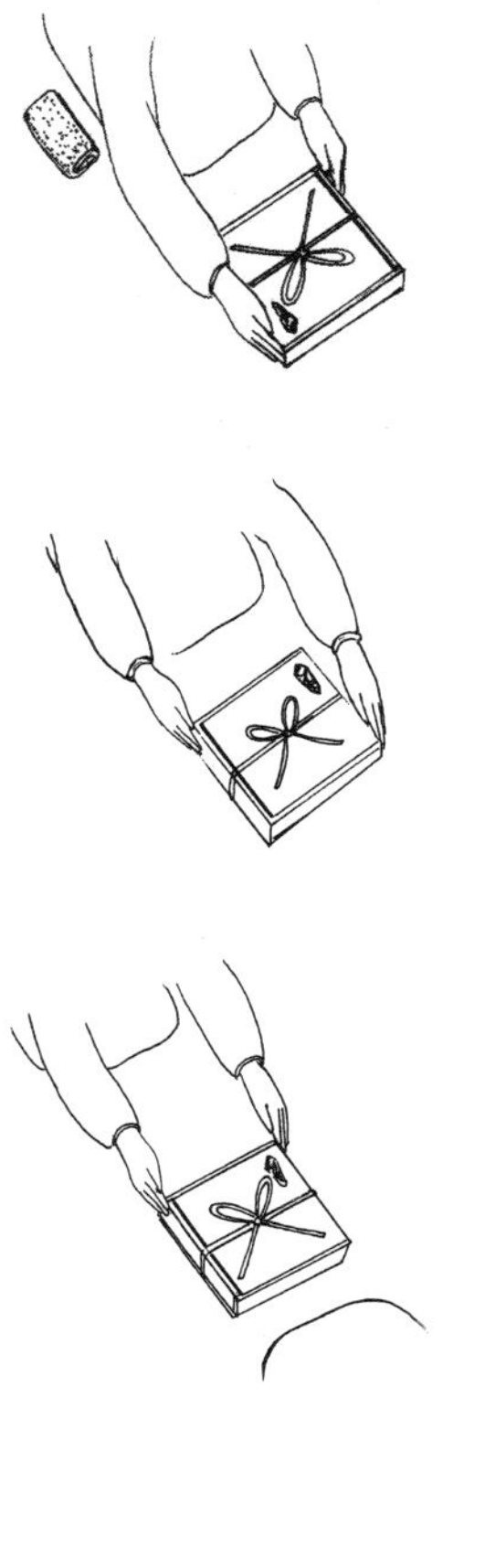

2 品物の向きを取り回して変え、軽く押し進め、差し出します。

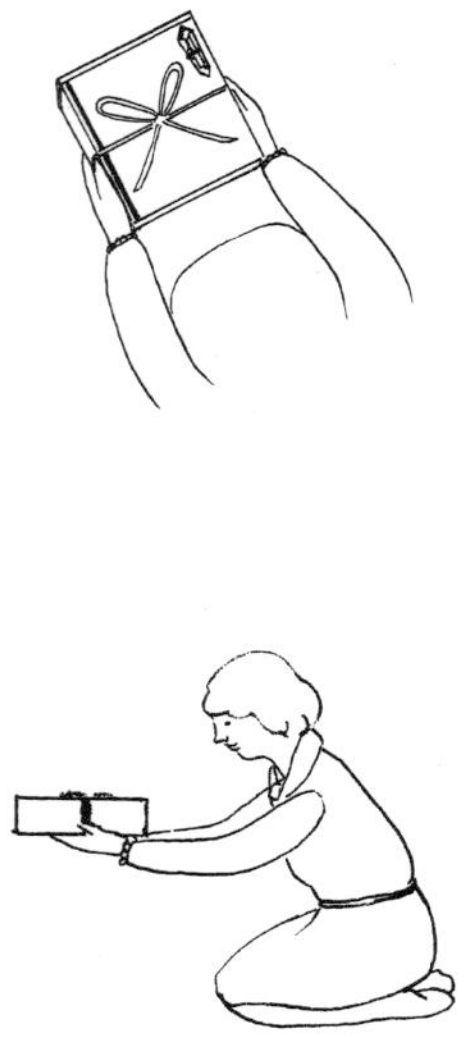

3
贈られた品物を押しいただき感謝の気持ちを表します。

4
品物を上座側に置き拓手礼《たくしゅれい》か双手《そうしゅ》礼《れい》でおじぎを交わします。

床の間の拝見の仕方

床の間に立派な掛け物がかけてあったり、美しい花が生けてあるような場合には、主人が来られて挨拶をすませてから、それを見せてもらうことも一つの礼法です。

まず、主人に「拝見させていただきます」と挨拶して、貴人の畳の手前（床前九十センチくらいの所）に座り、一礼をしてから床の間全体の雰囲気を拝見し、まず中央の掛け軸から全体の紙中（本紙）を眺め、上下の一文字を見て、中廻り、天地、軸、と眺め、次に下から上に見上げてもう一度、軸、地、中廻り、下上の一文字、風帯、天の順に眺めて一礼します。床に花や燭台のあるときは、そのままの姿で生け花、燭台を拝見しますが、丁寧な方法としては膝を花のほうへ向け直してから拝見します。視線の配り方は花、花器、敷板の順に、そして最後に下から上に見上げます。反対側に燭台が飾ってあるようでしたら膝を、まず正面に送り、さらに燭台のほうに送り直し、花同様に拝見をします。最後に膝を正面にもどし床の間全体を拝見し、一礼をして終わります。

見終わりましたら席にもどり「結構なものを拝見させていただきました。ありがとうございます」とか「お見事なお手際を拝見いたしました」などと褒めるのが礼儀です。この挨拶はごく自然にわざとらしくないようにしなければなりません。

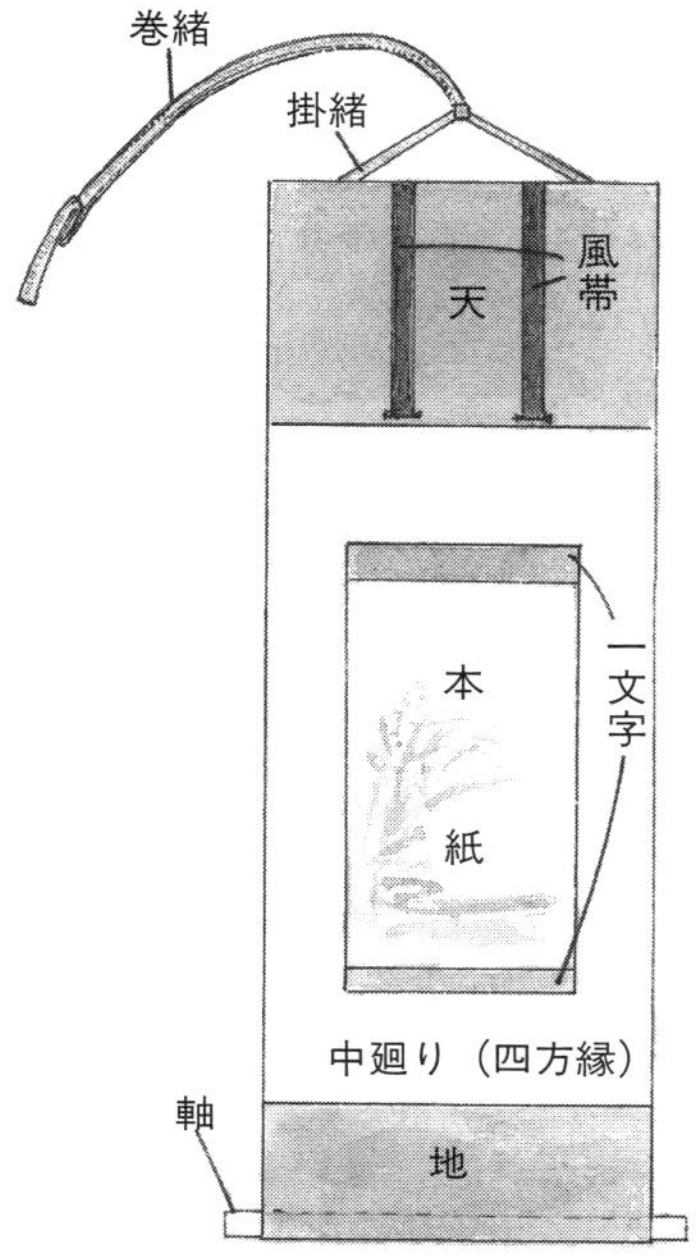

掛軸の名称

応対の心得

用件に入る前の挨拶はなるべく簡単にすませたいものです。お互いに忙しいのですから「恐れ入りますが、用件を先に申し上げさせていただきます」と切り出して、十分か二十分、長くても三十分くらいで用件を終わるのが現代の常識です。

時と所によって、ほどほどにくつろがせてもらうのもよいのですが、やむを得ず急ぐ場合は「まことに申しわけございませんが、午後にも用事がございますので」などと理由を述べて辞退します。

茶菓を出されたら

訪問先で茶菓をすすめられたら、ありがたくいただくのが礼儀です。熱いものは熱いうちに、冷たいものは冷たいうちにいただくのが、厚意に応えることになります。

主人から「さあどうぞ」とすすめられたら「ありがとうございます。遠慮なくいただきます」と軽く会釈してから手をつけます。もし、主人の分も出ているようでしたら、主人が手をつけるのを待っていただくのが礼儀です。

「大変おいしくいただきました」「大へん結構でございました」と軽く会釈します。特にそれが、主人のお手製のものとか、説明つきの珍しいものの場合はよく味わって、「大へんおいしゅうございます。私もぜひこしらえてみたいと思いますけど作り方お教えくださいませんか」などと伺ってみるくらいの、厚意に応える心遣いをしたいものです。

おしぼりの使い方

暑いときや、果物の後に出されるおしぼりは、いつまでもそのままに放っておかずに、すぐ使うのが厚意に応える礼儀です。

汗ふきの代わりに出された場合でも、人のいないほうに向いて軽く顔の汗を押さえる程度にふき、次に指先をふきます。首や腕などをあらわにふくなど、たとえ男性でも見よいものではありません。

心ならずも食事時になったら

話にも熱が入り、ふと気づいたらもう十二時（または夕食時）になっているような場合があります。こんなときはすぐに辞去します。しかし、そのとき主人が「お寿司がきましたからどうぞ召し上がってください」とか「あり合わせで申しわけありませんが、ご一緒にどうぞ」と言ってすすめられたら、遠慮せず気持ちよくいただきます。もし自分の都合が悪かったら「せっかくですが、ほかにぜひ行かねばならない用事がありますので……」と言って辞退します。

食事がすみましたら、長居をせずに頃合いをみておいとまするのがよいでしょう。

トイレ（小さいお部屋）を借りたいときは

応接室に通される前に、取り次ぎの人に低い声で「ちょっとトイレットを拝借したいのですが……」と言って借りるのは差しつかえありませんが、対談中途でしたら、「ちょっと失礼します」と言って静かに座を立ち、トイレをすませます。

以前、東京都下の古民家で小笠原忠統宗家と直弟子の私たち数人で古流（小笠原惣領家に伝わる抹茶道）の茶事を催した休憩の折、狭い廊下で私は小笠原忠統宗家と出会いました。御宗家は私に小声で「小さいお部屋はどちら」と尋ねましたので私はお身体をお休めになる部屋と思い「わかりませんので尋ねてまいりましょうか」と申しましたら「小さいお部屋とはおトイレの事だよ」と言われ「こちらでございます」と案内したことがありました。戦前華族制度があった頃、元伯爵で爵位をお持ちの御宗家の結婚相手は宮内庁でお認めになった方でお妃教育も受け、結婚のときお印も賜った奥様です。長年、内弟子として教授いただくなかで「なるほど」と思うことがしばしばございます。「小さいお部屋」のお尋ねもその一つです。

8　おいとまの仕方

用談が終わっておいとまするときは、座布団からおりて、あるいは椅子から立って丁寧に挨拶をして帰ります。座布団は大勢の客が立ち退いて、後片づけを手伝う以外は、そのままの位置でそっと手で形を直しておくだけでよいのです。二つに折ったり、裏返しにする必要はありません。

おいとまの挨拶は「どうもお忙しいところをお邪魔いたしました」「お招きを受けて、大へん楽しゅうございました」などと心のこもった言葉で簡潔に謝辞を述べます。

おいとまする時機は、一緒に招かれた席では目上の人から帰り、他の客が後に残る場合は「失礼いたしました、ごめんください」と丁寧に挨拶して帰ります。

主人が見送りに立とうとしたら「どうかお構いくださいませんようにと丁寧に辞退して、玄関で身支度をします。オーバーやコートなど着せかけていただいたときは「どうも恐縮です」「恐れ入ります」「ありがとうございます」と言って、無用な遠慮をして手間どらせないようにします。

　見送ってくれた主人はもとより、家族の人々、取り次ぎの人へも丁寧に挨拶を交わし、玄関の戸はそのまま出て、向き直って会釈します。ショールと手袋は外に出てからつけます。門を出るときにもう一度振り返って会釈します。

　車で帰る場合、主人側が門の外まで出て送ってくれましたら、車が動きだす少し前に窓を開け、見送りのほうへ向いて会釈します。

9 お礼状の書き方

　帰ってすぐか、あるいは翌日くらいに電話でお礼の挨拶をするか、はがきで礼状を出しましょう。お礼状は、手まめに必ずきちんと早く出すようにしたいものです。

　紹介状を持って訪問したような場合には、紹介してくれた人へも同様に丁寧なお礼状を差し出すのが当然のエチケットになります。

10 職場訪問の心得

　いろいろな用事で家庭ではなく職場へ訪問する場合があります。そんなときのエチケットも十分心得ておきましょう。

受付に取り次ぎを頼む場合

　まず軽く身なりを整え、名刺を差し出し、面会したい相手の名を告げ、ごく簡単に用件を言います。この場合、私用か公用かをはっきり伝え、来客簿などがある所では読みやすい文字で記入し、面会時間の欄のある場合は受付の時計を見て書くとよいでしょう。

職場訪問の時間

　職場に人を訪問するときには、あらかじめ電話などで先方の都合を聞いてからにします。忙しく働いている貴重な時間を割《さ》かせないよう、予告しておくだけの仕事への思いやりを持ちたいものです。私用、公用問わず常識として身につけましょう。

面会の心得

　応接間なり面会所に導かれます。椅子は案内人の示したものに遠慮なく腰掛けます。持ち物は椅子の横または膝の上に置きます。お茶を出されたら遠慮なくいただきましょう。

　用件はなるべく簡単にすませます。その人が職場に帰って一息つき、おもむろに仕事に就けるほどの時間の余裕を計算に入れて引き揚げるようにします。面会票のあるところでは面会の終わった時間を書き込み、受付係に丁寧に会釈をしてから帰るようにします。

二　もてなしの作法

1　日頃の心得

訪問時の身だしなみは誰もが気を遣いますが、相手にくつろいだ雰囲気を与えるのが来客時の身だしなみのポイントになります。親しき仲にも礼儀ありといいます。

家にお客様を迎える場合の身だしなみは、門構えからトイレの隅まですべてが身だしなみといえます。「清潔な感じでお客様を迎える心」が第一です。

玄関は常に清潔に掃《は》き清めておきましょう。台所が主婦の顔であるとすれば玄関は家庭の顔なのです。来客の約束の十五分ぐらい前までには、玄関を掃き清め三和土《たたき》があれば水で洗い、玄関先に打ち水をしておくと、すがすがしい感じがして気持ちがいいものです。

また、庭に咲いた一輪の桔梗《ききょう》の花など季節のものを野に咲くがごとく新しく生けておくことができれば、どんなにかもてなしの心が通うことでしょう。

雨の日であれば傘立てを出し、濡れたコートを掛けられるようなハンガーを用意するなど、お客様が部屋にいる間に濡れた靴の汚れをふいておくのも玄関内のやさしい心がけです。表面上つくろってもその家の持つ雰囲気は変わらないもので、家というものはそこに住む人を表します。

応接室への案内

席に案内する場合は「どうぞお通りくださいませ」と挨拶して、客の先に立ち、廊下では自分の背中が客の目の前に行かないように少し左端のほうを歩くようにします。曲がり角では立ち止まって客のほうに向き「どうぞこちらへ」と案内し、また先に立ちます。段のあるところでは「段がございます」と注意の言葉を添えます。階段では「どうぞ」と立ち止まって客を先に昇らせ、上がったら客の横をすり抜けて先に立ち、降りるときは自分のほうが先に降りるようにします。

和室への案内

和室に案内する場合は、廊下にひざまずいて（跪座《きざ》の姿勢）静かに上座の襖《ふすま》なり障子《しょうじ》なりを開けて「どうぞお入りくださいませ」と客を先に招じ入れます。

部屋の中へ招き入れるような場合は、跪座の姿勢をとり、慎み深く前傾しながら席に案内します。

先方の主人が来られるまで端座《はしざ》して待ちます。

洋間への案内

洋間に案内するときは、立ったままドアを開けて客を室内に招じ入れ、自分も室内に入って適当な上座の椅子をすすめます。

もてなしの心（叶《かな》う心と察し合う心）

相手の心を察して、それに合わせてやっていくのは何も迎える側のみのものではなく、その気遣いを正しく受け止める心遣いが受ける側にもなければ、両者の合作で成り立つ礼儀は生まれてこないわけです。だからといって何も仰々しい接待をせよというのではありません。

茶道では客をもてなす亭主の心と、それをしっかりと受け止める客の心との交流を「叶い合う」という言葉で表現します。利休の言葉に「叶いたるはよし、叶いたがるはわろし」とあります。茶事の一会の催しの中でピッタリ主客の呼吸が合うときに、この叶う心が生まれることを説いています。また亭主の叶う心とは、道具が不足なら不足で相応に工夫をして取り合わせ、あとは誠意をもって客に接すればよいとしています。客側では招かれて行くんだという特権意識ではなく、その亭主へ誠意の中に自分が入り込むという覚悟をもってこそ、客としての叶う心を持つといえると説いています。

もてなすためとはいえ、度を越すと趣向も鼻につきます。相手の訪問の目的を正しく思いやり、それに合わせた細やかな心のありようが大切です。

日本の礼法では、相手を十とすると、自分を六か七ぐらいに考えて振る舞うとしています。これは卑屈になれということではなく、相手への敬意を表すための心構えのことをいっているのです。相手が今どんなことを望んでいるのかを察してあげられるだけのものが、こちらになくてはなりません。自分を六か七にするということは、気遣いの余裕がなくてはならないのです。これがもてなすということであって、叶い合うということになります。お客の側にもそのもてなしを受ける度量が必要なのです。

また、相手からの思いやりや心遣いによく気がつき、それに合わせるという「察し合う心」がなくてはなりません。来客を迎える側では、客に合わせて飾りものや茶菓子、料理などをもてなすわけですが、それに対して、こちらがのんびりしていると玄関に何が飾ってあったのやら、何が置いてあったのか見過ごしてしまいます。また、主人が席を離れたときにでもちょっと周りに気を配ってみるとよいでしょう。それぞれ察する必要があります。

間の取り方

「間《ま》」は日本の伝統的文化の核をなすものであり、礼法でいう作法の切れ目、動作と動作の間、わずかな「間」を大切にする心遣いは美意識にもつながってくるものです。

小笠原惣領家の伝書の『通《かよ》いの次第』「礼書七冊」の巻の中で配膳の仕方について、——相手の食べやすい位置より少し手前に一応膳を置き、そこで少し間をおき、蓋《ふた》を取ってあげたりもして、その後でほんの心持ち相手のほうへ押し入れるようなしぐさをすること。そしてそのまますぐ立たずに、少し座をにじり下がってから体を開きながら静かに立つ——とあり、これが間なのです。

もちろん、相手の食べやすいところにすぐぴったりと置いても相手が食べよければそれで膳を出すという仕事は一応すむにはすむわけです。伝書の中の間というのは、時間的にはごくわずかな間であり、距離的にもちょっと離れた所にこの膳を置いて、さあどうぞ召し上がれという気持ちで、心もち前に膳を押しすすめるしぐさをします。そしてそのままの体勢で少し膝退をしてから、送り膝なり回り膝をして立ち上がります。そんなわずかな間の中にサービスする心とそれを受け止める心が流れ合い、この間に込められる心の充実、緊張の持続こそが大事になってくるのです。

お茶類にしてもこの間のとり方にならうと、お茶を相手がいただきやすい位置より少し手前に置いてから、どうぞ召し上がってくださいという心持ちで相手の前へわずかに押し進めるしぐさをします。時間的にはごくわずかですし、距離もほんの少しのことですが、そんなわずかな間のとりようにサービスする心とそれを受け止める側の心が通い合います。

言葉にも文章にもならない、動きと動きのあいだにある間やその持っている余韻や、つなぎとしての役割など、その間のしぐさが対人関係においては結構重要になってくるものです。

日本的な特色でもある、わずかな「間」に流れる心の通い合いを大切に考えて、一度自分の動作の「間」をチェックしてみるだけでも、あなたの動作はとても美しいものになるでしょう。

心を通わせ合う（伝心）

礼儀作法は他人への心遣いを示すことで、示された心遣いを正しく受ける心があってこそ初めて相互の礼儀作法が成り立ちます。作法やしきたりを知ろうとしたとき、それは決まりだから守らなければいけないという固定観念があると、礼儀作法は単なる間に合わせの身振りになってしまいます。恥をかかなければそれでよいという自分を擁護する事に心をうばわれ、相手や周囲の人々の気持ちや立場をややもすると無視することになってしまい、自然さや積極性に欠け、知らず知らずに相手の存在を軽んじる結果になってしまいます。つけ焼刃で形だけ何とかしようと思っても、自分に余裕がない分、ギクシャクして相手のことも念頭からなくなってしまい、何のためにやっているのかさえ判断つかなくなってしまいます。

礼法は相手に対して自分の愛情や尊敬の念を表現する心遣いで、その表現の底にあるのは、思いやりやいたわりの真心なのです。

形だけをつくろっても、底に心の通い合いがなければ何にもなりません。相手の心を察して、それに合わせた気遣いをする。そして受け止める側もそれを正しく受け止める心遣いがあって初めて両者に礼儀が生まれ、成り立ちます。一方が相手かまわず高度な心遣いや丁重な礼儀を示しても、それが相手に伝わらなければ自己満足に終わってしまい、そこに真の意味での心の交流を示す礼儀は生まれてこないのです。

これは受け止める側も同じで、相手の心遣いがどのような形であろうとも、示されたときにはそれを正しく受け止めるだけの心の余裕がなくてはなりません。信頼や愛情をもって相手を受け止められるこの心の余裕を常に持ちつづけられることから、心の叶い合いは生まれてくるのです。

秀吉の話

先に述べた己十分にならぬ慎みの態度で相手の状況なり心持ちなりを思いやり、それに合わせていく日本人の作法のあり方でそれがうまくはまり、呼吸の合った例として有名なのは石田三成と秀吉との出会いの場で、そのときの様子が『太閤記』に出てきます。

ある暑い日、山寺を訪ねた秀吉は、たいへんな喉《のど》の渇きようで、茶を所望《しょもう》すると、そこに現れた小坊主が、すぐにぬるくて薄いお茶を大きな茶碗になみなみとついで出しましたが、渇きに耐えかねていた秀吉は、このぬるくて飲みやすい茶で、一気に喉をうるおし、「うまい、もう一杯」とよろこんで二服目を命じました。今度はいくぶん濃く温かくして出します。さらに所望されると三度目には、もっと熱めで茶の香りが豊かに出た濃いめの茶を出したという話です。最初の一杯は喉の渇きをすみやかに静めるためのもので、渇きが収まると次からはお茶の味を楽しむことができるように気を配った無言の心遣いを秀吉はいたく感心したということです。

この秀吉の、喉の渇きをいやすためから茶を本当に味わうようになる段階をよく察して、それに合わせた飲み加減を塩梅《あんばい》した小坊主が石田三成で、これがきっかけとなって、三成はやがて豊臣の重臣に取り立てられたといいます。心遣いを表すのに必ずしも言葉を必要としないということを示す格好のエピソードだといえます。

天目台茶碗

利休以前の茶の道について、小笠原惣領家の伝書の中にも例が見られます。今の茶道にも天目台とか貴人台とかの扱い方が高級な技術として教えられており、つばの広い高い台に茶碗をのせて出されたときの受け方が伝書の中に書かれています。

「天目、建盛《けんさん》を台にすえて出すを台より取りおろして呑《の》むこと悪しき儀なり。其故は台にすゆるは手も熱きとて、昔より台をこしらえ、すゆるを、今取りおろして呑事は、人のしたる事を今改め候て悪し。さりながら、茶などぬるき時は一口、二口程呑み候て、台より取りおろし候いて、呑みたるも能《よ》く候なり。何《いず》れも一遍にはこれ有る間敷《まじ》く、かようの時はよろず故実常の儀なり、心得べし」とあります。

天目台に茶碗をのせてすすめられたときは台からおろして飲んではいけないというのです。つばの広い天目台ごと茶を飲むのはずいぶんやりにくいと思われますが、その理由として、熱い茶の入った茶碗は熱くて持ちにくいという心遣いから、台にのせてサービスしてくれたこと、ずいぶん昔からそのためにこのような台を作ってのせる習慣になっていたこと、この二つの面から熱くないようにとせっかく台にのせてくれたのを自己流にそれから取り外して飲むのは相手の心遣いを無視するばかりか、先人がそのように考えて、わざわざ台まで作ってのせるようにしてあるのを勝手に変えることになるからよくないというのです。

相手のサービスの心、昔からのやり方に自分が叶っていたほうがよいという考えなのです。確かに飲みにくい作法でもあるので、最初は相手の心を受け止める意味で一口か二口飲んで、作法通りにして少し冷めてきたら台から茶碗を外して飲んでもよいといっています。

今どきこのような台が使用されるのは茶の湯のときぐらいでしょうが、ここで言いたいのは、相手の心を素直に受け入れるのが作法だということです。

こうした伝心はお互いに天目台の約束ごと、つまり共通のルールを知らないとできないのです。ここにもてなす側ともてなされる側の通い合いが生まれます。

素直に相手の気持ちを受け入れるというのは、そう簡単なことではないでしょう。心が通い合うためには共通の約束ごと、作法の裏付けが必要になります。本来の合わせとは、自己の完全な慎みと相手を心から思いやる気持ちの間は、純粋で雑念のない動作の状態をいうのです。

三辞三譲

三辞三譲というのは、すすめるのも三度以上になれば無理強《じ》いになるし、遠慮も三度ぐらいまでならいいのですが、それ以上になるとかたくなだと見られてしまうという意味です。

急に誘われて友人宅に伺ったときなどに「日本茶にしますか、それとも紅茶がよろしいですか」と尋ねられ「何でもいいです」とか「紅茶でいいです」と答えてしまうことがあります。

おそらく「ご馳走になったうえに自分の好みまで言うなんて失礼じゃないだろうか」という、昔ながらの遠慮の気持ちが表れるのだろうと思いますが、ご馳走する側にしてみれば、煎茶だろうと紅茶だろうと手間はたいして変わりませんので、どうせなら好きなほうを選んでほしいのです。「何でも」や「でいいです」ではなく、「煎茶をいただきます」「煎茶がいいです」とはっきり好みを言うようにしたいものです。変な遠慮は抜きにして、自分の意思を正確に伝えることは、これからの私たちの生活のなかでは大事だと思います。

遠慮とは本来「遠きを慮《おもんぱか》り」で、相手の迷惑にならないような心遣いをいうのです。

例えば他家を訪問したときのことを考えてみますと、暑い夏の盛りであれば冷たいおしぼりと冷たいお茶が出されるかもしれません。これを遠慮しすぎて、どちらも生ぬるくなってから手に取ったのでは、せっかくの迎える側のもてなしを無にしてしまうことになります。冬にせっかくカップまで温めて「熱いうちに召し上がれ」と出される紅茶にしてもそうです。

こうした相手の細かい心遣いを無視する遠慮はかえって失礼になってしまいます。前述のように、昔流の遠慮には「三辞三譲」といって、三度まではすすめて、遠慮も三度までという約束事がありました。それより多くすすめると押しつけや無理強いになるし、遠慮も度を越しては失礼になる。かといって最初から受けてしまってはずうずうし過ぎはしないかということです。

遠慮するということは、結果的に行動のあいまいさを生み、相手任せにすることになります。本来はそこには自分のはっきりとした意思があるべきで、無責任な「あなた任せ」ではないはずです。

また、状況を判断し、自分と相手の立場を理解したうえでの心遣いがなければ、心のやり取りはできません。時と場合によって礼儀に叶うことにも、欠けることにもなります。

確かに三辞三譲は古い形式的な言葉ですが、現実生活においてずいぶん役立つ方便だといえるのではないでしょうか。

お見送り

用談がすんで客がおいとまの挨拶をされたら、強いて引き止めるのも失礼ですが、一応は「もうしばらくごゆっくりなさっては」と引き止めの言葉をかけるのが礼儀です。

用談もすみ十分に歓談した後でしたら「さようでございますか」「何のおかまいもできませんで、失礼致しました。またどうぞお出かけください」と挨拶してお見送りします。

主人自ら立って玄関なり、場合によっては門前までお送りします。客を玄関から送り出して、すぐに扉を閉めて鍵をガチャンとかけ、すぐさま玄関の電気なども消し、門灯なども消されたとしたら、食事までご馳走になり、会話も楽しみ、心温まる思い出のその家をおいとまするとき、せっかくの訪問の後味に冷水をかけられたような気分になってしまいます。悪意はないのでしょうが、何か厄介払いでもされたような後味の悪い気分になってしまいます。

ひとときをともに楽しく過ごしたお客様なのですから、外まで送り出て、見送りながらその人と過ごした余韻を楽しむくらいの心のゆとりを持ちたいものです。それまでせっかく心をこめて接待したことが、こんな細かい不注意から台無しにもなりかねません。しばらく間をおいてからという心掛けにしましょう。

電話の場合でも用件が終わるか終わらないかのうちにガチャンと先方から切られたりすると、用向きはすんでいて目的は確かに達しているはずなのに、何か物足りなさを感じてしまいます。話がすんでも受話器をすぐに置かずに、ひと呼吸おいてから静かに置くようにすると、見えない動作に心遣いが感じられます。

それは、余韻や後味を大切にする日本人の終わりぎわを美しくする心にも似ています。

小笠原惣領家の伝書の中にも、人をもてなすことと同様に、送り出す作法についても身分の上中下を配慮しながら大切にあつかっています。

「人を送り申す次第は賞翫《しょうがん》の方をば次の座にて一送り、縁にて一送り、庭にて一送り、是《これ》第一也、猶《なお》も敬い候得ば門外までも出られ候。其次御座敷にて一送り、縁にて一送り、是第二也。また次の座敷まで出候て一送り是第三也」とあって、地位や家格の高い人の場合は部屋、縁側さらに庭で見送り、特に敬うならば門までついていって送るという丁重さです。これが同輩に近づくにつれて「その次座敷にて一送り、縁にて一送り、これ第二なり」となってさらに格が下がって「次の座敷まで出候にて一送りこれ第三なり」といった具合で、上中下の身分によって見送り方も異なっています。

少し昔までは、客を送る場合には雨落ちの外まで必ず出て、姿の見えなくなるまで見送る躾《しつけ》が行われていました。現在では、時と場合にもよりますが、玄関先でいったん挨拶をすませても、門まで出て送ったほうが丁寧です。

締めくくりを大切にする心・残心《ざんしん》

お客様を迎える心構えやもてなし方は、何といっても目に見えないさりげない心遣いが大事です。

お客様が来られたらお茶を出しますが、おいしいお茶をいれるのも大切な心遣いだといえます。また相手におじぎするにしても、頭を下げることがおじぎではなく、下げた頭をゆっくりと起こし相手の目を見て初めておじぎは終わりとなるのです。頭を下げたところで終わりになってしまうと、今あった心がなくなってしまいます。作法の行動がすんでしまった後にも持続させる気遣いを「残心」といって、ちょっと残る心が大切なのです。それがあまり長すぎてもよくありません。

難しいように思えますが、動作と動作の間の「間」を大切にする心遣いや、「残心」のように事の締めくくりに心を残す礼儀が備わっているだけで、立ち居振る舞いがなんとなく感じのよいものとなり、さりげない諸作も心地よく目立ち、相手に対する印象もずいぶん変わります。

私の教え子が、就職試験に行くと目立つそうです。奇麗に立って、試験官の前に来ておじぎをし、静かにさりげなく座る、ただそれだけなのですが、何となく感じがいい、目立たないようにしているのだけれど目立ってしまう、やはり心が入っていないと好印象は与えられないものです。さりげない美しさがその人からにじみ出るには、普段から自分の心に慎みを持ち、相手を思いやれる心のゆとりが大切になってくるのではないでしょうか。

茶道では「一期一会《いちごいちえ》」の心（一生に一度だけの出会いであるという、人間の触れ合いを大切にする心）で客に対して茶事をするわけですが、その茶事がすんで客を送り出すときのことが一流の茶人としても知られた幕末の大老・井伊直弼の著作に書かれています。

それによれば、この大名茶人は、茶事がすんで客を送り出すとき、その姿が見えなくなるまで見送り、その後で、その客を偲《しの》んで一人で茶を点《た》てて静かに飲むというのです。

井伊大老のように客を見送ってしまった後で、一人で静かに茶を点てて客を偲ぶということは相手にはまったくわからない、深い心を込めた送り方であり、『論語』にもある「まつることいますが如し」で遥《はるか》に心を通わせているわけです。

このように「慎みの心遣い」が「残心の心遣い」と結びつくと、相手と相会していないときにも相手に対する「間」や「締めくくりの心遣い」が持続されます。そして、それが相会したときに表れる、目立たない淡々とした作法の内側に裏付けられてくるとき、日本的な礼儀作法の一つの典型が見られるのではないでしょうか。

このような作法における事の「締めくくりの心」を込めて緊張を持続させる弓道では、矢を放った後、矢が的《まと》に走っていくさまを見届け、その矢がどこに飛んで行ったかを正視するのを残心といいます。もしその矢が的から遠く外れたとしたら、矢を放ったときの自分の心を反省し、精神統一のできを考え直すためにも、矢を放ったときは矢の方向と的を残心の面持ちでじっと見つめるのです。

剣道でも打ちこみの後の態度に重点を置くなど、武道にも通じるところがあるようです。

時と場合によっては礼を省き、間を大切にし、礼の後にも込める気遣い、これらは具体的な作法ではありませんが肝心なことだと思います。残心は一呼吸おく心遣いでもあり、余韻や後味を大切にすることでもあります。

残心は日本的な精神文化の伝統の一つだといえます。忙しい現代だからこそこの「残心の礼儀」の中にあるものを見直す必要がますます大きくなっているように思えます。

事の締めくくりに際しては、やはり相手が「いますが如し」の心を込めて残心の礼がほしいものです。

三　茶菓のもてなし

客にはまず茶をすすめるのが日本の接待です。菓子は茶の味を引き立てるために添えます。日本の茶は種類によって出すときの温度を考えて湯加減したものがすすめられます。お菓子についても、もてなす側はその人、その季節に応じて冷たいものや熱いものを出しているので、おいしいうちにいただきます。

1　お茶の種類とよしあしの見分け方

お茶は大別しますと粉茶と葉茶に分けられます。

粉茶は茶臼で粉状に挽《ひ》いたもので、抹茶または挽き茶と呼ばれ、おもに茶の湯に使われます。その原料に樹齢の古い木の茶の芽を用いたものを濃茶といって品質もよく、比較的若木からのものを薄茶といいます。

茶葉は葉っぱの状態の残っているお茶のことで、玉露《ぎょくろ》、煎茶《せんちゃ》、番《ばん》茶《ちゃ》、焙《ほう》じ茶などがこれに当たります。

玉露と抹茶はいちばん上等の葉を使ったものです。煎茶というのは、本来湯で煎じ出して飲む茶葉のことで、番茶は二番茶以後の硬い葉で製造します。焙じ茶はこの番茶を火で焙じたものです。

玉露も煎茶も葉のよりが細かくて一様にそろって緑の色の美しいものほど上等です。

2 煎茶・玉露・番茶の入れ方

おいしい煎茶の入れ方

1　まず湯ざましにお湯をとり、急須と人数分のお茶碗に次々と湯を注ぎます。これは急須とお茶碗を清めると同時に温めるためです。この湯を湯こぼし（建水）にあけます。

2　お湯の量は、茶碗の大きさにもよりますが、お茶碗に三分の一から半分ぐらい注ぎますので、その分量を湯ざましにとり、さまします。

3　温まった急須に煎茶を入れます。お茶の量は薄め、濃いめの好みもありますが五人前で約七グラム程度です。

4　お湯の温度は五十～七十度くらいの湯加減とし、湯ざましでさましたお湯を急須に注いだら蓋《ふた》をして、三十～四十秒ほどそのままにしておいてから、人数分の茶碗に注ぎ分けます。煎茶は味、香、色で楽しみます。

5　初めに各々の茶碗に適量の半分の量を注ぎまわり、残りのお茶は逆の順で平均に注ぎます。どのお茶碗にも平均した濃さと味、香り、色合いを注ぎ分けることが大事です。必ず一煎目の急須のお茶は出しきるようにしましょう。

二煎目はお茶の葉はひらいていますので、お湯を入れたらすぐに一煎め同様にお茶碗に注ぎ分けます。

玉露の入れ方

茶器は玉露茶碗、湯ざまし、急須、茶托で、煎茶とほぼ同じようですが、いずれも煎茶より小ぶりのものです。

玉露はほんの少量を舌の上で甘さと香気を味わうもので、量も三口ぐらいで飲みきれるほどの分量が適当とされています。茶葉の量は五人前で十グラム程度です。

玉露をおいしく入れるコツは湯加減ひとつにかかっています。四十度以上の熱いお湯で入れるとタンニンが早く溶け出してしまい、お茶の持っている甘みが消えて渋くなってしまいます。六十秒ほどそのままにし、茶托などを盆に準備しながら茶葉がゆっくり開くのを待ちます。

玉露の注ぎ方は、お湯の量が少ないので少量ずつを人数分だけの茶碗に注ぎ、往復して平均に注ぎ、最後の一滴までよく注ぎきります。煎茶同様お客様には二煎目までと心得ておきましょう。

おいしい番茶や焙じ茶の入れ方

入れ方は五人前として約十グラムくらい、番茶土瓶に入れ七十～九十度ぐらいのお湯を入れ、十～二十秒ほどそのままにし、番茶茶碗に注ぎます。最初は薄く、あとは濃くなりますから、煎茶同様に平均につぎ分けましょう。お客様には一煎茶だけとします。

焙じ茶を香ばしく入れるには、上手に焙じたお茶を使うことが第一です。入れ方は五人前として約十グラム、煮立った熱湯を入れ、茶碗に往復して平均に注ぎます。熱湯を入れるので一煎で味や香りは出てしまいます。

番茶、焙じ茶は一煎だけですので少し大きめの茶碗がよいでしょう。

菓子の心得

食前には干菓子を、食後には蒸し菓子および水菓子を出します。

手が汚れるものでしたら、必ずおしぼりを添えましょう。

菓子の盛り方

菓子器に盛る場合、生菓子は陶器や木製の縁の高いものを用い、干菓子は平たい容器を用います。

生菓子

干菓子

菓子の盛り方

菓子はお茶と一緒に出します。抹茶に限り菓子を先に出します。

洋菓子や生菓子には必ず楊枝《ようじ》か小さいフォークを添えます。

菓子器で出す場合は、取り箸《ばし》を添えて客の正面へ出します。もし二人以上の客なら上座の客の前へ出します。

銘々皿生菓子

銘々皿干菓子

3 お茶とお菓子のすすめ方・いただき方

大切なお客様が訪問したときぐらいは、礼法にのっとった茶菓のもてなしをしたいものです。たとえお茶とお菓子だけでも、お客様は満足されることでしょう。

お茶とお菓子はまず正面を自分のほうに向けて盆にのせ、客の前で取り回して正面を客のほうに向けてお出しするのが基本ですが、「省礼」といって、あらかじめ正面を客のほうに向けてお持ちしすぐにお出しする方法があります。これは客の前での取り回しを省くことにより、お茶もお菓子もおいしいうちに召し上がっていただきたいという、相手を大切に思う気持ちから省礼をします。

作法が形通りにできたからといって、必ずしもそれが礼にかなっているとはかぎりません。礼を略することで、かえって相手を立てたことにもなり、相手に対しての心遣いが強まる場合もあるのです。目上の人だからといってあまり丁寧なおじぎや挨拶をしますと、その人もあなたに何らかの受け答えや礼を返さなければならなくなります。この場合はなるべく浅い礼（座礼でしたら指建礼）をするようにして個人としてのやり取りは慎み、目立たないようにさりげなくしたほうが、かえって目上の人を立てたことになり、礼儀にもかなってくるのです。こういう場合は茶菓のようなもてなしにかぎらず、その場の状況や相手や用件によって対応の仕方を変化させるのは当然ですし、気をつけたいのは、そうすることによってその場での動作が不自然にならないことです。

恩師の三十二世小笠原忠統先生のお話の中に

「私の姉が近江八幡の村雲御所の門跡を務めている寺に常陸宮様がお立ち寄りになって、小笠原の流儀で茶の接待をしたとのことであるが、私はそのとき給仕の人たちに宮様には会釈以上の礼をしないように指導した。給仕の人の中にはそれでは失礼になるのではないかと尋ねる人があったので、丁寧な礼を略して接したほうが相手を立てたことになる『礼の省略』を述べ説明をしたそうです。

このときは特に宮様は山門に登ってこられる間中、多くの人々の拝礼に終始笑顔で応えられており、さて奥座敷でほっと一休みされようとするとき、茶菓をお持ちするたびに深く拝礼されれば、やはり給仕の者にも気を遣うことになり気楽に休まれる意味がなくなってしまいます。いつの間にか茶があり菓子がくる。そのためには風が渡るように、水の流れるように振る舞い、給仕する人の存在感をなるべく消すほうが礼儀にかなうわけです。むしろ別間に控えているお付きの方に深い礼をしたほうがよいと注意したのです。

一見無礼に思われることでも、実はそのほうが礼儀の心としては一段と相手への思いやりを示すことになる場合があるように、礼儀作法はその場その人によって柔軟に対応できる心と形のありようが肝心だといえるのです」とあります。

お茶とお菓子の出し方（座敷〈和室〉の場合）

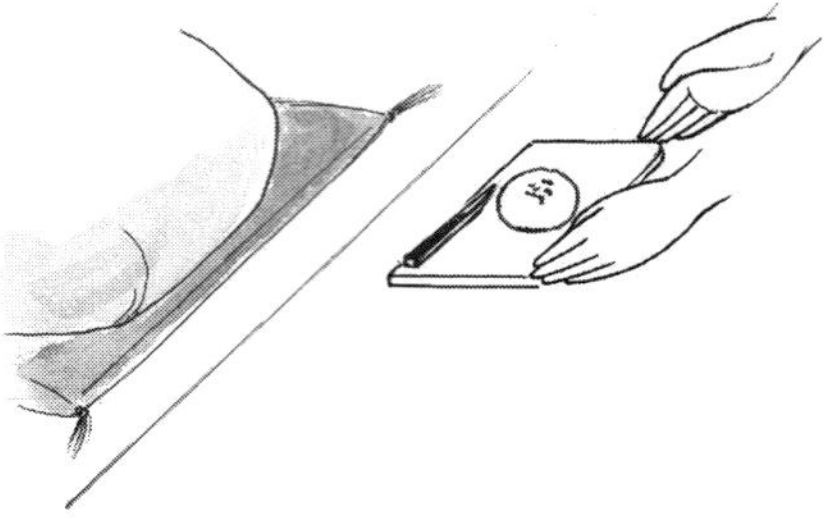

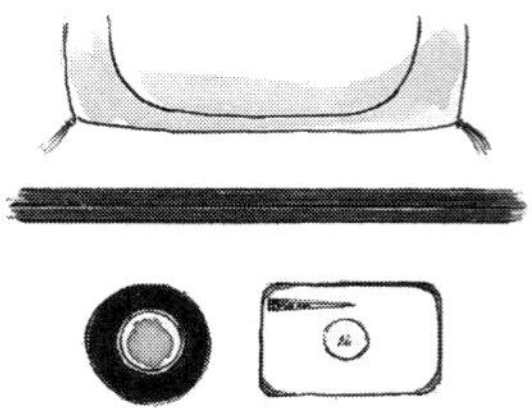

1 茶菓を盆の上にのせお持ちします。

2 客の正面に静かに座ります。

3 盆を下座側脇に置きます。

4 指建礼を交わします。

5 茶菓が出しやすいように少し前に進みます（膝行）。

6 右・左手の順で菓子皿を持ち客の左側に置き、

7 右・左手の順で菓子皿の手前角に手を添え「どうぞ」の気持ちで少し押し進めます。

8 次に茶托を持ち客の右側に置き、

9 菓子同様に押し進め茶托を中心が合うように置きます。

10 両手を膝横につき後ろへ退《さ》がり（膝退）、

11 「どうぞお召し上がりください」という心を込め指建礼をします。

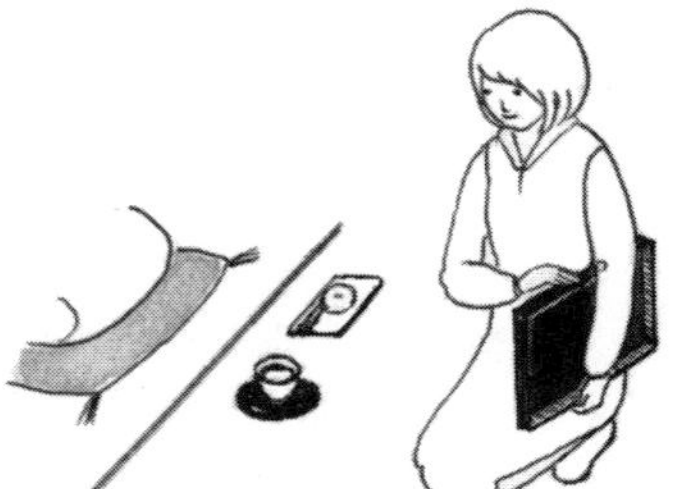

12 空《から》の盆を身体の側面に持ち、客を見下ろさないように少し下座側に回り膝をして立ち、帰ります。

お茶をいただく「間《ま》」

お茶をいただくときは、おいしいうちにいただくのがエチケットです。出された茶菓は会釈して受けます。お茶は味と香りと色で楽しむものです。まず最初の一口で味わい、次の一口で香りをきき、最後の一口で色を拝見します。正式な場合はこのようにお茶を三口で飲みますので、お茶を出す側は三口で飲めるだけの分量をついでお出しすることが基本になります。

煎茶の場合には抹茶に見られるように茶碗を回したりする作法はなく、必要なのは「間」のとり方だけです。この「間」によってお茶を出してくれた相手への気遣いを理解する動作になりますから、「十分に味わって飲んでいる」というしぐさが、お茶を出してくださった方への心遣いとなります。両手を同時に出さずに、右手、左手を順に出すことも「間」ですし、黙礼の動作も「間」です。一口飲むごとに茶碗をみぞおちの辺りまで戻すのも大切な「間」になります。この「間」はお茶を飲むときのすべての動作に通じるもので、二杯目をいただくときも同じ動作を繰り返します。茶托の上に茶碗を戻すときは左手を添えましょう。飲むときは茶碗の底に左手を添えたほうがよいでしょう。飲み方は親指と人差し指の間から飲むようにします。こうすれば正面をはずしたことにもなり、肘《ひじ》を張ることなく、優雅に飲むことができます。

お茶のいただき方

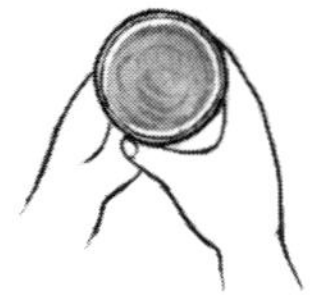

1 出されたお茶は会釈して受けます。

2 左手を茶托に添え、右手で茶碗を取り上げます。

3 左手の上にのせ、右手を軽く添え黙礼してから飲みます。

4 いただき終わって口紅のあとがついていたら茶碗を親指と人差し指二本でふき、その指先を懐紙等で清めてから茶托にのせます。

もうほしくないというつもりで茶碗を茶托の上に伏せるのはよくありません。お代わりがほしくない場合は、すすめられたときにそのことを言って断ります。

蓋《ふた》付きのお茶碗で出された場合のいただき方

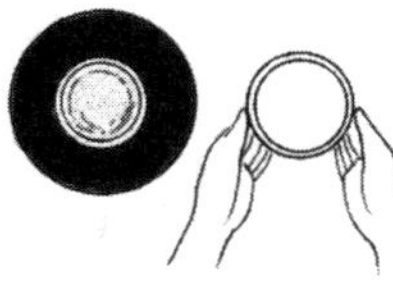

1 手は茶碗に添え右手で蓋のツマミを持ちます。

2 手前から向こうに開け茶碗の中にしずくが落ちるようにします。

3 茶碗の縁に添うように（半円を描くように）右横に回し、しずくを落とします。

4 左手で蓋の下を持ち、蓋の裏が上になるように両手で持ち右側のほうに置きます。

ツマミの形によっては蓋が傾きますから、自分のほうに裏が見えるように傾けて置きます。蓋を閉めるときはこの逆になります。蓋の開け閉めの場合、左手は必ず茶碗の横に軽く添えます。

本来蓋というものは、運ぶ途中にほこりが茶碗に入らないように、お茶が冷めないようにとの心遣いなのです。ですからお茶を出した人が蓋を開け、すすめた後、蓋だけ盆に乗せ、持ち帰るのが正式なのです。

コーヒー・紅茶のすすめ方、いただき方

コーヒー茶碗は普通の紅茶茶碗よりはるかに小さいものです。ことに食事の後に出すコーヒーは小さいコーヒー茶碗で出します。朝食などにカフェオレを出すときはモーニングカップで供します。砂糖やミルクは好みでめいめい入れていただくようにします。

コーヒー茶碗や紅茶茶碗の取っ手は右にし、スプーンを添える場合は柄を右にして、カップの手前に置くのが正式です。

紅茶の原料は緑茶と同じ茶の葉です。この葉を発酵させてから乾燥して製します。西洋ではブラック・ティー、あるいは単にティーと呼んでいます。ウーロン茶は紅茶より発酵度の低いお茶です。

好みで砂糖やクリームなど加えます。あまり多く加えると紅茶の香りが落ちます。レモンティーも同様で、レモンのすがすがしい香りはよいのですが紅茶そのものの香りはなくなります。

いずれの場合もいただくときは、親指は手前、残りの指はそろえて向こう側を持つことになります。

生菓子のいただき方

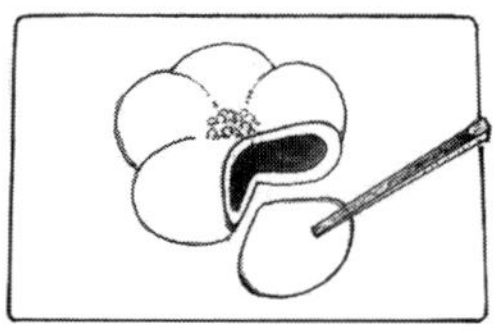

1 卓でしたら右手で楊枝《ようじ》（黒もじ）左手は菓子皿に添えます。

2 畳の上でしたら右・左手の順で菓子皿を取り、左掌《てのひら》にのせ、黒もじで食べやすい大きさに切り、

3 黒もじで小さく切った菓子を刺し、口に運びます。

4 菓子皿は両手で静かに置きます。

干菓子のいただき方

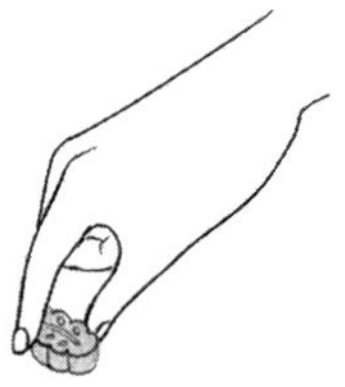

1 卓の上でしたら左手を菓子皿に添え二本指でつまんでいただきます。

2 畳の上でしたら菓子皿を持ち、左掌にのせ、

3 手親指と人差し指で干菓子をつまみ食べます。

お茶のお代わり

いちばん丁寧なお代わりの仕方は、同じ柄の茶碗に台所でお茶のお代わりを入れ、空《から》の茶碗と換える方法です。客のほうは最初に出

された茶碗とまったく同じですので、お代わりしていただいた方の負担が少し軽くなるかもしれません。

一般的には、台所で二つの急須を用意し、一つの急須にはいつもどおりの茶葉とお湯を入れて、茶葉の開きが丁度《ちょうど》よいところでもう一つの急須に注ぎ移します。この急須を客前に運び出してお代わりをします。急須の中で茶の味、香、色など平均になっていますので、客の茶碗には一回で適量を注ぐことができます。

その場合、客の前に置いてある茶碗にじかに注いではいけません。必ず茶碗を引き寄せ、茶托から茶碗をおろして盆の上に置き、急須のお茶を茶碗に注ぎます。茶碗の底が濡れているといけませんので布巾《ふきん》で糸底を軽くあしらってから茶托にのせてすすめます。

抹茶をいただく心

日常生活の中で抹茶をいただくことは少ないものですから、目の前に出された茶碗を取り上げては「一回かしら二回まわすんだったかしら」「右かしらそれとも左のほうにまわすのかしら」ということになります。茶碗をまわすことは覚えていても、どういうわけでまわすのかを知らないと、こういうことになります。

これは、もてなす側ともてなされる側との心の交流が茶碗をまわす形の中に込められているので、茶碗をまわすのは三度でなければいけないというものではありません。

なぜ茶碗をまわすかというと、主人側は客に合った絵柄の茶碗を用意し、精いっぱいのもてなしをしてくれるのです。そうして心を込めて選んだ茶碗ですから、客にも見て楽しんでもらいたいと思い、絵柄の部分を客の方に向けてお茶を出してくれます。客は主人側の心をその絵柄に見とって、その絵のところに口をつけて飲むことはできないでしょう。そこで、その絵の部分を避けて口をつけることになります。たとえその茶碗に絵がついていなかったとしても、茶碗の景色が最も美しい正面を向けて出されています。正面を避けるために茶碗をまわすのですから、一回でも二回でも、右からでも左からでもかまわないということになります。心から絵柄や焼き具合を鑑賞するゆとりがほしいものです。

正面を避けて飲んだら、今度は客の気持ちを主人側に返すことになります。「こんな美しい茶碗を選んでくださってありがとうございました」という心を込めて今度は正面を主人側に向けて返します。つまり、茶碗をまわすという行為のなか、お互いの心の通い合いを示すことになるのです。

茶道にもさまざまな流儀がありますが、底に流れる心は同じです。この心を理解して、相手の心に精いっぱい応えることができるのならば何の流儀であってもいいのです。

抹茶のいただき方

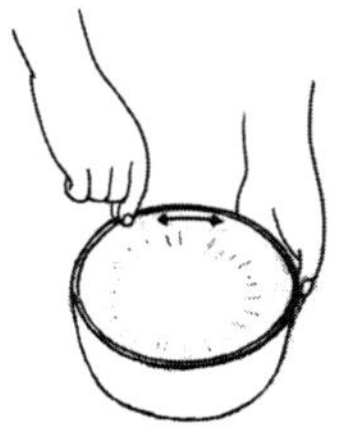

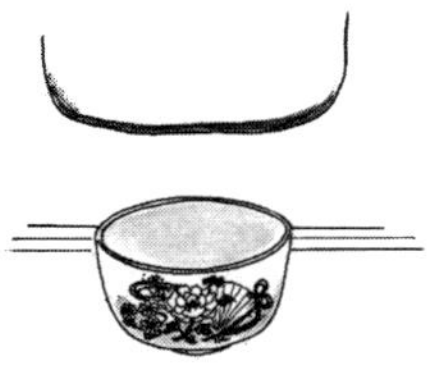

1 茶が前に出たら「頂戴いたします」と挨拶をします。

2 右手で茶碗を取って左掌にのせ、

3 おしいただきます。

4 右手で茶碗を下座に一回まわし正面を避けます。（小笠原家古流）

5 何回かで静かにいただきます。最後の一口も音は慎みます。

6 飲み終わったら飲み口を二本指でふき（濃茶は布巾か懐紙）、

7 茶碗の正面を自分のほうに向けて下に置きます。

8 茶碗を折手礼で拝見します。（鑑賞）

9 主人側に茶碗を返すときは時計回りで茶碗をまわし、

10 正面を向こうに向けて返します。

すべての作法はお互いの心が通い合うようにすることに真の意味があるのです。

四　食事の作法

1　箸《はし》について

西洋の食事の道具がナイフ、フォーク、スプーンと種々さまざまなのに対し日本は一膳の箸で、引き裂く、ちぎる、つまむといった一連の食動作すべてをしてしまう単純なものなのです。世界でも箸を使うのは、日本、朝鮮半島、中国、ベトナムなどの限られた地域で、しかもその多くは匙《さじ》とセットで使用しており、箸だけで食事をするのは日本人だけです。箸は、もともとは一本の竹を折り曲げたピンセットのようなものでした（竹折箸）。日本人が箸を使って食事をするようになったのは奈良時代以前までさかのぼることができます。稗田阿礼《ひえだのあれ》が覚えていた言い伝えなどを太安万侶《おおのやすまろ》が七一二年に書いた、奈良時代にできた日本でいちばん古い歴史の本『古事記』の中に、川に箸が流れているのを見て、この川の上流に人が住んでいるのがわかったという記述があります。

神代《かみよ》の話です。須佐之男命《すさのおのみこと》という暴れん坊で強い神が、高天原《たかまがはら》という神様の世界から追われ、今の島根県にあたる出雲という国の肥《ひ》の河《かわ》の上流鳥髪《とりかみ》の地（現鳥上）に降《くだ》りました。時《おり》しも川上より箸が流れてきたので須佐之男命は「これは川上に住む人が何か大変困ったことがあって、この箸を一緒に神に供し、願い事がかなうように川に流したのに違いない。私が行って助けてあげよう」と考えて川をさかのぼって行きました。すると老夫《おきな》と老女《おみな》の夫婦が童女《おとめ》を間に泣いていました。老夫は国つ神大山津見神の子で足名椎《あしなづち》といい、老女は手名椎《てなづち》といい、娘は櫛名多比売《くしなだひめ》といいました。

わけを聞くと「我が娘は本《もと》は八人いたのですが、身一つに八《やっ》頭《がしら》・八尾ある八俣遠呂智《やまたのおろち》という大蛇が毎年やって来て、次々食べてしまい最後に残った娘を食べに来るときになったので泣いているのです」と言いました。そこで須佐之男命は「私がその八俣遠呂智を退治しましょう」と言い、老夫婦に命じて八つの酒船に酒を満たさせ、酒を飲みに来た遠呂智が酒を飲んで酔って寝てしまったところを刀を抜いて切りかかり、ついにばらばらに切ってしまいました。

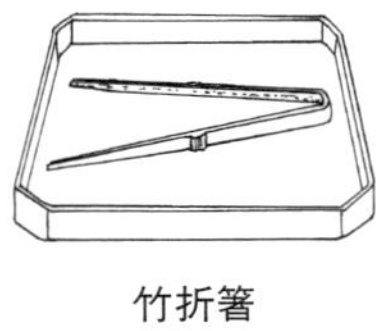
竹折箸

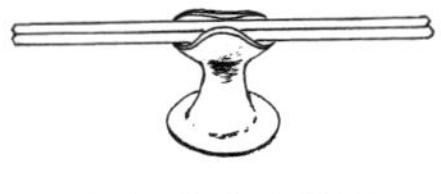
耳皿台付と柳箸

耳皿と杉箸

そして娘を助けた須佐之男命は箸がとりもつ縁で櫛名多比売を娶《めと》り、出雲国の主権となり、その子孫に大国主命《おおくにぬしのみこと》が生まれます。これは「出雲《いづも》の箸流れ伝説」といわれる物語です。つまり、『古事記』が書かれる以前から箸は使われていたということがわかります。

西洋料理では一口で口に入らないものはナイフで切り、汁気《しるけ》の料理はスプーンですくいあげていただきます。そこで箸と同様日本の食文化で大切なものに器《うつわ》があります。汁気のものを飲むために器を口元まで持ってくるという行為が生まれました。器にはまず持ちやすさが要求されました。また熱いものが中に入っている場合は、熱の伝わりにくい漆器や焼物などの器ができていました。器を口元まで持ってくるということは、その器がよく見えることになります。そのために美しさも求められるようになり、手触りによる感触までも楽しむようになりました。ただ料理を盛るだけのものではなく、芸術の域にまで達するものもあります。

箸と日本の文化

日本人はこの単純な道具を使いこなすことで手先の器用さを身につけてきました。稲作農耕中心の食生活の中で、鳥の口ばしのような箸で飯粒や豆をつまむ必要から生まれたのでしょう。今の子供たちが不器用だといわれる原因の一つは、箸の使用が減った食事情によるものではないでしょうか。また調理方法、例えば刺身や鍋物、そばやうどんといった料理はナイフ、フォークといった道具では食べにくいのです。碗などの器にしても、スプーンを知らなかったためにじかに口をつけて吸うように作られてきたようです。

つまり箸は日本人の食文化と切り離しては考えられないのです。日本料理の食事作法でも「箸に始まり、箸に終わる」というほどその上げ下ろし一つとっても細かいしきたりが作られてきました。

箸を取る時期は、主人側が「どうぞ」とすすめ、主客が箸を取ったらそれに従って自分も取ります。

小笠原惣領家の伝書にも「人の相伴をすること、箸をとるから（中略）箸を置くまで、貴人を見合わせ、貴人より先にてあるべからず。箸をとり、置くことも同様なり」とあります。また、「常の飯を喰うべきこと。まず、飯を取り上げ、少しずつそと二箸三箸くいて喰い、さて大汁（本膳の汁）を吸いてよきなり。その後菜を喰い始むるなり」とあり、最初に二口ほど食べ、次に汁、それから菜に移るとしています。食事が終わり箸を置くときは主客が置いたら、それをならって置くようにします。

昔から「箸先五分（約一・五センチ）長くて一寸（約三センチ）」といわれているのは、あまり箸を汚さないようにして食べるのがいいということです。

私の恩師三十二世小笠原忠統先生がお母様から聞いたという昔語りの中で、小笠原惣領家の奥女中たちのことがあります。小笠原惣領家の御殿女中でありますから、客の給仕をさせても見事にこなしてみせるのですが、客が帰ると、使った箸を火鉢の灰に突っ込んで灰のつき方の長短を測り「何々様はお箸をこんなにお濡らし遊ばして、まあお行儀の悪いこと」などと悪口を言い合ったというのです。いかにも御殿女中らしい話です。

こうした箸に関して、こまごまとした作法があるのは、昔から箸は神と人をつなぐ、依代《よりしろ》だと考えられていたからです。箸は神様と神様、神様と人、人と人とを結ぶものです。今でもお年寄りの方が食事の前に箸を高くいただいて「いただきます」というのは、「今日の糧、それは広く考えると今季の収穫への感謝、来季の豊穣への祈りを象徴するもの」と考えているからです。箸が神聖な存在であるから、扱いについての取り決めが隅々にまで及ぶのです。

箸の休め方

箸の休め方ですが、箸置きに置くか、膳の右縁に置きます。割り箸で箸置きがない場合は、箸袋を千代結びにして代用しましょう。

会食が終わったら、結んでいた箸袋に戻すか、あるいは箸袋に入れて袋の先を少し折り、膳の上に置きます。

食事中　　食事後

〔箸置きがあるとき〕

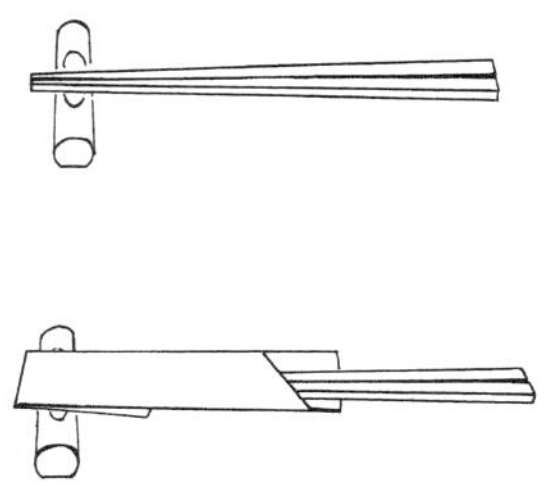

箸置きがあるときは、箸置きに置きます。

使用後は袋に戻して袋の先を三分の一ほど裏に折りかえします。

〔箸置きがないとき〕

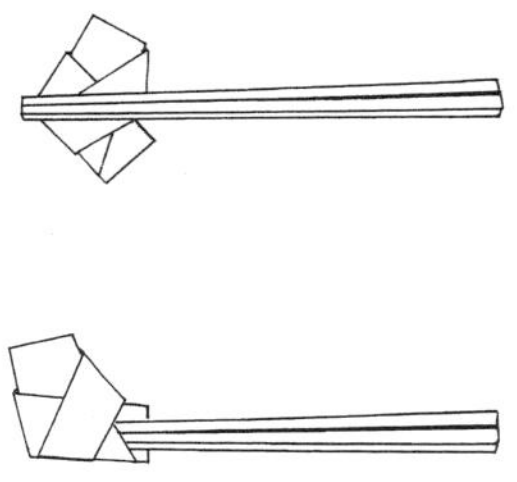

箸置きがないときは袋を利用して置くとよいでしょう。

食後は箸先が見えないように工夫しましょう。

「箸折り」の風習

旅人が旅路の安全を祈る「塞《さえ》の神《かみ》」が祀《まつ》られている神社が村の境の峠にあり、旅人はこの峠を越える精神的不安から、食事後不要になった箸を神社に供え安全を祈願したといいます。一度使用した箸にはその人の霊が宿り、そのまま捨てると禍《わざわい》が来るといわれ、峠の神にその箸を納め禍を防いでもらったのです。

昔は山で食事をする場合は木の枝を箸にすることがあり、一度使った箸は、その場に捨てるようにしました。ですがそのまま捨てると獣が持ち遊んだりして、その禍が振りかかることを防ぐために、必ず箸は折って箸に宿る霊を自分のもとに帰らせてから捨てたそうです。

また平安時代、天皇の位を退いた花山院《かざんいん》法皇が熊野詣の折、峠でお弁当を開いたところ、箸を忘れたのに気づき、お供が近くの茅《かや》を折って箸を作って差し上げました。法皇は食事後、その箸を折って神に供え安全を祈ったという話もあります。

今でも一度使った割り箸は折って始末をする風習が見られるのは、このためかもしれません。

箸の心得

あらかじめ箸先を水に濡らした清浄感あふれる懐石箸。さまざまな意匠を凝らした銘々箸、挟む、ちぎる、口に運ぶ。このたおやかな道具が物を食べるという行為をむしろ優雅にさえ見せるのです。

箸使いの作法が大切なゆえんです。

箸の種類にも、正式・略式があります。

もっとも略式の箸は塗り箸です。塗り箸は毎日使う銘々箸であり、一膳の箸を長く使うことからも略式の箸です。

次が割り箸です。割り箸は江戸後期に発明されたもので、一回使うと再使用はしません。その意味で正式に近く、お客様用に多く使われるのです。ここには日本人の清潔好きが表れています。

正式の箸は柳箸です。祝い事や神事にも用いられる箸です。中太両細の両口箸で、本来は神人共食の箸であり、一端を神が一端を人が使う意味を表しているのです。柳は白くて清浄な生命力にあふれた木であることから、不老長寿を意味し、縁起の良い木とされ格別重用されてきました。

礼法が確立された室町時代に「太い箸で勝利を祈った武士たちの話」があります。

七代将軍の足利義勝《よしかつ》はわずか十歳でその位《くらい》に就いたのですが、将軍初めてのお正月に、お祝いを兼ねて家臣をたくさん集めて宴会を開きました。ところがお雑煮《ぞうに》を食べ始めたとき、お餅をはさんでいたお箸がポキリと折れてしまいました。そこで並み居る家臣たちは「めでたいお祝いの席に何と縁起のよくないことだ、きっと何か不吉なことが起こるに違いない」と心配そうにささやきました。

やがて草花が芽吹く春を迎え、元気な若将軍は「よし春だ！近くの山まで馬駆けしてこよう」と馬が引き出されると、勇ましく飛び乗ってわずかなお供を連れて駆け出していきました。若将軍の馬が山のふもとまで来たときです。馬が木の根っこに足をひっかけ、前につんのめってしまいました。そのため、馬上の若将軍は馬背から地上にもんどりうって投げ出されてしまいました。お供の者たちは、あわてて馬を止め、かけ寄って若将軍を抱き起こしましたが、大けがをして声を出すこともできませんでした。この大けががもとで義勝は十日後にわずか十歳の若さで亡くなってしまいました。

これから後、武士たちは正月の祝い膳には折れないような太い柳のお箸を使うようになり、正月の「太箸」の習慣が始まりました。また戦《いくさ》の出陣の祝い膳には「勝《かつ》の木」と呼ぶヌルデの木で作った太鼓バチくらいもある大きなお箸を使うようになりました。昔の人はお箸に命や魂が宿ると信じ、お箸が折れることは命を落としたり、戦で負ける前兆だと考えたのです。だから太いお箸を作って強くたくましい命を宿らせようとしたのでしょう。

昔は箸には神が宿るといって、使い終わったら白木の箸は洗って乾かした後まとめて焚上げ、土に戻しました。

最近、割り箸のささくれを箸先でこすり合わせて取ろうとする人をよく見かけますが、これは無作法な諸作ですので気をつけましょう。

箸の正しい持ち方

使いやすい箸は、軽くて持ちやすい長さであり、箸先が滑らないことです。

特に箸の長さは、長すぎても短すぎても使いにくいものです。基本的には手首から中指先までの長さに三センチほど加えた長さが使いやすいようです。

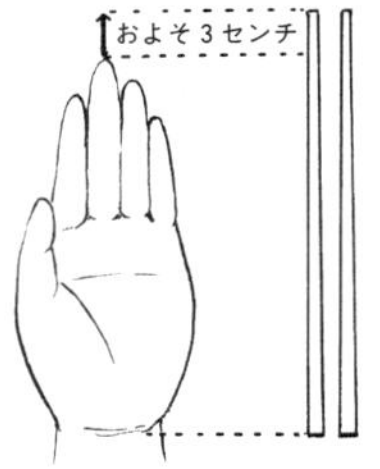

使いやすい箸の長さ

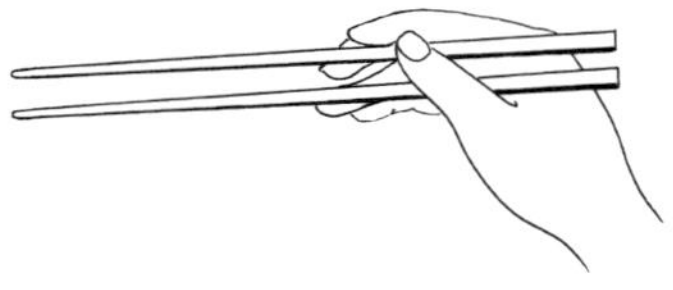
箸の正しい持ち方

1　右手（利《き》き手）で箸一本を鉛筆を持つ要領で持ち、箸先のほうは中指の爪の横、箸の元のほうは人差し指のつけ根にあて、親指を軽く添えます。

2　次に下側の箸は薬指の爪の横にあて、親指と人差し指の股に固定します。

3　上側の箸一本を親指を軸（支点）にして中指で持ち上げることができるとよいです。

豆をつかむ訓練をすると箸使いが上手になります。

箸を持つ基本の形は鉛筆を正しく持つことにつながります。

箸の持ち方と置き方

〔持ち方〕

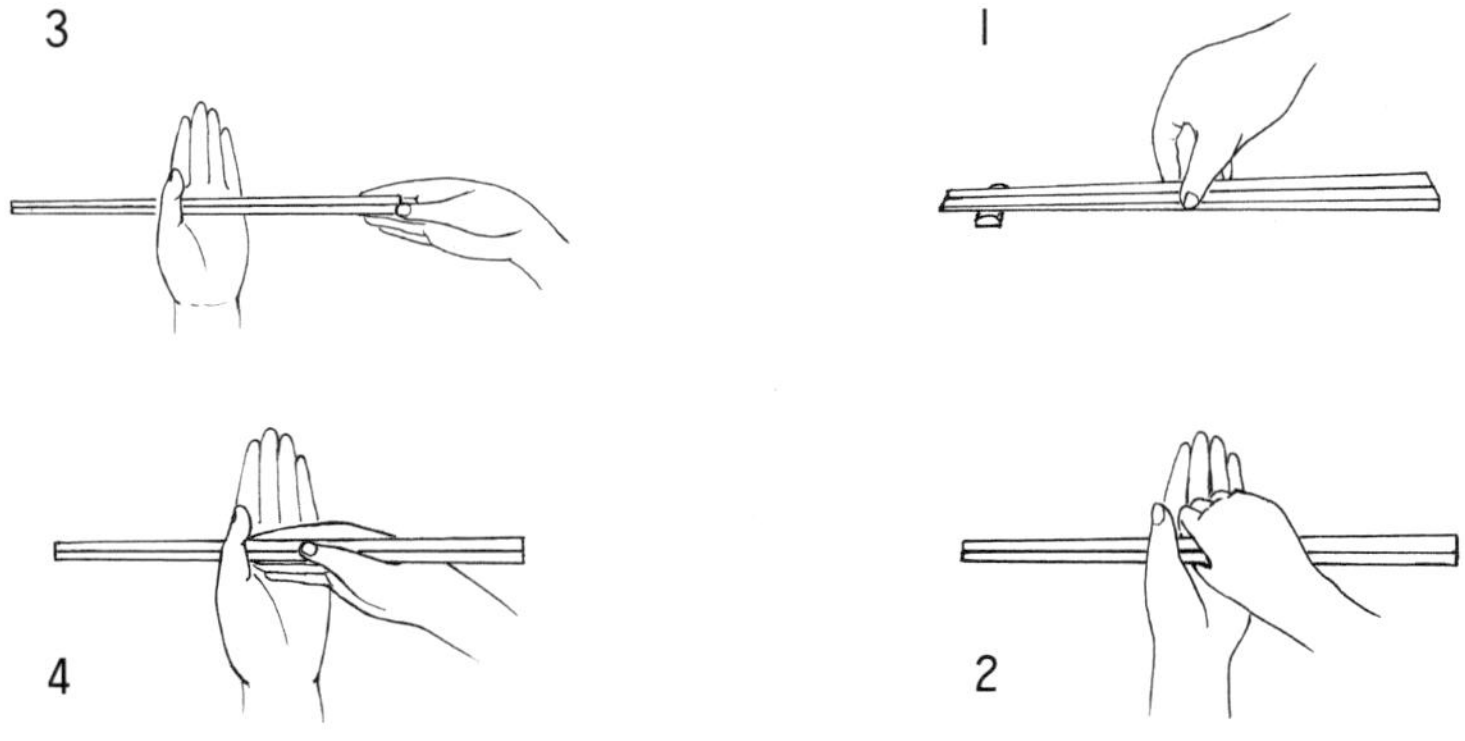

1　右手（利き手）で箸の中ほどを持ち上げます。（利き手が逆の場合は箸置きと箸を逆に置き換えてもよいでしょう）

2　左手を下から支えてやるように添え、円相で身体の正面に寄せ、

3　右手を箸に添って端まで滑らせて箸の下に移します。

4　右掌を上にして箸の下をなぞりながら右手指先は左手親指のところまですすめます。

5　右手の親指・人差し指・中指で上側の箸を、親指のつけねと薬指で下側の箸を支え、箸の中央がしっかり持てたら左手は膝に引きます。

〔置き方〕

1 左手で箸の中ほどを持ち、右手を支えるような気持ちで添えます。
2 右手はそのままの箸の下側を端までなぞり、
3 端をなぞるようにして親指手前残りの指が向こうになるよう持ち替えて箸の中ほどまですすめ、
4 箸の中ほどが持てたら左手は膝に戻します。
5 右手（利き手）で元の位置に箸を静かに置きます。

2 日本料理の心得

（1）日本料理の歴史と特徴

日本の料理の特徴は米（米穀類）と酒の発達が糸口となっています。酒は果物や米穀類による濁酒《だくしゅ》で、百済から伝来したことが『古事記』に書かれています。こうして日本料理は古代から奈良時代にかけて相当発達したようです。

平安時代に入ると調理技術も発達し、饗応膳の形式や年中行事も定まり、饗応の献立にも展開がみられます。盛る器も精錬され、美術品としても鑑賞できるほどになりました。饗応献立に欠くことのできないものは雉《きじ》と鯉《こい》で、婚礼式にも置き鳥（雉）と置き鯉は欠かせぬ供物になっています。また、大陸文化の影響により、年中行事の様式も公事として定まり、その後、民間の年中行事へと浸透していきました。

朝廷の宴会では、齢《よわい》（年齢）をかためる意で正月三が日に食べる特定の食物の「歯固《はがた》め」などの行事に始まり、年中行事に料理が関連するようになり、嵯峨天皇の頃に「七草がゆ」も行事として定められました。奈良時代の大饗（公卿の宴会）はほとんどが保存食で、干物などを並べたものでしたが、次第に鮮魚、貝などを材料にして、なますにしたりして即席料理されるようになり、平安時代に日本料理の基本が形成されました。

鎌倉時代になり武士の時代が来ると、公家のぜいたくな形式を戒め、諸事質素な風習を奨励し、質実剛健を第一としました。この気風は江戸末期まで武家精神の支柱となり、将軍のもてなしにも「梅干、打鮑《うちあわび》、海月《くらげ》に塩、酢」であったという記録が残っています。

しかし、弓馬《きゅうば》の道の奨励によって狩猟で得た鳥獣の肉を食べるのをきらうことをなくし、体力を養うために三食の風習も生じました。一般武士においても、戦時食としての兵糧《ひょうりょう》が発達して、保存食であり、活力をつける栄養食である黒米めし（玄米）、屯食《とんじき》（焼き握りめし）、ほし飯《いい》、焼き米、梅干し、塩、ごま、かつお節等、武家の諸祝儀の式膳の内容にも新しい展開を見ることができます。

この時代は、精進料理が栄西や道元により禅宗から広められ発達しました。寺では肉食を避ける代わりに油を用いる料理が発達し、豆腐なども宋から輸入され、禅宗に伴う中国文化の影響も加えられ、日本料理の基礎が作られてゆきました。この時代は食器も発達し、陶器類では瀬戸《せと》、常滑《とこなめ》、信楽《しがらき》、丹波《たんば》、備前《びぜん》などや、漆器では鎌倉彫や根来塗《ねごろぬり》もこの時期盛んになりました。

室町時代には幕府を京都に置き、公家社会との交流が盛んになり、武家礼法の確立もこの時代で七世小笠原貞宗によってなされ、調理面でも四条《しじょう》流、大草《おおくさ》流が現れ、料理法は複雑になり料理を楽しむ風習が生まれました。当時の諸祝儀の基本に式三献があり、一方で禅の心を加味した茶の道が開かれていきました。

安土桃山時代になり茶道の完成には、禅風の簡素な料理で一汁三菜を主に酒を軽くたしなむ懐石料理が伴い、天ぷらが伝来しています。

江戸時代には宮廷料理から発して、精進料理、懐石料理など内容・形式ともに時代に合わせて取捨選択され、日本独特の料理として完成しました。

町民の食生活はぜいたくなものへと移行し、初物《はつもの》の味覚を楽しむようにもなり、一般に豪奢《ごうしゃ》な風潮は、幕府の禁令からも想像されます。しかし、将軍家の食膳は質素なもので一汁と煮物、焼き魚程度で、ご飯は蒸しめしでした。また将軍の日常の食膳には、禁止の食品が多く、いわし、さんまなどは下品な魚として禁じられ、また、臭気の強いにら、ねぎも禁食、鳥類も限られ、かも、つる、がん、きじ、ぐらいだったようです。

本膳料理

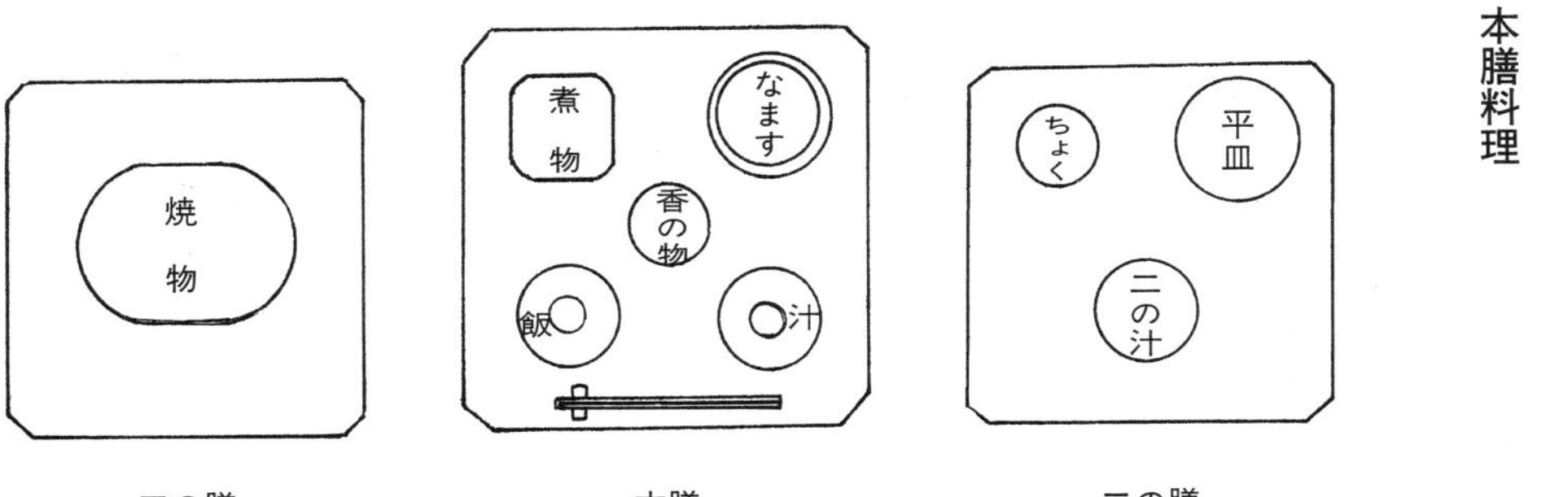

二の膳　本膳　三の膳

室町時代に武家礼法と共に料理や饗応の形式も確立し、本膳料理の基ができます。江戸時代に内容・形式ともに発達し、現在では冠婚葬祭などの儀礼的な日本料理にその名残をとどめています。饗応の形式には「式の膳」と「饗の膳」とがあり、式の膳は室町時代の諸祝儀の基本である式三献で、現在では婚礼の三三九度の杯事にその名残を見ることができます。饗の膳には、本饗の膳、二の饗の膳、三の饗の膳などがあります。略して本膳、二の膳、三の膳といいます。

本膳料理とは、本饗の膳の料理の意味もありますが、饗の膳

公饗　三方　足打ち　蝶脚　猫脚

の略式がふくさ料理です。一汁三菜、二汁五菜、三汁七菜など数種あり、七五三や五五三など配膳の作法があります。それは本膳に七種、二の膳に五種、三の膳に三種の菜をおくなどの形式、真行草《しんぎょうそう》の配膳方法もあります。

食膳は正式には公饗《くぎょう》、三方《さんぽう》、折敷《おしき》などで、いずれも白木を用います。

塗り物は略式になります。外が黒塗り、内が朱塗り、または内外とも黒塗りか朱塗りなどもあります。蝶脚《ちょうあし》、猫脚《ねこあし》、蒔絵《まきえ》のものなどもあり、ふくさ料理として略式の饗応に用います。

箸の正式のものは、柳、ひのき、かちのき（ぬるで）で、箸置きは正式には耳土器《みみどき》を用いますが、略して、さんしょう、こしょう、包みなどに箸先を包んだりもします。

酒器は瓶子《へいし》、提《ひさげ》、燗《かん》なべ、徳利《とくり》などがあります。瓶子は古くから用いられ、今では神事か正式の場合のみに用いられ縁紅紙《ふちべにし》で仕立てた蝶《ちょう》をあしらいます。長柄と提は金属製で銚子は左右に口があり、一つは順の口といって吉事に、一つは逆の口といい凶事に用います。燗なべ、徳利は略式になります。杯《さかずき》も、正式のときは素焼《すや》きの土器《かわらけ》を用い、ふくさ料理には塗り物で蒔絵のあるものを用いたりします。器類は、めし椀、汁椀、平《ひら》、坪《つぼ》などは塗り器ですが、正式には内側が赤く外側が黒塗りになります。略式になるほど、蒔絵が施されるなど華麗になり、その他の皿、鉢物は陶磁器類を用います。

懐石料理

茶事のとき茶席でいただく料理をいいます。懐石料理とは禅僧が修業中に温めた石を懐に抱いてお腹を温め、空腹を一時しのいだという、温石《おんじゃく》程度のごく軽い食事という意味です。茶の湯は元来、濃茶を差し上げるのが主体ですが、その濃茶をおいしく召し上がっていただくために、その前に料理を出しました。この料理は禅宗の食事法を取り入れたりして、客をもてなすための最上の手段と考えられ、一汁三菜が基本になっています。古い時代には濃茶を飲むための一種のお茶うけであり、菓子など用意したのが、今日の懐石の前身と思われます。この頃の菓子は木の実、果実、その他多少の甘みをつけて煮たしいたけ、こんにゃく、にんじんなどが使われ、やがて砂糖が用

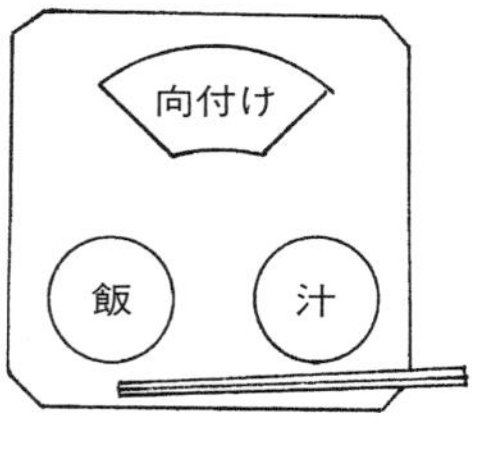

いられるようになり、現在の菓子に変わっていきました。

江戸初期頃の一般茶人の懐石は簡素で形式も一定していないようでしたが、江戸中期頃からは生活様式が二食から三食となり、中《ちゅう》食《じき》を中心とする正午の茶事の形式が整うようになり、現在とほとんど変わらなくなってきました。

まず最初に向付《むこうづ》け、ごはん、お汁の三つが折敷《おしき》にのって持ち出され、客が一口のごはんと汁を賞味したのち、お酒をすすめ、その後料理を持ち出してお酒を交互にすすめます。懐石の基本的なコースは一汁三菜（汁、向付け、椀盛り、焼き物）に、献酬用《けんしゅうよう》（杯のやり取り）の箸洗い、八寸で終わります。場合によっては一、二品、ときには三品を預け鉢とか強肴《しいざかな》と呼んで、料理を持ち出し酒をすすめることもあります。品数を多くする必要はなく、海、山、里の材料をそれぞれ最もおいしい時季に調理します。また客の年齢嗜好に合わせて献立が作られ、一汁三菜に箸洗い、八寸が一体となり、客をもてなす行き届いた心遣いがその根本になります。

献立は全体に味の展開が円滑にいくように工夫します。例えば八寸を持ち出し千鳥《ちどり》の杯事をする前に出される箸洗いは、日本料理で最も薄味の吸い物で、文字通り箸の先を洗い清めて、口もさっぱりとさせ、主客の杯の献酬に備えるもので、その意味では白湯《さゆ》でもよいところを、ほんのりとした味をつけます。

箸の置き方は折敷《おしき》の手前横に一文字に置く方法と、折敷の右側に二、三センチ端を出して添える方法があります。一度口にした箸を置くときは折敷の左縁に口にした先端を二、三センチほど出しておきます。縁のある折敷には箸置きを添えないのが定法《じょうほう》です。箸は必ず少し前に水に浸しておき、配膳の直前に水気をふきとり膳に添えます。

会席料理

江戸時代から始まった酒宴向きの饗応料理です。本膳料理や、懐石料理にある食事礼法や給仕作法など一定の形式が略されて、形式よりも実質を重んじたところから独自の形となり、次第に今日の形式に発展してきました。現在では、日本料理での結婚披露宴や、宴会のあらゆる招宴、会食などがこの形式です。その宴会の性格によっては本膳料理の形がしのばれるもの、懐石料理の系統を引くものとが見られます。

内容としては、一汁三菜が基調で、椀、刺身、焼き物、煮物を中心に酒の肴《さかな》として、先付け、あるいは前菜が添えられます。さらに揚げ物、蒸し物、酢の物、あえ物等が適宜に加えられ一献立てられます。また料理の品数が多い場合は、二汁、三汁と汁物の数を増やしたり、口替わりなどが織り込まれ、食後に果物が添えられるよう

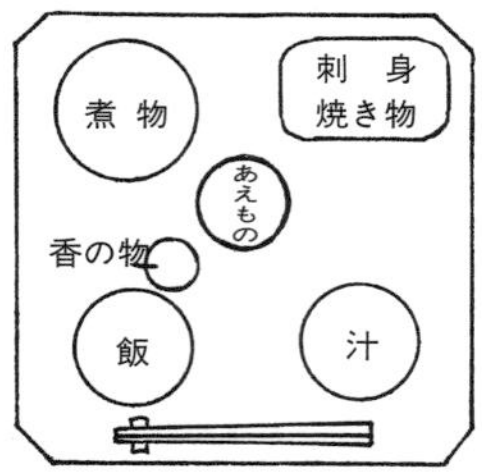

飯の場合

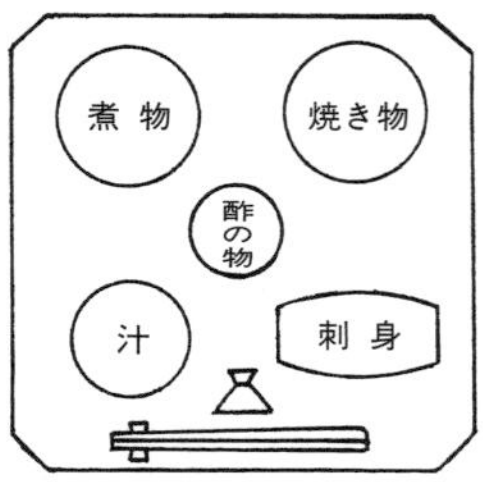

酒の場合

にもなってきました。

儀式や形式を重んじず、食味本位にくつろいでおいしく召し上がっていただくための料理で、一品ずつ間をおいて順次持ち出す料理ですから、運び出されるのに一時間三十分くらいかかります。

会席膳といって、足の長い三十六センチ角の塗りの膳に料理をのせますが、現在はこだわらずに、円形や長方形のものを使用したり、その膳を卓の上にのせたり、膳を使わず卓上にじかに料理を置いてすすめることもあります。

精進料理

生ぐさを使わず、野菜、海藻、豆腐、乾物などを材料とした、元来お寺の料理です。仏教の宗旨により、中国料理の影響を受けた普《ふ》茶《ちゃ》料理もあります。

特徴は蛋白源《たんぱく》として、大豆やその製品（豆腐、高野豆腐、ゆば、納豆、みそ）、麩《ふ》などが多く使われ、脂肪源と味の点からは、揚げ物やごまを使った料理が多くみられます。献立は汁物、煮物、揚げ物、焼き物、蒸し物、酢の物などを、味の取り合わせよく組み合わせて、季節感をよそいます。

普茶料理

黄檗宗《おうばくしゅう》に伝わる中国風の精進料理で、江戸時代初期（十七世紀中頃）、京都宇治に来朝した明《みん》の僧隠元禅師《いんげんぜんじ》によって伝えられました。普茶料理は室内の茶礼の一つとして、非時の点心、つまり三食以外の軽食から転じて一種の浄斎《じょうさい》として用いられました。その名称は「普及茶一請」の言葉から出て飲食平等の趣旨を持ち、その調理と食作法にもその精神が表れています。

魚肉を用いたのは卓袱《しっぽく》料理と呼ばれ都会の一流料理屋で作られ、野菜の普茶料理も好事家《こうずか》に珍重され、その後懐石料理の影響を受け、日本人に合った料理となり伝承されています。

特徴は、仏教精神から生き物の材料は一切用いない、栄養価値を考え豆腐とごまと油を多く使って、食用の野草から花に至るまで、あらゆる野菜を調理します。材料の自然の味、色、形を美しく生かして、禅宗の簡素な料理法をとっています。そして茶懐石との交流によって、一層特色づけられました。

食作法は中国風で長方形の卓に四人を一組として、菜は大皿、汁は大椀に盛り、各自食器は茶碗、取り皿、湯さじで、めいめい取り分けます。

献立は、二汁六菜で大菜《だいさい》、小菜《しょうさい》に区分し、大菜は付け揚げ（野菜の天ぷら）、雲片《うんぺん》（五色の雲に見立てた野菜のくず寄せ）、ひたし物（あえ物の類）、香菜（香の物）。小菜は笋羹《しゅんかん》（美しく調理した数種を盛り合わせたもの）、蔴腐《まふ》（ごま豆腐）、唐《とう》揚《あ》げ汁（豆腐と山いもをすり、味つけし、油で揚げ、針しょうが、焼きのりとともに汁に入れる）、みそ煮（具をたくさん入れた濃いみそ汁）とします。煮出し汁はこぶでとり、吸い物には薄味、煮物用には料理に応じて調味し、材料は季節の生野菜を主に、ゆば、かんぴょう、きくらげ、いわたけなど乾物類も多様に使用します。

（2）和食のいただき方

食前食後の挨拶

今日では「いただきます」「ごちそうさまでした」と手を合わせることが少なくなりました。食前の「五観の偈《げ》」や「食前の祈り」など、人間の食事はこの挨拶に始まり挨拶に終わりたいものです。

食前に感謝と、敬いの心をもって「いただきます」の言葉があり、これが箸の上げ下ろしの中で、形と心を整える基になります。この形と心が調和した正しい形が正しい心を生み出す元でもあるのです。

中国には「礼は国の幹なり」という教えがあるそうです。礼儀、礼節が整っている国は栄え、家においてもそのような家には幸せが訪れるといわれます。天地自然の恵みを頂戴し命を養っている私たちです。食前、食後の身近な茶飯事から心構えすることが第一と思います。

また、道元の「赴粥飯法《ふしゅくはんぽう》」に生飯《さば》のことが書かれています。食前に飯七粒を取り、鉢の縁などに置いてから食事をいただきます。自分だけが食事するのではなく、人間以外の者にも食事を捧げる心を「生飯」といいます。世の中には食を求め、食無く飢えに苦しむたくさんの餓鬼がいて、せめて七粒でもそれらの餓鬼に供養してからいただくという修行僧の態度のことです。

マナーの必要性

本来食事のマナーは、食事を通して人間としての心の通い合いが持てるようにという配慮から生みだされたものでした。小笠原惣領家の昔の伝書に、「物を喰う事、何にても口音高く喰い、あるいは舌打ちをし、箸をなめ、または魚鳥の骨を噛《か》み、かまほこなどもかぶりつきて喰う事、全てかようの儀は遠慮あるべきなり」と書かれ、このような食べ方を戒めています。

また平安期の有職故実にも食事の作法が見られ、十四世紀には室町武士の作法として小笠原惣領家礼法が成立しており、「菜を喰う事魚類精進物によらず、賞翫《しょうがん》より喰い初めたるがよし、また、酢あえの類より喰い初めてよし、酢の類を喰い候えば、口中うるおい、その後何のものを喰いよきゆえなり。精進物より喰い初むというものあれどさしていわれなし」と伝えています。二の膳、三の膳がつく場合も本膳の菜を一巡した後、同様にしていただきます。常に相手のペースに合わせ、こちらだけの心まかせで飲食しないことが大切です。

また、公式の席での伝書に「むしりにくきをむしりかねて、遠なる汁、菜を取りて、物をこぼしなどすること、見憎く候。ただ手よりなる物を取りて喰うべし」とあり、むしりにくいものに手をつけて手こずったり、汁物などをこぼしたりするより、手近のものだけを食べているように、としている条です。食べたいものを食べられない作法は困りますが、あくまで人前でのことで、親しい席では楽しく味わい合うのがいちばんです。相手が心を込めて作ってくれた料理を感謝していただくことが大事なのです。

和食は私たちが日常的に食べている料理のことなのに、正式な日本料理と聞くと、作法が難しそうで遠慮したくなります。

和食のいただき方は、長い歴史を通して磨かれてきた合理性と美しさが込められています。ある程度の正しいマナーは知っておきたいものです。

また、和食は舌で味わうとともに、目でも味わう部分の大きい料理です。「料理は器を選び、器は料理を選ぶ」といわれるように、器も大きな役割を持っているのです。洋食がナイフやフォークなどの道具の扱い方に中心を置くのに対して、和食は器の扱い方が重要になります。

本膳料理のいただき方

日本料理はお膳でいただくのが普通ですが、これはテーブルというものがなかった日本の食生活からきたものです。現在は本格的な本膳料理はすたれ、略式の会席料理が主流になっています。

食卓に料理が直接出されたときも、お膳が運ばれた場合にも軽く会釈をします。相客のあるときは、次の人に「お先に」と挨拶し、他の人に行き渡るまで静かに待ちます。主人側が「どうぞ」とすすめ、主客が箸を取ってから自分も取るようにします。

箸置きのない場合は箸袋を千代結び等にして箸置きの代わりに使い、ある場合は箸袋を横か手前に置きます。最後に箸を入れ、袋の先三分の一ほどを折るとよいでしょう。

お椀は冷めないうちにいただきます。お椀の蓋《ふた》は、右側に置かれたら右側に、左側のときは左側に、それぞれ上向きにして両手で静かに置きます。いただき終わったら元通りに蓋をします。

前菜は串に刺したものが出たら、左手で串の端を少し持ち上げ、箸で引き抜いてからいただくようにします。小さい容器に入ったあえ物や珍味等は、手で器を持っていただくようにします。刺身などは、しょうゆなどのつけ汁がたれる粗相がないように椀の蓋で受けながらいただくか、しょうゆ皿を手に持って食べます。このとき汁が気になり、つい前屈みになってしまいますが、必ず皿のほうを口に近づけるようにします。懐紙を使ってもよいでしょう。刺身のつまは、いろいろ用いられますが、これは香りや美観を添えるためばかりではなく、消化を助け食中毒を防ぎ、生ものと野菜を取り合わせるという趣旨も含まれているので、刺身の後で食べてもよく、あるいは刺身と一緒に食べても差し支えありません。

日本料理の前菜

日本料理では、従来、料理を出す前に酒に添えて手のかからないものを「通しざかな」「先付け」「箸染め」などといってとりあえず出し、料理のできるまでのつなぎとしており、前菜というものはありませんでした。西洋料理、中国料理が一般化するとともに、日本料理にも前菜が取り入れられ、見た目にも美しく、食欲をそそるように盛り合わせて出すようになりました。

普通は三品盛りに合わせて各自に出しますが、洋食のオードブルの影響で何種類も一皿に盛り合わせての取り回し形式も取り入れられています。

材料はなるべく、海、山、里（野）のもの、例えば魚、鳥、野菜、または貝、きのこ、野菜というように組み合わせ、味は辛いもの、すっぱいもの、甘いものなど、重ならないようにし、材料の配色にも心を配ります。冷たくなっても味の変わらない料理が前菜には向きます。すべて小さく美しく作り、少しずつ盛り合わせるようにします。また酢の物、あえ物はほとんど前菜の一品として扱うことができますから、変化をつけて自由に組み合わせるとよいでしょう。

焼き物は骨のついたものは、口元まで懐紙を持っていき、骨は目立たないように懐紙に受けて皿の上に置きます。

車えびの鬼がら焼きなどは、懐紙を使って左側を軽く押さえ、身と皮をはがしていただきます。懐紙がない場合は直接指で押さえてもやむを得ません。汚れた指先は必ず懐紙かハンカチでふいてからいただきます。主人側でもこうした場合には、気を利《き》かせておしぼ

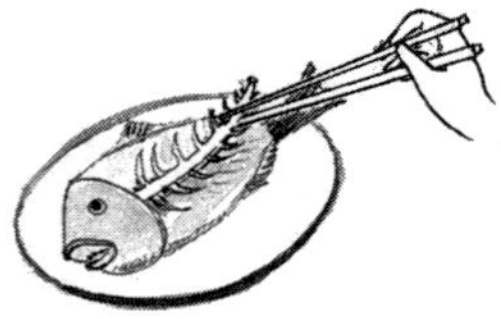

りなどを出すとよいでしょう。

魚の姿焼きなどの場合は、頭の下、背中の間のところに箸をつけ、まず表身を食べ、中骨を離して魚の向こう側に置き、下身を食べます。裏返して食べることは慎みます。焼き魚によっては、酢じょうゆなどが添えられることがあります。身をちょっと浸してからいただくようにします。

焼き魚はとかく食べ散らかしがちですが、きれいにいただくよう心がけましょう。

煮物はすすめられたら、温かいうちに心づくしを賞味します。一つ盛りで取り回しにする場合は、次の人に必ず「お先に」と一言挨拶をするのが礼儀です。取り皿に取り分けてからいただきます。取り皿がない場合は、椀の蓋《ふた》に取り分けても差し支えありません。

天ぷらは天つゆの中に大根おろしなどを入れ、椀の蓋に受けながらいただいてもよいでしょう。

ご飯をいただくときは右手（利き手）で箸の中ほどを取り、左手を下から添え、右手は箸の端をなぞり、箸を下側から正しく持ち、箸先を自分のほうに向けて握り込み、両手でご飯茶碗を丁寧に持ち上げ、自分の身体の中心にご飯茶碗がくるようにし、左手にしっかり持ちます。このときご飯茶碗を持つ手の指が広がらないよう気をつけましょう。

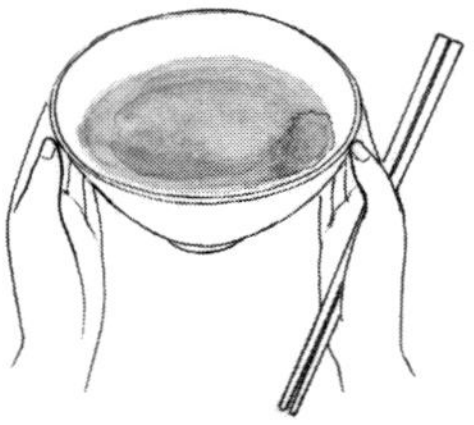

箸先は自分のほうに向ける

割り箸のように箸先が乾いている場合は汁椀を先に持ち、いただきます。最初に箸先で汁の実を押さえ汁を一口吸い、箸先に心を配り汁椀を膳の上に置きます。箸を持ったままご飯茶碗を持ち、ご飯を一口か二口食べ、静かに膳に置き、二度目の汁椀に移り、実を食べます。このとき汁を吸ってもよいでしょう。

次に二度目のご飯を一口か二口食べ、ここで初めて菜に移ります。香の物以外は適宜にいただきます。同じ菜や菜から菜へ続けて食べないで必ず中にご飯をはさんでいただくとよいでしょう。

ご飯のお代わりは、何回してもよいことになっていますが、一応二膳にとどめるものとされています。昔は一膳だけしかいただかないのは、一膳飯といって忌むこととされていましたから、こんな場合はあらかじめ一膳のご飯を軽くよそい、お代わりしてもらうとよいかもしれません。

またお代わりのとき、まだいただけますよという意から一口ほど残してお代わりをしていただく習慣もあるようですが、これは残さず全部いただいても差し支えありません。

お代わりのご飯をつけていただく間に、お菜を食べたりすることは無作法になります。よそっていただく間は箸を置いて待ちます。給仕から受けたときは、受け取ったままですぐ口にするのは「うけ食い」といってよくありません。いったん膳の上に置いてから食べるようにします。

お汁椀の、お代わりは二杯目でとどめておくほうがよいでしょう。汁の中に貝が入っている場合、貝から身だけ離していただくわけですが、しじみなどの小さいものの場合は、蓋に殻を出しながらいただき、終わってから椀に戻して蓋をします。

酒の注ぎ方、飲み方

古来の礼法では酒の注ぎ方を「鼠尾馬尾鼠尾《そびばびそび》」といって、初め細く、次に太く、終わりに細く注ぐように教えました。酒をこぼしたり、縁からあふれさせたりしないためにも、その注ぎ方は合理的です。お互いに注ぎ合い、もてなし合う心が大切なのです。

盃の持ち方は、猪口《ちょこ》などのずん胴な盃は親指と人差し指で持ち、中指で底の縁を支えます。糸底の高い盃は、人差し指と中指で糸底をはさみ持ち、上縁に親指を添えます。女性は左手を添えます。

盃の持ち方

酒を注ぐときは、粗相のないように鼠尾（最初細く）、馬尾（中太く）、鼠尾（最後に細く）で盃の七分目程度に注ぎます。

お酌を受けるときは、男性は左手で盃を取り上げ、いったん右手にのせ持ち直した後、左手で受けます。女性の場合は反対に右手で盃を取り上げ、左手にのせて右手に持ち直し、左手を添えて受けます。客に酒を注ぐときは、近くまで寄って両手を添えます。受ける方も両手を盃に添えていただきます。

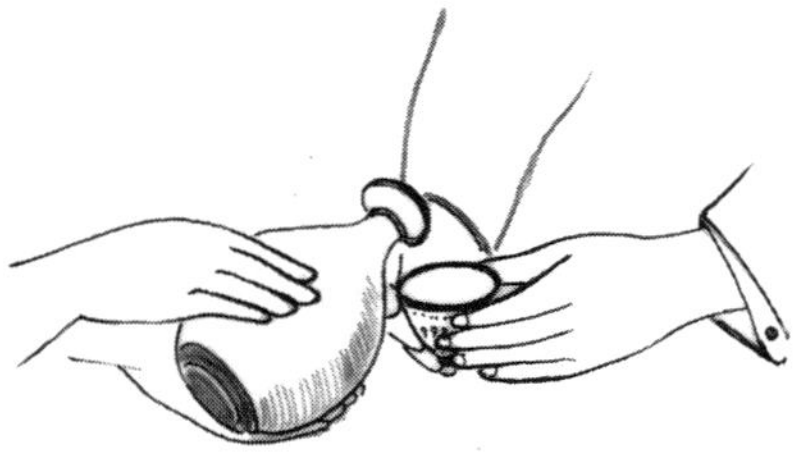

酒の注ぎ方

飲めないようでしたら「もう十分です」「もういただけませんから」とお断りすればよいのです。

昔は相手に対する思いやりや心遣いを露骨に示さないため、いろいろなサインが生まれました。ちょっと目を動かす、手を上に向ける、下に向ける、そんなわずかな身振りやしぐさがその心遣いを示すことになります。

酒席で酒が飲めないことほど困ることは昔も今も変わりがありません。そこで、酒の飲めないものに盃が回ってきたときの作法として室町時代の小笠原惣領家の伝書に、「『下戸《げこ》』は、盃をとりざまに、御酌の顔を見るべし、是は下戸というしるしなり、酌、心得べし」というのがあります。

順番に盃が回ってきたら盃を受けるやいなや酌人の顔をチラッと見ると、酌人は「私は飲めません」というサインであることを了解して酒をつぐ真似だけしてくれることになっていたようです。

今の酒席でも、片手で徳利を掌《てのひら》を下にして注ぐのは少し見下げた態度になりますので、もう片方の手を、掌を上にして下のほうに添えると、敬う気持ちが通じてゆく感じが残っています。

また酌人の心得として盃を差し出した人に対して、差された人が顔を見合わせてから飲む作法を酌人が隔《へだて》ないようにしなくてはなりません。

誰から差されたのかも気づかずに、ガブガブ飲む無作法は「人をも見合わせ候わで、心にまかせ、呑むは狼藉《ろうぜき》なり」と責められもするわけで、この両者の目での挨拶を妨げないような身体のとり方が酌人の心得になるのです。

このように細かい心遣いが交わされる酒席では、盃を干《ほ》すだけでもなかなか神経を細かく遣ったようで、『一露一文字《ひとつゆいちもんじ》』という心得があり、これは差された盃をきれいに飲み干して、飲み残した酒を捨て盃を返す動作なのです。盃を振って飲み残しを捨てるとき、ちょうど一滴だけ落ちるように飲むのがよいというのです。一滴も残さず飲み干してしまうのも、ちょっとあさましいように見えるし、かといってせっかく差してくれた酒をポタポタ捨てるほど残してはよくありません。一露落とすぐらいが程のよい飲み方だというのです。今の清酒を連想すると、ちょっとわかりにくいのですが、当時はまだ濁酒だったことを考え合わせるとわかりやすいと思います。ここまでくると凝り過ぎの感じもしますが、むさぼらず、さりとて相手の好意を無視することもない限界を、この一露や一文字の飲み方に見ることができます。

昔の正式な酒席では現在のように各自の膳にそれぞれの盃が配られるのではなく、十人でも二十人でも盃は一つ、銚子も一つという決まりでした。身分や格式のうるさかった時代ですから、盃のやり取りにも幾通りものやり方があり、「お流れ」といって、目上から目下の人に差したものでした。あるいは「召し出し」といって、貴人の前へ召し出されて、盃をいただく形がありましたが、現在のように下位の者から上位の者に盃を差すということはあり得なかったのです。

もともと盃事は、神に酒食を供え、神事の後でお神酒《みき》をいただく「直会《なおらい》」の儀から発展したもので、神からのお流れをともにいただくことで心を一つにしたことから始まったのです。ですから、酒は神に捧げる神聖な飲み物であり、特別な「晴れ」の日でないと、そうたやすく口に入らなかったものなのです。献酬というのも目上の者からというよりは、神からのお流れをいただく意味があり、神が飲んだ酒を一同で飲むことで地縁血縁の絆を強めたのでした。

宴会などで他の人と同席の場合は主賓の合図を待って一同盃を挙げ（押しいただき）、軽く目礼をしていただきます。特に女性の場合、献盃、返盃の必要はありませんが、どうしてものときは杯洗《はいせん》のある場合はそれですすぎ、水気を切って「ではどうぞご返盃を」とお酌しますが、杯洗のない場合は懐紙等で縁をふいてから差すようにしましょう。

飲めないときは「ありがとうございます。せっかくでございますが、いたって不調法でございますので……」と丁寧にお断りします。「まねごとだけでも」とすすめられた場合は、盃に少々ついでいただき、そのままにしておいても差し支えありません。

香の物は口中を清める役目を持った食事の最後に食べるもので、あまり早く箸をつけることは無作法とされています。

香の物は小皿に取り分けてすすめられる場合と、鉢に盛り合わせてすすめられる場合とあります。取り回しの場合、自分の箸を返して取るのは無作法で見苦しいものです。お菜箸がついていないときは、取り回しの箸をいただくようにしましょう。香の物の取り分け皿が添えられていない場合は蓋に取ります。

日本料理のいただき方

食事マナーの基本となるのが、正しい姿勢で座ることです。

本膳料理の場合、まず食前に茶菓が出されます。本式ですとお茶は天目台《てんもくだい》にのせて出されますが、今日ではほとんど茶台か茶托で出されるのが普通です。菓子は干菓子です。茶托は天目台同様「茶器が熱くても持てるように」という配慮の表れです。好意を無にしないために、両手でまず茶托を持ち、右手（利《き》き手）で茶碗を持ち、茶托は下に置き、いただきます。

次に本膳が出されますが、その土地や家の流儀で吸い物膳が先に出る場合もあります。客は出された順序にいただけばよろしいのです。ここでは基本的に本膳が初め出されるものとして説明します。

1

正しい姿勢で座り、配膳が終わったら主人側から挨拶があり、主賓が謝辞を述べ「頂戴いたします」と会釈します。

2

食べる前に蓋つきの器の蓋を全部あけます。身体の中心を境としてまず、右側の椀の蓋を右手で取ります。左手を添え蓋の糸底を持ち、

3

蓋は手前から向こうにあけ、椀の縁に沿って手前に四十五度回して露をきり、

4

椀より少し離し、左手で下の縁を持ち、

5

蓋の糸底を下にして両手で膳の右横、畳の上に置きます。

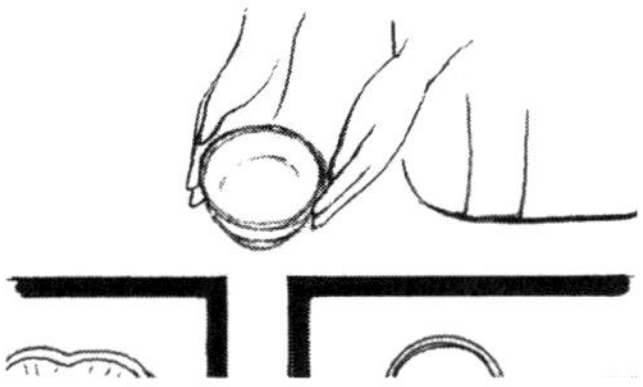

6
左側の椀も左手で同様にしてあけます。膳の中央に蓋つきの器があるときは、右手（利き手）であけ、汁椀の蓋の横か上に置くようにします。塗り物の椀の蓋は傷つけやすいので重ねないようにします。

7
右手で箸を取り、左手を添えて右手に持ち箸先に配慮し、

8
右手、左手の順で汁椀（ご飯椀でもよい）を持ち、

9
左手に椀をのせ、まず椀の中の盛りつけのけしきを見ます。

10
箸で実を押さえながら椀に口をつけ、一口すすります。

11
箸先を自分のほうに向けて持ち、両手で静かに椀を膳に置きます。

12
次にご飯の椀を持ち、顔を椀に近づけるのではなく、箸でご飯を口に持っていきます。

13
次に二度目の汁に移り、実をいただき、

14
二度目のご飯を一口ほどいただき、次から菜をいただくことになります。

15
膳の上の小鉢などは両手で持ち左手にのせ、

16 右手で箸を取り、椀を持っている左手の指（人差し指または中指）に預け、

17 右手で箸の上側、端、下側となぞって持ち、いただきます。

18 箸を先に置くときには左手指に預け、箸の下側、端、上側と持つときとは逆になぞり、

19 右手で箸を膳の上に戻します。箸先は膳の左に出すようにします。

20 小鉢は両手で元の位置に静かに置きます。

21 箸で簡単に切れないものは、二、三回に分けて歯形を消すようにかむとよいでしょう。

22 食事が終わりましたら、蓋は向こう側から手前にしめます。

23 箸は膳の内側に落とします。

24 指建礼で「ごちそうさま」の挨拶を述べます。食べる速度は皆と合わせるようにします。

(3) これだけは知っておきたい日常生活での食事作法

1 和食には蓋のついた椀が多いものです。食べる前に、この蓋は全部あけるわけですが、体の中心を境として、右に置いてある物は右手であけて右側に置き、左に置いてある物は左手であけて左側に置き、中央にある椀は右手（利き手）であけ、蓋の糸底を下にして並べます。あけた蓋は重ねないようにします。磁器や陶器の椀は傷がつき、塗り物の椀は漆や蒔絵《まきえ》がはげてしまう恐れがありますので気をつけましょう。

2 ご飯を先に食べるか汁が先かについては、秘伝を記した小笠原惣領家の伝書には二通りが書いてあります。「仏事の場合には汁が先で、神事の場合にはご飯が先」とあります。そのためにどちらが先であっても間違いではないということになりますので、実際には箸の湿りを基準に考えればいいでしょう。

3　食べるときにも間《ま》の取り方が大切です。一つ一つを本当においしそうに味わっていることを感じさせるためにも、間は重要になってきます。

とはいえ、箸を毎回正式に上げ下ろししていたのでは、かえって大変です。最初と最後だけ正式にし、食事の途中においては一回ごとに下におく必要はなく、その場合は箸先を他の人のほうに向けないように、自分のほうに箸先が向くように握り換えるだけで十分です。

4　食べ物は一口に入るように箸でちぎってから口に運ぶことになりますが、どうしても箸では切れない食べ物もあります。そんな場合には、一口嚙《か》んだ歯の跡を残さないように両端を一口または二口食べれば歯の跡はなくなります。単に食べるだけではなく、食べた後の形にまで歯型がそのまま残る食べ方を避けようという心遣いに及んでいます。「くつがたの餅」として伝書にも記してあります。パンのようにちぎれるものは歯型を残さぬよう一口で食べられる大きさにちぎって食べる心得があるのにも似た、慎みの心遣いなのです。

くつわ形

5　一つ一つの食べ方に関しては、同席の相手に対して不快感を与えずに食べることができれば、それが作法ということになります。基本はおかずとご飯・汁物にまんべんなく箸をつけることです。素直な態度できれいに食べることです。見た人が美しく感じるような食べ方ができれば最高です。

6　食事の速さは同席の人に合わせることです。速すぎても遅すぎてもいけません。皆とほぼ同時に終わることができるようにしましょう。そのためにも正しい箸使いが大切になります。

箸使いは和食の基本で、意外と人から見られています。食べ方を美しく見せるのも卑《いや》しく見せるのも箸使いで決まります。食べしてはいけない箸の使い方がいくつかあります。ここではそれを挙げてみます。きらい箸に気をつけて、おいしくいただくようにしましょう。

（4）きらい箸

横箸（ねぶり箸）

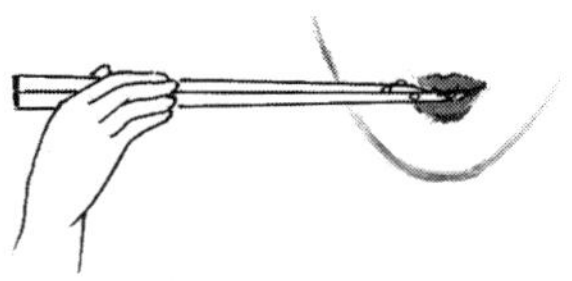

割り箸などの乾いた箸でご飯を食べるとご飯粒が箸につくことがあります。これを横からなめて食べてはいけないといいます。それには汁からいただくようにするとよいでしょう。

ねぶり箸を横箸ともいいますが、お皿や茶碗の上に箸を横に乗せておくことも横箸といって、してはいけません。

袖越しの箸

右にあるものは右手で、左にあるものは左手で取るようにします。交差することによって粗相することが悪いことなのです。ですから膳の上に粗相するようなものが何もないなら、かまわないということになります。

込み箸

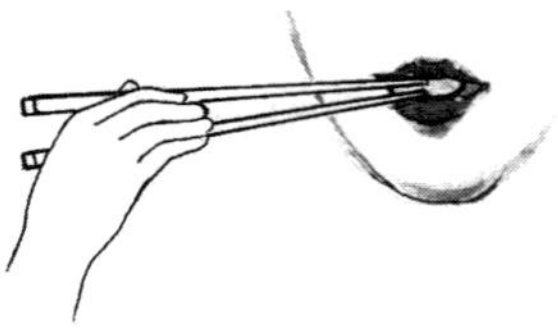

口元からあふれている食べ物を箸で押し込むことをいいます。

探り箸

茶碗むしなどの料理は中の具（実）が見えないので、つい探りたくなりますが気をつけましょう。

空《から》箸

食べようとして一品に箸をつけておきながら、途中で気が変わったように何も取らないで引っ込めることをいいます。目的のおかずに箸を出したら、気が変わったとしても、ほんの少しでも取ることです。

わたし箸

食事の途中で茶碗や皿の上に箸を向こうにして置くことをいいます。また箸わたしする諸作もきらわれます。

寄せ箸

お皿などの器を箸で手前に引き寄せることをいいます。

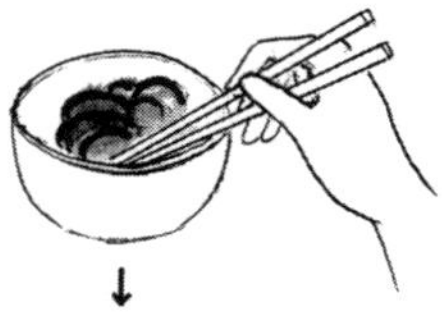

刺し箸

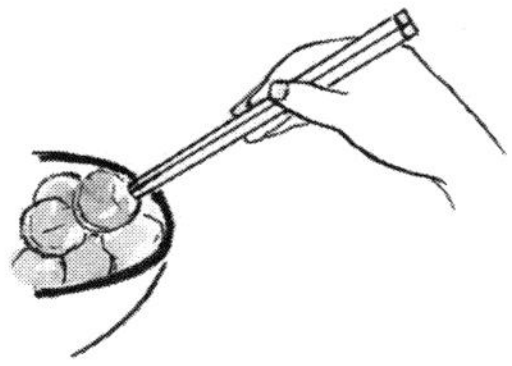

煮物などで、取りにくかったり滑りやすかったりする食べ物を、箸で刺して口にすることをいいます。

迷い箸

どれを食べようかと、あちらこちらに箸をさまよわせることをいいます。

かき箸

茶碗の縁に口をあてがい、箸で口の中にかき込むことをいいます。

にぎり箸

箸をそろえて握って使うことをいいます。危険ですので気をつけましょう。

涙箸

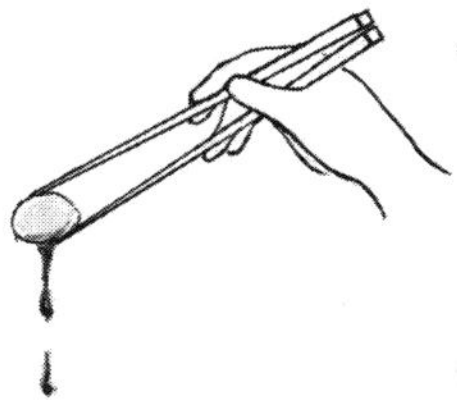

箸先から汁をしたたらせながら料理をつまむことをいいます。

諸《もろ》起《お》こし

右手と左手を同時に出して、箸と茶碗の両方を取ることを戒めています。

うつり箸

おかずを食した次に、ご飯を食べずにすぐ他のおかずに箸を移すことをいいます。おかずとおかずの間に少しのご飯でもいいですから口にするようにし、料理をじっくり味わうことが作ってくれた人への礼儀でもあるのです。

箸なまり

同じ料理を何回も続けて食べることをいいます。すべての料理を均等に食べましょう。

せり箸

器の中に、こびりついているものがある場合、それをつついて食べることをいいます。

つき箸

お膳やテーブルの上で、箸を二本そろえることをいいます。漆が塗られている箸の場合は箸先に傷がつきやすくなり、そこから傷んでくるのでよくありません。

たたき箸

箸で器をたたくことをいいます。昔から箸は神と人をつなぐ依代《よりしろ》だと考えられていたので、箸をたたくと神が降臨するという言い伝えによるものです。

膳ごしの箸

自分の膳の向こう側に盛りつけられた菜を箸でつまんで直接口に運ぶことをいいます。袖《そで》が原因で（和服の場合は特に）粗相しがちになるので戒めになっているわけです。

指し箸

話に夢中になってしまい、自分の箸の先で相手を指すことをいいます。

ねぶり箸

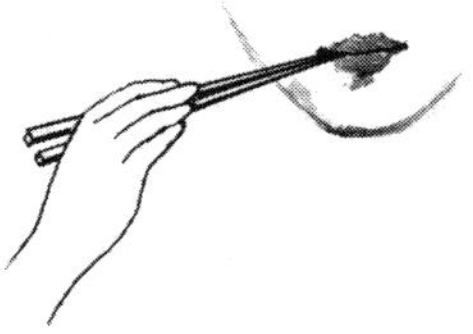

どれを食べようかと口で箸の先をくわえて膳の上の菜を見て考えることをいいます。

押しつけ箸

ご飯など細かいものを箸の先で椀に押しつけてから口に入れたり、箸でご飯を固めて口に入れたりもするので「固め箸」ともいいます。

犬食い

汁がしたたり落ちそうになって口を皿に近づけることは「犬食い」といって嫌われます。必ず皿のほうを口に近づけます。

にらみ食い

お椀越しに他の人を見回しながら食べることをいいます。会食中は手に持った椀に視線を向けていただくようにします。

受け食い

ご飯や汁をついでいただいたとき、一度お膳の上に置かずにそのまま食べるのは、受け食いといって無作法の最たるものです。

渡し箸（拾い箸）

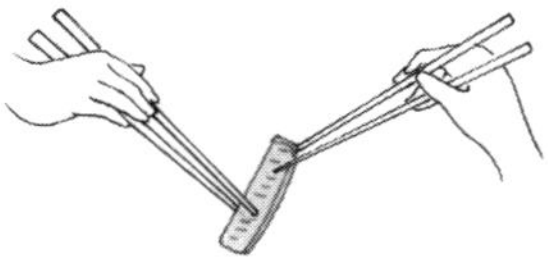

箸から箸へ食べ物を渡すのは、お骨拾いと同じなので避けましょう。食べ物を渡したいときは、小皿などに移してから渡すようにします。

合わせる

食事の席で代表（正客）がいたら、その人が箸を取らない前に取ったとすれば失礼になります。正客が取って初めて全員が取る（合わせる）ことになります。

そのほかにも口にいっぱい入れたまま話したり、音を立てて食べることも慎みましょう。

3　西洋料理の心得

（1）西洋料理の歴史と特徴

西洋の原始文化時代は狩猟、漁、野生の植物の葉や実または穀物を摘み取り、生《なま》あるいは簡単に火を使って調理し食べて生活していました。

紀元前四千年頃のミノス王朝時代には、いのししや野牛、やぎ等を家畜化し農耕も行われて、小麦、大麦など原始的な方法ではありますが製粉されるようになりました。

紀元前六世紀から、上流社会では料理が日常生活と社交に大きな役割を果たしていました。あひる、牛、やぎ、野獣の肉をあぶり肉にして食べ、小麦、大麦を製粉させ無発酵のパンを焼いて食べ、下層の人々は穀類や豆類を煮て粥《かゆ》のようにして食べていました。

ローマ時代になってから調理技術が急速に発達し、発酵させたパンもできるようになり、キャベツ、ポアロ（西洋ねぎ）、玉ねぎ、きゅうり、人参《にんじん》、かぶ、大根、アスパラガスなど今日とほぼ同じ野菜が作られるようになり、果物もりんご、梨、すもも、さくらんぼ、ぶどう、いちじく、メロン、レモン、なつめなどがあったといわれています。淡水魚や、海水魚の養魚もするようになり、果物と蜂蜜で甘くしたり、ごま、くるみ、小麦粉、蜂蜜などで菓子を作り、肉類はあぶり焼くばかりでなく油で焼いたり数種の香辛料とともに煮たりして食べるようになりました。この時代の人々の食生活はポンペイの遺跡が物語っています。

一五三三年、フランスでは国王アンリ二世とイタリアの名家メディチ家のカトリーヌの婚姻が成立し、カトリーヌは大勢の従者とともに料理人も連れて来ました。それを機会に料理も食卓のマナーも変化し、その後アンリ四世の時代には平和で国も豊かに栄え、料理も食卓も次第に豪華になり、優遇された料理長たちは新しい料理を無数に創案。ルイ王朝時代になると料理は急速に進歩しました。

このように宮廷料理として完成された料理も、一七八九年の革命とともに王侯貴族に仕えていた料理人が失職して全国各地に散らばりレストランを開いたので、宮廷芸術として社交界に君臨したこれらの料理がフランス料理になりました。こうして幾世代もかけ完成されたフランス料理は、その後第一次世界大戦頃の名料理長によって基本が打ちたてられ、世界の料理として今日に至っています。

一方ドイツでは食料が欠乏することが多かったので、ハム、ソーセージ類の貯蔵食料が研究され実質本位の優れた料理が発達しました。イギリスは他国の影響を受けずに独自の料理を受け継いできました。またロシアでは宮廷料理が発達しました。

イタリアは自国で産する小麦粉によってめん料理が発達しました。そのほかの国でも、地質、土壌、気候、産物などの自然条件に合った料理が育てられました。

（2）西洋料理の会食の心得

席次は和式では主人の席を末座に設けるのが常識ですが、洋式の場合は主人の席は上座に設けます。主人夫婦は正しく向かい合い、客夫婦は斜めに向かい合い、席をとります。洋食のテーブルでは、まず主婦は暖炉または壁ストーブのある上座を背にして中央に座り、その正面に向かい合って主人が席をとります。

そして主人または主婦（夫人）に近いほうを上位として、男女を交互に配するわけです。左図のように、まず主婦の右側に第一位の男客、主人の右側に第一位の女客、そして主婦の左側に第二位の男客という具合に席次を決めます。

ディナーパーティ（晩餐会）は食前酒から始まってオードブルからデザートまでのフルコースとなります。本格的なディナーパーティは、時間、服装、席順、着席など大変難しい決まりがあります。一般の家庭で略式のパーティを開くのが普通で無難でしょう。ビュッフェ形式も席を決めるわずらわしさもなく、人数の増減も融通がきき、多くの人を招待でき、招かれた側も気楽に食事を楽しむことができます。日本では六時頃開かれるのが普通です。献立はあまりこらずに好き嫌いの少ない料理を選ぶように心がけます。

正式の会に出席する場合、外国では定刻の五分くらい前に出席するのが礼儀です。遅れるのは最も失礼になります。

時間がきたら、主人側と挨拶して控え室に移りますが、会食の内容によっては受付で招待状を差し出すか、名前を告げて主人側に挨拶して控え室に移ります。そこで先客に軽い挨拶をし、会話を交わしながら時刻を待ちます。カクテルなどをすすめられますが、カナッペを適当にいただき、主人側と食前の一刻を楽しい話題で語り合い、知らない者同士は友人にもなります。

食堂へ案内された場合、テーブルに着く席札が入り口の小机に明示してあるときは、それをよく見て入るようにします。食堂のテーブルに名札が置いてある場合と、主人側から指示を受けることもあります。食堂に入るときは婦人から先に進めるようにします。

洋風の席次 1

洋風の席次 2

あるいは図1のようにテーブル中央に主人と主婦が向かい合って席を取り、主婦の右が第一位の男性、左が第二位の男性、主人の右が第一位の女性、左が第二位の女性と順序を決めていきます。

お客の席順は、その会に関係のある人を上席にし、社会的地位や年齢などを考えて決めます。同じ地位なら年長のほうを上座に、結婚している婦人はその夫の地位によって、未婚婦人はその父親の社会的な地位によって決めますが、既婚者のほうを上席とします。結婚披露宴や他の大宴会などでは、来賓の夫婦は並んで席をとります。多人数になると、ビュッフェ・パーティ（立食会）やカクテル・パーティなどがあり、またティー・パーティ（茶会）などで、それぞれ招き招かれたりします。

着席の仕方

自分の席の椅子の左側に立って主賓の着席されるのを待って、椅子の背に手をかけて後ろに少しずらして左側から椅子にかけて椅子を前に寄せます。または給仕人が椅子を引いたら椅子の左側から入ると、後ろから椅子を押してくれます。胸とテーブルの間を握りこぶし一つ入るくらいの間隔であけ、椅子には落ち着いて少し深めに腰を掛けます。

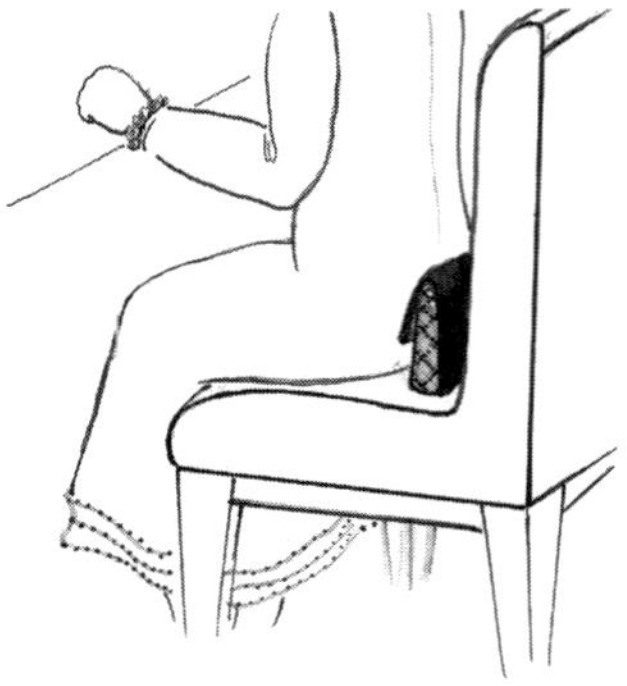

バッグの置き方

着席したら前と左右の方に軽く会釈します。もし小さいバッグがあれば腰と背もたれの間に置きます。

テーブルクロスとナプキンの心得

テーブルクロスはテーブル（食卓）にかけ、四方が約十五センチほどたれるくらいのものを用意します。織り出し模様のある純白の麻にし、ナプキンもそろいのものが正式ですが、しわのない清潔なものなら木綿でもよいです。フランネルなど厚めの布を下敷きにして、その上にテーブルクロスをかけます。下敷きがないと手に硬い感じがして、食器を置くときも音がしてしまいます。

くだけたときのもてなしには、色物、チェックまたは手芸をしたものなど、楽しい感じのものを用意してもよいでしょう。

ナプキンの扱い方

食事をする前にナプキンを取り、膝の上にかけます。三分の二くらい折り返し、輪を手前にして膝にかけます。二つに折ったくらいでもよいでしょう。ナプキンは他人から見えないようにするのが正しい扱い方です。

ナプキンは食事中に口を拭ったり、指先をふくためのものです。

またナプキンは必ず端を使うようにします。食事中、やむを得ず席を離れる場合には、ナプキンは椅子の上に置き中座します。食事が終わったら軽くたたんでテーブルの上に置き離席します。

食事中の心得

料理は取り回しが多いです。給仕人が盛り皿を左側から差し出しますから、盛り皿に添えてあるスプーンを右手にフォークを左手に持ち、右手スプーンで下側からすくうようにして料理をのせ、フォークを軽くあしらう気持ちで自分の皿に取ります。日本では「取ってください」「お願いします」と言えば、給仕人が取ってくれます。自分が食べられそうにないときは「少しにしてください」と意思表示することです。変な遠慮はせず堂々とサービスを受けましょう。

飲食していないときは、手首はテーブルの縁に軽くかけ、手はテーブルの上に自然に置きます。また、食事中の談話は自分の両隣、正面の客とは努めてにこやかに歓談を交わします。会話をするときは食べながら話をしないで、ナイフとフォークも休めて、両手に持ったまま両手首をテーブルに置き、自然な姿勢でします。

給仕人があやまって粗相したときや、誰かがナイフやフォークなどを落としたときなどは、主人側も他の客も知らない顔や態度をとり、その人に恥ずかしい思いをさせないよう心遣いをします。また、自分が粗相をしたときも、あわてないで給仕人を呼び、すべて給仕人に始末してもらうのがエチケットです。

食後の作法

宴会の場合、コーヒーまたは紅茶が終わったら、主人が主客に合図して立ち上がりますから、他の人はこれに続きます。男性は少し席に残り雑談するぐらいは差し支えありません。椅子は左側から出て、椅子をちょっと押して戻しておきます。

(3) 洋食のいただき方

ナプキンをかけたら、メニューカードを見て、どんな料理が出るかをあらかじめ知ります。カードは持って帰るのが礼儀です。

オードブル（前菜）にシェリー酒（ブドウ酒を再発酵したもの、白色、香気が高い）またはカクテルなどの軽い酒が出ます。これは食前酒で食欲を増進させるためのもので、スープの終わりまでに飲むようにします。スープ、魚料理に白ワイン、鳥獣肉料理に赤ワインで、サラダ、このときシャンパン（フランスのシャンパーニュ地方の特産で乾杯用）が使われます。乾杯が終わってデザートコースに入り、ケーキ、アイスクリーム、果物、コーヒー、紅茶などが出て、この間にテーブル・スピーチが行われます。

以上が正餐《せいさん》の順序ですが、宴会の性質によっては、乾杯を最初に行い、テーブル・スピーチを行いながらコースを進めることもあります。飲み物も赤白ワインが出ることは少なく、日本酒やビールの場合が多く、前菜や魚や鳥料理を省いて、コースも三コースぐらいで宴会を開く場合もしばしばあります。

ディナーコースのテーブルセッティング

朝食用のテーブルセッティング

朝食の献立によりますが、スプーン、ナイフ、フォーク、コーヒー茶碗などをセットします。卵料理は魚料理に代わる献立ですが、食べる場合は肉料理のナイフ、フォークを用います。

昼食用のテーブルセッティング

ディナーのセッティングから不要なものをはずせばよいのです。酒類が出ない時は、グラスは水を入れるゴブレットだけになります。テーブルクロスも薄い色のブルーやピンク、チェックなどでもよく、一人ひとりのランチョンマットにする場合もあります。家庭でしたら塗り盆や巻きなどを使うとよいと思います。

ナイフとフォークの使い方

ナイフとフォークには、肉用、魚用、果物用があります。魚用のものだけ銀製の小型で彫刻などしてある優雅なものです。魚料理は、鋼鉄製のナイフやフォークでは味を傷めるので特にこのようなものを用います。

テーブルの上にはスプーンとフォークは上向きに、ナイフは刃を内側に向けて並べてありますから、左右の外側にあるほうから順々に使っていきます。料理はナイフを右にフォークを左手に持ち、フォークで料理を押さえナイフで左端から食べやすい大きさに切り、フォークで口に運びます。柔らかい料理ならフォークを右手に持って、フォークだけでいただいてもよいのです。

ナイフとフォークの使い方で心得ていただきたいのは、音を立てないことです。フォークとナイフは、ともに柄の先のほうを握り、人差し指を背にかけて刃先をたてに向けます。

食事の途中で野菜そのほかが出されたとき、パンをいただくときなどで、ナイフとフォークを置くときには、ナイフの刃は左向きに、フォークは凸面が上になるように八の字型に置きます。まだ食事中だという意思表示になります。一つの料理を食べ終わったら、ナイフとフォークは平行にして、お皿の右手前に置きます。給仕人は平行にのっていれば、たとえ料理が残っていてもいただかないものとしてさげていきます。

会食中（上）と終わり（下）

オードブル（前菜）のいただき方

オードブルは食欲をそそるために最初に出されるものです。フォークまたはスプーンでいただきますが、食べ物によっては指先でつまんでいただく場合もあります。

スープのいただき方

給仕人がスープを持ち回るときは、自分のスープ皿にサービス用のスプーンで一杯か二杯取ります。給仕人に取ってもらってもかまいません。飲み方は、右端にあるスプーンを取り、左手は皿の縁に添え、手前から向こうへすくい、スプーンの横側を口にあて静かに音を立てないで流し込むようにしていただきます。スープの量が少なくなったときは、添えている左手で皿を少し持ち上げて向こうに

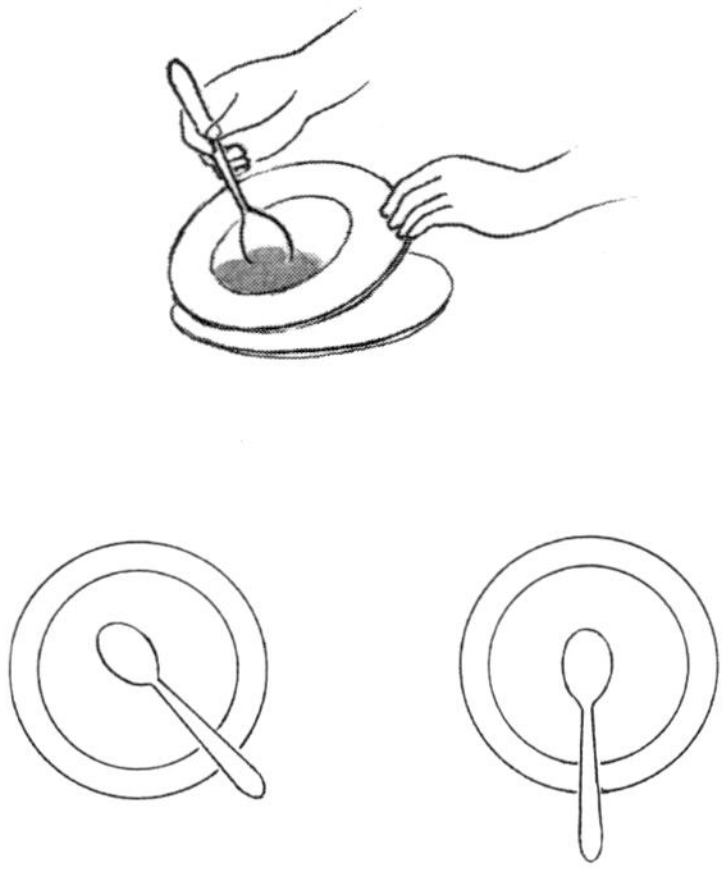

スープのいただき方（上）と終わり（下）

傾けてすくいますが、最後の一滴まですくうべく、あまり傾けすぎるのは品のよいものではありません。手前に皿を傾け、向こう側からこちらへスプーンを運ぶいただき方もあります。

コンソメの場合は紅茶茶碗のようなカップにスープを入れて、小さなスプーンをつけて出されることもあります。このスプーンは熱さ加減を見るものですから、それを右手で取り、カップの中を静かにかき混ぜ、一さじ二さじすくって飲み、それからスプーンを受け皿に置いて、カップの取っ手を右手で持って音を立てないようにしていただきます。飲み終わったら斜めにスプーンを皿の上に置きます。スープにクラッカーという小さいビスケットがついてきたら、それを手で壊してスープに浮かせてそのままいただきます。

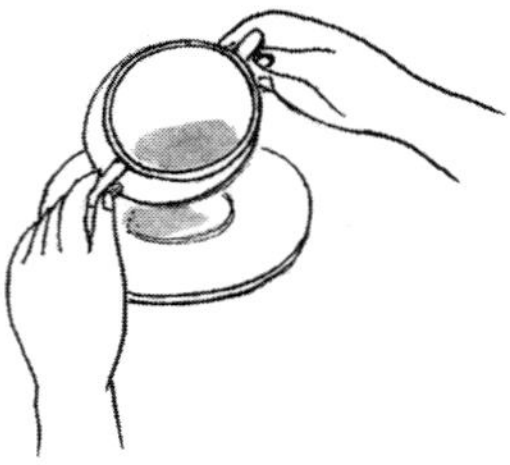

カップのスープの場合

パンのいただき方

パンはスープを飲み終わった後の魚料理から食べ始め、デザートの前までの間に口直しとして食べます。パン皿の上でパンを一口で食べやすい大きさにちぎり、バターナイフでバターをつけていただきます。バター入れからバターを取るときは、一個ずつ取ってパン皿の端に置きます。パン皿は向かって左側の卓上に置いてあるのが自分用です。

お酒のいただき方

正式な宴会では、まず控室で食前酒としてカクテルやソフト・ドリンクが出されます。食卓では、シェリー酒、白ワイン、赤ワイン、シャンパンの四種を用います。

本来、洋食にはワインがつきもので、ワインがついて料理の形をなすものです。料理の一部が酒であり、酒のために料理の味が引き立てられるのです。シェリー酒はオードブルかスープのとき、魚料理のときは白ワイン、肉料理のときは赤ワイン、シャンパンは乾杯のときにつがれるのが例です。ウエイターが酒をつぐときはグラスはテーブルに置いたままにします。

グラスの持ち方

ワインの代わりに日本酒、ビールが出されることがあります。この場合ビールはタンブラー（水のみ大コップ）で飲み、日本酒はワイン・グラスで飲みます。ワイン・グラスでもシャンパン・グラスでも脚のあるグラスは脚の部分を、指をそろえて真っすぐに、人差し指と親指がグラスの底に触れるように持ちます。飲むときは、口元にあて静かに傾けて流し込むようにします。

水でもお酒でも飲み干してしまうと、すぐ給仕人がつぎにきますから、適当に間をおいてあけることです。また遠慮のつもりで断ると給仕人はあとはつぎませんから、この点は心得ておかねばなりません。

お酒をいただきたくないときは、グラスの縁を軽く指先で押さえればよいのです。ただしシャンパンはお祝いの酒で祝福を込めた乾杯用ですから、断らずに少しでもいただくのがエチケットです。

乾杯の仕方

乾杯というのは、その会合の趣旨に従って来客者一同が祝福を捧げるために杯を挙げるものです。主賓の合図を待って来客者一同が起立し、ナプキンをはずして左手に持つか椅子の上に置き、シャンパン・グラスを右手で目の高さまで捧げて、主賓、両隣、前の方に黙礼してにこやかに心の中から祝福して杯を干します。お酒の飲めない人はちょっと口につける程度で差し支えありません。

列席の特定の人のために乾杯する場合は当人は杯を取らず、礼を述べておじぎをします。それが終わったらすぐに主人にお礼の杯を挙げて返礼するのが正式です。しかし日本では、結婚式など、一緒に乾杯するのが普通になっているようです。

魚料理のいただき方

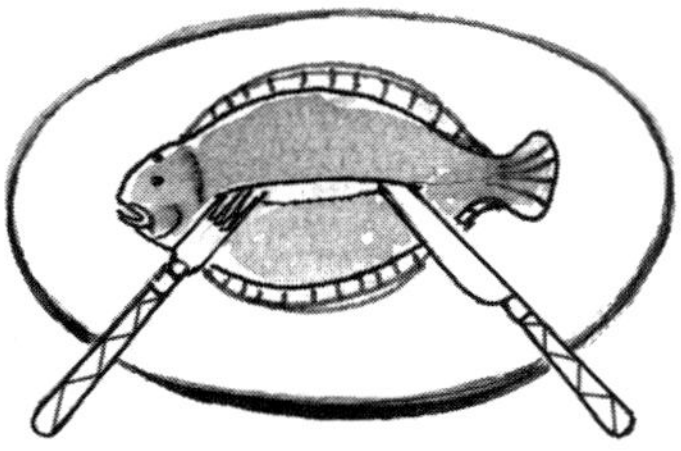

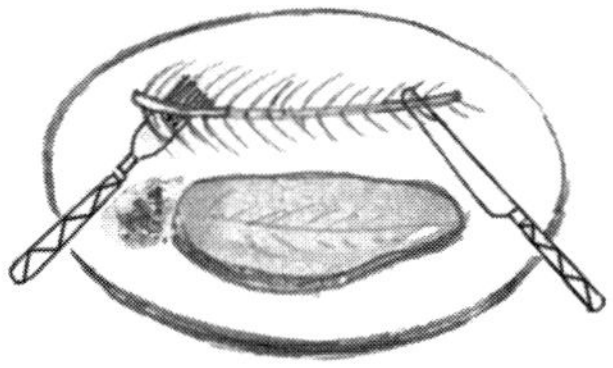

魚料理は飾りのついたナイフとフォークで食べます。両側から同じ飾りのものを取り、舌平目のように真ん中に骨のある魚のときは背骨に沿ってナイフで切れ目をつけると、いただきやすくなります。

先ず上側を食べてから、中骨をフォークではがして取って向こう側に置き、下側を食べます。裏返していただくのは無作法になりますので慎みましょう。エビはナイフを入れ、フォークで身を持ち上げて殻からはずし、端から切って食べます。骨や殻はまとめておきます。魚料理に添えてあるレモンの輪切りはフォークとナイフで押さえて絞り、三日月に切ってある場合は右手でレモンの両端を持ち、左手で覆って飛び散るのを防ぎながら絞ります。

魚の骨が口に入ったときには舌の先で押し出し、目立たないように、そっと手やフォークを口元に持っていき、軽く受けて皿の端に置きます。

肉料理のいただき方

最後に残っているナイフとフォークで食べます。最近では、お皿に盛って運ばれてきますが、自分で取ることもあるので、そのやり方も覚えておくとよいでしょう。サーブ用のスプーンで一切れ取り、フォークで支えながら自分のお皿に運びます。同じスプーンでソースを取り、肉にかけ、つけ合わせの野菜と交互にいただきます。

骨付きの鶏料理の場合は、フォークで骨の関節の脇をしっかり押さえておいて、骨に沿って肉をはがすようにナイフを入れて切れば上手にいただけます。

ご飯のいただき方

フォークの裏側にナイフでのせる食べ方は、湾曲の少ない平べったいフォークを使う場合のマナーです。湾曲の大きいフォークの場合は裏側にご飯をのせていただくのは不自然です。湾曲の中に米や豆類などはすくって食べるようにします。フォークの形に合わせて、フォークの裏側にナイフでのせていただくか、湾曲の中にフォークで入れていただくか、または右手にフォークを持ちかえてご飯をいただいても差し支えありません。

サラダのいただき方

正式には肉料理の後で出されます。盛り皿に添えてサーブ用の大きなスプーンとフォークがついてきます。右手でスプーンを取り、左手にフォークを持ってスプーンですくうのを、フォークで助ける形で皿に取ります。フォークでいただきますが、必要があればナイフがついてきますから、その場合にはナイフとフォークでいただきます。

デザートのいただき方

アイスクリームやシャーベットは卓上に置いてあるデザート・スプーンで手前のほうよりすくっていただきます。パイはバラバラとはがれやすいのでフォークを立てて刺し、前に倒して切っていただきます。

結婚披露宴などではウエディングケーキが出ます。新婦がナイフを入れ、新郎が手を添えて切ります。それから給仕が客の数だけ切って配ります。もちろんそこで食べてもいいのですが、おめでたを家人にお裾《すそ》分《わ》けする意味で持ち帰るのが習慣になっています。

次にフィンガーボールが皿に載ってきますから、皿から下ろして左斜め前に置きます。ナプキンが敷いてある場合はナプキンも一緒に置きます。給仕は果物の盛り合わせ皿を持ってきますから、好みのものを一種類取っていただきます。いただいたらフィンガーボールで指先をちょっとぬらして洗い、ナプキンでふきます。

コーヒーは、カップもスプーンも小型が用いられます。熱いうちに好みで角砂糖を一つか二つ入れ、溶けるのを待って軽くスプーンでかきまわしてから、スプーンはカップの向こう側に置き、右手でカップの取っ手を持っていただきます。

真のマナーとは

私の恩師の三十二世小笠原忠統先生は「私の知人に長年外交官を務め、洋食のマナーに通じている人がいて、ある日都心のレストランで偶然その方とお会いしたところが、彼は洋食を箸で食べている。初めて見かける光景だったのでなぜかと思ったのだが、見れば同席の方はかなりのご老人でした。私の知人はきっとこのご老人に合わせて箸を頼んだのであろう。こうしたことが真のマナーの心というものであろう」とことあるごとにこの話に触れてくださいました。

またイギリスのある国王と東洋のサルタンの逸話に、その王がサルタンと会食した後、西洋のマナーにあまり詳しくないサルタンは、うっかりしてフィンガーボールの水をがぶりと飲んでしまったとき、列席の人々があっと息を飲んだ一瞬、イギリスの王は自分のフィンガーボールを取り上げるや、同じくフィンガーボールの水を飲み干してしまったというのです。相手のマナーの失敗をかばった、いたわりの作法、心温まる話として今も残っています。

マナーとは、相手との関係があって初めて生きてくるものです。相手を大切にすることに中心を絞って変化させていかなければ生命を失ってしまいます。相手を大事にする心があれば、ときにマナーを崩すことも礼儀の内に入ってくるのです。

私たちもいたずらにテーブル・マナーにばかり追われるよりも、相手へのいたわりを食事の席に生かしていけるような心遣いを常に持つようにしたいものです。それが洋の東西を問わず正しい食事のマナーということなのです。

4　中国料理の心得

(1)　中国料理の特徴

中国料理店は独自の味わい、栄養の豊富さ、食べるマナーの気安さ、和やかさなどが国際的声価を得、世界中の少し大きな都市なら必ずあるほど多くの人々から愛好されています。中国料理は肉と野菜を仲良く混ぜて食べることで、材料や味わいを一層変化のある複雑なものにしています。そのうえ手早く仕上がり、材料を無駄なく利用できること、油の使い方が合理的で、中華なべと蒸し器があればほとんどの料理ができ、一皿盛りにして取り分けて食べることで、日本の家庭の中にもすっかり根を下ろしています。

広大な中国では、大別すると南北の二つの系統になり、北菜《ほくさい》の代表が北京料理です。長く帝都でもあったため、料理技術は大変発達し、満洲の肉料理、歴代皇帝が好んだ蘇州料理が一つになり、塩味で色は薄いが油っこくて辛いのが特徴です。

南菜《なんさい》の代表は広東料理です。北の北京に匹敵する、秦の始皇帝からの長い歴史があります。広東は亜熱帯にあたるため産物が豊富で、ふかひれ、つばめの巣、鹿の角、熊の手など特殊な材料のほか、チャーシュー、酢豚、かに玉、八宝菜などで調味も洋風な影響が見られ、外国でも好まれる料理が多いようです。

料理面で分けると、山と海の二つになり、山の幸を多く用いたものに四川《しせん》料理があります。山岳地帯で、食品の保存方法が発達し、薬味や香辛料を多く使います。麻婆《マーボー》豆腐は、昔四川省の山に住む顔にあばたのある陳という老婆が、通りがかりの旅人に豆腐のひき肉の唐辛子みそ炒めの料理をごちそうしました。旅人はそのうまさに感心し、その料理を麻婆豆腐（あばたのおばあさんの豆腐）と名づけ、広まったといいます。

海の幸に富んだものに上海料理があります。味が濃厚で砂糖を多く使い彩色が鮮明で、麺類の調理法が優れています。

また、中国料理を大別すると、菜と点心に分かれています。菜は前菜《チエンツアイ》と大菜《ターサイ》（主要料理）を含み、酒の肴《さかな》、ご飯のおかずをいい、それ以外のものはすべて点心です。塩のもの（麺類、チャーハン類、ギョーザ、ワンタン、シューマイなど軽い食事のもの）と甘味のもの（干し果物や種子、中国菓子や甘い八宝、山いものあめ煮、杏仁豆腐や甘い飲み物など）があります。

中華そばやチャーハンなどは日本人の好みに合うため、現在では点心の位置から飛躍して独立した軽食となっています。

(2) 中国料理の会食の心得

客の迎え方と席順

まず、お客様を控室に招じ、熱い蒸しタオルとお茶をすすめます。つまみものとして西瓜《すいか》の種子やかぼちゃの種子を出すこともあります。客がそろったら食卓に案内します。主賓と主人は相対するよ

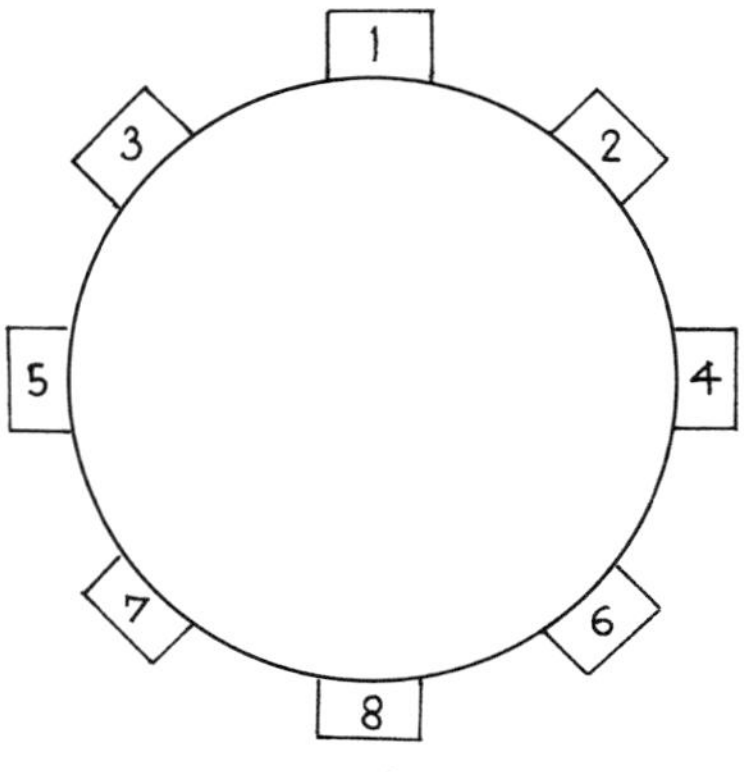

中国料理の席順

うにします。大勢の客になれば食卓の数も増えてきますが、その場合でも卓ごとに客側と主人側が相対するようにします。

食器の並べ方

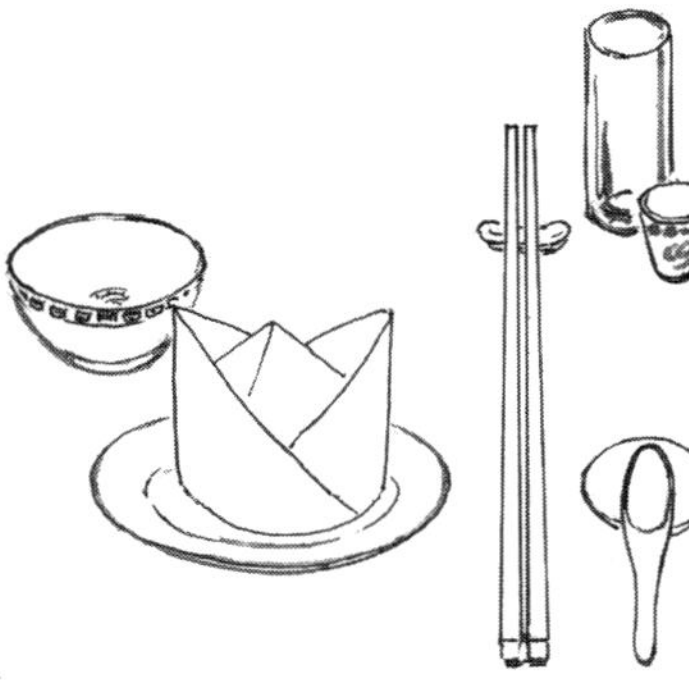

中国料理のセッティングは大皿から取り分けて食べる関係上、非常にシンプルです。取り皿、箸《はし》と箸置き、スープ茶碗、ちりれんげと調味料入れの小皿と盃を各自の席の前に配置します。取り皿は汚れたとき、新しいものに換えるように気をつけます。近頃では洋食のマナーが取り入れられ、取り皿の上にナプキンを置くことが多くなりました。食卓の中央に醤油、辛子、酢などの香辛料が置いてあります。

食後の作法

退席の仕方は、会食がすっかり終わると主賓が立って、主人に挨拶をして席を離れますから、他の客もこれに続いて椅子を少し後ろに引いて立ち上がり、主人に挨拶をして別室に下がります。

(3) 中国料理のいただき方

中国料理は大きな皿やどんぶりに出され、みな取り回し式になります。以前はどの料理でも初めは主人が毒見をしてから客に取り分けたものですが、今日では主賓から順々に取り分け皿に自分で取っていただきます。この取り回しでいただくところに独特の和《なご》やかな雰囲気があるわけです。なお深皿で出るスープはちりれんげでスープ皿に取り、汁のない料理は箸で取り分け皿に取ります。また、薬味皿には辛子と醤油を入れて、辛子醤油にしておきます。箸で取るとき、箸を逆さにして返し箸で取ることは禁物。丁寧に取り分けるために取り箸やスプーンが置いてありますからそれを使って取り皿に取って食べます。和やかな雰囲気で楽しくいただくことが何よりの作法といえます。なお、食卓にナプキンが添えてあるときは、着席して主客がナプキンを広げたら、それぞれ膝の上に広げます。

中国のお酒のいただき方

中国料理は酒によって料理をおいしく味わうところに意義があるともいえます。代表的なお酒として、紹興酒《シャオシンチユウ》、高粱酒《カオリヤンチユウ》、冷酒、黄酒《ホワンチユウ》、紅酒《ホンチユウ》などがありますが、このうち紹興酒は、もち米を発酵させてカメで長年貯蔵醇化されたもので、古いものほど味がよく珍重され、通称、老酒《ラオチュウ》と呼ばれています。

老酒は料理によく合い、料理の味を引き立てますので、飲めれば少しでもいただいて、主人側の意に添うのが礼です。また老酒はお燗《かん》をして出し、アルコールを弱める意味で、あるいは辛口の味を和らげるために氷砂糖を入れるのが常識になっていますが、本来はそのままで飲みます。氷砂糖を入れる場合は、細かくして適当に盃に入れ、上から静かに老酒をそそぎます。

乾杯は請々《チンチン》、あるいは乾杯《カンペイ》といい、盃を目前に捧げ、一斉に飲み干し、からの盃を斜めにかざして相手に見せ、確実に飲み干したことを見てもらうのが礼とされています。普通腰掛けたままの場合が多いようです。

中国茶のいただき方

中国のお茶は日本のように、細かくもんでなく、ときには葉の中に水仙や桂の花などの花びらを混ぜてあります。

一人前ずつお茶碗にお茶の葉を入れて上から熱湯をそそぎ、蓋《ふた》をして出します。軽く会釈してからお茶碗の内蓋を少しずらし、蓋の糸底に右手の人差し指をあてがい静かにいただきます。他の器が添えてある場合は、その器についでいただきます。お代わりがほしいときは、蓋を取っておくと給仕の人が再び白湯をついでくれます。

五　贈答の心得と作法

1　贈り物の起源

農耕民族の日本人には、和やかで生産を手助けしてくれる神様のニギミタマと、荒々しくしばしば災厄と危難をもたらす神様アラミタマの二種類の神様への考え方がありました。稲作に生活のすべてを委ねていた祖先にとって、災害に続く凶作は何よりもつらく、最大の危難であったと思われます。

神への供物によって、ニギミタマに一層の加護を、アラミタマにはその怒りを鎮めるように祈ったのが贈り物の起源といわれます。その頃の神様への贈り物は、その年の新穀（新米）であり、山野の恵みである果物やその果物を醸して造った酒などでした。

ひたすら無事息災に生きられるようにと願う心が物を贈るという

起源でした。

贈答の心

神々に供物を捧げ、祈った後で、神様の食べ残した供物の余り物をその場に集まった人たちが共にいただくことを「直会《なおらい》」といい、神酒《みき》を飲み合い、ともに供物を食べ合うことで、地縁・血縁の絆が強固なものとなることを人々は願ったのでした。互いに助け合って働いてきた仲間同士が、神への供物を分け合って食べ、そうした儀式の名残が後《のち》になって収穫物を贈り合うという習慣になっていきました。

海のもの、山のもの、里のもの、酒などが日本人の贈り物に多く見られるのは、神様への供物と共食《きょうしょく》の儀式が現在につながる習慣になっているからなのです。

神仏への供え物はやがて人と人との贈り物に変化をし定着して、食べ物以外の贈り物もするようになりました。贈られる側ではこれに対して神仏にお供えしてあった食べ物を「お返し」したり「おうつり」として品物を用意しておくようにもなっていきました。

おうつりは、ただいただくだけで縁が切れてしまわないように、このつながりが長続きするようにとの心を込めたお返しです。少し前までは、家に祝い事があるたびに赤飯を炊いたり、おはぎを作ったりして親類や近隣に配ることも広く行われて、お使いで、お赤飯やおはぎを親類や近所におすそ分けしたとき、盆の上にマッチをのせたり「おつけ木がわりに」とお子さんや使いの人に金銭やお菓子のお駄賃をあげることもありました。「つけ木」そして後のマッチはおうつりの代表です。明治時代はつけ木を用いたものです。これは付け木の先に硫黄《いおう》がついているので、硫黄を「祝う」と転じて、先方を祝う意味を含めて使ったものです。贈る心にお返しの心で答えるおうつりが示すように、この縁が続きますようにと願う心が贈答の本来なのです。

結婚祝いをいただいた時には、「二度とないように」という意味でおうつりは添えません。同じような意味で弔事の場合もおうつりはつけません。

贈答の心得

お中元やお歳暮、お祝い、お悔やみ、お見舞い、お礼、そしてそれぞれのお返しと私たちの日常生活の中では、人に物を贈ったりいただいたりする場合は非常に多く、日本人の贈答の習慣にはなかなか根強いものがあります。

昔、花園天皇の御日記に、「古来からの習慣ではないが、ほかの人々がやることであるので、意志とは別に贈り物をしてしまう。これは君主として恥ずべきことだ……」というようなことが書かれています。君主にしてそうだったのですから、一般の私たちがシーズンになると、誰に何を贈ろうかとあれこれ思い悩むのは当然です。欧米では贈り物で気を遣うのはクリスマスと結婚式、誕生日くらいのものといわれており、日本人がちょっと人を訪問するときでも必ず手みやげを持って行くことを不思議に思うようです。

私たちが何気なく交わす中元や贈り物の歴史も鎌倉時代までさかのぼると、八朔《はっさく》（旧暦八月一日）という贈答の習慣があります。今の暦の九月上旬頃にあたり、早稲《わせ》のお米の実る頃、「田の実の節供《せっく》」といって、助け合って働いてきた農民たちが、土器《かわらけ》に入れた早稲の米をつまみ合い（相嘗《あいなめ》）、その働きを感謝したり収穫を祝い合う行事がありました。それが後になって、農作物を贈り合う習慣となったのです。

小笠原惣領家の伝書には、「今日（八月一日）を田のみという事は確かなる本説はなけれども、後嵯峨院の御時より普《あまね》く用い来ると見えたり。田に出来たる米を人々の方を遣し初めよりおこれり」とあります。

こうした農民同士の心のつながりが、当時農民と結びついていた武士たちに移り、「田の実」から「頼み」というように武士の主従関係や縁故関係を確認し合うための贈答へと発展していったのです。

贈り物も米粒どころか立派な太刀や馬に変わっていて、室町時代、戦国時代を通じて主従関係の不安定な時期には「田の実の節供」が頼み合う「頼みの節供」または「憑《たの》みの節供」となっていきました。

江戸時代になりますと、この習慣はちょうど八月一日が、徳川家康の江戸に入府した日であることも重なって、五節供とは別の節供として、諸大名は将軍のもとへ参賀し、贈り物を献上するようになりました。

この風習がやがて一般にも広まっていき、初めは素朴な贈り合いの習慣も、だんだんと時代が経つにつれて、今のような贈答の習慣になったようです。

また、一方では、日ごろ心に思いつつもなかなか会えないでいる親しい人やお世話になっている人にも、この時期ならわざとらしくならずに、自分の気持ちを品物に託して贈ることができるということは、自然な心の表れともいえます。

相手の人柄や趣味を考え合わせ、相手に返礼などの心の負担にならないような心遣いをして自然な心で贈ることはむしろ自分の喜びにもなり、思いがけない人から心のこもった贈り物をいただいたりすると、何かその人の心も偲《しの》ばれたりもします。

この心がうまく叶《かな》い合い、相手がこちらの心を受けとめてくれたりすれば、この日本的習慣も捨てがたくよいものだと思ったりもします。

私たちはいろいろな形で贈り物をします。純粋に贈りたいから贈るという心は美しいものです。ゲーテの詩に「与えることによって豊かになるのは、相手よりも自分自身である場合が多い」といった内容のものがあります。このように心の通う美しい贈答だけではすまないところに、お中元やお歳暮の季節になると感じる心苦しさもあります。

贈り物を選ぶには、まず相手が心から喜んでくれるもの、そしてそれが自分の予算内で無理のないものを選ぶとよいでしょう。

せっかくの贈り物も、こんなにされては何か返さなければ悪いかしらなどと、相手に心の負担をかけたり、また、品物をいただいたらすぐ同じ値頃の品物を返すというような形式主義は虚礼ですので、ぜひ改めたいものです。気持ちを品物に託して先方に届けるのが贈り物の礼儀です。

2　贈り方の作法

(1)　贈る時期

どんな贈り物でも時期を失うとせっかくの厚意が無駄になってしまいます。早すぎてもいけませんし、遅すぎてもよくありません。贈るべき時期がありますので、そのいくつかの例を挙げてみましょう。

・お年玉…松の内（元旦から七日まで）
・初節供、七五三祝…当日の一週間ぐらい前までに届くように。
・入学祝…小学生は一か月前頃から遅くとも数日前頃まで、高校・大学生は発表のある当日か遅くとも数日後頃まで。
・結婚祝い…結婚式の数日前、遅くともその前日まで。
・出産祝い…お七夜までに届けます。
・開業・開店祝い…前日に届けます。
・誕生祝い…数日前、あるいは当日持参。
・賀寿…数日前、あるいは当日持参。
・災害見舞…一日も早くします。
・香典《こうでん》…お通夜か告別式当日
・餞別《せんべつ》…出発の前日（当日は何かと忙しいものです。）

(2)　贈り物の数

数の縁起

1という数…一膳飯をはじめ一つという数は、一回きりで後が続かないものとして、場合によっては嫌われます。

2という数…並び、重なりを意味するので、吉事にはよい数ですが、凶事には同じことが重なる印象があり嫌われます。ですが、一般には慶事でも普通の場合でも使って差し支えありません。例えば、結婚祝いには夫婦で茶碗二個等、対《つい》として考えます。

3という数…陽の数（奇数）とされ、昔から縁起のよい数とされています。

4という数…日本の人は「死」に通じる音を嫌うので、贈り物などにはほとんど使いません。

5という数…菓子、果物などの数物を贈る場合、奇数をめでたい数として喜ぶ風習から使われます。

6という数…半ダースとして贈り物にもよく使われます。

7という数…めでたい数、ラッキーセブンとして祝福の数とされています。

8という数…末広がりの意味で、八の字が次第に末の方に広がり栄えてゆくことから祝い事にはめでたい数とされています。

9という数…苦に通じるので嫌われ、四九（死苦）などは特に嫌われます。

10という数…区切りはよいのですが特にどうということのない数です。

11という数…半端な数です。

12という数…一ダースという意味がありますが、普通数物は13とか15が用いられます。

これ以上の数では20、25、30、35、50など5の倍数でまとまるのが一般的です。

欧米では7、8、9、13の数字を嫌います。

（3）品物による贈り方

贈答の中に、相手を思いやり、しかも季節の心をも込める日本人のやり方を示す例として、小笠原惣領家の伝書の中に茄子《なす》の初物についての記述があります。

「何なりとも、初物音信に遣わす事、数多く有るとも多く遣わすこと悪き事也」、野菜にしても魚類にしても、その初物を人々に送るときは、たとえ数多くあったとしても、たくさん贈るのはよくないというのです。

いま少し続けて読んでみると、「当家在京の時分、有る方より茄《な》子《す》の初物を数十贈りたりしを、則《すなわち》進上申されし時、七つ残し、三つ進上せしを、同名備前守、なんとして十ながら進上なきとて、不審申せし時、初物などを数多く進上申しては初物の印なしとて、三つを進上有りしをこそ、尤《もっと》もとて備前守をはじめ各奉行公の面々迄も感心せし也。精進魚類によらず初物などの時は、右の心得たるべし」と話がはずんできます。

小笠原総領家の祖先が、左番で上京して将軍の側で近侍していたときのことです。その折、将軍に茄子の初物を十個献上してきたのを、小笠原総領家の祖先が、七つは残して三個だけを将軍に披露したというのです。たまたまそばに居た者が、せっかく十個献上しようとしたのに、なぜ三個だけしか将軍のお目にかけなかったのかを、怪しみいぶかしんで尋ねました。これに対して、初物を贈るというのは、その希少価値を贈り物の「いのち」とするものなので、一度にたくさん出してしまっては、この珍しさを贈る心が消されてしまう。すなわち「初物の印」がなくなってしまうからだ、と教えたところ、一同感心したというのです。

当時は茄子自体も珍しい高価な野菜でしたので、量よりも珍しさ、希少価値を贈る心を形のうえでとらえ、品物そのものより、慎ましく季節の心を贈ろうとした配慮の中に、日本的な心遣いがうかがえます。

また普段お世話になっている方に心安くお裾《すそ》分《わ》けなどしても、すぐさまわざわざ調えた品物をお返しされたりします。そんな人にこちらが気負ってやり取りしていたら大変ですから、はっきりした理由のある以外には贈り物はなるべく控えたほうがよいでしょう。

鮮魚の贈り方

鮮魚は皿の上に柏の葉、檜葉《ひば》、杉葉、南天の葉、菊の葉などを敷いた上にのせます。笹の葉は昔切腹のときすすめる酒肴の皆敷《かいしき》に使ったもので嫌いますが、今日では、都会の魚屋にはこの笹しかないので普通に使われるようになっています。

海の魚は背を手前に頭を左に

川の魚は腹を手前に頭を左に

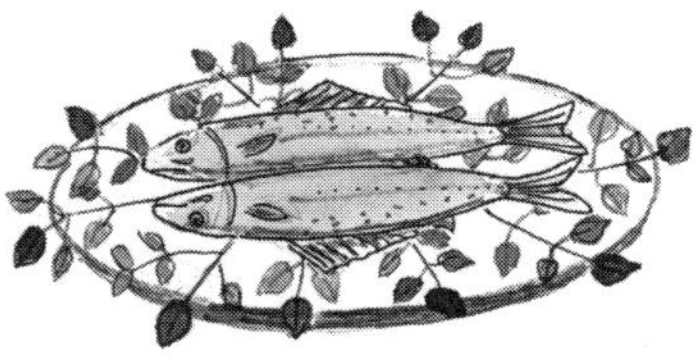

二尾のときは頭を左に腹を合わせて

大きい魚で一尾の場合、海の魚なら背を手前に腹を向こうに、頭を左にのせます。川の魚はこの反対で腹を手前（背を向こう）に、頭は左にのせます。これは「海《うみ》背《せ》川《かわ》腹《はら》」といって昔からの古いしきたりです。

二尾の場合は、海の魚も川の魚も腹合わせにして頭を左にします。

四尾の場合は、二尾ずつ腹を合わせて、たてに並べます。

奇数は二尾ずつ腹を合わせて、最後の一尾の背を外側へ向けます。

持参したら、先方へ正面を向けて差し出します。魚は生臭ものですから熨斗《のし》はつけません。

野菜・果物・松茸《まつたけ》の贈り方

泥のついた野菜はよく洗います。ただし松茸などのきのこ類は洗ってはなりません。

籠《かご》に松葉、しだ、里芋の葉などを敷いて、その上に詰めます。最後に野菜の上に子熨斗を添えます。仏事の場合は特に蓮《はす》の葉を敷いたようです。

赤飯の贈り方

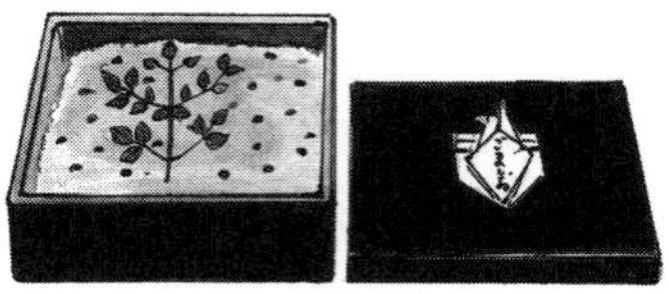

赤飯を重箱に詰めて上に南天の葉を飾ります。胡麻塩は直接赤飯の上にかけないで、自分で折った胡麻塩包みか市販の小さい袋に入れて蓋の上に添えます。

丁寧にする場合は、重箱の上から袱《ふく》紗《さ》をかけてお持ちします。

花の贈り方

切り花は、切り口に水を含ませた綿などで包み、その上から銀紙を巻き、さらにパラフィン紙かラップ紙でくるんで包装し、リボンをかけます。リボンの色は赤、ピンク、水色など、弔事のときだけ黒を用います。自宅の切り花を手土産にする場合なら、リボンを省いたほうが仰々しくならなくてよいでしょう。

(4) 熨斗《のし》の心得

鮑《あわび》貝の肉を薄く切って竹筒などで紙のように延《の》して太陽に干して乾燥させたもので、伸ばすときに「火のし」を用いて延したことから「熨斗」といいます。

鮑は古代から不老不死の薬として考えられていました。昔から、祝い事には鮮魚を贈る習慣がありましたが、天平時代になってから、鮑貝を薄く延ばしたものが使われるようになったので、いわゆる生臭ものの代用なのです。それで、魚、鳥、卵、海藻類には「なまぐさ」が重複するので熨斗はつけないのです。

熨斗は「延しで命を延ばす」延命に通ずるとして吉事の贈り物に縁起物として使い、物品を贈るときにも海の生ものとして熨斗を添え、その品物が穢れていないことを表し、また延命の心「どうぞ、長生きしてください」というやさしい心遣いも添えているのです。

熨斗鮑は贈答用以外にも使われてきました。それは神様に供える肴《さかな》としてです。神様へのお供え物にはいろいろなものがありますが、熨斗鮑が最も大切なものでした。昔、来客の際には「初饗《ういきょう》」といって饗応の最初に、酒の肴として三方の上に「長熨斗《ながのし》」として必ず添えたものでした。

現在では鮑熨斗は大変貴重になり、紙などで作られたり、印刷になってしまったり、果ては「のし」とひらがなで書かれたりして、代用品になってしまいました。いずれにしても吉事を祝福する気持ちが含まれているものです。

(5) 表書きの書き方

包み紙の上に目的に応じた表書をします。この表書はペン字で書くのは略式で品《ひん》がありません。やはり毛筆で、慶事と普通の場合は濃い墨で書くようにします。凶事の場合は薄墨《うすずみ》で書く昔の風習がやはり奥ゆかしいものです。字体は目上に対するときは必ず楷書で書き、同僚や後輩の場合には行書、草書とされているのが一般的です。

自分の氏名は中央の下方、水引の下に書きます。場合によっては名刺を貼っても差し支えないでしょう。

差し上げる先方の氏名を書く場合は、包み紙の左肩に書き入れます。敬称は「様」「殿」「先生」などとして、脇付は書きません。連名にするとき、先方の名前を書かないときは右側が上位になります。先方の氏名を書いたときは左側が上位になります。代表者の氏名だけを書く場合には、これを中央に書いて、その左に「外一同」と書き添えます。

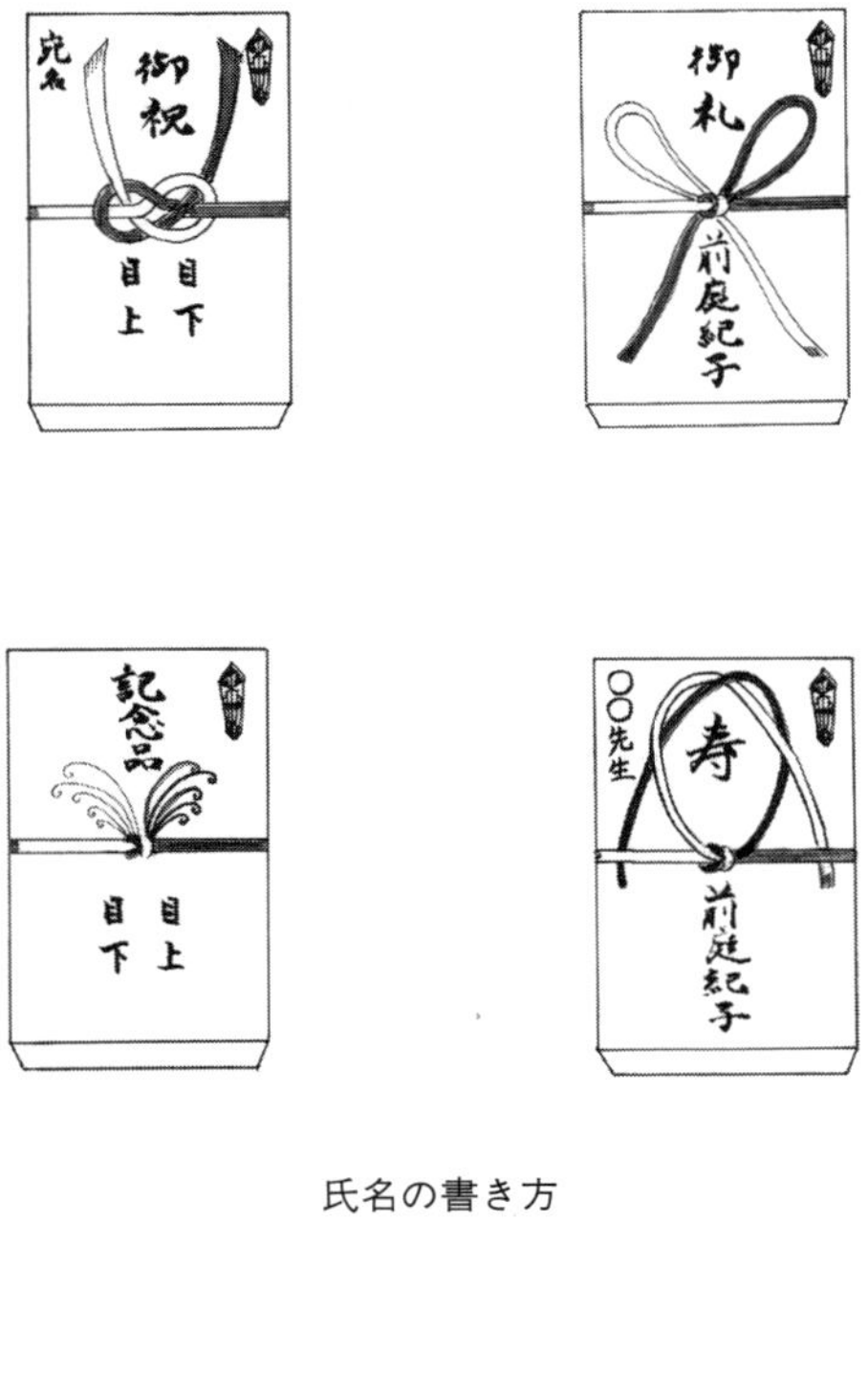

氏名の書き方

洋風贈り物には表書きはしません。それに代わるものとしてカードを添えます。カードには贈る言葉、先方の氏名、贈り主の姓名を書きます。

(6) 返礼の心得

贈り物をいただいた場合、当然返礼はしなければならない場合とお礼状を差し出すだけでよい場合があります。

返礼の必要な場合

ごちそうになった場合は、品物でお返しせず、招待しておもてなしする場合もあります。あるいはごちそうもし、さらにお返しのお品を贈る場合もあり、ただお返しだけの場合もあります。それぞれの場合に応じて返礼するわけですが、ご厚意が無にならないようにあまりくどくどしないように気をつけましょう。

慶事の場合は比較的多くお返しするのが習わしで、弔事の場合は半返しといって大体半分くらいのお返しをするのが普通です。

目上の方からのいただきものに対するお返しは、いただいた金額より多く返しては失礼にあたりますので控えめに返すようにします。逆に目下の人にはいただいた品物より少し多く返すのが常識とされているようです。

病気見舞いのお返しは半返しが普通です。

返礼の必要のない場合

風水害、火事などに遭って見舞いをいただいた場合、慰問、慰労のいただきものや頼まれごとで尽力した場合などですが、いずれの場合も品物でお返しをする必要はないだけのことであって、礼状を差し出すのはもちろんのこと、直接述べるなら、適当な方法で感謝の気持ちを示さなければなりません。

略式の場合

お中元やお歳暮、そのほかの贈り物をデパートなどで調えて、そのまま配達を頼むのは大いに便利なので、この方法をとることが多くなりましたが、これは人に頼んで贈り物を届けてもらうことと同じで略式になりますので、目上の人に対しては失礼にあたる場合もあります。礼を失しない場合でも、贈り物が配達される日までに届くよう通知状を出すなどするとよいでしょう。またデパートなどから配達された場合、いただきっ放しも失礼です。直ちに丁寧なお礼状を出すことを忘れないようにしましょう。

第六章

拝礼・式典の作法

私たちの日常生活の中には、いろいろな機会にさまざまな儀礼に触れることが多くあります。人生の四大儀礼として「冠婚葬祭」があります。冠は元服（成人式の意）、婚は婚礼、葬は葬儀、祭は祖先を敬う祭礼、そして年中行事があります。お宮やお寺でのお祭りごと、さまざまな法要、慰霊祭、追悼会《ついとうえ》など各地でいろいろな方法で行われています。よんどころない事情のない限り、これらの儀式には参加することが私たちの正しい態度でもあるのです。

一　拝礼の作法

1　忌《い》む心

死は誰にも避け得ない運命で、新しい旅立ちでもあり、人生最後の最も厳粛な儀式が葬儀です。この世に生を受け、その生涯がどれほどの歳月であったかは別として、また、その人の運命がたとえどうであったとしても、人間としての役目を終わって天に帰すという厳粛な事実に慰霊の気持ちを何とかして形に表したいと思うでしょう。

家族をはじめ周囲の人が、死者への思慕と敬意と弔意の気持ちの形をとったものが葬儀という儀式です。また死をただ悲観するだけではなく、自らの生命が子孫の中に脈々と息づき、その繁栄を見守り加護する霊となるという古代人の死生観を忘れたくないものです。

危篤《きとく》

病状が悪化し危篤となったら、肉親はもちろん、逝《い》く人が心から最後の別れをしたがっている相手を落ちのないように選び、また先方も死の床に呼ばれることを迷惑がっていないかを判断することも大事です。要はすべて逝く人の心になって考え、真心を込めて事を運べば間違いはありません。

遺言

遺言を病人が言いたいときは、そばにいる人が書き留める用意をします。危急の場合の遺言は証人三人以上が立ち会い、そのうち一人が口述されたものを筆記し、遺言者と他の証人に読み聞かせ、証人がその筆記の正確なことを認め、署名し、印を押すと有効となります。遺言書は家庭裁判所でのちに検認してもらわなければならないので、勝手に開封することは厳禁です。

末期《まつご》の水

臨終後は末期の水で死者の唇を湿します。臨終を迎えた人に家族や親族など血縁の濃い人から順に新しい割り箸《ばし》の先に脱脂綿を巻き、白糸でしばったものかガーゼをくるんでしばったものと、水を入れた茶碗とともにお盆にのせ、先の脱脂綿に水を含ませ、唇を湿らせる程度にし、故人に対し心から最後のお別れをします。

かつて遺体を清める意味で湯灌《ゆかん》といって、たらいに水を入れ、湯をついで（逆さ水）死者の全身を洗ったものでしたが、現在はアルコールまたは湯で全身を清め、死後の硬直がこないうちに、まぶたや口元を丁寧に閉じてあげます

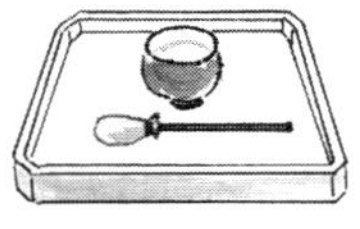
末期の水

死装束

死装束は、以前は故人の血縁の女性数人で経帷子《きょうかたびら》を縫い上げました。死をあの世への旅立ちとする考え方が強かったからでしょう。経帷子を左前に着せ、三角の頭巾《ずきん》、白い手甲と脚絆、白足袋《しろたび》にわらじを履かせ、手には数珠《じゅず》、頭陀袋《ずだぶくろ》の中に三途《さんず》の川の渡し賃として六文銭を入れて首からかけました。故人が生前好きだった着物を左前に着せてあげるか、経帷子の上にかけてやることもよいでしょう。死装束は家族や近親者が心を込めて調え着せてあげましょう。渡し賃は印刷した六文銭を入れます。ギリシャ神話にもハデス（あの世）に入るとき渡る川の渡し守のカロンに払うお金を持って行くという話があります。古代エジプト、北欧などにもあるようです。

喪主《もしゅ》

喪主は施主ともいい、葬儀を執り行う主催者のことです。故人とともに葬儀を受ける立場ですから指図することがいろいろあり責任は重大です。

遺体安置と枕飾り

葬儀が仏式または神式なら頭北面西《ずほくめんさい》といって、北へ頭を向けて北枕にします。一枚の敷布団に新しいシーツを敷き寝かせます。北枕といっても枕は使いません。これはお釈迦様が涅槃《ねはん》に入ったときのお姿といわれています。顔にガーゼなど白い布をかけ、掛け布団は薄いものをかけます。その上に仏が生前着用した着物をかけることもあります。この場合、裾《すそ》を顔のほうに向けてかけます。枕元に逆さ屏風を立て、習わしに従って胸の上に魔よけの刃物を置

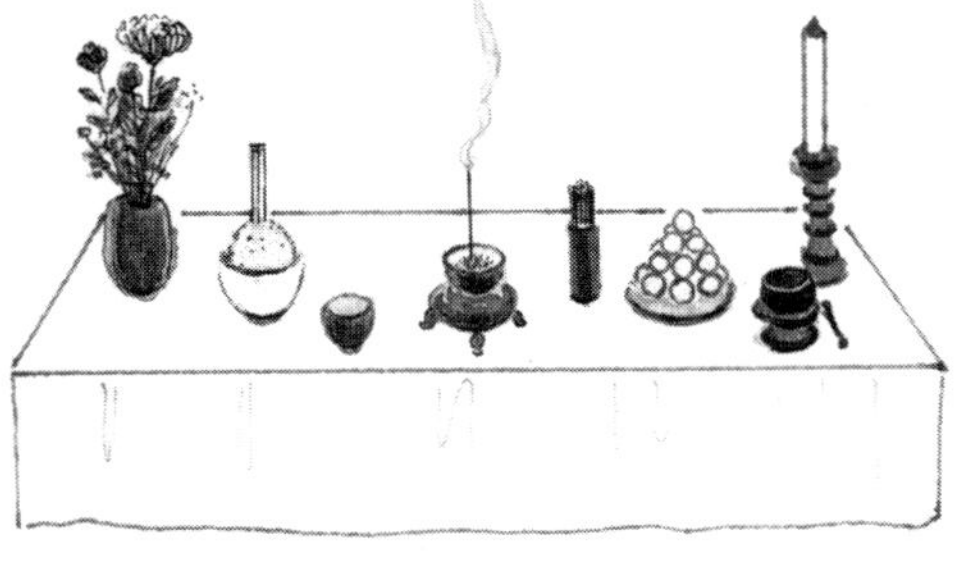
枕飾り

きます。その側《そば》に白い布をかけた小机を配置し、ろうそくと線香、水、ご飯、おだんご、花などを用意し、僧侶を呼んで枕元でお経（枕経）をあげてもらいます。故人を仏として送る初めてのお経なので家族は全員で冥福を祈り、そのあと線香と灯明を絶やさぬように近親者で守ります。

2 葬礼の心

時代とともに先祖の霊は祖霊として私たちを見守ってくれると信じられるようになりました。人の霊は死後すぐ神格化されるわけではなく、年回忌の問題が出てきます。民族学では一年回忌のことを問切《といき》りまたは弔《とむら》い上《あ》げといって年回忌の終わりは三十三回忌か五十回忌としています。死霊は年数を経るごとに「ご先祖様」や「みたまさま」と呼ばれて祖霊の仲間入りとして敬われます。

日本人にとってお葬式や年回忌、あるいはお墓というものは、仏教観が強いように思いますが、本来は日本固有の民間信仰と仏教の極楽浄土信仰があいまぜとなったもので、死霊が祖霊に変化していく過程の一つとも考えられます。死は残された者にとって悲しいことですが、死者にとっては死によって神格化された霊の座を得ることができますし、仏教では極楽浄土の世界が救済してくれるともいわれます。

寺への依頼

菩提寺《ぼだいじ》が近くにあるときは死者が出たことを知らせ、名前と年齢を告げて枕経に来てもらうことを頼みます。電話でもかまいませんが、できたら遺族が出向いて、読経と葬儀の打ち合わせ、戒名《かいみょう》についての相談をします。電話で頼んだときは枕経に来ていただいたときにその後の相談をします。近くに知り合いの寺がないときは、葬儀社に自分の家の宗派を言うと適当な寺を紹介してくれます。神社、教会へのお願いも同様です。

戒名

戒名は仏の弟子となったしるしとして与えられる名です。主に生前の人格や巧徳のしのばれる文字が使われます。戒名とは、天台宗、真言宗の呼び方で、浄土宗では法名、日蓮宗では法号といいます。院殿号や院号は、昔は大名や大身の武士に限られていたもので、一般庶民は男性は、居士、信士、女性は、大姉、信女が授けられるのが普通です。○○院殿、○○大居士、○○信士などとつけられますが、一般に生前の故人の業績や人柄などを偲《しの》ぶ文字を入れるものが多いようです。子どもは童子、童女、赤ちゃんは孩子《がいし》、孩女がつきます。

葬儀費用

香典は、相互扶助から起こった日本だけの風習です。葬儀の費用は葬儀社への支払い、お寺へのお礼、会葬者への接待費など大きく三つに分けられます。香典の金額でこれらの支払いが大体済むように予算が立てられれば理想的です。しかしこの場合でもお返しの費用や墓地、墓石などは喪主の負担として残ります。

納棺の作法

棺は、白木で角にふちどり、鉋《かんな》をかけないものを用い、仏式、神式、それぞれ定めの装束をつけます。棺の中に白い布団を敷き、死体をその上に安置します。多く仏式では死出の旅装束の経帷子《きょうかたびら》に白木綿の手甲はばきをつけ、白い足袋《たび》をはかせます。この死出の旅装束は肉親の手によって調えるのが供養の第一とされています。草鞋《わらじ》をはかせ、代わりの一足を添えて頭陀袋《ずだぶくろ》をつけ、手に数珠《じゅず》を持たせ、三途《さんず》の川の渡し賃の六文銭を持たせます。これが昔からの風習ですが、故人の生前好まれたものを上からかけてあげたり、添えてやるのもよいでしょう。

棺を花で埋めます。棺の蓋《ふた》に釘を打つときは、石を用いて打ちますが、頭にあたる箇所は長男かそれに代わる人が打ち、一本を一人で終わりまで打たず、途中で他の人が打ちます。頭のほうからだんだん足のほうへ釘止めしてゆきます。棺は白布で覆い、魔除けの小刀をその上に置きます。

金物類やガラスのものは火葬のときに骨を汚すので入れません。めがね、入れ歯などをどうしても遺体に添えたいときは、桐の小箱に入れて骨と一緒に墓に入れるようにします。

葬儀に必要な諸届け

死亡後七日以内に亡くなった土地の役所に「死亡届」を提出します。病院で亡くなった場合はその病院のある市区町村の役所に出します。諸届けには次のようなものが必要です。

①「死亡診断書」は臨終に立ち会った医師からいただきます。

②「死亡届」は市区町村の役所か葬儀社から用紙をもらい、記入します。

以上の①、②の二通を市区町村役所に届けます。この届けによって死者は戸籍面から抹消されて、死亡が認められます。

③「火葬許可証（または埋葬許可証）」は①と②の書類を持って市区町村役所に行き、「死体火葬（または埋葬）許可申請書」に記入し、引き換えにもらいます。この書類がないと火葬場で火葬してもらうことができませんし、寺院の納骨も認められないので、納骨まで大切に保管します。

お通夜の作法

お通夜の起源は、昔、死体を野獣から守るために一晩中火を焚いて過ごしたことからきているようです。火葬前の一夜、近親者や親しかった友人が集まり、夜を徹するというような習慣は次第に少なくなり、夜通し故人の遺体を守るのは肉親とごく近い親戚に限られます。現在お通夜と呼ばれているのは午後六時頃から始まり、九時頃には切り上げる半通夜《はんつや》が常識になっています。

お通夜は夜食や酒が出されるのが普通になっていますが、お通夜そのものが親しく悔やみを述べ、香典を贈った弔意の心情をつくすためのものですから、あくまでしめやかに故人を偲ぶものでありたいものです。

通夜ぶるまいは、通夜が終わって僧侶が帰ってからになります。

最近は車の運転のためアルコール類はとらない人も増えて、通夜ぶるまいは簡略になっているようです。通夜というのは本来故人の遺体をお守りして、しめやかに故人を偲ぶものですから、告別式に備えて遺族を休ませるよう早めに失礼すべきです。

3　弔問と香典

不幸を知って弔問するとき

人が亡くなれば、その人の人生最後の儀式として葬儀が行われ、生き残った人との告別式があって、永遠のお別れの儀式に関係することになります。まず亡くなった方、そのお宅と自分との関係を考え、弔問に行くか行かないかを決めます。近親はもちろん親類同様のおつきあいのお宅、日頃お世話になっている方など親しい間柄なら、とにかくすぐ駆けつけます。このときは普段着のままでかまいませんが、華やかな服やアクセサリーは避けます。喪服を着て行ってはむしろ失礼です。まずお悔やみの挨拶を述べます。ごく親しいお宅でも、伺ったらすぐに折り目正しく自分の気持ちを素直に述べ、お悔やみの挨拶をします。

弔問の時、特に注意することは、亡くなった人の病気のこと、死因について根掘り葉掘り聞くのは非礼ですし、疲れている遺族の神経を逆なでするような質問も控えます。それに弔問客は自分一人ではありませんので、遺族と長く話し込むことも遠慮すべきです。

すぐ弔問したいと思っても、遠方だったり、病気で弔問ができないときは、とりあえず弔電を打って、お悔やみ状とともに香典を郵送するようにします。弔電は告別式が始まるまでに着くように打つのがマナーです。

弔問の時期

普通の間柄でしたら告別式へ焼香に行くだけでよいでしょう。親しい仲でしたらお通夜にもお参りし、告別式にも弔問します。いずれにしても、故人または遺族との親疎の度合いによって出方を決めるとよいでしょう。

お悔やみの述べ方

納棺が済んでいたら、祭壇の前に進んで丁寧に礼拝し焼香します。遺族が「どうか一目会ってやってください」と言いましたら、礼拝や焼香を終えた後、取り乱さず静かに故人に対面します。遠慮したい場合は、「悲しくてとても拝めません」とお断りしても差し支えありません。個人と親しい間柄の人は対面してもよいでしょうが、遺族と親しくても故人と面識のない場合は、対面を避けたほうがよいでしょう。故人と対面するときは、遺族が顔を覆っている白布をとったら慎んだ姿勢で拝みます。

まだ納棺の済んでいない場合は別室でお悔やみを述べます。述べ方ですが、長々と余事を挟む必要はありませんが、「このたびはどうも……」とだけいって、あとは口の中で濁してしまうだけでも困ります。「このたびはまことに残念なことでございました。皆さまにはさぞお力落としのことと存じます」「不意のお知らせで大変驚きました。さぞご愁傷のことと存じます」と述べます。

いずれにしても、悲しみをともにし、心から遺族の人をお慰めする真心から出た言葉で述べなければなりませんが、遺族の方を独占して長々としゃべるのは他の弔問客にも迷惑をかけることになりますから、そのあたりをよくわきまえて終始しなければなりません。

香典と供え物「香華燭」

仏様への供え物が本来だった香典は、現在ではお通夜か告別式に持参する金包みを意味しています。本来は、霊前に供える香木を指していました。そもそも仏式では、「香」「華」「燭」を香典の三具足といい、仏様に「お香」「花」「蠟燭《ろうそく》」を手向《たむ》けるのが常でした。これは昔、現金を差し出しては失礼だという考え方があったからのようです。

香木は、南方から中国を経て日本に渡ってくるもので、昔から非常に貴重なものとされていました。特に、沈香の「伽羅《きゃら》」は最高級品で、小笠原惣領家の文献に「蚊の足ほどに刻みて……」と書かれてあるほど珍重されていました。また聖武天皇が東大寺に贈ったという お香「蘭奢待《らんじゃたい》」は、今なお正倉院に残っていますが、端を少しずつ切ってあり、その切り口に「一寸五分、信長に給う」とか「秀吉に給う」などと、渡した人の名前が書かれています。それだけ希少価値とされてきたお香です。一方で戦国時代の武将たちが兜《かぶと》の内にお香を薫《た》きしめて戦場に赴いたという逸話もあり、お香には霊を清める力があると信じられていたのです。

今日ではとても手に入るものではありません。そこで、高価なお香をお供えするほどのお金ということで「香典」を包むようになってきました。

香典と供え物はお悔やみに伺うとき、またはお通夜か告別式のときに御霊前に供えます。香典袋は市販の不祝儀袋を使用するのが一般的ですが、蓮《はす》の花がついているものは仏式以外には使用できません。自分で包む場合は、紙幣を半紙で中包みをして金額を書き、奉書で外包みをし、白黒、双銀などの水引をかけ、結び切りにするのが正式です。

表書きは悲しみを表し、薄墨で中央上に「御霊前」「御香料」「御香典」としますが、「御仏前」は葬儀後に使うのが適当です。また神式では「御玉串料」「御神前」、キリスト教では、「御花料」などと使い分けますので、故人の宗教がわからないときは、「御霊前」を使用するのが通例です。

香典袋は袱紗《ふくさ》や小風呂敷《こぶろしき》に納め、ハンドバッグなどに入れ持参します。

香典の金額は、故人とその親しさの度合い、自分の社会的地位、都会と地方の違いなどを考慮して決めますが、偶数を避けるのが一般的です。

親しい間柄でしたら「私たちの仲間で生花をお贈りしたいと思っています」と聞いてみるのもよいですが、ほかからたくさんいただいているようでしたら「お花料」「お供物料」と上書きしてお金をお包みしたほうがよい場合もあります。

お菓子を持参するときは、干菓子、焼き菓子など日持ちのするものをお届けするようにします。四十九日までは来客が絶えませんから、その人たちのおもてなしに利用していただけますし、気がきいています。

または、弔問客が少なくなった二七日目《ふたつなのかめ》（十四日）や三七日目《みなのかめ》（二十一日）頃にそっと出向き、遺族の寂しさを汲んで慰めてあげる心も大切です。

その時は「御花(華)料」「御灯明料」と表書きをし、香典より控えた金額がよいと思います。またはその代わりに供物として線香、ろうそく、生花（故人の特に好きだった花は別として、白または淡色の花）を選びます。

4 弔問の受け方

弔問の受け答え

弔問を受けましたら「お忙しいところわざわざ恐れ入ります。存命中は一方《ひとかた》ならぬお世話になりまして、ありがとうございました。

また病気中にはたびたびご親切にお見舞いくださいまして、いつもご厚意をありがたく感謝しておりました。故人に代わりまして厚くお礼申し上げます」などと謝意を表します。

また親しい場合は、「お忙しいところをわざわざおいでいただきまして、故人もさぞ感謝していることと存じます」「ただ今は、香典をお供えくださいましてまことに恐れ入りました。厚くお礼申し上げます」「どうも恐れ入ります。ご心配いただきまして」などと受け答えをします。

弔問客がお見えになったときは、一応「どうぞお上がりくださ い」といって応接間などにお通ししますが、この場合無理して茶菓をお出しする必要はありません。また、玄関でお悔やみの挨拶をされる方に対しては無理に「おあがりください」とすすめず、その場で弔問を受けるようにします。いずれの場合もあまり引き止めたりしないのが作法です。

また弔問客の見送りを遺族はしないのが礼儀です。喪に服しているので遠慮するわけです。

服喪中は年賀状を差し控えたり、万事にわたり控えめの態度をとるのも同様です。

5　葬儀と告別式

告別式というのは葬儀がすんでから会葬者が祭壇の前に進んで故人に最後の挨拶をする式のことをいいます。斎場で葬儀を行う場合は一般の人も参列しますが、本来一般の会葬者は葬儀に参列しないものなのです。また、葬儀と告別式をはっきり区別しないで二つを併せて告別式という場合も多くあります。日本の在来の葬儀には、神葬式、仏葬式、キリスト教式の三種が代表的にありますが、いずれの場合にせよ葬儀や告別式は、死者に対する最終の礼儀ですから、あくまで厳粛に敬虔《けいけん》な一心で行うようにします。

普通の葬儀は一時間ぐらいで終わり、一般会葬者の告別式が行われます。それが終わってから出棺となります。

焼香の順序

焼香は故人の血縁の近い人から順々に行います。昔は家本位の順序でなされていましたが、今日では母、長男、長男の妻という順序が正しいでしょう。長男より年上の長女がいれば、母の次に長女、長女の夫、次に長男となります。長男、長女の子があれば、その後に続きます。祖父母が存命なら母の次に焼香します。遺族に次いで親戚が焼香しますが、血縁の濃い親等順に従います。

遺族や親戚などの焼香が終わりましたら、告別式に入ります。

告別式

一般的には焼香台の向かって右側に遺族と親族、左側に友人その他の方々が居並びますが、右側に遺族、左側に親族と並んでも差し支えありません。並ぶ順序は遺族では喪主が先頭になります。遺族や親族は故人を弔うと同時に、会葬者から受ける立場でもあります。会葬者は言葉少なにお悔やみを述べる人もいますが、「ありがとうございます」などという必要はありません。会葬者は遺族に一礼するだけで哀悼の気持ちは十分伝わります。遺族を疲れさせない思いやりも必要です。遺族は会葬者が一礼されたら必ず礼を返します。礼をされない会葬者がいても遺族としては礼をするのが作法です。

弔辞を読む人の心得

弔辞は奉書か巻紙に毛筆で書き、末尾のほうから折りたたんで外包みの中に入れ、「弔辞」と上書きします。弔辞を読むときは祭壇の前に進み、一礼し、弔辞を取り出し、外包みは台の上、または中包みの下に重ねて持ち、巻物でしたら読み進むに従って左手で少しずつ巻き戻して読み、終わったら静かに元通りに巻くか、折りたたんで外包みの中に納め、祭壇に向こう向きになるように置き、一礼して自席に戻ります。

出棺

告別式が終わりましたら遺族と近親者は出棺の用意をします。遺族や故人と特別懇意の人々は棺の中をお花で飾り、故人と最後のお別れをします。霊柩車《れいきゅうしゃ》に棺をのせるときは足のほうからのせます。いよいよ出棺するとき、喪主か親族代表者が会葬者にお礼の挨拶をします。

会葬お礼の挨拶例

①喪主のお礼の挨拶（一例）

「本日はお忙しいところわざわざご会葬いただきまして、誠にありがとうございました。生前は何かと皆さまにお世話に相成りましたことを故人に代わり厚くお礼申し上げます。大変簡単ではございますが、お礼のご挨拶に代えさせていただきます」

②親族代表の挨拶（一例）

「本日はご多忙のところを、かくも盛大にお見送りくださいまして誠に感謝にたえません。故人は昨年卒寿の祝いをすませたばかりで、元来健康で病気らしい病気もせずに参りましたが、このたびは天寿を全《まっと》うしたと申しましょうか、静かに眠るがごとくに大往生いたしました。若い時から先輩にかわいがられ、また後輩の面倒もよく見た人でございました。生前口癖のように『世間様のご恩で自分はここまで来れたのだ』と、心からの感謝を、私ども親戚の者にも言い聞かせたものでございます。本日のこの盛大なご会葬に対しましても、故人は皆様お一人おひとりに感謝申し上げていることと信じます。残された遺族が皆々様に何かとご厄介をかけますことがあるかと存じますが、なにとぞ故人生前中と同様お引き立ていただきますよう、故人になり代わりましてお願い申し上げる次第でございます。親戚一同を代表致しまして一言、お礼のご挨拶を申し上げさせていただきます。本日は大変ありがとうございました」

いずれかの挨拶が終わりましたら、遺族、親族一同は会葬者に丁寧に一礼します。会葬者も丁寧に一礼をし、返礼します。喪主は位牌を持って霊柩車に乗り、他の遺族も遺影、供物、線香等を持って同乗します。子どもの葬儀の場合には、親は火葬場に行かない所もあるようです。火葬場まで行く人が多い場合は、葬儀社にマイクロバスを用意していただくとよいでしょう。出棺の際、門口で故人の使っていたご飯茶碗を割る所もあるようです。地方では少し前まで、遺族や近親者が行列を作って火葬場へ行きました。そのときは、わらじを座敷で履いてそのまま庭に降りる風習がありましたので、子どもが新しい履物を履いてそのまま降りるのを大変忌み嫌いました。

霊柩車に故人や遺族が乗り込み出発のときには、会葬者は合掌黙礼してお見送りします。

火葬場

火葬場のかまどに棺を安置し、火葬の前の式を行います。かまどの前に小卓を置き、持参した位牌や香炉を飾って僧侶に読経していただきます。時間がないときは割愛の場合もあります。火(埋)葬許可証は、印を押して返してくれます。後日の埋葬のときに必要になりますから、大事に保管します。

待っている間に菓子や軽食を接待しますので、あらかじめ用意して持たせるように、お手伝いの人は気を利《き》かせます。火葬場の人には心づけをさしあげます。相場がありますので前もって調べて用意しておくとよいでしょう。

骨揚げ

知らせがありましたら、かまどの所へ行き、お骨を拾います。竹と木の箸で、足のほうから頭のほうへと順々に拾って骨壺に入れます。このとき人から人へと箸で骨を渡します。最後に頭骨とのど骨を拾います。

故郷にお寺があったり、本山に分骨する場合には事前に葬儀社に伝え、分骨用の骨壺も用意してもらいます。分骨は鎌倉時代の武家たちの間でも行われ、高野山へ納めていたようです。骨壺を白木の箱に入れ、白い布で包んで持ち帰ります。大晦日《おおみそか》やお正月に亡くなられた場合には、遺族や近親者で密葬にし、後日、松の内が終わってから告別式を行います。

日本に火葬が入ってきたのはかなり古く、仏教の伝来の後です。最初の頃は、持統天皇が火葬だったといわれるように皇族や貴族が主で、一般庶民は曝葬《ばくそう》や土葬だったようです。

清めの手洗いと精進払い

火葬場から帰宅したとき、塩を体と手にふりかけてもらい、手は洗い清めてから家に入ります。小机に白布をかけ、生花、香炉、燭台、供物、水などを飾った「後飾り」の祭壇を、留守役の人たちが用意してくれていますので、そこに遺骨、遺影、位牌を安置し、灯明し、線香をあげます。

僧侶、葬儀をお手伝いして下さった方、近親者たちを喪主がお礼の意味も兼ねて、精進落とし、または精進払いの宴に招待します。

今まで絶っていた生臭物《なまぐさもの》を改めて食べる宴で、それをすることにより平常の食生活に戻ります。不幸のあったとき生臭物を控えるのは仏教の教えに基づいているようです。

後飾り

喪主から招待されても遺族の疲れを思いやって早々に失礼するようにします。

このとき、喪主か親族代表が、葬儀が無事すんだことのお礼を簡単に述べます。この宴では喪主や親族は末席につき、食事のサービスやお酒の酌などをして、一人ひとりの労をねぎらいます。

昔は精進落としの料理を近所の人たちが手分けして作るのが通常でしたが、最近では仕出しを頼むようになりました。

お清めの塩と水

喪家の場合は、火葬場から帰ってくる人々に塩や水などを用意します。

喪家でなくても家族の人が葬儀に出席し焼香して帰ったときは、家族が塩と水を用意し、家に入らないうちに塩を軽くふりかけ、当人は口をすすぎ、手を清めてから家に入るようにします。

精進落としの宴が終わって

遺族は世話役から一切の事務を引き継ぎ、弔問者名簿、供え物と香典の控え帳、会計簿、弔文、弔電などを受け取ります。何より最初に行うのは、僧侶、神官、牧師、司祭へのお礼です。金額が決まっていればそれに従い、いなければ葬儀社等と相談して決めます。世話役と係の役員、台所を手伝ってくださった方たちへは、香典返しとは別に品物を贈るか現金でお礼をします。このときも遺族は感謝の言葉を添えるのを忘れないようにしましょう。

汚れている身を慎む「喪中《もちゅう》」と「忌服《きふく》」

家族や親戚の者が死亡したとき、その血縁の親疎によって、一定の期間喪に服するのがしきたりとなっています。これを「喪中」といいますが、喪中は、他者との面会を避け、自宅に引きこもって謹慎して悲しみの心情を表すことを「忌」といい、喪服を着て慎み神事を遠慮することを「服」といいます。「忌」の期間は比較的短く、「服」は比較的長い期間です。そしてこの忌服（喪中）は遺族が故人への誠実な奉仕でもあり、家庭の秩序の回復をはかるためにも忌服の時間は必要になります。昔は、この期間は謹慎し、ひたすら死者の霊に仕えました。

日数、期間はそれぞれ親等別に定められています。これは日本には死を汚れと考える風習があったためで、例えば父母が亡くなった場合、身内の者は「忌中」の五十日間は人に会わないようにして「服中」の十三か月間は神前に出向かないようにしたことに始まります。ですが、この忌服期間は明治七年に発令された太政官布告の「忌服令」によるもので、今では忌中にお祝いの席に出ない、翌年のお正月の飾りも一切しないで年賀状も出さないといった程度のことを守る人がほとんどです。

現在では仏式の三十五日か四十九日の忌明けまでとして忌服期間を一年とするのが一般的です。

☆心の喪服（心喪《しんもう》の色）

「心の喪服」といって平安時代は鈍色《にびいろ》（ねずみ色のような灰色）が喪の色とされ、遺族や親族は鈍色の喪服を着ました。亡くなった人と特に親しい人は、遺族と同じように悲しみは深いのですが、鈍色の喪服を着ることはできません。そこで親しい人や弔問者は鈍色の喪服の上に、透きとおる青い色の薄物を着て出かけました。そうすると鈍色がほのかに透けて見え「喪服は着ていませんが、親族と同じように心の中は喪に服しています」という表現になったそうです。心の喪服の風習からみても、喪のかかっていない人が喪服を着たり、喪章をつけることは本来ではないようです。

家紋の話（家紋に伝承される家庭の歴史）

紋の起源は、藤原時代、西園寺家や徳大寺家などのお公家《くげ》さんたちが、自分の牛車に巴紋《ともえもん》や木瓜紋《もっこうもん》をつけたことに始まるといわれています。それが源平時代には、敵味方を区別する旗印となり、広く家紋を意識させるきっかけとなりました。時の大将たちが、戦場でそれぞれの家紋をつけた旗をなびかせ、相まみえる合戦は家と紋の結びつきを如実に物語っています。

こうした紋を武士の衣服にもつけるようになったのは、銀閣寺を建立した足利義政の頃からです。小笠原惣領家の家紋は、後醍醐帝に小笠原流の弓馬術をお伝えしたときに家紋として「王」の字を賜り、それを源氏が用いる菱でかたどったもので「三階菱」であると系図に示されています。大名の家では着物のほかに嫁入り道具の駕《か》籠《ご》をはじめ箪笥《たんす》、鏡台、文箱、硯箱《すずりばこ》、香道具、棚、長持、そして小さな櫛《くし》や琴爪の箱に至るまで家紋をつけてやったものです。また身分のある武士はあまり大きな紋をつけず、足軽・女中などお供の者だけが主人に見やすいように大きな紋をつけていました。植木屋さんや大工さんが法被《はっぴ》に得意先の紋を大きく染めているのも同じような意味といえます。昔の猿楽の太夫などは三色にも四色にも染め分けた目立つ紋を使っていたようです。つけた紋の数にしても、殿様は一つ紋、階級により三つ紋、五つ紋と違い、目上の人のところに行くときは、誰に所属しているかが明確にわかるようにしたといいます。戦前の大名家の華族などは、儀式や目上の人の前に出るときは五つ紋の羽織、普段は一つ紋の羽織、気楽な人に会うときは替え紋、お忍びで料理屋などに行くときは色物の羽織に縫いの替え紋という具合に、会う人によって一日に何度も着替えたものです。しかも羽二重《はぶたえ》の衿《えり》をはじめ、夏場の絽《ろ》や紗《しゃ》などに日向紋と陰紋を染と縫いでそれぞれ用意すると、色物まで含め羽織が二十から三十枚ほど必要になってしまいます。現代ではこれほどそろえている人はいないでしょうし、また必要もないのですが、紋は家を代表するものとして、儀式の折々にお召しになる着物には不可欠です。

「その家の歴史を伝承しているであろう家紋に愛情を持ち、さらに受け継いでいってもらいたいと思う」ということを恩師の小笠原忠統先生は常に申されておりました。

故人の冥福を祈って行われる法要と年回忌

「法要」とは仏式の言葉です。仏教では、死者がこの世を出てあの世に至るまでの期間を「中有《ちゅうう》」とか「中陰《ちゅういん》」といって、その間は七日ごとに故人を供養する法要を営むことになっています。これは七日ごとに閻魔《えんま》大王が死者への審判を下すとされ、遺族は審判の日にあたり故人の冥福を祈るのです。審判の最後が七回目で四十九日に忌明けになります。

一周忌までの法要は、死亡した日を入れて七日目を初七日《しょなぬか》忌、十四日目を二七日《ふたなぬか》忌、二十一日目を三七日《みなぬか》忌、二十八日目を四七日《よなぬか》忌、三十五日を五七日《いつなぬか》忌、四十二日目を六七日《むなぬか》忌、四十九日目を七七日《なななぬか》忌といって特に最初の忌日《きにち》にあたる初七日と忌明けとなる七七日は重要です。初七日には、親族や故人の親友、知人などを招き、僧侶に読経してもらい、焼香のあと精進料理でもてなします。ですがこのごろでは遠方から再々親族が集まることが難しくなったため、初七日は葬儀当日に火葬場から帰った後に営むことも多くなりました。七七日忌も僧侶に来てもらい読経をし、埋骨をするための墓参りをしてから会食するのがしきたりになっています。

七七日が過ぎますと、百か日の法要が行われます。そのほか、毎月の命日にも法要を営むのが本来ですが、最近では、月忌に僧侶を招いて読経することは少なくなってきました。

年忌法要（二年目からは数え年で行います）

百か日の法要の後は、年忌法要になります、年回忌の中でも法要を営むことが多いのは、亡くなった翌年の同月同日の祥月命日《しょうつきめいにち》に行う一周忌に始まり、その翌年（満二年目）に行う三回忌、七回忌、十三回忌、十七回忌、二十三回忌、二十七回忌、三十三回忌、五十回忌、百回忌などです。一周忌だけを満で数え、あとは数え年で法要を営みますから、二回忌という数え方はありません。年回忌の法要は、一周忌は友人・知人など広範囲に出席を依頼しますが、三回忌以降は次第に近親者と故人にゆかりの深い人たちに絞って、故人の菩提《ぼだい》を弔います。今日では「問切《といき》り（弔切《といき》り）」とか「弔上《といあ》げ（問上《といあ》げ）」と呼んで十七回忌かあるいは三十三回忌で法要を打ち切る地方も多いようです。法要に招かれた人は「御霊前」「御仏前」などと表書きして現金を包んだりお供物《くもつ》を供えたりします。

香典返し

仏式なら七七日忌（四十九日）に近親の間で法要を営み、忌明けの挨拶に添えて香典返しをします（三十五日にする家もあります）。贈られた金額の半額か三分の一くらいを返す例が多いようです。表書きは「志」または「忌明」と書き、黒白の水引をかけます。正式には持参するものですが、デパートなどから配達していただいても差し支えありません。一般的には香典返しに対して礼状を出す必要はありませんが、デパートから届けられた場合は、慰めの気持ちを込めた礼状を出すのもよいでしょう。香典はもともと相互扶助の精神から出たものですから、香典返しは周囲の環境とよく見合わせ行動するとよいでしょう。

仏壇

仏教徒の家では、仏壇は信仰の中心として家に奉安してありますが、新仏の出たとき、四十九日の忌明けまでに新調する場合が多いようです。それ以外に仏壇や仏具を用意するときは、先祖の命日、盆、彼岸などでもよいでしょうが、思い立ったときにすぐ実行することが、仏の心にかなっているともいえるでしょう。

仏壇の中心は本尊ですが、仏像や掛け軸を飾る場合でも、宗派により納めるものが違いますから気をつけましょう。白木の位牌から黒塗りの位牌となり、僧侶に開眼式《かいがんしき》を行ってもらいます。新調の仏壇は最初に大きな香炉に沈香《じんこう》を多量に入れて薫香します。

仏壇の向きは東向きに安置するのが正式ですが、礼拝にふさわしい場所を選びます。まず上段正面にご本尊、その右に古い位牌があるときはそれを、左に新仏の位牌を安置します。中段は仏飯器などで、下段には、りん、ろうそく、線香、花立などを飾ります。

仏壇のとびらは朝に開き、夕べに閉じ、毎朝あたたかいご飯と湯茶を献じます。灯明と線香をあげ、忌日、春秋の彼岸、盆、暮れ、正月など、ときに応じて供え物をします。

墓参り

祥月命日（一周忌以後の命日）、春秋の彼岸、盆、暮れには墓参りをします。墓参りの折には雑草などを除き、掃除を念入りに行います。水桶とたわし、ひしゃくを用意し墓石を洗います。きれいになりましたら、仏式では季節の花や樒《しきみ》（葉から抹香を作る）、線香を供え、拝礼の前に墓石に水をかけます。これは仏様に水を飲ませてあげるという心なのだそうです。

永代供養

菩提寺が遠いときには普段から一定の金額を送っておいて、命日には供養してもらうこともできます。また亡くなったとき、少しまとまったお金を故人の名で寄付しておいて「永代経」をお願いしておく方法もあります。これで、その寺がある限り、永代にわたって故人の祥月命日を供養してくれます。

仏壇の心得

仏壇の起源は古く、天武天皇（六八五年）の頃、昔から家の中に氏神《うじがみ》（遠い先祖）と、近い先祖を祀《まつ》る祭壇があり、室町時代に書院造りという住宅の形式ができ、床の間が造られて、氏神や近い先祖を祀る仏壇が置かれたといわれます。今も床の間に花器や香炉があるのは、その名残とされています。江戸時代になって宗門改めや寺《てら》請《うけ》制度が行われるようになり、各家庭に仏壇が置かれるようになりました。

位牌

位牌は中国より伝えられたもので、当初は霊代《たましろ》といって笏《しゃく》（上が丸い細長い杖）の形をした木板《きいた》を位牌として供養していました。位牌に死者の戒名、死亡年月日、俗名、年齢等を記入して入魂し、霊として祀り、仏としてたたえるものです。

仏壇のお供え

仏壇には灯、香、花、水、飯食《おんじき》などを捧げます。仏様に敬いの心から捧げるもので、供養の心の表れとしています。

灯明《とうみょう》

ろうそくに明かりをともすことで、普通は左右二本のろうそくをあげます。これは白灯明（釈迦のお姿の光）、法灯明（釈迦の教えの光）の意味があるといわれています。私たちは、欲、怒、愚痴という人間の持つ三つの煩悩《ぼんのう》（暗い心）によって、ときには心身が惑わされ、煩悩の暗闇に閉じこもる傾向があります。それで「自分に明るい火をともし、明るい生活をするように努めます」という気持ちで明かりをともすそうです。

焼香

線香や香をたくことは、「香は信心の使い」ともいわれますので、線香やお香は匂いのよいものを選ぶように心がけましょう。お香は私たちの穢《けが》れた身を清めてくれる力を持っているといわれています。

供華（花）

季節折々の花は美しいものです。花は怒りの心を鎮め、柔軟忍耐の心を養う働きがあるといわれています。そこで、花にも負けぬ美しい心で仏様の周りを荘厳にするのが供華の意味です。花を供えるときは、花の正面を礼拝する側に向けます。そのわけは、花を捧げた人が荘厳なる仏様からその荘厳をいただくという意味合いから、そのようにするのだそうです。

浄水供養

インドでは水、香、花を捧げてもてなす接客の仕方が、古来は最高のものとされていました。そこで仏様に供える浄水供養が起こったといわれています。水には二つの働きがあり、一つは穢れを洗い落とす浄化の働き、二つは万物に潤いを施し、成長させる働きがあります。原則的には水を供えるのですが、茶湯でもよいのです。ただ水も茶湯もお供えしたものを下《さ》げた後には、粗末にならないように植木等に施しの心をもってかけてやることが大切です。

仏飯（供物をあげる・飯食《おんじき》供養）

仏様に私たちが頂く主食やそのほかの食べ物をお供えするのは、「仏様と私たちが同じ一つの命でつながっていることを自覚し、心静かに生きる幸福をかみしめる心を持つように努めます」という意味から行われるものです。そのためにそのお下がりを私たちが頂くという、供食の心が大切なのです。供物とは、餅、菓子、野菜等を指します。

鈴《りん》・鐘《かね》

鈴（鐘）の音は、仏の来迎と人の心を静める力を持つものです。勤行《ごんぎょう》を始める前に静かに鈴（鐘）をたたき、心を静めて誦経《ずきょう》に臨みます。お経、念仏を称《とな》えるとき調子をとるのに使われる法具です。

木魚《もくぎょ》

木で魚の形をかたどった鳴物で、魚板から変化したものです。最初は魚を横にした形でしたが、後に円の形をとるようになって、読経や念仏を称えるとき、調子をはかる打物となりました。魚の形をとったのは、魚がいつでも目を閉じることがないように、昼夜常に仏道に励みますという僧の心の表れとして作られたものだといわれます。

叩《たた》き鉦《がね》（伏せ鉦）

木魚と同じ打物ですが、木魚よりも古くから使われています。

袈裟《けさ》（福田布《ふくでんえ》）

袈裟は元来使い古した布切れをつなぎ合わせて作ったのが始まりとされています。小さな四角の布をつなぎ合わせて田のような形を表し、田が水を蓄えて稲を実らすように、仏法によって悟りの実が得られるようにとたとえられています。田のための袈裟は福田布とも呼ばれています。

この袈裟を身につけて法の水を田に潤し、心の田をよく耕して、立派な福田となるように願ったのだそうです。これを身につければ欲望や怒りを絶って絶大な巧徳があるとされ、仏教でいう「空《くう》」の姿なのだそうです。

数珠《じゅず》

ずずとも発音し、念珠ともいいますが、仏前を礼拝するときや念仏を称えるときに用いる法具です。数珠の由来は仏説木槵子《もくげんじ》経に次のように述べられています。

釈尊が霊鷲山《りょうじゅせん》におられたとき、毘流璃《ひるり》王の使者が訪れ、「わが国は盗賊が横行し、食糧が欠乏し、疫病が流行して国民は困窮しています。そのために国王はいつも心を痛めています。どうぞ国民を救済する道を教えてください」と釈尊にお願いしました。釈尊はそれに対して「それにはよい救済法がある。まず木槵子《もくげんじ》（材は薪《まき》、炭甲で果実は数珠用）百八顆《つぶ》を糸で貫いて環《わ》にし、それを常に念持して持ち歩き仏法僧の名を一度称えるごとに木槵子を一個繰り、十遍、百遍、千遍と多く繰り返し繰り返し称《とな》えれば、百八煩悩《ぼんのう》を消滅して無上の果徳《かとく》を証することができるであろう」と教えました。そこで国王は木槵子の念珠を千作り、六親眷属《ろくしんけんぞく》（自分に最も血縁関係の深い六親の間柄。父・母・兄・弟・妻・子（一族））に与え、教えのとおりにさせたところ、実にすばらしい功徳があったといわれています。

この故事から数珠の数は人間の煩悩と同じ百八顆《つぶ》が基本にされるようになったと伝えられています。要するに、数珠は釈尊随機の一因縁によって、念珠の功徳を説き、尊重愛用させよとお勧めになってから、世間一般に流布《るふ》されたものです。現在では百八顆の半分（五十四顆）、三分の一（三十六顆）、四分の一（二十七顆）の数珠もあります。

数珠の材料は、黒檀・白檀・虎目石・菩提樹・めのう・水晶・珊《さん》瑚《ご》などで、紫や朱の房がついています。男性用は、女性用より珠が大きくなっています。数珠の使い方は合掌の際、房が真下に下がるように両手の四本の指にかけ、親指で軽く押さえます。短いものは左手にかけ両手で挟み込むようにします。数珠はお通夜、葬儀、告別式など仏事の際に持参しますが、仏教徒でなければ必ずしも用意する必要はありません。

百八煩悩…六根が元となって起こる、人間の迷いの元である人間の百八の煩悩。眼《げん》・鼻・耳《に》・身・意の六根にそれぞれ六つずつあてて三六、これを過去・現在・未来に配して百八となります。（人間的欲望に伴う悩みや束縛《そくばく》など、人間苦を乗り越え憂《うれ》いのない心境に至る。精神的な自由をつくる。煩悩解脱《ぼんのうげだつ》）

釈迦（釈尊）…仏教の開祖。インド迦毘羅《かびら》城、浄飯王の子として生まれ、二十九歳で出家、三十五歳で菩提樹の下に座して悟りを開き、各地で法を解くこと四十五年。八十歳で沙羅双樹《さらそうじゅ》の下で入滅《にゅうめつ》。世界四聖（四人の聖人＝釈迦・キリスト・孔子・ソクラテス）のひとり。

6 仏前での作法

焼香の仕方

香をたいて死者を供養することが焼香です。葬儀、仏事の弔問には必ず焼香をします。葬儀についてよく聞かれることに、お焼香の作法があります。お焼香は、各宗によって教義が多少異なりますが、こうしなければならないという作法はありません。肝心なことは仏前を清め、美しく荘厳（お飾り）にするというしきたりから、敬虔《けいけん》な気持ちで捧げる心の深さがあって念ずることに意義があり、そのひとことに気持ちが集中できればそれでよいのです。

小笠原惣領家礼法では「香包みを懐中して仏前二メートルほどの位置で合掌礼をし、香炉台の前に進み、香包みを取り出し、右手で左の掌《てのひら》の上に広げ、香をつまみ、目の高さまで持ち上げ念じて、香炉にたく、一回でもよし」としています。香を目の高さまでおしいただくのは敬虔に祈りを込めるためです。お香をたく回数を一回でもよしとするのは、真摯《しんし》な祈りを一心に行えばそれでよいためです。

焼香は神式の玉串奉奠《たまぐしほうてん》と同じく、香で自分の魂を清めて仏に対するという意味がありますので、香をつまみ、おしいただいて香炉でたき、礼拝します。また抹香と線香の両方が用意してある場合には、どちらをたいても差し支えありません。葬焼香には、立ってする場合の立礼と座ってする座礼の場合とがあります。今回は立礼の場合の焼香の仕方を紹介します。

抹香の場合

数珠を持参していたら左手に持ち仏前に進み、一メートルくらい手前にとどまって遺族に一礼し、僧侶に一礼します。そして遺影と戒名に注目し深い礼をします。

さらに前に進んで香炉台

焼香の仕方

（焼香台）の上の香合（香の入った箱）から香を右手の親指と人差し指と中指の三本の指で少しつまみ、おしいただいて、静かに香炉に落とします。

合掌礼をして一心に念じます。数歩後ろへ下がり一礼します。さらに少し下がって再び僧侶、遺族に会釈して自席に戻ります。

線香の場合

抹香の代わりに線香をたく場合もあります。線香は一本あげますが、場合によっては二本あげることもあります。右手で線香を持ち、そばのろうそくで火をつけ、片手で風を送って消しますが、やりにくい場合は右手の線香を左手に持ち替えて、右手で風を送って消してもよいでしょう。この場合、口で吹き消すのは禁物です。

合掌するわけ

合掌はインドで古くから行われていた敬礼法の一種で、仏教徒が仏や菩薩などを礼拝して恭敬するのにこの作法を用いました。この合掌礼が仏教の伝来とともに移入されて、仏前礼拝の作法となったものです。合掌の様式は一律ではありませんが、普通、正しくは、礼法の我を控えた両手を合わせたものとされています。指と指の間が開いていたり、指だけ合わせて掌《てのひら》の離れたものは心の統一を欠くものとされています。

数珠の扱い方は、一般の場合は左手に持ち、焼香や仏を拝むときには、一つよじって両手の中指にかけて合掌礼をし、右手を数珠から抜いて左手に二重に巻いてかけ、片手拝みの形にして右手で香をつまみ左手を添えておしいただき焼香します。普段の生活の中で数珠を使う習慣のない方は、その場だけの使用で扱い方に戸惑ってしまうと、数珠は単なるアクセサリーになりかねませんので、無理して使用する必要はないでしょう。

7　神前礼拝の仕方

神前で礼拝をする前には、うがい手水《ちょうず》の設備があれば、そこで口をすすぎ、手を洗って心身ともに邪念を払い、清らかですがすがしい気持ちになって神前に進むのが礼です。

うがい手水《ちょうず》の作法

まず手洗盤に近づき、ハンカチを取り出しやすいところに置き、右手で柄杓《ひしゃく》を持ち、水を一杯すくって左手を洗い、次に柄杓を左手に持ち替えて右手を洗います。右手をすぼませ、そこに水を受けて、これで口をすすぎます。両手で柄杓を垂直にし、残った水が柄杓を伝わり両手を通って下に落ち、両手と柄杓を清めたら、次の人が使いやすいように柄杓を元の場所に静かに置き、ハンカチで濡れた手をふきます。

茶の湯の作法で茶室に入るとき、蹲《つくば》いで手を洗い、口をすすぐのも、この神前礼拝の手洗い、口すすぎの作法からきたものといわれています。

拍手《かしわで》の意味

神前に参拝するとき、必ず神前に向かって拍手を打ちます。これは作法上からいうとおじぎと同じで、神に対する礼です。拍手は神代から伝わった、我国上古《じょうこ》の礼で、人に行き逢った場合、まず手を拍《う》つことを礼としたと伝えられています。神前では上古の礼をそのまま行っているわけです。

二拝二拍手一拝（二礼二拍手一礼）の礼拝

拝殿し昇殿《しょうでん》して参拝するときは、コート類は脱ぎますが、拝殿の外で礼拝するときは、コートなどはそのままで、帽子と手袋を取る程度で差し支えありません。女性の帽子はこの場合でも取らなくてよい場合もあります。

礼拝の仕方はまず神前一メートルくらいまで進み、合掌礼をします。合掌礼とは、合掌した手を身体の正面、胸の辺りで掌《てのひら》を真っすぐに立て、上体を心持ち前傾させる形をとります（顔と掌の間隔はおよそ掌の幅八センチくらいになります）。このとき合掌した親指と人差し指の間に鼻頭が向かい合うようにします。

ついで神前に一、二歩進み、二度敬礼をし、上体を起こしたところで二つ拍手を打ちます。拍手の打ち方は正しくは左右の手は、肩と一直線に百八十度の角に開いて指をそろえて静かにポンという大きな音を出して拍《う》ちます。普通の場合は、拍手を打つときは両手を肩幅くらいか、少し丁寧にする場合は約七十センチくらいに開くようにします。両手を左右に開くとき息を吸い、息を吐きながら二度目を打ちます。

拍手がすんだら念じて一礼して、後退して、ここでもう一度合掌礼をして下がります。

神前に玉串《たまぐし》を捧げる仕方

玉串は『神代記』によると、天の岩戸ごもりのとき、八十《やそ》玉串を立てたとあるのが起こりで、玉串の玉は美称で、串は細長くて物を貫き通す棒のことをいいます。古代祭神の標木として地上に刺したものだといわれています。神が降臨するときの目印として地面に刺して立てた棒の起源で、後に榊《さかき》に木綿《ゆう》（麻を用いる場合が多い）、神垂《しで》（紙垂、幣《へい》）をつけ神に真心を捧げるものとして今日に及んでいます。

榊は古記では賢木とも書かれ、常磐木《ときわぎ》で常に緑を保ち、栄えるという意味を持っています。これに紙垂をつけるのは、白い和紙が清浄の意味を持つからです。玉串は榊の小枝に紙垂（幣）と麻をつけて神前に供えるものです。現在では神前結婚式や地鎮祭、神社の式典などでは、玉串を捧げてから、二拝二拍手一拝を行うのが礼式となっています。

玉串の持ち方は、真っすぐに立てて持つのが正式な持ち方ですが、現在では多くの場合、斜めにして持つ持ち方が行われています。

（一）玉串を立てて持つ場合の持ち方

玉串の先のほうを上にして「紙垂《しで》」が前方に来るようし、真っすぐに立て元を右手で持ち、左手は先のほうに添え、左右とも親指を手前に、他の指は向こう側にして、玉串を挟むような形で持ちます。玉串は胸元辺りの高さで持ち、左右の腕は円相の持ち方をします。

（2）斜めにして持つ場合の持ち方

玉串の先のほうを左に向け、元のほうを右にし、榊の葉の表を仰向けにして斜めに持ちます。左を高く右を低くし、元を持っている右手は伏せて、左手は仰向けて添えて持ちます。玉串と胸元との距離は立てて持つ場合と同様に、円相の持ち方をします。

神前へ捧げるときは、神官か巫女《みこ》が礼拝者に渡しますので、礼拝者はそれを受け取って、玉串を持って神前に進みます。

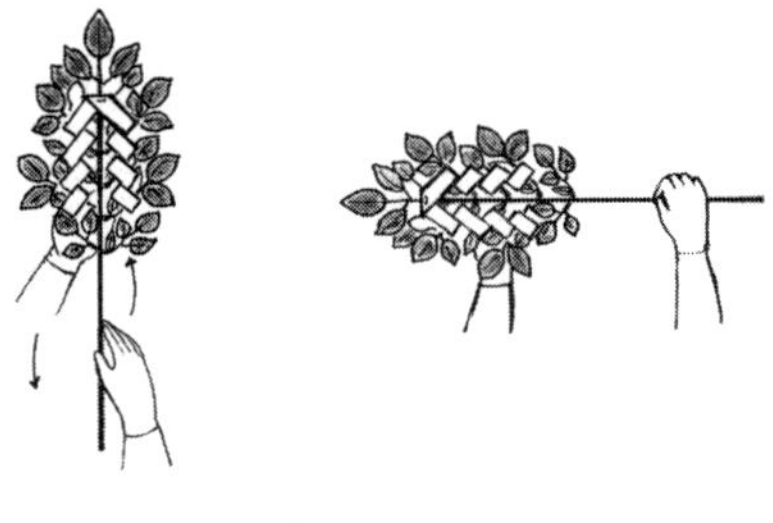

玉串の持ち方

1　およそ三歩ほど手前で止まり、玉串を持ったままの姿勢を崩さず捧げながら深い礼をします。玉串を立てて持つ場合は、このとき玉串を目の高さまで捧げ、手先の形を乱さないようにして敬礼します。

2　元の姿勢に直り、玉串案《たまぐしあん》の近くまで進み、足をそろえて玉串を神前に向け変えながら両手で仰向け、左手右手の上の元まで下ろします。

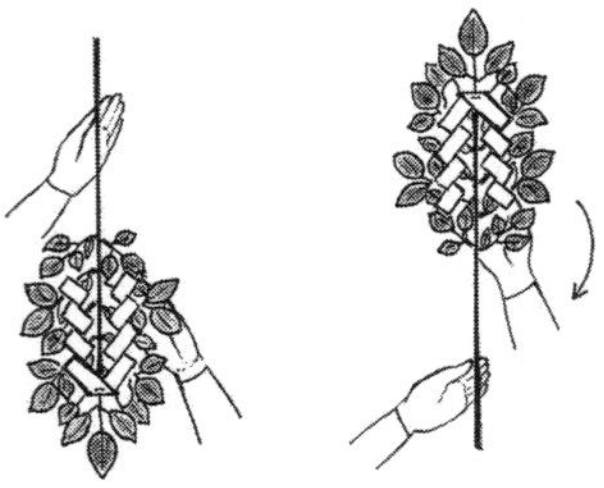

玉串の持ち方

3 右手は先のほうを裏から添え、

4 右に回しながら左手を右手の下に添え、表を上に元を神前に向けて、慎んだ姿勢で、玉串案の上に置きます。

5 上座の足から二、三歩下がって、一礼二拍手一礼をして、上座の方向に回るように足を開いて帰ります。

神葬式典の場合

神式の葬儀は、自宅で行う場合と斎場で行う場合とがありますが、葬儀の式次第にはたいした違いはありません。棺を安置した祭壇を設け、その前に遺族、親族、友人知巳、そのほかが並びます。この並ぶ順序は仏式の場合と同じです。

玉串奉奠《ほうてん》

遺族、親戚、一般会葬者、斎主の順で玉串を奉奠します。まず自分の番になったら、神官と遺族に一礼して、玉串を台の上から渡していただき（あるいは自分で取る）、静かに神前に進み一礼をし、玉串を作法どおりに扱って、八足台の上に捧げ、二、三歩退《さが》って一拍手一拝します。このときの拍手《かしわで》は「忍び拍手（忍び手）」といって音を立てないで静かに打つのが作法です。自席に帰るときは遺族、神官に一礼します。

告別式

仏式の場合の焼香が、玉串奉奠に変わるだけで、そのほかの作法は仏式と大体同じです。

出棺

これも仏式の場合とほとんど変わりません。すでに火葬がすんで遺骨が祭壇に安置してあるときは、出棺はしません。

後飾り

八足台に榊、水、米、塩、神酒を飾り、生花や供物も添えます。

霊祭と忌明け

神式では、仏式の法要を霊祭といいます。葬儀の翌日の翌日祭、亡くなった日から五日目に五日祭、十日目に十日祭、二十日目に二十日祭、三十日目に三十日祭、四十日目に四十日祭、五十日目に五十日祭を行い、その後百日祭、一年祭、五年祭、十年祭、三十年祭、四十年祭、五十年祭、百年祭となります。五十日祭に「清祓《きよはらい》の儀」

枕飾り（神式）

を行なって忌明けとし、喪を終わります。また二十年祭で霊祭を打ち切ることが多いようです。これらの祭典には親戚や友人、知人を招待します。招待を受けたときは、玉串料、神《しん》饌料《せんりょう》などのほかに故人が生前好まれたものなどを贈るとよいでしょう。香典返しは三十日祭か五十日祭がすんでから返すことが多いようです。

8　キリスト教の葬儀

キリスト教の告別式は、自宅で行うことはほとんどなく、大体が教会で行われます。すべては牧師の教導に従います。またキリスト教では、葬儀と告別式とを区別しないで一緒に告別式と呼んでいます。キリスト教徒以外で参列したときは、牧師やほかの人と同じように、祈禱のときは慎んだ姿勢で祈り、聖歌の合唱のときは歌えなくても起立するのがエチケットです。

友人総代が故人の略歴や生前の業績や性格、人柄を称えて述べますが、場合によっては牧師が説教の中で述べて、故人の人徳を偲《しの》んで、望みと慰めの言葉を述べます。聖歌が続き、その後の弔辞は故人と親しかった人が読みます。

また遺族へのお悔やみがすんでいないときは、参列者一同の告別の礼（正面に安置してある故人の写真に近づいて別れの礼をする）がすんでから遺族に会って簡潔にお悔やみを述べるようにします。

献花の仕方

キリスト教の告別式では儀式終了後に係の人から渡された白い花を献花台に供えます。この献花の儀式は西欧にはなく、神に召された霊の安息を神に祈ります。日本人は死者に別れを告げたい気持ちが強く、それがこの献花の礼を生んだといわれます。

出棺の見送り

告別式は定められた時間内でしたら、いつでも自由な時に行ってよいのです。お参りがすみましたらすぐ退出しても差し支えありませんが、親しい人や上司、恩師の会葬で出棺を見送りたいときは、邪魔にならないよう居残り、霊柩車が出るとき一礼し、遺族の挨拶がすみましたらすぐに退出します。

後飾りと香典返し

小机に黒布をかけて、花、燭台を飾り、遺骨と遺影を迎えます。また告別式後の一週間目くらいに香典返しをするのが一般的です。

枕飾り（キリスト教式）

またカトリックでは、亡くなった日から数えて三日目、七日目、三十日目（一か月目）、そして祥月命日《しょうつきめいにち》に「追悼ミサ」を行います。それ以降の特別な決まりはなく、一年目、十年目などの区切りのよい年に、その家や教会によって盛大に行うこともあるようです。

特にカトリックでは毎年十一月二日を万霊節（死者の日）としていますが、これは仏教のお盆にあたります。

プロテスタントでは、カトリックの「追悼ミサ」にあたるのが「記念式」です。この「記念式」は、亡くなって一か月後の昇天記念日に行われますが、やはり、それ以降は特別の決まりはありません。一般的には、毎年の昇天記念日に故人の追悼が行われます。

9 密葬の場合

自動車事故、遭難、自殺などの事故死にはいろいろな場合があります。悲しみの種類が違うので、すぐ駆けつけてよい場合と、静かにしてあげ、行かないほうが礼法にかなっている場合とがあります。

お悔やみの言葉は「とんだことになり、お悔やみの言葉もありません」とありのままの言葉のほうが、相手の気持ちを和らげ真意が伝わると思います。差し迫った相手の気持ちと同じテンポでついていくことが大切なのです。

「○○さんはこれがお好きで、宅に見えても『私はこれが好きでいつもおいしいですね』とよくおっしゃっておりましたので持ってまいりました。お伝えください」というような心遣いが遺族の心を幾分でも和らげると思います。

密葬には三つの場合が考えられます。まず公の葬儀を営む前に近親者だけで内々に火葬にする場合、二つ目に他殺、自殺、事故死などで、病院に移され、監督官庁の許可が下りるのを待って、病院から火葬場に直行する場合です。最後に遺体を持ち帰るのが困難なので、その地で火葬にする場合などです。そのほかにもいろいろのケースがあるでしょうが、どこまでを密葬にするかは個人の判断にもよります。改めて葬儀を行うものとして、内々でごくしめやかに行うものです。密葬の場合は知らされるまで弔問せず静かに見守るようにし、適当なときに弔問するのがよいでしょう。

10　そのほかの場合

葬儀に間に合わなかった場合

葬儀の知らせがなくて、後で人づてに知った場合には、こちらからわざわざ弔問に押しかけるのは控えたほうがよいと思います。何かの折に「知らずにいて失礼いたしました」という挨拶程度にしておくほうが無難でしょう。また、よんどころない事情で間に合わなかった場合には、後《のち》ほど弔問に行くようにします。この場合は、香典や供物を持参し、先方に事情を話して失礼をお詫びし、仏壇に焼香させていただきます。

遠方の場合

遠方の場合で香典を送るほどの交際でない友人、知人には、弔意を込めた手紙を送るだけでもよいのです。この場合の弔文は筆でなくてもよいですが、白の封筒と便箋を使用し、絵入りのものなどは避けるべきです。また「謹啓」「前略」などの前文を略し、長々しい気候見舞いも控え、すぐ本文に入り、文末の文句も省略します。終始本文を弔意で示すよう心がけます。

法要に招かれた場合

地味な色の服装にします。挨拶は「お招きありがとうございました。お参りさせていただきます」と言います。キリスト教の場合は「お祈りさせていただきます」と言えばよいわけです。持参するものは普通、法要はお金よりも果物、線香、キリスト教では生花など、霊前への供物が使われますが、同じものが集まってしまうことを考慮して「御花料」「御供物料」「御霊前」（四十九日以後でしたら「御仏前」）などの現金包みのほうがよい場合が多いです。

二　式典の作法

式典で普通多く行われているのは、結婚式、葬式など個人的なものから、学校の入学・卒業・修了式、国家や各種団体等の公の記念式、表彰式などいろいろありますが、ここでは公的な式典について述べてみましょう。式典に共通する順序は、①一同着席、②開会の辞、③経過報告、④来賓祝辞、⑤証書授与、⑥答詞（答辞）、謝詞（謝辞）、⑦閉会の辞、の順です。

参列時の服装は、定められた制服があればそれを用いますが、普通の礼装でよく、式典の厳粛さを害さない範囲で自由に考えてよいでしょう。式典は参列するというところに意義があるのです。

1　いろいろな証書授受の作法

証書には官公庁、諸会社などで授与する辞令、表彰状、学校の卒業証書、修了証書などがあり、一定の式典によって授受が行われます。

辞令の受け方

辞令が折りたたんで渡される場合、辞令を授ける人の前方一メートルくらいの所で止まり、敬礼をします。少し上体を屈め二歩ほど進み、右手で右側の中ほどを持ち、左手で左側の中ほどを持ち、慎んだ姿勢で二歩下がり足をそろえ、おしいただき、三つ折りなら右手で表を開き、残りを左手で開き、辞令を改めます。目を通し、姓名、職務、等級など重要なところに間違いないことを確かめて閉じます。右手を辞令の上端字頭のほうに移し、敬礼して上座に回って帰ります。

表彰状・卒業証書などの受け方

表彰状は一枚を一人に渡しますが、卒業証書、修了証書などは総代に全員のものを渡す場合もあります。証書は辞令のように中を改めないでそのまま受け取って下がります。

1　式場に来賓がいる場合は、その末席の所まで進んで止まり、足をそろえて敬礼します。

卒業証書の受け方(1)

2　再び進出して授与者の前方一メートル手前で止まって敬礼をします。

3　下座のほうの足から二、三歩進み出て右手で右側中ほどを持ち、次に左手で左側の中ほどを持ち、両手で証書を受け上体は慎んだ姿勢のまま上座の足から二、三歩下がり、授与者に注目して証書を持った形を崩さないようにしておしいただき敬礼をします。

4　来賓に一礼をし、右手に証書を持ち上座に回って帰ります。

5　現代は壇上の中央に授与者、向かって右側に来賓、左側に指導いただいた諸先生

卒業証書の受け方(2)

が臨席している場合が多くみられます。この場合、証書をいただく前の敬礼は、諸先生（左）、来賓（右）、授与者（正面）の順でします。授与された後は授与者、来賓、諸先生の順で敬礼をし、上座回りで帰るのが古式からの作法です。

卒業証書を受けるときの姿勢

総代が証書を受ける場合には、そのほかの者は、自分が受けるのと同じ気持ちで、総代が席を離れたら起立して、その動作に合わせて敬礼します。

答詞（答辞）・謝詞（謝辞）の開き方、読み方、閉じ方

卒業や修了など学習には答詞を、高価な記念品をもらう式など恩恵的なものには謝詞を述べます。

どちらも一般的には奉書に書き、上包みをかけます。読み方の作法は同じです。

1　持ち方は普通右手で持ちます。字頭を下げないよう気をつけて持ちます。和服礼装の場合は、表面が身につくように斜めに懐に入れ、上包みは半分くらい外に見えるようにします。来賓の手前で止まり一礼をします。

答詞の持ち方

2　さらに進んで答詞を受ける人の正面一メートルくらい手前に止まります。受ける人に敬礼をします。

3　二歩進んで、上半身を少し下座のほうに向けて答詞を開き、右手で右端一枚を開き、左手で一折り一折り左に開いてゆきます。右手は右端の中ほどを持っています。上包みがある場合は左手にのせ、右手で上下の端を開き、その上に巻いた答詞を重ね、次にその巻物の一折りを右に開いて上包みに重ね、一折りずつ開き、最後に左端の中央を持ちます（上包みはいったん懐に入れる場合もあります）。

4　正面に向き答詞をみぞおちの高さくらいに持ち、顔が隠れないようにしてゆっくりと読み上げます。最後の自分の姓名は一段声を落として読むのが礼儀です。

5　読み終わったら少し下座のほうに上半身だけ向けて、これを巻き、巻いたものをいったん左手にすえ、その上に上包みを仮置きして開き、中に入れます。

6　答詞は右手に持つか、懐中するか、時計回しに字頭を自分に向け、答詞を受ける人に渡す場合もあります。二歩下がり、答詞を受ける人に注目して一礼し、来賓席に一礼をし、自席に下がります。

答詞も謝詞も書いたものを読むのが普通ですが、口頭で述べる場合もあります。

第七章　年中行事

四季の移り変わりが美しい日本は、一年を通じてさまざまな年中行事があります。それらの多くは生活と結びついた豊作祈願や厄除《やくよ》けの願いから生まれた生きる知恵でもあり、一概に古いものはいやだとか、迷信だとかいって見過ごすことはできない面もあります。

幼いころ経験した季節や、季節のこうした行事や祝い事は、成長してからも心の安らぎとなり郷愁へとつながるものです。

一月の行事

1　正月

正月は中国から伝わった言葉で、周の時代は十一月を正月といって、王朝が交代すると暦も一変したために、時代が下って一月を正月というようになったのです。この月を正月というか一月というべきか議論がされていましたが、一般に一月といっています。

正月の日本古来の呼び名はムツキ（睦月）といいます。すでに『日本書紀』にも一月が睦月《むつき》となって表れています。また古書には「正月をむつきと申侍るは、しる人なるは、たかひに行かよひて、いよいよしたしみむつぶるわざを、しけるによりて、此月をむつびづきと名づけ、それを略してむつきと云也」とあります。つまり「睦《むつ》み月」仲よくする月の意味です。もともとは一月十五日（小正月）を中心として数々の行事が行われていたようですが、唐のころ定められた朔旦《さくじつ》正月が輸入され、公式の行事に取り入れられ、徐々に一月一日を元旦とする現在の正月に変化したようです。日本の正月がわかりにくいのはそのためで、大正月（一月一日）、七日正月、（七草粥《ななくさがゆ》を祝う）、小正月（十五日小豆粥《あずきがゆ》を祝う）、二十日正月といった呼称があり、新暦（太陽暦）、旧暦（太陰暦）の正月があり、地方によってそれぞれの正月を祝う風習があります。鏡開きや門松払いの日が地方によって六日、七日、十一日、十四日というように違うのも、正月の日がもともとばらばらだったからでしょう。

新年とは年の始めのことで「新玉《あらたま》の年」ともいい、旧暦では新年と春がほとんど同時に来たので「新春」ともいいます。また元旦とは「一月一日」の称で一年の最初の第一日をいいます。

正月は、本来、歳神様《としがみさま》を祭り、新たな年の農作を祈るものでした。秋の収穫期を終え、次の播種期《はんしゅき》に入る中間にこうした行事を持ったのであり、代表的な休暇期間でした。普段も雨が降って仕事ができなかったりすると「雨降り正月」といって楽しく休みを過ごしていたようです。素朴な信仰から生まれた正月行事に、楽しみを求める人々の心が加わって、現在のような正月行事に発展してきました。

小笠原惣領家の伝書に「正月朔日一日を元三《がんさん》ということは、年の初め、月の初め、日の初め、かくのごとき儀をもって三つの元というなり」とあり、三が日とも称しました。

また、正月の期間については、「五カ日ということは、一日、二日、三日、七日、十五日なり」とあります。正月三日までが行事の中心で、七日は人日《じんじつ》の節供《せっく》あるいは七草の節供といって、一年の節供の始まりの日でもあり、男正月ともいいます。

(1) 正月の飾り物

門松

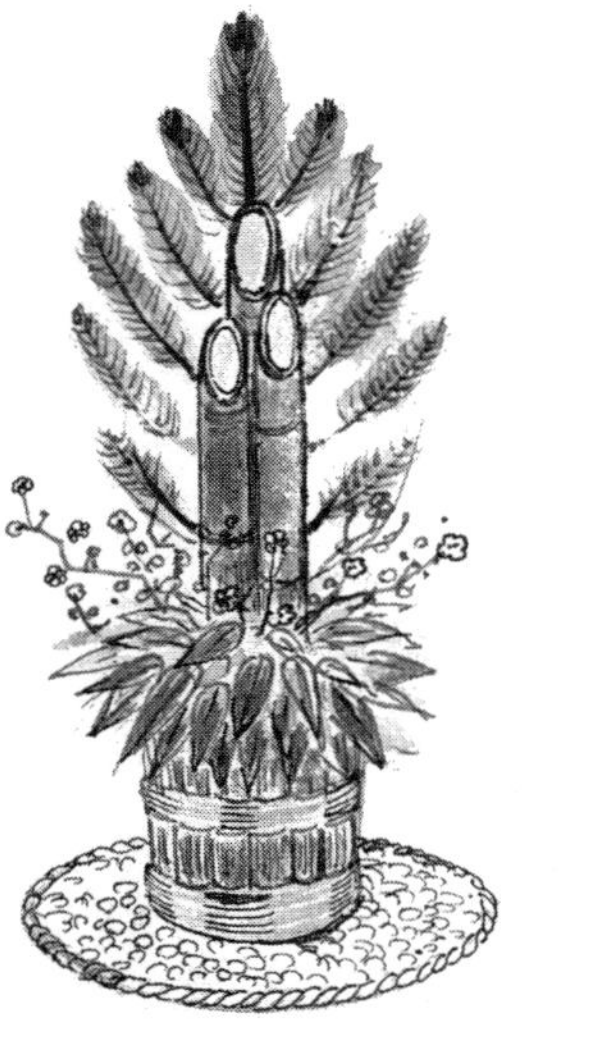

本格的な門松

起源は、天照大神（遠く神代の神話上の神）が天の岩戸にお隠れになったとき、榊《さかき》を立てた故事から出たといわれ、門松には、松・竹・梅の小枝、さらに注連縄《しめなわ》や注連飾《しめかざ》りを用いるのが正式で、奈良時代から始まったといわれます。松は祭木《まつりぎ》といって、千年変わらぬ常《とこしえ》に緑のめでたい樹とされ、イザナギ・イザナミの両神にかたどったものとして、男松・女松の一対、竹は直《す》ぐなる心を尊び、タケノコで増えるので、子孫繁栄、長寿、家運繁盛の意、梅は霜雪をしのいで咲く気品を愛《め》でる花で、君子の徳の表現、これを飾ることによって家族の多幸、長寿、繁栄を祝うのです。門松を立てることにより、歳神（正月神）の宿り場所として迎える祭なのです。

飾りつけは十二月二十八日あるいは三十日が多いようです。二十九日は「苦立て」や「苦待」につながるといい、三十一日は「一夜飾り」といって昔から飾るのを嫌う風習があります。一月七日の朝までに取り払い、この期間を「松の内」と呼んでいます。

平安時代頃から特に松がめでたい木として尊ばれ、後に斜めに切った竹も加えられるようになったようです。本格的な飾り方は一丈（約三メートル）あまりの松を芯《しん》にして、三本、五本または七本の葉つきの竹を添えて新縄《あらなわ》で三か所を三すじ（貴神三）、五すじ（地神五）、七すじ（皇祖天神七）と神々の数になぞらえて、七五三《しめ》に結び、裾《すそ》に松の割薪（二つ割）を並べて縄で巻き上げ、周りに清砂を盛って太い綱を輪形に置いて囲みます。このようにたいそうなものは材料をそろえるのも大変ですし、作ってくれる職人さんも少なくなり、一般家庭では見かけなくなりました。

現在では簡単な立て方として、根引き松または甲申松《こうしんまつ》の中央を奉書紙で包み、水引で結びます。また、そこに生花用の松・竹・千両

略式の門松 1

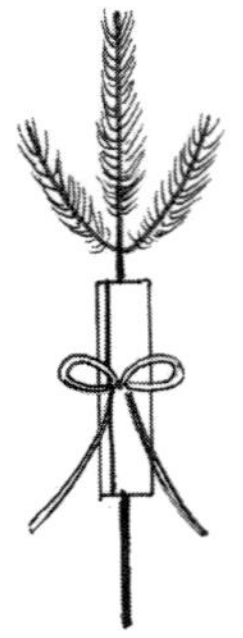

略式の門松 2

等めでたいものを添えたりもします。一般的には甲申松に輪飾り（注連飾りの簡単なもので、輪の下に四手や裏白、譲り葉などをつけたもの）をつけ、外から見て左に男松、右に女松を立て、歳神様を待ちます。

注連縄《しめなわ》（七五三縄とあて字で書くこともあります）

注連縄は神が鎮座される神聖で清浄な区域である所を示し、人間界との境とするために張りめぐらされるもので、邪鬼を祓《はら》い、穢《けが》れを避ける意でもあります。

門の両脇に門松を立て、門の上に注連縄をつけるのが丁寧なやり方です。玄関口に注連縄を張るのは、穢れを避け、邪神が入り込まないようにという意味が込められています。

注連飾《しめかざ》りのいろいろ

注連飾りは、神祭を行う清浄な場所であることを示すものです。

神代の昔、天照大神《あまてらすおおみのかみ》は弟の素盞嗚尊《すさのおのみこと》の乱暴に怒って、天の岩戸にお隠れになると、たちまちこの世は闇《やみ》となり、困った八百万《やおよろず》（数多い）の神々が一計をめぐらし、岩戸の前で歌い舞って大いに笑ったところ、何事だろうと天照大神が岩戸を少し開きました。そこですかさず手力男命《てじからおのみこと》が岩戸を引き開けて、天照大神を連れ出したので、再びこの世は明るくなり、そこで天児屋命《あめのこやねのみこと》と太玉命《ふとだまのみこと》が、「もう岩戸にお入りになってはいけません」と、しめくくりなわを張ったのが注連飾りの始めとされています。そのときあまり急いだので、わらの尻を断ち切らないで垂れ下げたままにしたとも伝えられています。

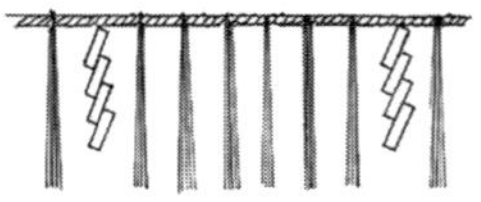

注連縄

大根注連

ごぼう注連

注連飾りには、注連縄、大根注連《じめ》、ごぼう注連《じめ》、輪飾りなどの種類があります。

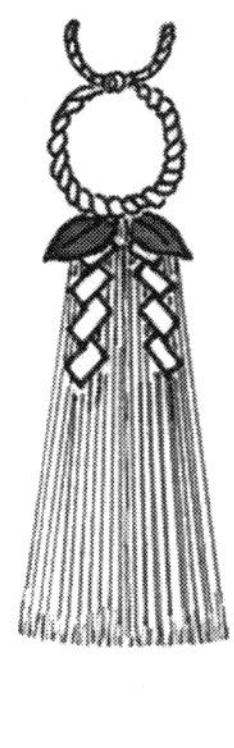

輪飾り

輪飾りは、注連飾りを簡略したもので小さな注連縄を輪にして、裏白、譲り葉、四垂《しで》などを組み合わせます。

玉飾り

注連縄を輪に結んだもので、歳神様を迎える気持ちと収穫物を供えて新しい年の豊作を祈る心が込められています。

新《にい》わらを使うのは、古い年の不浄を祓《はら》い清める意味です。歯朶《しだ》は裏白、穂長《ほなが》などといって、歯は齢《よわい》、朶《だ》は枝で長寿を意味します。裏の白いほうを飾るのは、潔白と白髪になるまで長命の意を重ねたものです。橙《だいだい》は代々家系が繁栄し、家運の偉大に続くことを願って、譲り葉は一名親子草とも書き、長く子孫に福を譲り、家系も絶やさないで譲られていく意を、干柿は嘉来《かき》、または万物を「かき集める」の意で、いずれも幸運の来る意を、また注連縄に炭を用いたりするのは炭頭《すみがしら》という古文の意から頭を司るという意味です。さらに不老長寿を象徴する伊勢海老などの縁起物をあしらい、歳神様を迎える清浄な場所であることを示すために、玄関の正面や神棚の前に飾ります。

玉飾り

(2) 床の間の正月飾り

床飾りは行事としての正月の飾りと、五節供の一つである人日《じんじつ》の節供の床飾りとがあります。掛け物は正月にふさわしいめでたい字句や図柄を掛けます。

もし先祖の方々の書かれた書画があれば、年の始めに先祖を偲《しの》ぶ意味で意義深い掛け物といえます。

お正月の花

五葉松（不老）、ばら（長寿）、鉄砲百合（夫婦《めおと》の鶴に見立てる）とを取り合わせ、不老長寿を表す生け方や、松竹梅に水仙、雪柳《ゆきやなぎ》、千両、椿、菊などを組み合わせたり、三が日を松・竹・梅の順で生けたり「結び柳」などを正月の祝い花として飾ったりします。花器は唐金や青磁、染めつけなどの格調高いものを選びます。

鏡餅

略式の鏡餅

鏡餅がお正月の飾り物として一般に普及したのは、室町時代以後、床の間のある建築様式が発展してからで、宮中で用いられていた歯固めの餅が鏡餅の始まりではないかといわれています。これは硬い餅などを食べて天皇の長寿と健康を祝う行事でしたが、平安時代以後、この行事は公卿《くぎょう》の間に広まり、子どもの頭に餅をのせて成長を祝う「戴餅《いただきもちい》」の形になりました。

今でも地方によって、家族の一人一人に小さな鏡餅を供えるのはこの名残といえます。

戴餅とは平安時代、公家の間で、主として正月一日から三日間、幼児の前途を祝福し、寿詞《じゅし》を唱えて幼児の頭上に餅を戴《いただ》かせる儀式で、男児七歳、女児五歳まで行われました。

昔の鏡は丸いのが一般的でした。鏡餅とは、その鏡の形をしているところから出た名前です。お正月の飾り物、お供え物としては、中心的な存在です。上を丸く下を平たく中高《なかだか》に、日月にちなんだ大小二つの餅を大型に丸めたものです。

鏡は人の心を映し神霊の宿るものでもあり、人の鑑《かがみ》となるものでもあり、餅は持ちのよい物のことで、これを二つ重ねて、いよいよめでたく祝うのです。

本格的な鏡餅

一般的な床飾りは、三方に奉書紙を敷き、裏白と譲り葉を懐敷として四垂を下げ、その上に一重ね（大小二個）の餅を置き、橙《だいだい》をのせます。松や熨斗《のし》、昆布を添え、伊勢海老は橙を抱かせるようにしてのせ、串柿や穂俵《ほんだわら》などを飾ります。こうでなくてはならないという形式よりも、人々の好みで格好のよいように飾るとよいでしょう。

床の間のない場合はサイドボードの上にお正月らしい扇を広げて、その前に小さな鏡餅を供えたり、下駄箱の上にお盆にのせた鏡餅を置き新年らしい絵を飾るなどして、略式の鏡餅の飾り方でも改まったおめでたい雰囲気を演出できます。

昆布…昆布は和名を広布《ひろめ》といい、広くなる意味から、家の発展と「喜ぶ」の意を重ねています。

海老《えび》…海老の中でも形が大きく立派な伊勢海老です。伊勢海老は威勢のよいこと、海老に似て腰が曲がるほど年を重ねるよう、長寿の老人になぞらえ、縁起を祝い注連飾りにつけたり、お供えに飾ったりします。

勝栗…勝来《かちく》に通じており、武士が出陣の際に必ず食べたものです。

穂俵《ほんだわら》…海藻で古来お正月の飾り物、歳神への供え物として多く使われ、実は米俵の形に似ています。

(3) 神棚の飾り方

神棚の飾りつけは、門松と同じくお正月を迎えるのに先駆けて暮れの二十八日か三十日にはすませておきます。飾りつけは一家の主人が行い、神々への礼として家内中の平安を率先してお願いするのがならわしでした。

神棚の上には新しい注連縄か注連飾りを掛け、神棚の中央には天照大神を祭る新しい札を、その右に氏神様、左に初詣でいただいたお札などを安置し、一対の榊《さかき》とお灯明、米、酒、お供え、そのほかの供物を捧げます。

注連縄には七筋、五筋、三筋の藁《わら》を下げます。この藁は下のほうは切らずにそのままにします。その間に紙垂（四手《しで》）を下げますが、この注連縄の代わりに大根注連を飾ることもあります。四手は紙を二枚重ねて図のように折って切ります。注連縄も大根注連《だいこんじめ》も飾るときは向かって右方に元《もと》（綯《な》い始めの太いほう）がくるようにします。

また火を扱う場所（かまど）に荒神様のお札を祭り、台所や水道の蛇口（井戸）、書斎や子ども部屋など、要所要所に飾って辺りを清め歳神様を迎えます。これらの飾りは一月六日に取り外し、ほかのお正月飾りなどと一緒に、氏神様の境内で集めて焚き、悪魔払いをする風習があります。

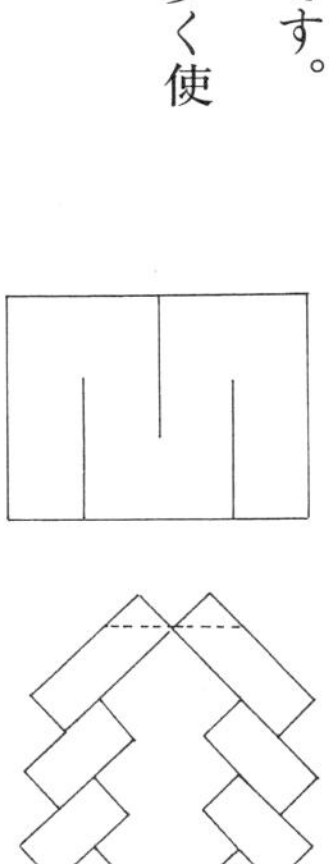
四垂（三刀四下がり）

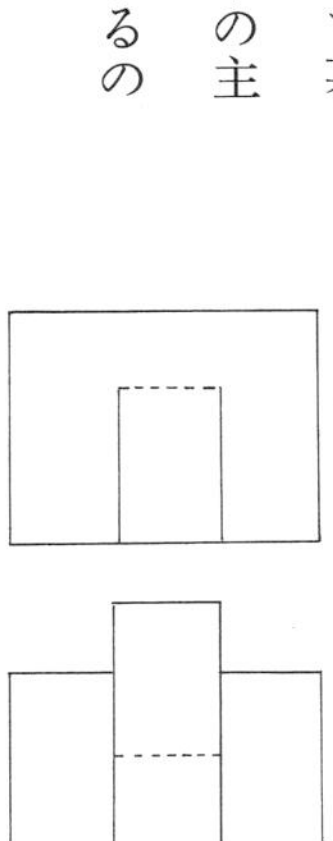
略四垂

若水迎えとお福茶

若水とは元旦に初めて汲《く》む水のことで、水を汲むことは若水迎えといって年男の役目でした。若水は神仏に供え、口をすすいで身を清めます。若水で入れたお福茶は大福茶ともいわれ、煎茶に小梅、結び昆布、大豆（黒豆）、山椒などを入れ、立鶴などのめでたいお茶碗で飲む、縁起を祝うとともに供薬《くやく》の儀として中国から伝わった習慣の一つです。まず口の中の穢《けが》れを清め、心身の邪気を払うためとされ、恵方《えほう》（新年に陰陽道《おんようどう》の思想に基づき、その年の干支《えと》によって定められた吉祥《きっしょう》の方位）に向かって飲むとよいとされています。

お屠蘇《とそ》やお雑煮《ぞうに》の前に一家そろっていただきます。

屠蘇《とそ》（正月の祝い酒）

屠蘇は、鬼気《きき》を屠絶《とぜつ》し、人魂を蘇生させる意で、一年の邪気を祓《はら》い、齢《よわい》を延ばすものとされます。また屠蘇の「蘇」は、中国の悪鬼を表す字で、悪鬼を屠《ほふ》るともいわれ、魏《ぎ》（中国の国名）の名医華陀《かだ》の処方と伝えられます。

小笠原惣領家の古伝書には、この由来を「この起こりは、心皇《じんのう》嵯峨天皇、弘仁年中に始められる」とあり、後の古伝書（當家弓法九草紙膳飾之部）には、足利将軍が正月三が日に服用した薬酒の事が書かれています。

「元旦は屠蘇散《とそさん》、（六種類、去年の疲れを取る）、二日は白散《びゃくさん》（三種類効き目のあるものを調合し一日～三日へのつなぎ）、三日は度《ど》障散《しょうさん》（七種類、味はきついが一年の無病を願って飲む）を紅染めの袋に入れて元旦より三日までに早朝にこれを飲むという。この起源は嵯峨天皇（弘仁年中八一〇～八二三年）に始まり、一人これを飲めば一家に病なし、一家これを飲めば一里に病なし」、とまでいわれています。宮中では典薬頭《てんやくがみ》がこれを奉り、この処方は典薬頭のみの秘伝とされていました。それが足利家に伝わり、足利家では第三代足利義満より、小笠原家でもゆえあって第十二代政康より、これを伝えているとあります。

昔は体内の邪気を払う豊薬として普段も飲んでいたようですが、江戸時代からはもっぱら正月のものとなったようです。もともとは酒だけに浸していましたが、女、子どもにも飲みやすいようにと、いつごろからか味醂《みりん》も入れるようになったようです。

いただくには三つ組みの杯に錫《すず》の銚子を用いるのが正式とされ、一人ひとりが各杯を一回ずつ三度飲み回すのが形式で、目上の者から杯を上から順に取っていただきます（地方によっては年少者からの場合もあるようです）。普通は塗り杯で飲みます。お屠蘇をすすめられたら、飲めなくても受けてまねごとだけでもしましょう。肴《さかな》は喰《く》い積《つ》みから昆布やするめなどを懐紙にいただきます。

（4）御節料理《おせちりょうり》

御節料理は御節供《おせちく》の略で、正月および五節供などに用いる料理でしたが、現在ではおせち料理、または重詰めなどといわれ、正月に用意するごちそうのことをいいます。本来は昆布巻き、人参《にんじん》、ごぼう、大根、蓮根、くわい、いも、焼きどうふ、などの精進物を主とした煮しめが中心という簡素なものでしたが、きんとん、かまぼこ、伊達巻《だてまき》、数の子、なます、こはだの粟漬《あわづ》け、ごまめなど、すべての正月料理を含めておせち料理と呼び、正月料理の代表的なものとなりました。

お年始に見えたお客様に御節料理をすすめる場合、親しい人同士なら食卓に広げて取り箸をつけて自由に取っていただきます。目上の方をもてなす場合は、取り皿に色どりよく取り合わせを考えて盛り、年長者から順にすすめます。お正月に使う箸は折れないで縁起がよいという意味を込めて柳箸を使うのがしきたりです。

調理上の注意としては、三が日もつように味つけはこってりと濃く、汁の出ないように、また形の崩れやすいものは避けます。重詰めの場合には各種とも五味五色を調和よくそろえ、腐敗しやすいものは避けます。

重詰めの詰め方

重箱は本来、四段重で、あとの一重は控え重として使います（五段重の場合）。控え重には、ほかの四つの重に詰める補充の料理を入れてもよく、また椀だねを詰めたり、祝い肴を詰めてもよいでしょう。ですが、客前には出しませんので、控え重の祝い肴は、取り皿によそって屠蘇に添えてすすめます。ほかの四つの重は客前に並べてすすめます。

重箱の上から

一の重…口取り。口取りの内容は地方によって違いがあります。詰め方も、関東では隙間なく詰めますが、関西では裏白を敷き四隅をあけてちらし盛りに詰めます。紅白かまぼこ、伊達巻、かのこきんとん、黒豆、田作り、ぼたんゆり根などです。

二の重…焼き物。四隅に、さわら西京焼き、たいこがね焼き、ぶり照り焼き、きす春風干しなどをよそい（隅取り）、あいた中央に松葉いか、松かさとこぶし、えび、はまぐり等の魚介類にはじかみなどを詰めます（二の重に酢の物、三の重に焼物、与の重に煮物とする場合もあります）。

三の重…煮物（関東では酢味のものと祝い肴を詰めます）。里いも、ごぼう、梅にんじん、蓮根、亀甲《きっこう》しいたけ、たけのこ、絹さや、高野豆腐などを段取りに詰めます。

与の重…酢の物（三の重の詰め方によって酢の物類になります）。こはだの粟漬け、紅白なます、酢れんこん、菊花かぶ、菊だこなど桝《ます》詰《づ》めなどによそいます。

詰め方には古くは一つの約束があり、市松（細かいものの詰め方）、七宝・八方（中心を中央に置き、周りに各種を詰める）、段取り（または段詰めといって、段々に詰める）、桝詰め（斜め中央に一種を詰め、両側にほかの料理を詰める）などがありますが、いずれも美しく詰めるためです。今日では二段または三段重など簡単な形式が多くなりましたが、この約束事を基に、二重分を一重に詰めればよいのです。味やにおいの移りやすいものは、葉らんや銀紙などの仕切りをして、美しく詰めればよいのです。

縁起ものおせち料理

黒豆…まめに忠実に働き、まめ（健康）であるようにと願った語呂合わせです。

きんとん…金団の字をあて、財宝を意味する、めでたいものです。

れんこん…れんこんのたくさんの穴から将来の見通しがきくようにという意味からです。

数の子…にしんの卵で数万の卵があるといわれる卵巣で、子孫繁栄につながることからです。

昆布巻き…昆布が「よろこぶ」に通じる語呂合わせからです。

田作り…五万米《ごまめ》ともいって、五穀豊穣を祈願したものです。

大晦日の夜、箸包みに入れた祝い箸に家族銘々の名を書いたものやお屠蘇などと一緒に床の間に飾っておきます。

お雑煮《ぞうに》

新年の祝賀に食べる雑煮は、後醍醐天皇の曽孫《そうそん》で良三五という人が、賊難を避けて尾張に住んでいたとき、元旦に神饌として歳神に供えてあった餅、大根、人参を一緒に煮た吸い物を食べたところ、以来運が開けたので、その縁起を祝って毎年食べた習慣が尾張、伊勢に伝わり、さらに全国的に広まって今日の贅沢なものになったといわれています。神人共食の考えから出ていることは明らかで、祝い椀は新しいものを調え、箸も雑煮箸といって柳で作った白木の丸箸を用います。

雑煮は、室町時代に始まり、元禄時代から盛んになり、大きく分け、関東（中国・九州地方の一部にも）はすまし仕立てに切り餅を入れ、関西ではみそ仕立てに丸餅を入れることが多く、餅の吸い物であることは一致しているようです。めでたい意味のものをいろいろ入れた汁の中へ餅を入れて食べ、長持ちするように、の意味のようです。

（5）年始まわりの仕方と受け方

現在のような年賀が習慣として定着したのは江戸時代のことで、朝廷で元旦に天皇へ貢物をする習慣が庶民の生活に取り入れられたものです。

年賀を受けたほうでも正式に供応するのが本来だったのですが「門礼」といって、年賀の客が見えたときは、なるべく主人か主婦が玄関に出て答礼します。また、取り次ぎの方が出られたら、しかるべく年始の挨拶を述べて名刺を差し出し、お祝いの心持ちを伝えてもらいます。

名刺受けが玄関に出されており、年賀の客もわざわざ上がり込む必要のない人は、名刺を入れるだけで帰って差し支えありませんでした。そのために他人の名刺をことづかって代理を務めるような虚礼も往々として行われるようになり、礼の精神を失い虚礼に陥りやすいことが察せられ、最近は見かけなくなりました。

礼儀というものは時代によって変わるものですから、年始まわりにしても、訪問する相手に合わせる心遣いさえあれば、それほどしきたりにこだわることはないのです。

年始まわりは、何日に伺ったらよいものか迷いますが、元旦の一日くらいはのんびり過ごしたいのが人情ではないでしょうか。年越しそばを食べ、除夜の鐘を聞いて、遅く休んだ翌朝に客を迎えるのはなかなかつらいことです。二日と三日を年始まわりにあて、松の内までにはすませるようにしたほうが、訪ねる側にしても訪問される側にしても気遣いの面も含めて合理的だと思います。

古くは年始まわりといえば、日頃お世話になっている人に、手ぬぐいや半紙などを持って玄関先で挨拶をすませて帰ってくるものでしたが、今では菓子折り程度を「お年賀代わりに」と届ける場合もあります。

賀客が親しい間柄の場合は部屋にお通しします。重詰めのおせち料理をお皿に取り、まず屠蘇三献をすすめて祝います。

三献というのは、三つ重ねの盃で、上から順に三杯いただくのですが、上の盃だけに三度ついでいただくのでもよいのです。受ける方は両手で盃を取り上げ、左手に受けて右手を添えていただきます。屠蘇は鼠尾馬尾鼠尾《そびばびそび》でつぐと粗相がなくよいでしょう。屠蘇の後は普通のかん酒をすすめ、雑煮などをお出しします。

賀客は正月早々腰を落ち着けて酔いつぶれるような醜態は避けますし、接待するほうも、お正月だからといってお酒をあまり無理にすすめないことです。

遠方にいる人や一通りの交際の場合には、年賀状をお出ししてこれに代えます。

初詣《はつもうで》

年の初めには、神社やお寺にお参りして一年の無事息災を祈るものです。

一般的には元旦の朝の祝い膳がすんでから、自分の信仰する神社やお寺にお参りし、今年の健康と幸福を祈願します。元旦に限らず十五日頃までにお参りをすれば、十分初詣になります。

また、初詣も恵方《えほう》参りといって、その年の兄弟《えと》（十干・十二支）によって決められた吉方にあたる神社仏閣を選び参詣する恵方詣の習慣もあります。

神社で求めた縁起物は、自宅の神棚等に飾ります。前年のお札類は神社に納めます。

お年玉

お金に限らず、お正月に目下の人や子どもにあげるすべての贈り物をお年玉といいます。すでに室町時代には、男の子には凧《たこ》、儀《ぎ》杖《じょう》（儀式の際に儀仗兵《ぎじょうへい》が用いた装飾的な武器）、振振《ぶりぶり》（八角形の槌《つち》の頭に似た木製の玩具、紐《ひも》をつけ振り回して遊び、また毬杖《ぎっちょう》〈童子の遊戯に使用する毬《まり》を打つ長柄の槌〉のように玉を打ち合う）を魔除けのために年始の飾り物として贈りました。

また、女の子には羽子板、紅箱（お化粧道具を納める箱）などを贈る風習がありました。ですが、本来は歳神様へのお供えを御捻り《おひねり》などにしていただくもの、つまり歳神様からの賜り物をお年玉と呼んでいました。

それがやがて年長から目下へ、身祝（その人の一身上の事柄についての祝い）の品をおすそ分けする意味に変わったようです。

子どもたちはお年玉を楽しみに年賀のお客様を待ち受けるこのごろでは、大人のほうが何かと気を遣います。

よほど親しい間柄の家庭の子どもにならともかく、目上の方の家庭で現金をあげることはよくよく考えてなさるべきで、できたら避けたほうが無難でしょう。

振振

羽子板

2 寒の入り

一月五、六日頃を小寒、寒の入りといいます。それからおよそ一《ひと》月、立春の前日までが寒で、一月中旬頃から二月上旬までが一年中で最も寒い時期にあたります。

年賀状を出せずに十五日を過ごしてしまったときには、寒中見舞いをお出しするとよいでしょう。

3 人日《じんじつ》の節供（一月七日）

一月七日を「人日」と呼ぶようになったいわれは、「正月七日節供始めとすること、一日を鶏（酉）、二日を狗《いぬ》、三日を猪、四日を羊、五日を牛、六日を馬、七日を人、八日穀これなり。七日は人日《じんじつ》として人の生《な》り初《はじ》めつる日ともいえり。かようの道理により、節供の始めとするなり」と伝書にあります。これは日をいろいろなものにあてはめる中国の漢の時代の発祥を受けたものです。

　小笠原惣領家に残る古い伝書を見ますと、「五節供のこと、諸悪鬼の日なり、故に祝言をなし、その厄《やく》を脱《のが》れるといえり」とあり、節供は悪い日で、悪日だからこそ不浄を清め、忌み慎んで、神に供え物をして穢《けが》れを去り、災忌を逃れるために供養するのだという禊《みそぎ》の日だったと書かれています。

　神に捧げる供御《くご》のことを節供《せちく》といい、これが節供《せっく》となったのだと思われます。農耕民族である日本人としての五穀豊穣を祈る豊作祈願や厄除けの願いから生まれたものです。農業技術の進歩もほとんどなく、医療技術などに関しては皆無といっても過言ではないこの時代に、病気や自然の猛威に対して、人々は人間の非力さを痛感していたに違いありません。

　陽暦の一月七日は「人日の節供」または「七草の節供」といって、現在では「七草粥《ななくさがゆ》」を食べる日として知られています。この粥が、神に供える節《せち》にあたるわけで、これを食べることにより邪鬼を祓《はら》い災いを除く祈願を込めます。

　小笠原惣領家の伝書に「この日、七種の草を取り、粥にして食えば、諸病を除くといえり」と説明しています。

　万葉時代から春の七種の菜をあつもの（熱い吸い物）にして食べる風習があり、奈良時代に万病を払い邪気を除こうという祈りを込めて味わったといわれます。

　平安時代になると、七日の七草粥にさきがけ、六日に若菜摘《つ》みに野に出て遊ぶ行事が行われ、宮人たちに人気があったようです。庶民の間では六日の日に乙女たちが野に出て摘んだ七草をまな板の上に載せ、夜通し、七草の囃子《はやし》言葉を「七草なずな、唐土の鳥の日本の土地に渡らぬ先に」と唱えながら若菜をたたいて細かくして、七日の朝、粥の中に入れ、これを食べると、その年は病気にならないといわれています。

　七草を詠んだ代表的な歌に、「せり、なずな、ごぎょう（母子草）、だびらこ、ほとけのざ（おおばこ）、すずな（かぶ）、すずしろ（大根）、これぞ七草」があります。

　現在いわれている七草と比べても「だびらこ」と「はこべら（はこべ）」の違いだけです。

　七日の日に七草粥を食べて胃を休め、冬に不足がちなビタミン類を補うというのは生活の知恵として優れたものだといえます。

4　鏡開き（一月十一日）

鏡開きといって、遠い平安時代の新年の行事の一つとして、年頭に長寿を祝って、大根、押鮎《おしあゆ》などを食べる習慣があり、室町時代から江戸時代になって、武家の行事となりました。鏡開きは、鏡割りともいわれ、昔、武家で具足開きといって、鎧櫃《よろいびつ》に供えて武術の上達を願った餅を下げてお雑煮にして食べたことに倣《なら》い、この日ばかりは、婦人に手をつけさせなかったといいます。昔は二十日（刃《はつ》柄《か》）の行事でしたが、徳川三代将軍家光の忌日にあたるため十一日に改められたともいわれています。

鏡開きというのは、鏡餅を刃物で切ることを忌み、手または槌《つち》で割り開いたことによるといわれ、「切る」という言葉をきらい「開く」とめでたくいいます。武家では鏡餅を小さく切って小豆粥《あずきがゆ》に入

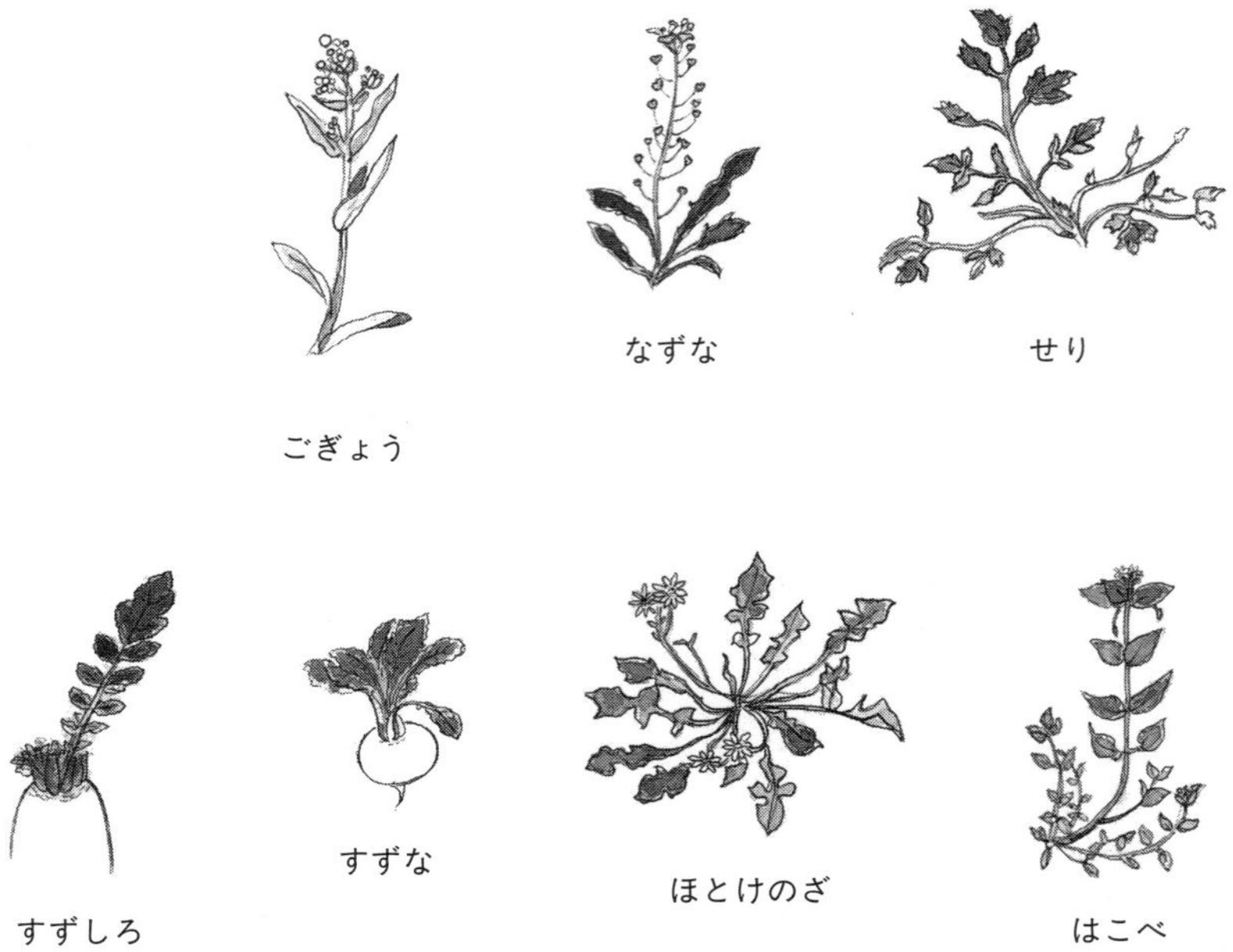

春の七草

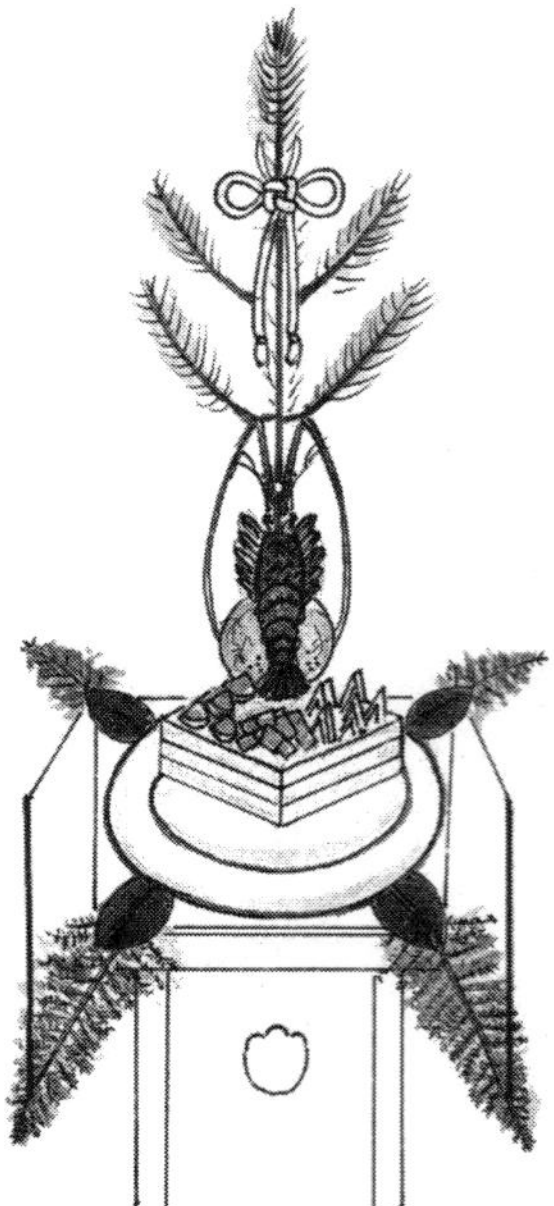
小笠原惣領家に伝わる人日の節供の床飾り

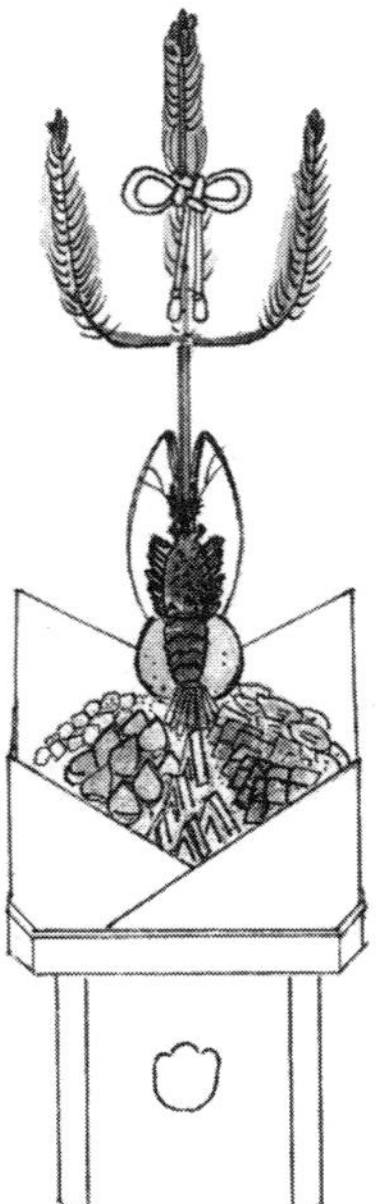
人日の節供の床飾り　食い積み

れて祝ったものです。

鏡開きは、歳神へのお供え物を食べることによって、一家の一年の無病息災《むびょうそくさい》、一家の円満を願い、おしるこ、ぜんざい、雑煮などをこしらえ食べる習わしです。

5 小正月、女正月（一月十五日）

小正月とは、一日を大正月に見立てて、それに対応する名称で、松の内、多忙だった婦人をいたわって休息の日とし、女正月ともいいます。

または十五日粥といって、平安朝時代の宇多天皇の頃から始められ「この粥は小豆粥といって、小豆、大角豆《ささげ》、黍《きび》、粟《あわ》、篁米《みのごめ》（蓑米）、とろろいも、米を混ぜて粥とする」とあり、七種のものを混ぜていましたが、後に小豆だけが残され、現在では小豆と米と餅を入れたものを小豆粥といいます。

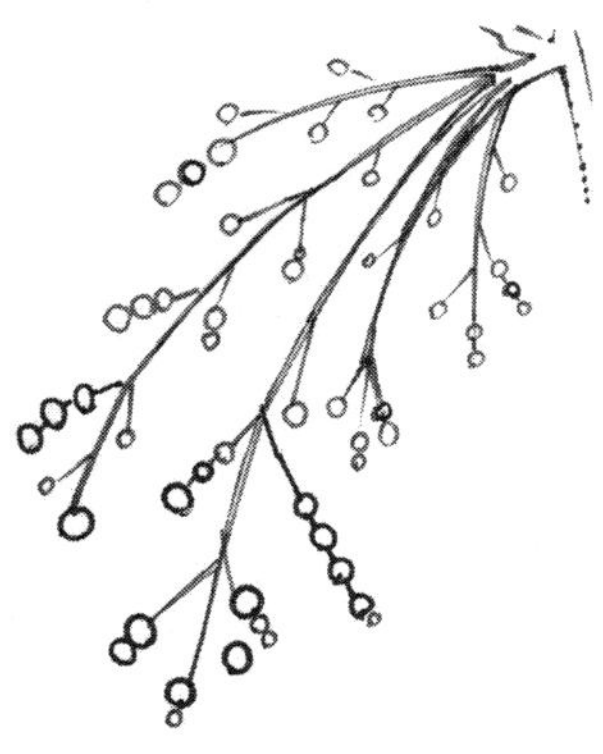

繭　玉

また、花正月といって稲の花を指すともいわれている餅花（小さな紅白の餅）を木の枝や藁《わら》に花か房花のようにいっぱいつけたり、繭玉《まゆだま》といって米の粉のつきたてをちぎって繭のように丸めて山桑やアカメカシワの枝に貫くようにつけ、たれ稲になぞらえたり、蚕《かいこ》の無病息災《むびょうそくさい》を祈る小正月の縁起物です。また柳の枝に菓子類の珠をつけ、宝船、鯛、大判小判などをあしらったものも繭玉といって、神棚から下げたり、臼《うす》にしばりつけ土間に飾りました。

6 どんど焼き、左義長《さぎちょう》（一月十五日）

新年の飾りを取り去って、これを焚《た》くことをいいます。「どんど」とか「左義長」といわれる火祭りで、小正月の行事の一つです。どんど焼きなどと呼ばれ、起源は中国の爆竹行事と日本古来の魂送りのための火祭りの行事の両方がかかわっているようです。

子どもたち（昔は男の子）が家から集めた門松や注連《しめ》飾り、書初めなどを持ち寄って、十五日未明にはやしながら焚き、この日で繭玉の餅やだんごを焼いて食べると風邪《かぜ》をひかないとか、「吉書揚」といって書初めをこの火勢にあおらせて空高く舞い上がらせ、書の上達を祈るという風習もあります。

宮中では左義長といって三本の毬杖《ぎっちょう》（実際には竹）を門松の松とともに組み、吉書《きっしょ》（政治上の文書）や扇子、短冊などを謡いはやしつつ焼いた儀式で、この名があります。

7 成人の日（一月第二月曜日）

国民の祝日。この日までに満二十歳になった青年男女を祝福する日です。大人になったことを自覚し、自ら生き抜こうとする青年を祝い励ます日です。この日、市区町村では公民館そのほかで「成人式」が行われ記念品などが贈られます。

8 二十日正月《はつかしょうがつ》（一月二十日）

正月の終わりの節日という意味で一月二十日を「二十日正月」と呼んでいます。正月料理に使った鰤《ぶり》の頭や骨を酒粕の中に入れ、ごぼう、大根などと煮て、粕汁にして食べることから「骨正月」ともいいます。鰤は小さいときから成長するに従って呼び名を変えるので、出世魚《しゅっせうお》として縁起がよいとして祝うのです。

また地方によっては二十日正月といって、職業の守り神にいろいろな供え物をあげて今年の繁栄を祈り祝う習慣がありましたが、今ではほとんど行われなくなりました。

今日では正月の行事もだんだん省略されてきましたが、新年を寿《ことほ》ぎ、元旦を祝うことは、単に年の始めというほかに、この一年の家内安全、五穀豊穣、商売繁盛を祈願して、一年の最初の日とするものので、日本独特のものとして意義深いものがあります。

9 大寒（一月二十日）
（年によって二十一日のときもあります）

寒には小寒と大寒があり、小寒から二月の節分（寒明け）までの寒の真ん中にあたり、寒さが最も厳しくなります。

二月の行事

二月はキサラギ（如月）といい、記紀《きき》にも出ています。二月はまだ寒さが去らないので、さらに着物を着るという「衣、更着」と、余寒がさらに来るという「気更来」説などがあります。暦の上では春ですが、寒さの厳しい季節です。

1 節分（二月三日）

節分とは立春の前夜のことをいいます。冬の節から春の節への分かれめということで、日本では室町時代の中期から、立春の前夜を節分として、柊《ひいらぎ》の小枝に鰯《いわし》の頭を刺したものを戸口に挟み、豆をまいて邪鬼を払うようになりました。江戸時代になってから「福は内、鬼は外」と唱えるようになったのです。

宇多天皇の時代（八八八〜八九六年）に、鞍馬山の鬼が都へ出てきて困っていました。そこに毘沙門《びしゃもん》様のお告げがあって、七人の博士が祈禱《きとう》をして、鬼の出てくる穴を封じて、三石三斗の豆を投げつけて追い払ったという伝説から豆まきはきています。鬼払いの豆を年齢の数だけ食べる習慣は後になってからのものです。

柊に鰯の頭を刺すのは、平安朝の頃、聞鼻《かくはな》という悪鬼が節分の晩に都へ出てきて女や子どもを取って食ったが、この鬼は鰯の匂いが大嫌いで鰯のある家には入らなかったことからだそうです。そこで鬼よけに鰯を戸口に置き、もしこれを取り除けようとすれば、手にトゲが刺さるように柊の葉をあしらったという伝説です。

鬼遣《おにやらい》や追儺《ついな》といいますが、ともに鬼を追い払うの意で「儺」とは鬼に扮した人のことです。豆まきは一家の主人があたりました。

2　うるう年（二月二十九日）

普通の年は一年が三六五日ですが、うるう年は一日多くなって一年が三六六日になります。

厳密には一年は三六五・二四二二日で、一年を三六五日と暦ですると、〇・二四二二日というのが余り、四回たまると〇・九六八八日となり、これが約一日になるので、四年に一回二月を二十九日に増やすのです。これはグレゴリオ暦といって、世界でいちばん多く使われている太陽暦の暦《こよみ》です。

三月の行事

三月は古来ヤヨイ（弥生）といいます。

1　上巳《じょうし》の節供（三月三日）

三月三日は桃の節供《せっく》、弥生の節供、女の節供などと呼ばれ、雛祭《ひなまつ》りとして大変親しまれています。ですが、正確にはこの日を「上巳の節供」といいます。上巳とは三月のいちばん初めに巡ってきた巳《み》の日をいいます。

中国ではこの日は忌むべき日とされ、人々は水辺に出て禊《みそぎ》を行い、身を清め、お酒を飲んで邪鬼を払う習慣がありました。

日本古来の信仰にも、紙で人の形を作り「形代《かたしろ》（神霊の代わり）」として作った人形《ひとがた》で自分の体を撫《な》でて身の穢《けが》れをその人形に移し（負わせ）、これを水に流す（海や川）ことにより災忌を免れるという「はらえ」という習慣がありました。この風習は今でも「流し雛」として地方に残っています。

平安時代には、小さくて美しい男女の人形を持って、ままごと遊びのように遊ぶ「雛遊び」があり、室町時代には、上巳の節供が三月三日「雛遊《ひいなあそ》びの日」と定められました。

以上の事などが相まって、雛祭りの起源となり、祓《はら》いのための人形が時代とともに華やかな雛人形へと変わっていったのです。

またこの日は桃の節供とも呼ばれ、桃酒や草餅がつきものですが、これについて小笠原惣領家の伝書に「この日草の餅を食うこと、美国にて、周の幽王の時に始まるといえり、幽王の曲水の宴なしたもうとき、ある人草の餅を献ず。この味微妙なり、珍物なりとして宗《そう》廟《びょう》に献ずる。その後天下よく治るといえり」とあり、また「同日桃花を酒に入れて飲めば、百害を除き顔色増すなりといえり」と記されています。桃は古くから邪気を払う仙木と考えられており、桃の花びらをお酒に入れて飲むと、百害を除き顔の色を増すともいわれています。

宮中にはこの日「曲水の宴」といって、曲がりくねった水の流れのほとりに座り、上流から流される杯が自分の前を通り過ぎないうちに歌を詠み、その杯で酒を飲むという大変優雅な行事も古くはありました。中国の禊や日本の祓いの人形《ひとがた》や雛遊びなどが結びついて現在の節供になってきました。

今日のような形式の雛祭りになったのは、江戸時代の初め頃からで、五節供の日は、上役に祝いを言いに行く日と定められていました。大名も例外ではなく、その日は熨斗目《のしめ》長袴《ながばかま》（礼服）で将軍に献上物を奉げ、菓子を賜りました。大奥では雛を飾り、贈り物として、さざえ、蛤《はまぐり》貝、蒸餅、白酒（どろりと濃く甘みのある白い酒）などが届けられました。蛤貝は一組の貝の片方はほかのいかなる貝の片方とも合わないので、夫婦和合と貞操の固い印とされ、婚礼道具にも貝桶《かいおけ》が必ず持参されるほどです。こんなところにも三月三日を女の節供とした由来があるようです。

伝書に「三月三日にはえもぎ餅（よもぎの草餅）の上に桃の花を添えて飾りて出すなり」と床の間の飾り方が記されています。豪華な雛壇飾りのものをと気をくだくより、紙雛に草餅や白酒を添えてあげるだけでも、真心がこもってさえいれば、この節供の本意に叶《かな》うものなのです。

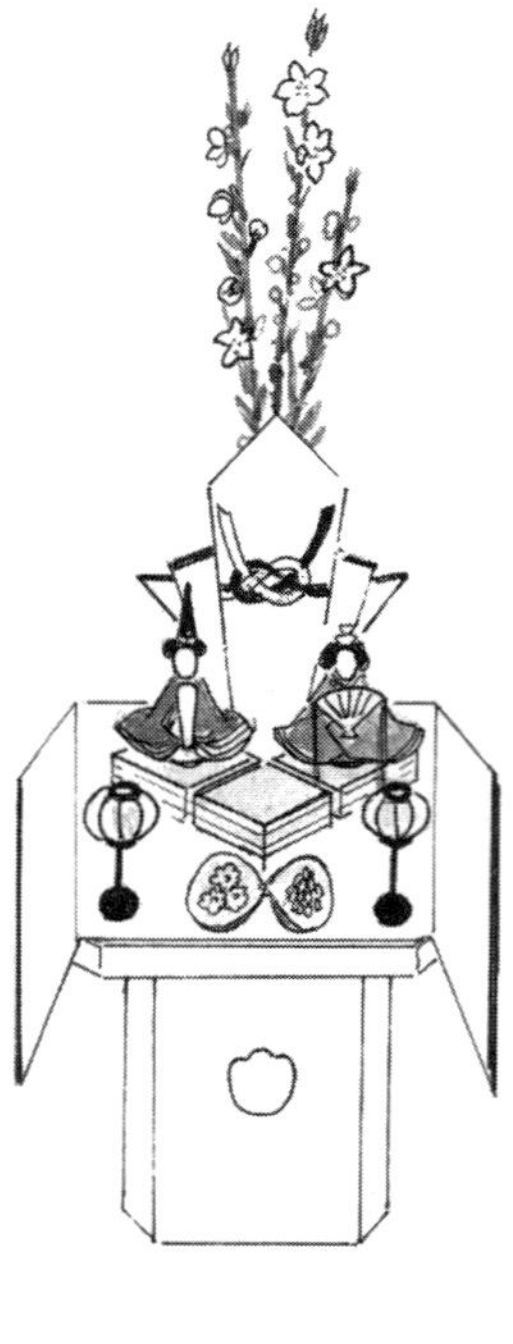

上巳の節供の床飾り

2　初節供（女児、三月三日）

生まれた赤ちゃんが初めて迎える節供を初節供といいます（男の子は端午（五月五日）、女の子は上巳（三月三日）の節供の日になります）。女の子の初節供には近親者からお祝いが贈られます。普通は里から内裏雛《だいりびな》を贈ってもらったものでした。

雛の形も古くは立ち雛でしたが、後に坐雛《すわりびな》となり、雲上人《うんじょうびと》を模した「内裏雛《だいりびな》」になりました。「内裏」とは天皇と皇后の御座所のことですが、これに模した男雛に束帯《そくたい》、女雛に十二単《じゅうにひとえ》を着せました。

古来のしきたりは男雛を右、女雛を左に並べますが、欧米の並び方にならって左右逆に飾るようになりました。だんだんと官女、五人囃子《ばやし》、左大臣、右大臣、三人仕丁《してい》と雛の数も十五人そろい、雛の調度も婚礼の調度を模して、犬張子、貝桶、簞笥《たんす》、長持、鋏箱《はさみばこ》、御厨子《ずし》、黒棚、茶道具など豪奢なものが飾られるようになりました。中でも犬張子は「御伽犬《おとぎいぬ》」ともいって、悪魔を除け、災厄を祓《はら》うものとして、貝桶は蛤貝の和合と貞節の信仰があって、古くから雛の大事な調度になっているものです。雛壇には緋《ひ》もうせんを敷き、桃の花を生け、ぼんぼりに灯《とも》りを灯し、白酒、いり豆、ひし餅などを供えます。

お祝いをいただいた親戚や里方の両親を招待して、手作りのおすしや白酒をくみ交わし、ご馳走をいただいて、初節供の赤ちゃんの前途を祝います。招待しない場合にはお赤飯などを配るのもよいかもしれません。

お雛様は節供の二日くらい前に飾り、お節供の日から七日間飾っておきます。しまうときは、お天気のよい日に羽ばたきでよくほこりを払って、柔らかい和紙で包み、防虫剤を箱の中に入れ、湿気のない場所にしまうようにします。

3　啓蟄《けいちつ》（三月五日）

二十四節気の一つです。啓蟄は冬眠していた虫（蟄虫）が、陽気が暖かくなるにつれて穴からはい出る意です。

4　彼岸入り（三月十七日、年により十八日もあります）

春分の日を中心とする七日間が彼岸です。正しくは彼岸会《ひがんえ》といいます。春分の日は彼岸の中日ともいって、だんごやぼたもち等を作って仏に供養し、祖霊を祭り、寺詣り、墓参りを行います。

彼岸とは彼方の岸「対岸」ということで、現世の煩悩《ぼんのう》、迷える此《し》岸《がん》（こちらを岸とし）を離れ、解脱起越（涅槃《ねはん》）、悟《さと》りを開いた世界に到着する意味です。

仏教では西方浄土といって、弥陀《みだ》のいる極楽浄土は真西にあるとされます。ちょうどこの日は太陽が真西に沈むので弥陀の在所がありありと見え、衆生《しゅじょう》に弥陀の対所を正しく示し、往生の本願を遂げさせるため営むようになったといわれます。

一説によると大阪の四天王寺の西門に聖徳太子自筆といわれる「釈迦如来輪処、当極楽土東門中心」の額があり、この西門が極楽の東に対しているので、彼岸には日没の光がこの華表《とりい》を照らします。彼岸の中日に夕日が沈むのを西の門から拝んでいると信心深い者には極楽が見えるといわれ、この日参詣客が集まって落日を拝む風習ができました。悟りを開き、往生の本願を遂げさせるための仏事、彼岸会《ひがんえ》の始まりといいます。

彼岸とは仏語で煩悩を解脱した境地をいいます。彼岸に達するには、専心仏道に精進しなければなりません。出家はともかく、在家の人はある期間だけでも彼岸を求めようとしたのでしょう。お彼岸は亡き人の霊を偲《しの》び、安らかに成仏《じょうぶつ》していることを願うためのものです。

このときとばかりお墓参りをするだけではなく、家族や親族が集まり故人の思い出話などをすることにより、初めてお彼岸の意味が通じるのではないでしょうか。

5 春分の日（三月二十日、年により二十一日もあります）

春分とは二十四節気の一つで太陽の中心が春分点（赤道と黄道とが交わる二つの点の一つで、太陽が南から北に向かって赤道を通過する点）の上に来たときをいい、昼夜の時間が等しく、太陽は真東から上がって真西に沈みます。これからだんだんと暖かさを増し、昼が長く、夜が短くなってゆくので、季節の変わり目としても関心を持たれています。

四月の行事

四月は古来ウヅキ（卯月）といいます。「波流花《うのはな》さかりにひらくる故にうのはな月と云ふ、又略して卯月と云ふ」と古書にあります。卯の花はうつぎの花のことで、初夏に白い花を開き、『古事記』『日本書紀』『万葉集』などに早くから使われています。

1 更衣《ころもがえ》（四月一日）

中古（平安時代を中心とした時期）、宮中では四月一日、十月一日を更衣の日とし、四月には冬装束を夏装束に替え、十月には冬装束に改めました。衣装以外の御殿の調度類も季節に応じたものに改めました。それが現在にも伝わっています。

2 灌仏会《かんぶつえ》（花まつり）（四月八日）

仏生会《ぶつしょうえ》、竜華会《りゅうげえ》ともいって、仏教の開祖釈迦の誕生日にあたっての法会《ほうえ》です。

父はヒマラヤ山の麓シャカ族に属する迦毘羅《かびら》城主、浄飯王《じょうぼんのう》。母は麻耶《まや》夫人。インドの習慣に従って出産のため生家に帰る途中、藍《る》毘《び》尼《に》園の無憂樹の下にたたずんだとき、にわかに産気づいて釈尊を生みました。姓はゴータマ、名はシャダルタです。

伝説によると、生まれてすぐ七歩歩み、両手をもって天と地を指し、「天上天下唯我独尊《ゆいがどくそん》」と叫んだといい、このとき八大竜王は歓喜のあまり甘路の雨を降らして沐浴させたといいます。

陽暦の四月八日はちょうど桜花の盛りであるところから、仏生会を「花まつり」ともいいます。潅仏のために諸寺では「花御堂」を設け、四本柱の四阿《あずまや》のような小さな御堂で、屋根はいろいろの花で美しく葺《ふ》かれ、堂の中には水盤（浴仏盆）を置き、その中央に釈迦の立像を安置して甘茶をたたえ、柄杓《ひしゃく》を置き、参詣人は御像に甘茶をそそがしめます。甘茶は潅木の葉を乾燥したものの煮汁です。御像にそそぐほか参詣人にも接待します。

3 穀雨《こくう》（四月二十一日）

中国の二十四節気の一つです。中国では立春（二月四日頃）からこの穀雨の終わりまでを春の季節としており、これが過ぎるといよいよ夏に入ります。穀雨は、百穀を潤し芽を出させる春雨です。

五月の行事

五月は古来サツキ（皐月）といいます。「五月は農人方に苗を挿む故事に早苗月と云ふ。今略して早月《さつき》と云ふ」と古書にあります。

空高くさつき晴れで、したたるような地上の緑の季節です。

1 端午の節供・こどもの日（五月五日）

国民の祝日。菖蒲《しょうぶ》の節供、男児の節供ともいいます。小笠原惣領家の伝書に「五月五日は端午という、初めて五月五日の遊宴をなすとき日、午の日にあたれり、これによって端午という」と記されています。端午とは、五月のいちばん初めに巡ってきた午《うま》の日をいいます。古くは五月忌《さつきい》といって、田の神を迎えるためにこの時期は禁欲し、斎戒《さいかい》（食欲、動作を慎んで、心身を清める）する習慣がありました。

この日には粽《ちまき》や菖蒲なども登場しますが、これらについての記実も伝書に見られます。

「この日粽を食うこと、昔、高辛氏《こうしん》の悪子五月五日に舟に乗りて暴風に遭いて海に沈む。小神（鬼のこと）となり常に人をなやます。ある人色の糸もて芽巻（粽）をして海中に入れしかば、五色の蛟《こう》龍《りゅう》（天に昇る竜）となる。それより人をなやまさずという」

また、伝書には、「この日、和朝は、天皇武徳殿に出御ありて、宴会あり、群臣に薬酒（菖蒲酒）を賜るとなり、人々皆あやめの蔓《つる》をかく、また五色の糸を用い、臂《ひじ》に掛くれば悪鬼を除くともいえり、後に騎射《うまゆみ》ありしとなり、推古天皇の御宇《ぎょう》より始まるとなり、途中絶うという」とあります。五色の糸とは薬玉《くすだま》のことで、香料を入れた絹袋に菖蒲などの薬草を添えて五色の糸をつけて垂らしたものです。これが後に鯉のぼりの飾りとなり、中国の戦国時代の屈原《くつげん》の大鯉の伝説と相まって鯉のぼりになったといわれます。

聖武天皇（第四十五代）の時代には「今後菖蒲鬘《かずら》を非ざる者は宮中に入るべからず」という触れまで出るくらいでした。これは菖蒲に邪鬼を払う霊力があるとされていたからです。このようなことから、端午には菖蒲を飾り、粽を供えるわけです。

旧暦の五月ですから、現在の六月で雨期（梅雨）にあたり、じめじめして憂鬱な日が続きます。昔のことですから食べ物も腐りやすく、人も病気にかかりやすい時期だったのでしょう。食べ物は粽《ちまき》（茅《かや》の葉で巻くことから起こった名）や若葉が生えないと古い葉が落ちないことから、家の後継者が絶えないという縁起ものの柏《かしわ》の葉で包むことにより、腐敗をも防いだ柏餅や邪鬼を祓《はら》うといわれる菖蒲を入れた菖蒲酒を飲み、菖蒲の葉を浮かべた菖蒲湯に入り、身を清め健康を願いました。またこの季節は田植えの季節でもあり、苗の育ちがよくなるよう豊作であるようにという願いも込められています。

現在では男の節供とされていますが、これは江戸時代に入ってからのことで、「菖蒲《しょうぶ》」の韻が「尚武《しょうぶ》」に通ずることから、「武士」すなわち「男の節供」とされ、武者人形が飾られるようになったのです。武家ではこの日、家紋の入った昇り旗や陣中の吹き流しなどを立てていました。それが後に鯉のぼりに変化していきました。鯉は竜門の滝を登って竜になるという言い伝えが中国にあり、威勢のよい魚であることから、子供の成長も鯉のたくましさにあやかり、強くたくましく育つようにという願いが込められているのです。

騎射《うまゆみ》も後に端午の流鏑馬《やぶさめ》などの基となり、ひいては凧《たこ》あげや兜《かぶと》飾り、武者人形となって、江戸時代には端午の節供が男の節供として定着しました。菖蒲とよもぎを屋根に載せたり、門口に飾る習慣は邪気を払うためでもありましたが、農民の間では農作物を荒らす害虫を追い払う意味もありました。

五月人形の飾り方に定まった決まりはありませんが、一般的には、後ろに幕か屏風《びょうぶ》を立て、鎧《よろい》か兜を中心に陣笠《じんかさ》や軍扇《ぐんせん》を飾り、左右に弓と太刀、座敷幟《ざしきのぼり》（鯉幟《こいのぼり》と吹き流し）を置きます。正面に菖蒲酒、粽《ちまき》、柏餅などを三方に供えます。兜の代わりに人形を中心とすることもあります。

端午の床飾りは「五月五日には、粽の上に菖蒲を置き熨斗《のし》を添えて出すなり」と伝書にあり簡素なものです。現在ならば紙で折った兜を添えて飾るのもよいでしょう。

端午の節供飾り

2 初節供（男児）

生まれた男児が初めて迎える節供で、近親者からはお祝いを贈る習わしがあり、里方からは鎧・兜・鯉のぼりなど、親戚、知人からは武者人形の鍾馗《しょうき》（疫鬼を退け、魔を除くという神。巨眼の髯面《ひげづら》で黒冠をつけ、長靴を履き、右手に剣を取り、小鬼をつかむ）、八幡太郎義家や、桃太郎、金太郎などの人形を贈ります。雛人形ほどの形式はありませんので、一、二品あればよいでしょう。菖蒲の花、菖蒲酒、粽、柏餅などを供えます。お返しは上巳（桃）の節供同様に皆さんを招待してご馳走してお祝いをするか、招待しない場合は粽や柏餅等をお届けして、赤ちゃんの前途を祝います。

3 立夏

二十四節気の一つです。陽暦五月五日、六日頃で、爽快な夏の気《け》色《しき》の立ち始める季節です。晩春初夏というくらい、よい時期です。

4 母の日

五月の第二日曜は、「母の日」として母の愛を称える日で、母に対する感謝の日です。母の日ごろの苦労を感謝し、健康と幸福を願います。

この起源ですが、一九〇七年、米国のメソジスト教会に属するアンナ・ジャービスという少女が、母の命日に日曜学校の友達と一緒に亡き母を偲《しの》ぶ記念会を開きました。そして世の人々にも母の偉大さを伝えようと、ルーズベルトやロックフェラーら有力者たちに呼びかけて、一九〇八年（明治四十一年）アメリカのシアトル市で初めて母の日が開かれました。

5 小満《しょうまん》

二十四節気の一つで、暑くも寒くもなく万物がやや満足する季節という意味で、陽暦二十一日、二十二日頃をいいます。

六月の行事

六月は古来ミナツキ（水無月）といいます。または常夏月《とこなつづき》ともいいます。「農事どもみなしつきたるゆえ、みなしづきといふ。一説には、此月暑《あつさ》烈《はげ》しく、水泉《みずいずみ》滴《したた》り尽くる、故に水無月といふ、などの説あれど……」と古書にあります。

1 芒種《ぼうしゅ》（六月六日）

二十四節気の一つで、「芒種」とは、稲や麦などの芒《のぎ》のある穀物の小根《こね》をいい、ここでは麦を刈って稲を植える時節という意味です。この時期になるといよいよ田植えが始まります。

2 入梅（六月十一日）

中国の二十四節気以外の雑節の一つです。この季節は梅の実の熟する時期にあたるので「梅雨《ばいう》」ともいいます。また一説には黴《かび》が生じやすいときだから「黴雨《ばいう》」とも、また陰暦の五月に降る雨なので「五月雨《さみだれ》」ともいいます。

3 父の日

毎年六月の第三日曜が父の日です。お父様のご苦労や慈《いつく》しみに応える、家庭での感謝の日です。一九一〇年（明治十三年）アメリカワシントン州のジョン・ブルース・ドッド夫人が男女同権の見地から「母の日」に対して父に感謝する行事を行ったのが、この日の始めといわれ、一九三六年（昭和十一年）ニューヨーク「全米父の日委員会」ができてから盛大になりました。日本には戦後「母の日」が行われるようになってから少し遅れて、昭和二十五年頃から普及してきました。母の日にはカーネーションの花をつけますが、父の日はバラの花をつけることになっています。

4 夏至《げし》（六月二十一日）

二十四節気の一つで、太陽が北回帰線の真上に来たときで、最も北に片寄るので、北半球では日射時間（昼）が最も長くなり、北極に近い北寒帯地方では、太陽が地平線下に没することがなく、白夜《びゃくや》という時期です。これと反対に南寒帯では太陽が地平線上に出ることがなく長夜《ちょうや》と呼ばれる現象になります。

七月の行事

七月は古来フツキ、またはフミツキ（文月）といいます。稲の穂が膨らむ月、つまり「穂ふむ月」が転じて「ふむ月」になったともいいます。

1　七夕の節供・七夕祭り（七月七日）

五節供の一つで、織女祭、星祭り、乞巧奠《きこうでん》ともいいます。

牽牛《けんぎゅう》（彦星）と織女《しょくじょ》（織り姫）の伝説に押されて、七夕祭りのことと思われているようですが、この日は陰暦七月七日の節日に供える供御《くご》のことをいうのです。正月の粥《かゆ》、三月の草餅、五月の粽《ちまき》と同様に七月は索餅を主上に献上しました。索餅とは中国の古説に疫病を避けるまじないとして、小麦と米の粉を練って紐《ひも》状にしたものを縄のようによじった菓子のことをいいます。「索麵《そうめん》」はこの索餅に由来したようです。七夕の供御には主にこの「索餅《さくべい》」を献じ、悪鬼を祓《はら》い、神に病気や災いにならないように願ったり、身の穢《けが》れを笹竹や短冊に託して川や海に流し、七夕送りをしたのです。また、織り姫のように機織《はたおり》や裁縫、手芸が巧みになるようにと願い、里芋の葉にたまった朝露で墨をすって、字を書くと上達するといわれています。これらを祈願するわけで、この日を別名「乞巧奠」（技《わざ》が巧《たく》みになることを祈る祭事）といいます。

中国の伝説に、天の河の東に天帝の娘で美麗なる織女がいて、常に機を織って年々に労役し、殊に歓び楽しむということもなかったので、天帝はその独居を憐れんで、天の河の西に在る牽牛を婿《むこ》に取って結婚をさせました。織女は夫の愛におぼれ、絹を織らなくなったので、天帝は大変怒って、二星を天の河を挟んで別居させました。これを鵲《かささぎ》が気の毒がって、一年に一度、この七月七日の夕、羽を広げて橋となって、牽牛と逢うことを許したとあります。

日本の伝説にも「棚機津姫《たなばたつひめ》」（棚機つ女）といって、七夕の夜に機屋に籠もり、機の側で神の降臨を待つ乙女の話があります。翌朝、神が帰るときに人々は禊《みそぎ》を行い、穢《けが》れを神に託して帰っていただくという行事がありました。棚機津姫から「タナバタ」といわれるようになりました。

日本では聖武天皇（七三四年）から行われ、笹竹に五色の色紙、たんざくに「天の川」「七夕姫」や百人一首の歌などを書き、また子供たちの読み書き、手芸などの裁縫技芸の上達（乞巧奠）を七夕さまに祈る風習は江戸時代、寺子屋の行事として盛んになったといわれます。

七夕の床飾りですが、伝書に「七月七日には、瓜のわきに干鮎《ほしあゆ》を

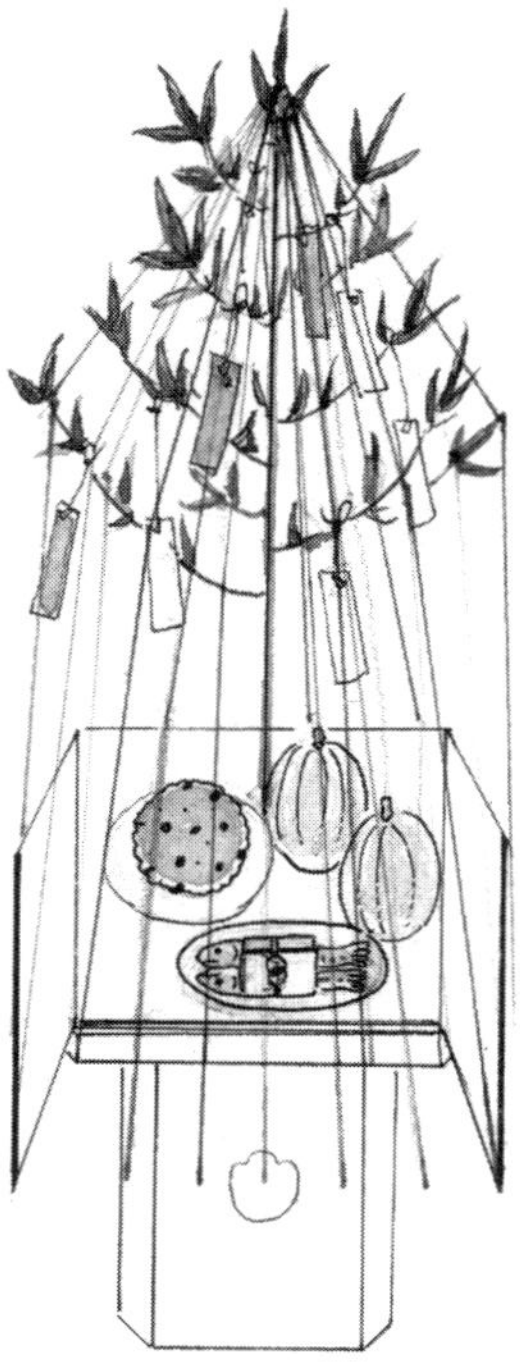

七夕の節供の床飾り

二つ腹を合わせ、水引にて結び、熨斗《のし》を添えて飾るなり」など、いろいろな飾り方があります。

2　盂蘭盆会《うらぼんえ》

春秋の彼岸の真ん中にあたるのがお盆です。彼岸はお墓参りが主ですが、お盆は精霊迎え《しょうりょうむかえ》が中心で、七月十三日に死者の霊がこの世を訪ねて来るとして、麻幹《おがら》を焚《た》いて亡き人の魂を迎え、僧を呼んで読経してもらい、十四、十五の両日は屋内にとどまり、これを精霊祭とか魂祭といって供養をします。十六日には死者の霊が彼方《かなた》の世に帰っていくというので、送り火を焚いて霊を送ります。なすの牛、きゅうりの馬を作り、供えたり、小さな舟に灯籠《とうろう》をのせて川に流して送る灯籠流しの風習もあります。迎え火、送り火を焚くのは祖霊が去来する道を明るく照らし、道に迷わぬようにするためです。

お盆は正式には盂蘭盆会といって、盂蘭盆は梵語の烏藍婆拏《うらんばな》のなまりで、盂蘭は倒懸《とうけん》（逆さに吊るされる）ということで、婆拏は食器を盛る盆のことで、食物を供して死霊が倒懸の苦に悩んでいるのを救う意味です。この間行われる盆踊りは、死者の霊を慰めるものといわれています。

昔、釈迦の高弟子目蓮《もくれん》が、母が生前の行いが悪く、餓鬼《がき》地獄に落ちて逆さ吊りの倒懸の苦しみをなめているのを知り、その救済を釈尊に相談したところ「七月十五日衆僧の供養をすれば、その功徳によって救われる」と教えられました。目蓮は友人たちの助けを借り、さまざまなご馳走を集め、盆に盛って供養し、母を救い出したという伝説に因《ちな》んでインドに起こった行事といわれます。これから仏教ではこの日を祖先を供養する大切な行事日としています。

この盂蘭盆会は中国に入ってから、中国の習俗として正月十五日を上元《じょうげん》、七月十五日を中元、十月十五日を下元《かげん》といって、祖先の霊を祭ったのを融合して中国風の仏事になり、そして日本に伝わりました。日本で盂蘭盆会の行事が初めて行われたのは、推古天皇の頃（六〇六年）で、それ以来広く一般にも営まれるようになりました。

お盆には昔から、外に働きに出ている者や嫁いだ者も生家に帰り、家族そろって祖先の霊を慰める風習になっています。

普段はなかなか死者を弔うこともないので、盂蘭盆会のしきたりは守ってゆきたいものです。

3 中元《ちゅうげん》（七月十五日）

お盆の中日を中元といいます。各家庭では精霊祭など祖先を祭る行事をします。太陰暦の中には上元（一月十五日）、中元（七月十五日）、下元（十月十五日）としてそれぞれ祭りますが、仏教の盂蘭盆とも一致するので、この祝いが大きくなりました。年末のお歳暮の贈り物と同様にお中元の贈り物をするようになったのは、江戸時代の商業の発達から起こったといわれています。

4 土用（七月二十日）

雑節の一つです。立夏の前の十八日を春の土用、立秋の前の十八日を夏の土用、立冬の前の十八日を秋の土用、立春の前の十八日を冬の土用といって、土用は一年に四回ありますが、普通は夏の土用だけをいいます。

昔、中国で五行説といって、天地のすべては木、火、土、金、水の五気が支配するものという考えから、春は木、夏は火、秋は金、冬は水の分担とし、残りの土は四季それぞれの終わりに四分の一、十八日、十九日間ずつ日数をとって土の分担としたのが、土用の名の起こりといわれます。土用は一年中で最も暑く、虫干しに絶好の時期とされています。

土用の丑《うし》の日に鰻《うなぎ》を食べる習わしがありますが、昔、江戸中期の頃、博物学者でもある平賀源内が夏枯れ時で困っている知人の鰻屋の愚痴《ぐち》を聞き、独特の機知を働かせて店頭に「土用の丑の日」と大書きした看板を出させました。宣伝価値があって、知ったかぶりの江戸っ子が次々と鰻を求めたというのが起源となり、夏は脂肪分の多い食物は避けがちですが、土用丑の日には鰻のかば焼きを食べるようになったといわれています。ほかにも、うどん、牛肉、馬肉、梅干など「う」のつくものを食べる風習があったようです。

5 大暑《たいしょ》（七月二十三日）

二十四節気の一つで、夏至《げし》の三十日後、小暑の十五日後をいい、この頃が暑さの頂上に達するという意味です。梅雨が明けて急に暑さが加わることから、暑さにまだ身体が慣れていないことなどもあり、非常に暑く感じるのでしょう。

八月の行事

八月は古来ハヅキ（葉月）といいます。ハツキの語源は一定していませんが、「葉落月《はおちづき》といふをよみなまれり」とか、稲は八月に穂をはるので保波利月といい、上下を省いて「波月」という説もあります。暑中見舞いは、暑い盛りに健康を気遣って出す便りです。梅雨明けから立秋の前日までに届くように出します。

1 八朔《はっさく》（八月一日）

昔は毎月朔日《ついたち》（一日）を吉日として祝う風習があり、ことに八月朔日は田の実りを配り合って祝い合う、農民たちの風習が鎌倉後期から、武家社会や朝廷貴族、僧侶の間に取り入れられ、公儀の贈答慣例となり、江戸時代になると幕府の重要な式日《しきじつ》となりました。

2 立秋（八月八日）

二十四節気の一つで、この頃から暑さが弱まってしのぎやすくなります。暦の上では秋に入ります。暑中見舞いから残暑見舞いに切り替え、八月末までに届くように出します。

3 終戦記念日（八月十五日）

昭和二十年（一九四五）のこの日、日本はポツダム宣言を受諾して、米英仏等連合国に無条件降伏をした日です。これによって第二次世界大戦は終結し、世界に再び平和が訪れたのです。これを記念して国民が平和を祈り願い戦争しないことを誓う日と定めました。

4 処暑《しょしょ》（八月二十三日）

二十四節気の一つで、処暑とは止暑《ししょ》の意味といわれ、暑気が去ることです。暦では立秋から十六日目、日中は残暑がありますが、高原や山岳方面は平地より一足早く秋の気配がしてきます。

九月の行事

九月は古来ナガツキ（長月）といいます。夜の長い月、長くなる月の意です。また九月は稲が熟れて刈り取る月ですから、熟月《うづき》とすべきだという説もあったようです。天高く地上は実りの季節です。

1 白露《はくろ》（九月八日）

中国の二十四節気の一つで、暦の上で処暑（八月二十三日）から十六日にあたる日を「白露」といいます。

2 重陽《ちょうよう》の節供、菊の節供（九月九日）

九月九日は五節供の一つです。重陽とは、陽が二つ重なるという古来からの陰と陽の考え方からくるもので、陰の数が二、四、六、八、陽の数が一、三、五、七、九とされ、その陽のうちで最も大きい九が重なる日であることから重陽といいます。陽は生を意味し、九が二つ並ぶ九月九日を不老長寿の意から祝ったものです。

また「菊の節供」ともいわれ、菊花展が催されたり、菊の和菓子が出回ったり、菊との関わりの深い日です。中国の伝説に菊の花に降りた朝露を綿に湿らせて、それを吸うと年を取らないとか、菊の花の上に綿を置き、夜露、朝露で菊の香の移ったものをお酒に入れて飲むと不老長寿の妙薬になるといわれたり、お酒に菊の花びらを浮かべて飲むと厄《やく》が避けられるなどともいわれ、重陽と菊は昔から切り離せない関係にあったようです。

また小笠原惣領家の伝書に「この日、菊の酒（菊花をお酒に浸したもの）を飲むことは、費長房《ひちょうぼう》（中国の方術の達人）、汝南《じょなん》（地名）の桓景《かんけい》に語っていわく、九月九日、汝が家に、災いあるべし、高山に登って菊酒を飲みたらんには災い消ゆといいければ、教えのごとく山に入り、菊の酒を飲みければ難なくして、しかし家内の畜獣皆死にたるといえり。これにより菊の酒を飲むといえり。そのほか故事多し」という伝説によるとの記述があります。

日本には平安時代に唐代の菊が伝わり、京都で栽培されるようになりました。

不老長寿の薬として重陽の節供に菊の花を浮かべた酒を酌み交わしながら、菊を題材に漢詩や和歌を作って遊んだそうです。

当時菊は珍しく、延命長寿の薬として延年草ともいわれ、その華やかな花を太陽にたとえて日精、日章とも称し、百草の王とされました。そんなことから、十六葉八重表菊の菊紋が皇室の紋とされ、各皇族は菊花の表現を少しずつ変えて用いた時代もあったのです。

農民の間では、この日を御九日《おくんち》といって収穫祭にあたり、いろいろな行事を残しています。栗の季節ともいって、菊酒と栗飯は不老長寿になるといってお祝い事に用いられたものです。これらを考え合わせますと重陽の節供とはこのような菊の力にあやかり、厄を除き、不老長寿を祈願するとともに、年の収穫を感謝して来年につなごうとする祓《はら》いの日であるといえます。

床飾りについて「九月九日には、栗、菊の花を置き、熨斗《のし》を添えて飾り出すなり」とあります。

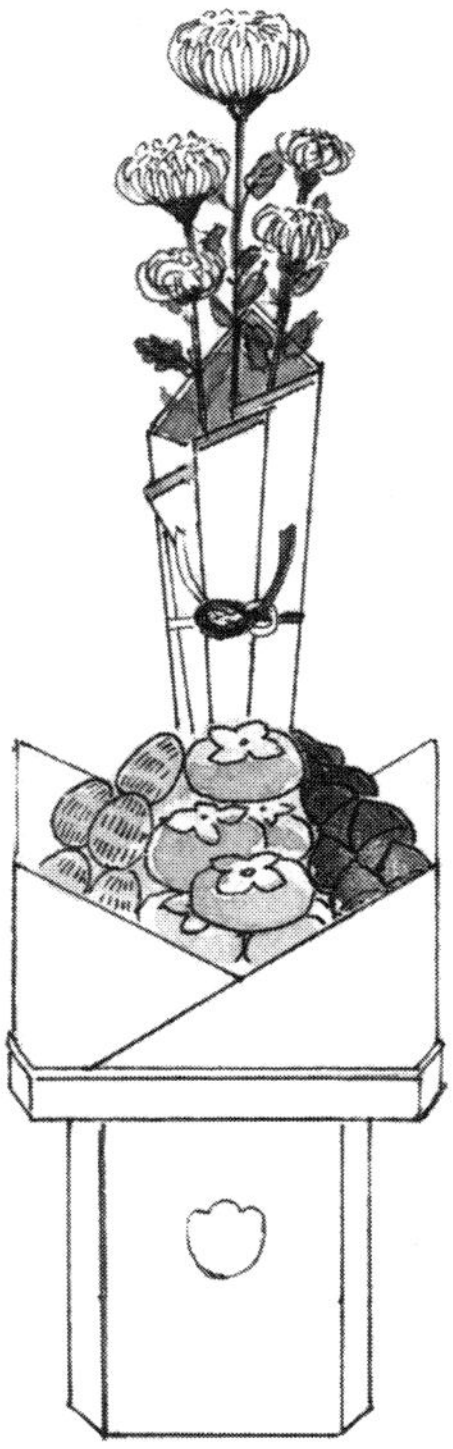

重陽の節供の床飾り

3 敬老の日（九月十五日）

国民の祝日。この祝日は、多年にわたって社会に尽くしてきた高齢者を敬愛し長寿を祝うとともに、とかく孤独な生活になりやすい老人の生活を明るく、豊かなものにするために、すべての人が老人福祉について関心と理解を深め、平和で明るく生きる意味を盛り上げようとするものです。

各地で長寿を祝う行事も行われますが、子どもや孫たちが集まり、老人の話相手になってあげたり、離れて暮らすお年寄りには手紙や電話で声の便りもよろこばれるでしょう。この日だけのいたわりもさることながら、老人が生きがいを感じる社会参加の道を積極的に開くことが、本当の敬老の精神なのではないでしょうか。

4 流鏑馬《やぶさめ》（九月十六日）

鎌倉鶴ヶ岡八幡宮で行われる催事。

起源は文治三年（一一八七）鶴岡若宮放生会のとき源頼朝の面前で行われたのが初めてで、馬術と弓術を組み合わせた競技で神幸祭と流鏑馬神事からなっています。

神幸祭は若宮大路を二ノ鳥居まで神幸し、鎌倉神楽の八乙女舞の奉納があります。流鏑馬神事は舞殿で神酒拝戴式ののち綾藺笠《あやいがさ》、烏帽子《えぼし》、鎧直垂《よろいしたたれ》の射手三騎等が神職、総奉行役等を先導に馬場入りし、鎌倉時代の鎧《よろい》武者の大行列となります。馬場一巡ののち、総奉行が朱扇を高くかざすのを合図に最初の騎手が出発し、二百五十メートルの直線馬場で左側の尺八寸角の板的を一の的から三の的まで次々と疾駆する馬上から十数秒で射抜きます。征夷大将軍源頼朝の武威をたたえるとともに、鎌倉時代の武道を遠く思わせる伝統の行事といえます。

5 秋分の日（九月二十三日）

二十四節気の一つです。国民の祝日で「祖先を敬い、亡くなった人を偲《しの》ぶ日」と法文に定められています。

秋分の初日にあたり「春分の日」の日と同じように昼夜の長さが大体同じになり、この日から昼の時間がだんだん短くなります。夏が終わり秋に入ります。

仏教ではこの日を中心として彼岸会《ひがんえ》を行い、祖先の供養、墓参りなどをして、祖先の霊を慰める法要を営むことをします。

彼岸会の起源は古く、皇祖の追善供養のため全国の国分寺で春《しゅん》秋《じゅう》二回、彼岸の七日間ずつ金剛般若《こんごうはんにゃ》経《きょう》を読経させたのが始まりといわれています。金剛般若経には、「生死の世界を此岸《しがん》（現世）・涅《ね》槃《はん》の世界を彼岸《ひがん》と称し、その間を流れる煩悩《ぼんのう》の世界を中流とす」とあります。これに由来し、春分、秋分の日を彼岸の中日、その前後七日間を彼岸としたものです。

十五夜・仲秋《ちゅうしゅう》の名月

一年で最も美しい月として「仲秋の名月」「十五夜」などと呼ばれています。陰暦（旧暦）では七月〜九月を秋として、七月を初秋、八月を仲（中）秋、九月を晩秋といいます。現在の太陽暦では九月二十日前後にあたります。この日に月見をする風習は平安時代の宮中に始まり、月を観賞するとともに、秋の収穫を祝う行事でもありました。この日の夜には、縁側や庭先などに小机を置いて月見台として、月見団子、里芋、果物などを供え、秋の七草の生花を籠などの花器に飾ります。別名「芋名月《いもめいげつ》」ともいいます。

十五夜飾り

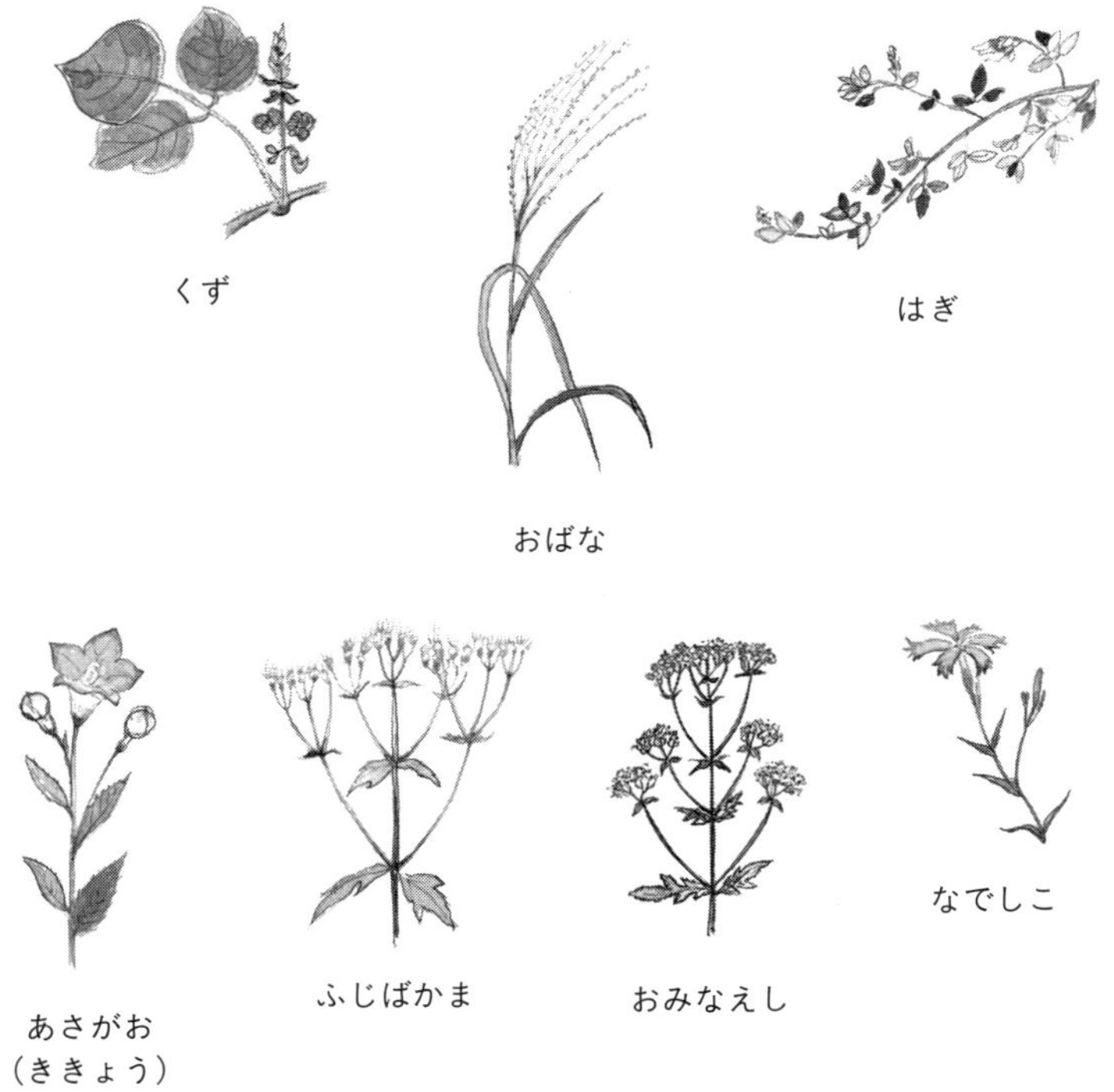

秋の七草

十月の行事

十月は古来、カミナツキ・カンナツキ（神無月）といいます。「この月諸神出雲国の大社に集まり給ふ故に名づくる」とあり、『徒然草《つれづれぐさ》』にも「此月大神宮の御許《おんもと》へ諸神あつまり給ふ故に名づく」と書かれています。ひっそりと秋の深みゆく月静かな月でもあります。

1 寒露《かんろ》（十月八日）

二十四節気の一つで、冷ややかさを覚え、秋の深み行くのを知ります。草も日ごとに衰え、木々の葉も寒露にあたって、紅葉してゆくもの、次第に落ち葉へ近づくものと、色とりどりで、秋深くの感は日ごとに身にしみてきます。

2 亥子祝《いのこ》（亥子餅）

陰暦の十月の亥の日に餅を食べて万病を払う風習を亥子祝、餅を亥子餅といいます。この行事は貞観（八五九〜八七六）以前から行われ、この日朝廷では餅を猪子形《いのこ》に作り、大豆、小豆、ささげ、栗、柿、ごま、糠《ぬか》など七種の粉を合わせて亥子餅を作りました。亥子祝は室町時代には、武家の生活でも行われるようになり、江戸時代には徳川氏も行い、大名などに亥子餅を与えました。民間も幕府にならって餅を作って祝いました。

十一月の行事

十一月は古来シモツキ（霜月）といいます。「霜降月を略して霜月といふ」「風さむみ霜ふり月の空よりや雪けとみえて曇りそむらん」と古書にあります。冷えた朝、庭に白く降った霜のすぐそこに冬の足音が聞こえるようです。

1 文化の日（十一月三日）

国民の祝日。文化功労者に文化勲章が授与せられ、芸術祭、体育大会など、さまざまな文化的な行事が行われます。

2 七五三祝（十一月十五日）

この日を七五三の祝い日とするのは、十一月は一陽来復の月、十五日は満月の日でめでたい月日であるからといわれています。三歳と五歳の男児、三歳と七歳の女児とに行う儀式が七五三です。

日本では古くから男女三歳になると、髪置《かみおき》の祝いといって生髪またはは深髪の儀式を行い、身分の上下を問わず頂髪を置く儀式がありました。

次いで、男児が五歳になると袴着《はかまぎ》の祝いを、女児が七歳になりますと帯解《おびとき》の祝いを行いました。七歳の祝いは女児だけの祝いで、この日、紐《ひも》を解いて衣類の脇をふさぐ儀式です。

今は、まとめて男女とも七歳、五歳、三歳の子どもが氏神や鎮守《ちんじゅ》様にお詣りして、子どもの成長と福運を祈願し、家庭では赤飯を炊《た》き、尾頭《おかしら》付きの魚などを添えて、家族、親戚そろって、お祝いをします。

七五三の起源は江戸時代中期以降のことで、五代将軍徳川綱吉（一六四六〜一七〇九）の子、徳松の祝いがこの日に行われたのが始まりといわれています。

3　小雪《こせつ》（十一月二十二日）

二十四節気の一つで、冬の気配もやや進んで、ときには雪もちらつき、また曇りと晴れの日が定まらないという意味があります。朝晩はことに寒冷を覚えます。肌寒さを覚え、火の気がほしくなる頃でもあります。

4　勤労感謝の日（十一月二十三日）

戦前の新嘗祭《にいなめさい》にあたり、その年の新穀を天皇自ら宮中で神殿に供える儀式です。その年の新しい穀物を伊勢神宮をはじめ歴代天皇や各神社に献じ、豊年を感謝する祭典が行われます。この日、職場によっては、長年勤続者の表彰式が行われ、また働く人たちの慰労が広く行われます。

十二月の行事

十二月は古来、シワス（師走）といいます。

『年中事物考《じぶっこう》』に「シハスとは、これも漢に十二月を歳終《さいしゅう》といひしが如く、歳の終わりをいふなり。（中略）、俗に極月の字を用ひてシハスともいふなるべし」とあり、これは新井白石の説といわれています。

また年末で人々が忙しく走り回るからともいわれ、今年も終わりに近づき、また除夜の鐘の音に一年を省みる月でもあります。

1　大雪《たいせつ》（十二月七日）

二十四節気の一つで、大雪とは陰気が積んで雪となる意味です。この大雪が過ぎますと急に冬らしい季節となって、一日一日と寒さも増し、晴れた日は霜が真っ白に、南天の実が赤く、また青木の実も赤く色づきます。

2 冬至《とうじ》（十二月二十二日）

二十四節気の一つで、太陽が南に片寄り、一年中でいちばん日照時間が短く、夜がいちばん長くなります。冬至が過ぎれば日射しの時間が長くなるのですが、実際には寒さが厳しく、健康に過ごせるようにとカボチャを食べたり、ゆず湯に入る風習があります。カボチャはビタミンAやカロテンを多く含み、冬の間の野菜不足を補う意で食べます。また冬至風呂といって、ゆずの実を輪切りにするか、丸のまま皮に傷をつけ、ガーゼ等の袋に入れてお風呂に浮かべたゆず湯に入ると、身体を芯《しん》から暖め風邪の予防や冷え性に効果大で、一年中病気にかからないといわれています。

3 天皇誕生日（十二月二十三日）

国民の祝日。天皇誕生日を祝う国民の祝事をいいます。元の天長節で、昭和二十三年七月二十日「国民の祝日に関する法律」によって制定されました。

4 年賀郵便とお歳暮の贈答

十二月十五日頃から年賀郵便の特別扱いをします。この期間に出せば、元旦に配達されます。また、お歳暮の贈答も十五日から二十日前後には終わるようにしたいものです。

5 仕事納め（十二月二十八日）

十二月二十八日が各官庁の「御用納め」で一般もこれに準じます。二十八日で事務を打ち切り、一月三日まで休暇となります。残務を始末し机上《きじょう》を片付けて、お互いに一年の仕事が無事に終わったことを感謝し、さらに来年のよき仕事を祈る意味の年末の挨拶が交わされます。また、仕事の都合上、三十日あるいは三十一日まで仕事をするところもあります。

6 大晦日《おおみそか》（十二月三十一日）

十二月三十一日、一年の最終日です。三十日を晦《つごもり》というので、年末の晦日《つごもり》を大晦日《おおつごもり》ともいいます。この日はまた「年取り」といって、朝または晩に家族そろって年取りの祝いを行うことがあります。また、この晩に「年越しそば」といって、そばを食べて細く長く生きられ幸せが長く続きますようにと、長寿を願う習わしが広く行われ、ゆく年に対し、来る年の幸福を期待します。「みそかそば」とか「つごもりそば」ともいいます。

また大晦日の夜には、屠蘇《とそ》を入れた銚子と、盃台に載せた盃と、正月料理を詰めた重箱に箸《はし》を添えて、床の間に飾っておきます。

7 除夜（十二月三十一日）

除夜とは年の夜ともいわれ、大晦日の夜をいいます。全国の寺院でつき鳴らす除夜の鐘は仏教でいう人間の百八の煩悩《ぼんのう》を一つひとつたたき出し消し去るといわれ、刻一刻と新しい年に移っていきます。つまりこの鐘は「煩悩解脱《げだつ》・罪業消滅《ざいごうしょうめつ》」を祈って百八回つき鳴らすのです。

この百八の鐘の音は、本来中国の仏教儀式で、一年十二か月、二十四節気、七十二候を合わせた数字で、弱く五十四声、強く五十四声打ち、合わせて百八声となるものです。後世、百八煩悩を覚ますためであるといわれるようになったものです。

除夜祭といって、各神社で祭典が行われます。年籠《としごも》りと称して社頭で元旦を迎えるふうが盛んで、これを二年参りなどということもあります。神社では夜通し火を焚《た》くところもあり、厄除《やくよ》けの参詣者によって賑わいます。

第八章　人生の通過儀礼

人の一生

少し前までは人生八十年といわれていましたが、今では人生九十年、百年過ぎても健康な方々がいらっしゃいます。昔も今も人間の一生にはさまざまな節目があり、山あり谷ありの長い道のりは同じことです。そして、人はそれぞれ独立した、思い思いの人生を生きているようでいて、実際には好むと好まざるとにかかわらず他者とのかかわりなくして存在できるものではありません。そうしたことの認識が礼儀作法を生み出したわけです。誕生から死に至るまでの生の過程で人間誰しもが経験する一つ一つの折り目節目に営まれるのが人生の通過儀礼です。

子どもの成長の確認、氏神様のご加護を祈るなど、誕生から丸一年の間は特に多くの祝儀の行事がなされてきました。

生まれてきた子どものために家族全体、近い親族などがみんなして祝い事を重ねてくれることの中に、多くの人たちの愛情が込められていたことがうかがわれます。祝われる当人は何もわからぬ赤ん坊ですが、今の時代でしたら写真やビデオで、成長した後、自分がどのようにみんなに祝福されて育てられたかを自分で見ることもできます。そうでなくても兄や姉たちは弟や妹がこのように多くの人たちの愛情を込めた儀式で祝われているのを見て育つわけです。

成人式、結婚式といった通過儀礼においても、多くの人々の祝う心が交差して初めて、人生の通過地点を今歩んでいるのだという実感が生まれるものです。そしてそれは、自分が今、確かに生きているのだという自覚であり、自分自身の生を大切にしたいという思いを一層強くするものだと思います。その感激を心にとどめるために営まれるのが、さまざまな人生の儀式であるといえるでしょう。

今は儀式といえないまでも、いろいろな祝い事をするようになりました。誕生日のお祝いなども毎年行いますが、古来は初誕生しか祝いませんでした。誕生日を迎えた人が健康であることを感謝し、これからも元気で生きてくださいという願いを込めて皆でお祝いすることはよいことで、すでに定着した祝い事になっています。

七五三も含めて、子どもが成長する過程にもさまざまな儀式があり、親は親なりの自覚を持ち、子どもにはその年齢に応じた自覚をうながし、礼儀や他の人を「思いやる心」などが培われるような人生の節目にしていきたいものです。

それぞれの儀式の起源や意義をよく理解して、心から祝福するという祝い事をしていただきたいものです。成長過程で、その折々祝福されることは大切なことなのではないでしょうか。

また、高齢化社会となった今、六十歳を過ぎてからの長寿の祝いも大切にしたいものです。さまざまな高齢者問題などが出てきている今日、周りの人たちが心から長寿をお祝いしたいものです。

一　着帯《ちゃくたい》の祝い（帯祝い）

妊娠五か月目の戌《いぬ》の日を選んで、胎児の健康な発育と安産を祈願して妊婦に腹帯を巻きます。この帯を岩田帯といいますが、本来は斎肌《いはだ》、または結肌《ゆはだ》帯で、斎《い》は忌む、結《ゆい》は結合、誕生を表すことから、この日を境に身体を慎んで出産への準備を整えていくのです。

腹帯は腹部の保温、歩行や動作をしやすくし冷えや腰痛を防ぎ、胎児を安定させ発育を助けるもので、ことに初産には必要とされています。締め方はきつくなく、腹との間は平手が入るくらいゆるく締めます。

一般には江戸時代から広く行われるようになりました。儀式用として紅白の羽二重《はぶたえ》（絹地）と普段用の晒《さらし》木綿一反を奉書で包んで水引で結び「寿」と書き、熨斗《のし》と酒肴品《しゅこうひん》を添えて贈ります。絹地は産着《うぶぎ》に仕立て、木綿地は肌着やおむつに利用したものでした。

腹帯の絵巻き終わり

帯祝いは、これから生まれてくる赤ちゃんを最初に認知する儀式ですし、胎児が胎動を始める時期でもあり、妊婦も新しい生命が宿っているとさらに自覚するときでもあります。生命の躍動が人に与える感銘の深さは、時代を超えて今なおあるものなのです。昔からのしきたりを頭に入れながら、双方のご両親などがそろってお祝いの楽しい会食がもてるように計画してみてもよいでしょう。

二　出産

出産の知らせは、赤ちゃんの誕生を待ちかねている肉親には、すぐ電話などで母子ともに元気である旨を通知します。そのほかの親戚や親しい方々へは、一週間から三週間くらいの間に追って知らせます。それ以外の友人知人には年賀状や暑中見舞いに書き添える方法でもよいでしょう。

出産のお祝いとお見舞い

出産祝いに駆けつけるのは、一般的には肉親だけです。親しい身内なら赤ちゃんが生まれたら何より先にお祝いに駆けつけますが、そうでないときは産婦を静かに休ませてあげるためにも、遠慮したほうがよいでしょう。

出産のお祝いに伺うときは、見舞いと祝いの両方の気配りが大切になります。できれば家に上がらず玄関まで祝いの趣旨を言い、母親の健康状態、赤ちゃんの様子などを尋ね、心ばかりの祝いの品を差し上げてそのまま帰るのが心得でしょう。

出産祝いとお見舞いの挨拶例

「このたびはお嬢様（お坊ちゃま）をご出産されましたそうで、まことにおめでとうございます。お母様も赤ちゃんもお健《すこ》やかでいらっしゃいますか」とお見舞いを申し上げてから「これはほんの心ばかりでございますが、お祝いのしるしでございます。どうぞお体を大切に遊ばしますように……」と挨拶して帰ります。

お産に関する伝統的な言葉

〔産《うぶ》〕お産の「産」は「うぶ」とも読みますが、生《うぶ》、初《うぶ》の同意漢字で、生まれたままであること、ういういしいことで、産声《うぶごえ》、産湯《うぶゆ》、産着《うぶぎ》、産毛《うぶげ》、産風邪《うぶかぜ》（生まれたての赤ちゃんに起こる風邪）、産剃《うぶけずり》（赤ちゃんが生まれて初めて頭髪をそろえること）という使い方があります。

〔産土神《うぶすながみ》〕産《うぶ》と土《すな》で生まれた土地、つまり土地の神、氏神様のことです。

〔産餅《うぶもち》〕産後三日目（三つ目の祝い）に、産婦の実家が贈る餅で、よく母乳が出るといわれます。三つ目といってお祝い事をし、赤ちゃんや産婦の身の回りをきちんと整えたり、出産時お世話になった方々に心づけをしたりもします。

〔産養《うぶやしない》〕古くは第三夜の三つ目の祝いに続いて、五夜目にも祝宴をしたものです。この三夜、五夜に、今でも重んじられている御《お》七夜《しちや》も合わせて、産養と呼んでいたようです。

こうして三、五、七と自然に奇数（陽の数）が連なっていくわけですが、これを逆にしたものが後世の七五三の祝いであるといわれています。

三　三日の祝い（三つ目の祝い、産養）

三日の祝いとは、三日ともなれば何とか乳も吸うようになり、民俗信仰の風習では産養といって、生児を人間の仲間に迎え入れる式だったようです。

日本の民俗信仰では、生まれて三日まではまだ人間の子ではなく産神《うぶかみ》の子であって、着る物も食べるものも人間並みのものが用いられます。

〔参考〕小笠原惣領家の産衣

小笠原惣領家では黄色く染めた鬱金木綿《うこんもめん》の無地のもの、また羽二重の水色の地に小紋染で疳取草《かんとりそう》の図柄を白く抜いたもの等が用いられました。

黄色の染料である鬱金草《うっこんそう》の根に消毒殺菌の効果があることを、昔の人の知恵で知っていたのだと思います。「児の間は絹の類着すると甚だ悪し、陰気をそこなひて児の病生ずるなり、故にいにしへの人は固くいましめ慎《つつしめ》り」と斟酌《しんしゃく》もあり、絹物の華美なものを着せず、木綿のものがよいという教訓をしています。

また、直接に着せるのではなく、寝ている子の上に掛ける物として、白羽二重地に三階菱の家紋、鶴亀、松竹梅等の丸模様等を金で箔押ししたものも用いられていました。

四　七夜の祝（命名式）

子が生まれて七日目の夜の祝いで「御七夜《おしちや》」といって、今では赤ちゃんが生まれて、初めての祝い事になります。この日までに生児の名前をつけます。

古式ではこの日の朝、餅一重ねを三方に据え、包熨斗《のし》を上に載せ、生児の枕元に置きます。名前は奉書を縦二つに折った折紙を、横三つにたたみ、その中央に名を書き、生年月日を記し、これも台に載せて枕元に置きます。夜になって式三献の祝儀が行われます。

現代では父親が半紙を縦に、上に「命名」と書き、その下に名前を書き、生年月日を記して、神棚や仏前に供え、祖先に報告するとともに赤ちゃんの健康と幸福をお祈りします。

その後、内輪のお祝い膳についてから名前を披露し、赤ちゃんと対面します。

命名書の書き方（一例）

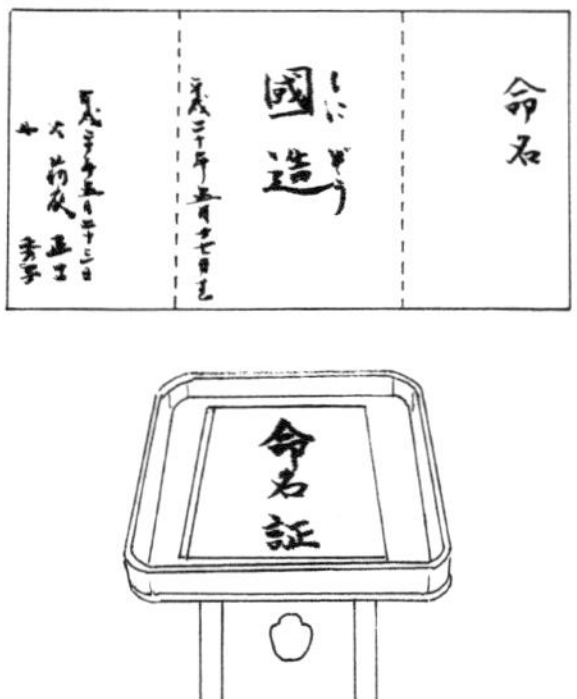

命名書の書き方

略式命名書の書き方

命名書はいずれの場合とも毛筆の楷書で丁寧に書きます。これを床の間や神棚の下、赤ちゃんの枕元または壁などの見やすい場所に張ります。

命名書は、少なくとも出生届けを出すまでは飾っておきたいものです。

その後、臍《へそ》の緒と一緒にしまっておくとよいでしょう。

臍《へそ》の緒

臍の緒は出生の証として、昔から大切にされてきました。桐の小箱などに真綿を敷いて納めて、奉書で包み、水引をかけ、生年月日と姓名、父母の名を書き、「臍の緒書き」と称し、命名書とともに神棚か仏壇またはたんすの中などにしまっておき、終生大切に保存し、死んだときお棺の中にいれてもらう習わしがあります。最近では臍の緒を出産後に処分する病院も増え、手元にない方も多いようです。

名付け親の事

現代では父母が相談して、いろいろと考えて名をつけることがほとんどですが、昔は主君とか本家の主人とか、その土地の有力者、尊敬する学者などにお願いして名付け親になっていただくことも多くありました。

その方々にあやかるように、また、子どもの祝い事に共通な願いである、その子の将来に目をかけていただく心も込めて名付け親になっていただく事が多かったようです。

昔は生まれたときは幼名で、元服のときになって正式な名乗りに変わるわけですが、そんなときに名付け親の名乗りの一字をいただくことが多かったようです。

〔参考〕

徳川時代小笠原惣領家の藩主は代々「忠」の字を上につける名が続いています。これは、恩師の小笠原忠統氏の十四代前の先祖の秀政の時代に遡ります。徳川家康の長男岡崎三郎信康を父とし、織田信長の娘徳姫を母として生まれた福姫が秀政と結婚したときは、すでに父信康が死んだ後であったため、祖父家康の養女としての結婚でした。そのため秀政と福姫の間に生まれた子は二代将軍徳川秀忠の甥《おい》ということになりますので、元服は徳川秀忠の御前で行われ、秀忠の「忠」を名乗りに賜って「忠真」となります。それ以後、徳川時代はずっと「忠」の名乗りにしてきたわけです。

小笠原惣領家の「礼書七冊」の書礼の項には、このように名乗りの一字を依頼されたとき、それを与える場合の書式が載せられています。

出生届

出生届は、生まれた日を含めて十四日以内に出生地などの役所の戸籍係に提出します。普通、このおめでたいお七夜に届けをする人が多いようです。

提出時には医師の出生証明書、母子手帳、印鑑が必要になります。新しい日本国民の一員として認められます。

五　お宮詣《まい》り

お宮詣りの服装の一例

　生後初めてその土地の氏神様に報告とお礼を兼ねたお参りをし、氏子の仲間入りをしたことを認めてもらうための大切な儀式でしたが、現在では、その子の健やかな成長や長寿と幸福を祈って参拝するのがお宮詣りです。男児は三十二日目、女児は三十三日目が多いようです。土地の習慣で五十日目、百二十日目に行うところもありますが、今日では日数にこだわらないで、赤ちゃんの機嫌がよく、晴れた気持ちのよい日を選んで参るのもよいでしょうし、冬ならなるべく風のない暖かい日を選ぶようにしたいものです。

　氏神とは、古代の氏族が祖先として祀《まつ》ったその土地の守り神です。生まれた土地に住まない人は、今の住まいの近くの神社などにお参りするとよいでしょう。お宮詣りの際、赤ちゃんは父方の祖母が抱き、母親が付き添うのがしきたりでした。昔は、お産は穢《けが》れごと（忌）とされており、お祓《はら》いを受けるのは、その穢れを祓うためでもあったようです。現在は母と父親、それに双方の祖父母が同行するなど自由です。お宮詣りを丁寧にするのでしたら、お祓いを受け祝詞《のりと》をあげていただくとよいでしょう。

六　出産祝いとお見舞いのお返し

　出産祝いやお見舞いをいただいた方には、内祝いの祝宴に招いて身内のお祝いをお裾分《すそわ》けすることもあります。

　一般的には赤飯に鰹節《かつおぶし》や紅白のお菓子、器物などお祝いの気持ちを表す品を包み、熨斗《のし》紙に諸輪《もろわな》結び（蝶結び）の水引をかけ「内祝」と表書きをし、子どもの名前で返礼をしますが、必ず両親の名前で挨拶状を添え、赤ちゃんのお披露目の意味で写真などを添えるのもよいでしょう。

　このお返しは大体三七夜（生後二十一日）までに行うのが礼とされていましたが、今では生後一か月頃のお宮詣りの時期を目安に贈るのが一般的です。本来でしたら持参するのが礼儀ですが、お礼を兼ねた挨拶文を添えて宅配便を利用しても差し支えありません。

欧米では女の子ならキャンディーを、男の子なら葉巻一本をお祝いのしるしとして父親が友人、知人に配る習慣があるそうです。内祝いはお祝い返しのおうつりの意味で贈るのですから、いただいたお祝いの三分の一から二分の一程度を目安にするとよいでしょう。

七　喰初《くいぞ》め

喰初めは、生まれてから百日か百二十日頃に行う祝儀です。生後百日目にするので「百日《ももか》の喰初め」ともいいます。祝膳を調え赤ちゃんにそれを食べさせる真似をして、その赤ちゃんがよく食べて健やかに育ち、一生食べ物に困らぬように、無事成長する願いを込めて行われたものです。この喰初めを「真菜《まな》の祝」あるいは「箸揃《はしぞろ》えの祝」ともいいます。ちょうど歯が生え始める頃なので、それほどに育ってくれたことを祝う儀式でもあります。

小笠原惣領家の伝書「礼書七冊」に喰初めの日について、「喰初めのこと、生まれて百一日というに善悪を嫌わず、喰初めさせるなり」とあって足利時代には生まれて百一日目に、その日の吉凶にかかわりなく行っていたことが知られます。ですが江戸時代には百二十日目に行うことが普通になってきたようです。

江戸期の中頃と思われる伝書には「百二十日に喰初めすること、一年を三つに分けるときは、初め百二十日は過去に取り、中百二十日を現在と定め、終わり百二十日を未来と定むる。合わせて三百六十日なり。百二十日の喰初めは現在なり」と書かれています。

小笠原惣領家では、江戸以来男女ともに百二十日目に行っていたので、現代では百二十日目を基準にして行っています。

本来（古式）の喰初めの祝儀

帯祝に帯親、元服に烏帽子《えぼし》親、髪置《かみおき》の親を立てて儀式を行いますが、この喰初めの祝儀にも「養い親」を頼みます。これも生まれてきた子の将来の面倒をいろいろと心にかけてくださる人として、願いを込めていたものと思われます。生まれた子が男の子なら男性の養い親、女の子なら女性の養い親を頼みました。

親が子を抱いて出てくると、養い親が子を請け取って左の膝の上に抱き上げたところで祝膳が出されます。

膳には飯、汁、鰯《いわし》二匹を紙に包み、水引をかけたものを小角（小さな三方に似た台）に盛ったもの、同じく小角に高盛にした梅干、香の物が載せられます。飯椀には飯を高盛りにし、さらにその上に生飯《さば》といって、小さな宝珠型に握ったご飯が置かれます。

養い親は箸《はし》を取ってこの生飯を右の手先で皿の脇に取り分けます（この生飯というのは仏教用語で食物をいただく感謝の心で自分が

食べる前に鬼神や餓鬼に供養するためのものです）。それから、飯を三箸口に含ませる真似をして、続いて汁を飲ませる真似をします。

別の膳（二の膳）に丸餅を土器《かわらけ》に五個載せて、膳の左（向かって右）に据《す》えます。養い親はこれも三箸食べさす真似をします。この五つの餅（二の膳）は普通よりも高価な代金を払って買い取るものだと書かれています。

このように祝膳の儀式がすみますと、養い親と子の間で式三献の盃事が行われます。もちろん赤ちゃんが酒を飲むわけではありません。後見の女性が介添えして真似事をするわけです。

まず三ツ重ねの盃が出され、引渡しという初献の肴《さかな》、長熨斗《のし》等が出て、養い親が三盃飲み、子が三盃飲む真似をするとき、養い親から子へ引き出物が出されます。子がもう一盃を飲むとき「うちみ（鯉の刺身）」という二献目の肴が出され、子が三盃飲み養い親に返盃します。養い親が一盃飲むところで、子から養い親への引き出物が贈られます。ここで養い親がまた一盃飲んで盃を納めます。

このような正式な式三献を略して、引渡し、雑煮膳、吸い物膳で三献とするときもあります。この場合の引き出物は養い親が男性の場合は太刀や脇差など、女性の場合は小袖、帯などのようにふさわしいものが選ばれます。

現代の喰初めの祝儀

祝い膳の内容は地方によって多少差はありますが、正式には本膳と二の膳（餅《もちい》の膳）を調えます。本膳には一汁三菜で、飯は大盛り（山盛り）にし、その上に小さく丸めた握り飯を載せます（赤飯でもよい）。そして、汁（吸い物）は鯛か鯉、菜は金かしら（頭が大きくて堅いのであやからせようというのでしょう）または鯔《ぼら》（別名名吉《なよし》といってめでたい魚とされています）または鯛などの尾頭《おかしら》付の焼き魚、小皿に梅干五個を盛り、強い歯が生えてくるようにと歯固めのための小石を三つ添えた小皿をつけます。この小石は本来産《うぶ》土神《すながみ》の依代《よりしろ》（座り場所）だろうともいわれています。

養い親は箸役といって近親者のうちで長寿の方がいらっしゃれば、長寿にあやかるよう箸を取ってもらいます。

二の膳の餅《もちい》の膳は「歯固めの餅」といって紅白の餅を取り混ぜて五個を器に盛って膳に据えます。膳には懐敷《かいしき》（奉書または季節の葉）を敷きます。祝膳の食器は正式には素焼きの器《かわらけ》か漆器の家紋入りに柳の白木箸などを用意します。

こんな機会にこそ夫婦のご両親を招いて祝膳には飯・汁・尾頭付の焼魚・青物の浸し物・香の物等、一汁三菜に丸い小餅五個を盆に載せたものなどを用いれば、簡素ながら古式に通じる祝膳となり、お父様かお母様に養い親の役をお願いするのもよいでしょう。

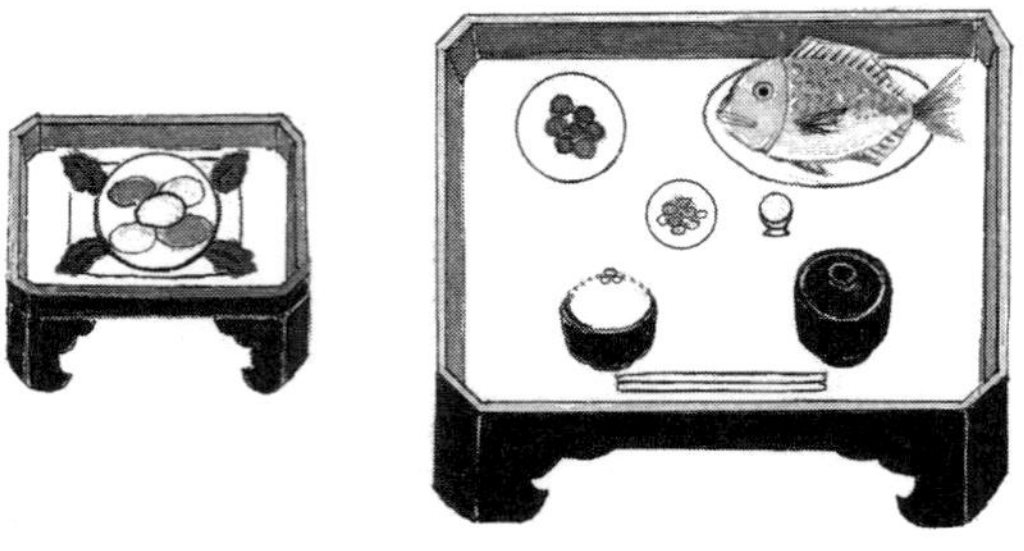

喰初めの祝い膳

赤ちゃんも喰初めを過ぎる頃になると、首の周りなどもかなりしっかりしてきます。あやすと笑ったりもします。白い産着ばかり着ていた赤ちゃんを色物の着物に着せ替えます。色直しといって「色直し式」ともいいます。

　この日お喰初めと色直しの式を同時にするしきたりもありますが、現在ではどちらも廃《すた》れつつあるようです。

八　初節供《はつぜっく》

初節供は、赤ちゃんが生まれて初めて迎える節供で女の子は三月三日の上巳《じょうし》の節供（桃の節供）、男の子は五月五日の端午《たんご》の節供を、初節供にあたるとして祝います。

　女の子の祝いの三月三日上巳の日ではお祓いに使った人形《ひとがた》が次第に装飾的になり、後に女児の幸福、良縁を祈願する目的が雛型を飾る祭に加わりました。男の子の祝いの五月五日端午は月の初めの午の日の祝いのことで、鎧《よろい》、兜《かぶと》、守り太刀などを飾って男児が強くたくましく、勇壮に育つようにと武者人形が贈られたり、近親者を招いたりして、子ども中心にお祝いをします。

　女児も男児も同様に子どもの健康と幸福を祈ります。初節供は特に盛大に行う風習がありました。

九　初誕生

古くから日本は数え年といって、お正月が来るたびに年齢を一つ加え、年を重ねるという考え方でしたので、誕生日を祝う習慣はありませんでした。現在のような自分の誕生日に年を取っていく考え方は、欧米的なものでした。従来は生まれて初めての誕生日は意義あるものとして、赤ちゃんの満一年の誕生日に限って盛大に祝うものでした。一年という時の流れを無事に育ってくれた感謝をお祝いの気持ちと、ちょうど一人立ちして歩き始める赤ちゃんの旺盛な力を目を見張る気持ちで、お祝いするのが初誕生です。

　この日は誕生餅をついて、力餅などといって赤ちゃんに背負わせ歩かせたりします。地方によってはこの力餅を一升のもち米でつき、一升と一生を掛けて、一生食べ物に困らないようにと縁起をかつぐ風習や、子どもの将来を占う方法として、男の子にはそろばん、筆、硯《すずり》などを、女の子には物差、針箱、糸などを前に並べて置いて、どれをつかむかで将来の職業を占ったりもしたものでした。初節供と同じように、他の年よりも盛大にお祝いします。

赤ちゃんは誕生日を迎える頃には、身長は生まれたときの一・五倍、体重は三倍くらいになり、食べ物も一応何でも食べられるようになり、大人の言うことも解し、社交性も出てきます。親としては、ここまで育ったことを感謝し、今後の成長とみんなの仲間入りを願って、晴れやかで誇らしく、平和で楽しい心からのお祝いにしたいものです。この日には、双方の両親などを呼んで、ささやかなお祝いをするのも初誕生のうれしい儀式といえましょう。

お祝いは事情が許せば昼間の時間帯にし、離乳食が進んでいるようでしたら赤ちゃんの好きな食べ物も用意するとよいでしょう。大人の都合で夜遅くまで騒いで、赤ちゃんを疲れさせないように気をつけましょう。

十　七五三の祝い

七五三の祝いは、三歳の男女、五歳の男児、七歳の女児の祝いで、氏神様にお参りして、これまでの成長を感謝し、これからの幸福を祈願する慶事の儀式なのです。

なぜ、七五三が十一月なのか、なぜ七歳、五歳、三歳なのかというと、「髪置きのこと。男子、女子ともに三歳という歳あるべし。月は霜月十五日良辰を選び候いて祝言あるべし」云々と小笠原惣領家伝書にあり、これが武家における現在の七五三の前身です。

「髪置きの儀式」は武家の習いですが、公家では二歳か三歳で「袴着《はかまぎ》の儀式」があり、中世末期には帯結びといって、五歳の祝いにこれまで着物につけていた紐《ひも》を取り、徳望《とくぼう》のある立派な人を頼み、その年の恵方《えほう》に向けて立たせます（碁盤を据えてその上に子どもを立たせるところもあったようです）。小袖を着せて、初めて帯を締め、袴を着け、紋付の羽織の正装をし、晴着姿で氏神様に参る風《ふう》がありました。女児が七歳になると付け紐《つけひも》で着ていた着物の紐を取り、腰《こし》揚《あ》げもおろして、初めて帯を結びます。これをお祝いする儀式で「帯び直しの式」「ひも解きの式」ともいいます。

また七歳は、昔、子ども組という村の組織に入る年齢で、「七歳までは神の子」と呼ぶように、七歳になって初めて霊魂が安定すると考えられていたことから、七歳になってお祝いする風習は全国的にありました。これが江戸時代になると七・五・三という陽数（めでたい数）を重ねて祝うようになりました。

十一月の吉日十五日は、氏神の収穫祭を指すのでもあり、この祭日に氏神様に参詣して子どもの成長を祈願し、社会の一員としての

七五三祝い着の一例（着物の場合）

地位を神にも周囲の人たちにも認めてもらおうとしたのが七五三で、江戸時代に定着しました。七歳という年齢は現代の就学年齢（満六歳）であることを考えますと、意義深いものがあります。

京都では「十三参り」といって、女児は三歳、七歳にお祝いをせず、十三歳になって初めて美しい着物を作り、それを着てお参りに行きます。昔からのしきたりで、着物は本断ちするので、大人になっても着られる大変合理的な祝い方でもあります。

千歳飴《ちとせあめ》は水飴を煮詰めて、幾度も引いて硬くし、紅白に染め分けた棒飴で、長寿に通じる縁起物の千歳飴として松竹梅、鶴亀など彩色印刷した細長い化粧袋に入れたものです。特に七五三にお宮詣りしたときは、お子様の記念写真に欠かせなかったり、おみやげとし

七五三祝い着の一例（洋服の場合）

て買って帰り、日頃お世話になっている親戚や近所の方に、お赤飯などを添えて内祝いとして配り、成長の報告を兼ねて子どもと一緒にあいさつ回りをするのがしきたりでした。

本来は「あまい水」を語源とし、古くは神へのお供え物（神饌《しんせん》）用に大麦のもやしで作ったものです（麦芽飴）。

後にもち米を麦芽で糖化させた澱粉飴（水飴）が発明され、それまでは神の召し上がりだったものが、千歳飴として持ち帰られるようになりました。

神社や寺の門前で売ったものといわれ、長生きするようにとの縁起物でもあり、後に七五三専用として広まりました。

十一　入園・入学祝い

入園も入学も、本人にとっては人生の門出の一つ、新しい環境を前にして子どもは期待と同時に不安も感じているものです。当日、家を出るときは、笑顔で励まして送り出してあげるようにしましょう。

入学式の前後には、ささやかに家族全員で祝ってあげるのもよいですが、ごく親しい間柄で、しかも内輪に心祝いといった程度のお祝いをすることもよいでしょう。

子どもの服装は、制服がない場合、華美にならないようにし、清楚で清潔感のあるものにします。新調するのでしたら普段の通園や通学にも着られるものにし、七五三で新調した服で間に合えばそれでも十分です。

母親の服装は、和服なら色無地の紋付や落ち着いた雰囲気の訪問着とし、洋服なら春らしい明るい色か黒色のスーツやワンピースに、入園・入学にふさわしいアクセサリーをつけて、すっきりとした服装が無難です。

入園・入学祝いは年齢に応じたものを差し上げましょう。ランドセル、文房具、レインコート、学習机など、品物が重複しないように事前に両親とも相談をし、早めに手配するとよいです。

初めての入園・入学時は本人だけが注目されがちですが、幼い兄弟・姉妹にもちょっとしたプレゼントを用意してあげるのも自然な心遣いで、子どもたちにとってもうれしいものです。

入園・入学祝いのお返しは基本的には不要ですが、電話や手紙などで本人からお礼を言うようにします。

卒業祝いと就職祝い

卒業と就職は、二つの節目を続けてとらえ同時に祝います。また、進学する場合の卒業祝いも、入学祝いと併せて祝うことにします。

就職祝いは社会に出て役に立つものを選ぶようにします。ネクタイ・スカーフ・名刺入れなど通勤や仕事に役に立ちそうな物を、本人の希望を聞いて初出勤の一週間前くらいには届くように贈ります。

お返しは、余裕があれば初月給で心ばかりの品物を用意し、お礼の言葉やお礼状を添えて贈るのもよいでしょう。

卒業式の装いは、制服が無い場合は着物に袴《はかま》という昔の女学生スタイルが人気で、袴に合わせる着物は、色無地か小紋、矢絣《やがすり》などで決まった装いはありません。男女とも就職活動で着用したスーツなどでも差し支えありませんし、それで十分です。

発表会、展覧会

子どものお稽古事（ピアノ、踊りなど）の発表会の招待を受けましたら、招待してくださった方がいつごろ出られるかを確かめ、それより少し早めに会場に行くようにします。興味も時間もあれば初めから終わりまでうかがっても結構ですが、小さい子ども連れですと薄暗い会場に長くいるのは無理で、騒いだりするとかえって失礼になります。また会場で自分の子どものときだけ夢中で、よその子が一生懸命発表しているのに大声で話をしたり、挨拶を交わしている人を見かけますが、心無いことです。

贈り物は小さいお子さんの場合なら、小さな花束やマスコットになるかわいい人形などにお祝いの言葉を添えます。文房具類などでも心のこもったものでしたら喜ばれるでしょう。発表会が終わってから感想を伝えることも、何よりのお祝いになります。

当日楽屋に届ける場合は、必ずカードを添えるか名前を記入するとよいでしょう。受けるほうは当日興奮していて、誰から何を戴いたかを忘れてしまう場合があるからです。できるだけ多くの人と連れ立って参加し、客席をいっぱいに埋めてあげるのも、いちばんの贈り物といえるでしょう。

お稽古事《けいこごと》の先生の発表会に行くときは、ご祝儀を持参します。大体先輩格のお弟子さんが中心になってまとめます。記念品を用意したりもしますが、お祝いとして現金が最も多いようです。

日本に伝わるお稽古事に多く見られるしきたりに、陣中見舞いと称して、会の途中で楽屋にお菓子やお弁当を差し入れることがあります。出演者は、ときには食事をする間もなく、お腹をすかして困ったりもしますが、お茶、お手ふき、デザートまで添えたお弁当が届けられると大変ありがたく感激するものです。これも、ほどよい時間にほどよい分量、これが大切です。当日発表会をする本人の負担をできるだけ軽くするような、そんな心遣いが何よりのお祝いになります。

展覧会、個展に招かれたら、時間の許す限り会場に伺うことがいちばんのお祝いです。一人でも多くの友人、知人が来てくださったということは、どんな豪華なお花や品物よりうれしいものです。会場入り口に備えつけられた記帳には、必ず名前を記して、見せていただきましたというサインを残しましょう。お祝いの花を贈る場合は、色の派手なものは避け、作品から離れた所にとお願いします。展覧会の雰囲気を大切にするのは、主催者だけでなく見る側にも必要なことなのです。また会に伺うときの服装もできるだけ地味な色を選び、作品を引き立たせ、会の雰囲気に合わせ、溶け込むような心遣いが肝心です。

十二　成人式

成人式は、昔の加冠の儀にあたり、武家では元服といって、この儀礼を通過すると公私ともに一人前の男性として扱われます。元とは頭のこと、服とは身につけることで、元服とは頭に冠や烏帽子《えぼし》をつけることをいいます。冠や烏帽子をかぶるには、少年風の髪型では無理なので、同時に髪を束ねて切りそろえましたので、結髪加冠《ゆいはつかかん》ともいいます。

小笠原惣領家の伝書『元服の次第』には「元服の人、初めは稚児のいでたちたるべし。さて、髪を生《は》やし候にて、烏帽子、素襖《すおう》、袴を着するなり」などの作法が見られます。ここで髪を「生やす」とあるのは「切る」を忌んで「生やす」といったのです。稚児のいでたちから烏帽子をつけ、公式の服装をすることで、子どもから大人への成長を象徴しています。

元服の年齢も時代によってまちまちで、平安初期には十二歳から十六歳くらいが通例で、武家時代に入ってからは、ほぼ十五歳から十七歳で定まったようです。

加冠といっても、公家の家では冠を用いましたが、武家は烏帽子を用いました。ですので、加冠の役を務める人を烏帽子親といいました。江戸時代になると、一般の武家は烏帽子をかぶらせることをやめて、ただ前髪を落とし月代《さかやき》を剃《そ》る（冠のあたる部分の髪を額から頭の中央にかけて髪を剃る）だけになりました。加冠という言葉はその後も用いられましたが、実際には前髪を落として月代を剃ることを意味するようになり、この形の元服は武家ばかりでなく庶民の間でも行われました。

月代

冠

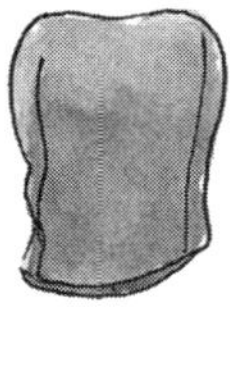
立烏帽子

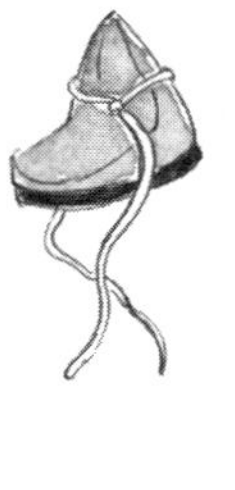
侍烏帽子

成人の日

私の恩師、小笠原惣領家三十二世、正五位小笠原忠統先生のエピソードに、戦前、華族制度があった頃、華族の当主なり継嗣《けいし》子たちは満二十歳になると、宮中に昇殿する資格として従五位の位階を与えられることになっていました。

このとき二十歳の小笠原忠統先生は初めて天皇に謁し、天盃《てんぱい》を賜るという儀式がありました。華族で、その年の成年に達した者（この年は徳川家の二十歳になられた方と小笠原忠統先生の二人でした）が広間で待っていると、式武官が、これより出御あそばされる旨を披露します。それこそ針が落ちてもわかるほどの静粛さがみなぎっています。するとはるかかなたの廊下から靴音がかすかに、そして徐々に近づいてきます。それにつれて静粛に裏打ちされた緊張と尊厳がいやがうえにも高まっている、そんな情景を思い出しながら小笠原忠統先生はお話を続けてくださり、「皇居にあがり昭和天皇より成人式のお祝いをいただき、そのとき御神酒《おみき》をいただいたのはどぶろくで、白く濁り、あまりおいしくなかった」と顔をしかめておっしゃっていました。お酒があまりお好きでないのでそう感じたのか、本当のところわかりませんが、成人の祝いの御酒を徳川家の方とお二人で昭和天皇より賜り、小笠原忠統先生は、身を引き締めつつもありがたく頂戴したようです。

昔と違って現在は法律適用年齢を一律に成人と定め、昭和二十三年（一九四八年）国民の祝日に関する法律によって、毎年一月十五日（平成十三年より毎年一月第二月曜日に改正）を成人の日とすることが定められました。一人前の大人としての自覚と、自ら生き抜こうとする青年男女を祝い励ます趣旨で、法定の満二十歳になった人々を集めて催す儀式が成人式です。

正月気分の残っている中、全国の市区町村単位でお祝いの式典を催し、記念講演やコンサートなどの行事が行われます。地方によっては、帰省の人が集まりやすいお盆やお正月に行うところもあります。選挙権が与えられ、飲酒、喫煙が解禁になり、親権者の許可がなくても自由に結婚できるようになります。法律的に大人と認められ、自由の権利が与えられる反面、一方では、それなりの義務や責任を負うことになります。

成人の日には家族そろって、無事成人したことのお祝いをし、一族の間で成年認知の儀礼を持つほうが成人式の本来の姿といえるのではないでしょうか。

大人として認められる成年認知の儀式では、周囲の者と本人の自覚こそが大切です。一人ひとりが自分自身のこと、社会とのつながりを真剣に考える祝い方をしてあげられたらよいと思います。

厄年《やくどし》

厄年を気にする人は、案外多いものですが、こだわりすぎるのもどうかと思います。人の一生のうちに、厄に遭う恐れが多いから忌み慎まなければならない年のことで、厄年には必ず何かの災厄に遭うといわれ、地方によっては厄逃れのためのお祝いをする習慣があるようです。

また、厄年と呼ばれる年齢は地方によって多少の違いはありますが、男性の二十五歳と四十二歳、女性の十九歳、三十三歳が広く知られています。例えば十二支の思想から十三歳、二十五歳、三十七歳、四十九歳、六十一歳、七十三歳、八十五歳を厄年とする例もあります。また男性の四十二歳と女性の三十三歳は大厄《たいやく》といわれ、前《まえ》厄《やく》、本厄《ほんやく》、後厄《あとやく》と前後三年間を忌むことが多く、本厄の年には厄払いを行うことが多いようです。厄年のことは、陰陽説の一部として中国から伝わったものですが、男性の四十二歳、女性の三十三歳を大厄としたのは、四十二が「死に」、三十三が「さんざん」に通じるということからで、いかにも日本的といえます。

厄年は字のとおり災厄が降りかかる特定の年のことで、神仏に頼んでただ災厄を祓《はら》うだけでなく、そうした信仰を逆手《さかて》に考えて親類縁者や隣近所を招いて大盤振る舞いをしたり、厄除けのお参りをしたり、年重ねといって、小正月や節分にもう一度正月の祝いをして「正月が二回来たから厄年も終わりだ」という剛胆さを日本人は持っていました。

確かに厄年とされる年齢は人生の一つの区切りで、社会的にも生活面あるいは心理的、生理的にも変調を起こしやすく、人生の転機にもあたり、気をつけなければならない危険な年齢と考えられなくもありません。災厄を防ぎ除く儀礼を行うのは、ある面では意義あることかもしれません。よい機会と思い、体調の総点検に人間ドックに入るのもよいでしょうし、少し贅沢に妻（夫）と長期旅行を楽しむのも厄払いの効果があるかもしれません。

日本の古い習俗では生後一年の初誕生は祝いますが、その後年ごとの誕生祝いは行われませんでした。しかし、それに代わるものとして、七五三、成人式、長寿の賀など一定の年齢に達したことを祝う年祝いがあります。健やかに満一歳になったことを祝い、また幾つかの厄払いも特殊な呪的《しゅうてき》儀礼として考えられていますが、初めは幼少年期、青壮年期の祝いで、ある年齢に達したことを社会的に承認してもらい、それに相応する社会的役割を与えられるのに必要な儀式だったのです。厄払いは、もともとは歳祝いとして行われていましたが、それがいつからか人生の危機を切り抜ける個人的厄除けに重点が置かれるようになったようです。

入選、受賞

絵画、書道など苦心して仕上げた作品の入選、文化功労賞など日頃の努力が報いられての受賞などの吉報を耳にしましたら、すぐにお祝いに伺うようにします。遠方で行かれないときは電話でもよいのですが、受けるほうが取り込んでいる場合が多いので、できるだけ遠慮し、手紙でお祝いの心を伝えるようにするとよいでしょう。

受賞には、文化勲章、文化功労賞のような誉れのあった人に与えられるもの、名誉のしるしとして与えられる位や等級の位階《いかい》、叙勲《じょくん》、恩賜賞《おんししょう》（天皇から物を頂くこと）などの学術功績を称えるもの、芸術の功績を称える芸術院賞、その他の文学賞、映画演劇関係の賞、音楽関係の賞などがあります。また社会に対する功績には、藍綬褒《らんじゅほう》章《しょう》、紫綬褒章、黄綬褒章などがあります。入賞の中には、小学生が展覧会で初めて一等になった賞もあれば、オリンピックの金メダルの賞もあるでしょう。どれも本人や家族にとってはうれしいことに変わりありません。「よかったですね、おめでとう」の一言が何よりも大切です。

お祝いの心得

お祝い客で先客万来の最中は避け、一息置いて他の人たちのお祝い騒ぎがすんだ頃に、お酒の好きな方には好みに合わせて清酒や紅白のワインの詰め合わせ、シャンパンなど、または、お酒に合う肴《さかな》など先方の手を煩わせずにすむような形でお祝いの品物を届けたらいかがでしょう。お祝いをする場合、いつも同様ですが何か物を贈るより、心からのお祝いの一言が大切です。

十三　結婚の心得

1　婚礼の歴史

婚礼の意義

人生の四大儀礼として昔から「冠婚葬祭」が最も大切なものとして挙げられています。冠は元服、婚は婚礼、葬は葬儀、祭は祖先をまつる祭礼です。このうちで最もめでたい儀式は婚礼の結婚式です。

縁あって結ばれた男性と女性が新郎新婦として晴れて新しい家庭を営み、永い人生を苦楽を共にして相寄り、相助け合っていく門出をしようというのですから、結婚式はまさに人生の最も意義深い儀式といえます。結婚式のことを華燭《かしょく》の典などと昔から形容していますが、人生最大の華やかな盛儀でもあり、親類縁者はもとより友人知己がこぞって、この門出を祝福します。

日本の婚姻の歴史を見ますと、奈良朝から平安朝にかけての時代は、一般に婿《むこ》入り婚という形式で行われてきました。これは嫁方で婚姻成立の儀礼を行うもので「三日餅の儀」ともいって結婚成立の重大な儀式でした。これは女性の家に通い続けている男性に、女の家の親が臥床の場所で餅を供して対面し、自分の娘婿であることを認める儀式です。当時の婚姻は「嫁入り」ではなく「婿入り」だったのです。

やがて鎌倉時代の武家政治になり男性中心の社会機構が完成し、武家の間に遠方結婚が行われるようになり、婿入り婚から嫁入り婚に変わってきました。

それが室町時代になって、政治の中心が鎌倉から再び京都に移り、嫁入り婚の形式もようやく一般化し、法令も完成されました。足利三代将軍義満の時代より、豊臣秀吉に至る桃山時代には、日本文化は絢爛《けんらん》たる時代です。建築、庭園の造営から茶道や生け花、さらに文学、芸術の方面にも燦然《さんぜん》たる（すばらしい）業績を残していますが、結婚そのほかに対する儀礼もこの風潮に促されて完成されたのです。

その後、徳川三百年の江戸時代を経て、明治維新という大革新を迎え、生活様式の変化とともに、結婚挙式も変わってきましたが、嫁入り婚を婚姻成立の儀式とすることは変わりありません。

婚礼の幾つかの項目の中に「迎え小袖《こそで》」という件があります。これは新郎の家の側で、嫁女を温かく迎え、いかにも待ち受けているのだという心遣いを込めて新郎の家紋もつけ、嫁の裄丈《ゆきたけ》に合わせて仕立てておいた小袖を贈る習わしになっているものです。惣領家の伝書に「嫁入りの夜、婿の方より迎え小袖とて、小袖酒肴を遣わす物也。同く人によりて供の衆迄も小袖以下それぞれに随い、遣し事もあるなり」として、嫁ばかりでなく家によって大身の場合などは、嫁の供についてきた女中たちにも小袖をやる場合もあることを示しています。

それに続く後書きに「但略儀のときは心に任すべし。たとえ略儀にても迎え小袖計《ばかり》は遣《つかわ》し候て能《よき》なり」とあり、略した場合は、供の女房たちへの遣い物は心に任せてもよいが、どんなに略したときでも嫁に対する迎え小袖だけはやったほうがよいというのです。必ず略儀を許す礼法の中で、この小袖ばかりは略すなというあたり、お嫁さんに対するなみなみならぬいたわりと温かい心遣いが、どんなに新婦の心の支えになったかが察せられます。

別の惣領家伝書には「嫁入りは惣別死たる物のまねをする也。輿《こし》も蔀《しとみ》よりよせ、白物を着せて出すなり。扨《さて》輿出で候えば、門火《かどび》などを焼く事肝要なり。悉《ことごと》く皆かえらぬ事を本《もと》と仕《つかまつ》り候」などと、死に装束の白無垢《しろむく》を着て死者の出棺の有様に似せて輿に乗せ、嫁は家や親たちと縁を切り二度と帰らぬ覚悟で生家を後にし、輿が出た後は葬式と同じように門火を焚《た》いて送り出し、まだ見たこともない男性の家へ嫁いで行くのですから、どんなに心細く頼りない気持ちだったことでしょう。婿側も嫁を迎え入れるときに門火を焚いたそうです。盂蘭盆《うらぼん》のとき、先祖の霊魂を迎えたり送ったりするとき門前で焚く迎え火、送り火に似ています。

この嫁に対するいたわりの心遣いが「迎え小袖」に込められているとすれば「略儀にても迎え小袖計りは遣わし候て能なり」の後書きが何百年という長い年月を越えた現在でもほのぼのと心に迫る思いがします。

現在全国各地の結婚式場でみられる神前結婚式の型は、日本古来のもののように思われていますが、実は大正天皇が東宮であられた明治三十三年の皇太子ご成婚を記念して、日比谷大神宮が外国の結婚式などを参照して新たに創り出したもので、それ以降、私たちに普及した形式のようです。結婚が家と家との結びつきから個人の結合に変わった現代、結婚式のあり方も見直され始めています。

小笠原惣領家の礼式が固定化してきた中世の武家の婚姻は、嫁が里から輿なり馬なりで婿方へ出向き、これを迎えて婿方の家で夫婦固めの式が行われるものでした。「輿入れ《こしい》」という言葉はここから始まったのです。

大名家同士の結婚の場合は他国へ嫁入りするわけですから、一大行事で、輿の受け渡しにしても細かい取り決めが定められていました。伝書にも「輿請け取る場所・作法古法のこと」の項があり、それによると、「国を隔て他国にては、その城近く大川あらば川を越えて（後《のち》）渡すべし」とあり、続いて「盃を出しさまざまの祝、献々の規式これあり」で、ようやく輿が婿方の役の人に引き渡されるのです。花嫁の世話をする女房は前日までに里から婿の家に行って花嫁を待ち受けているので待女房《まちにょうぼう》と呼ばれます。ときに輿請け渡しの際、警護が手薄になった隙をついて敵国の手の者に姫君が拉《ら》致《ち》される事件などもあったといいます。

そうして婿方に到着し化粧《けわい》の間に入り、化粧を直し、衣服を白の小袖に改めて座敷に入ります。婿が着座すると、いわゆる三々九度（式三献《しきさんこん》）に移りますが、夫婦固めの盃を交わすこの座敷の床の間にはめでたい掛け軸をかけ、中央に熨斗《のし》三方、二十《にじゅう》手掛《てかけ》という祝儀のときの盛り物や置鳥（雉子《きじ》）、置鯛、島台（盃台）、瓶子《へいし》、雄蝶《おちょう》の提《ひさげ》と雌蝶《めちょう》の長柄《ながえ》などが飾ってあります。

式三献に使う雄蝶・雌蝶の銚子は蝶の折り形で飾られますが、この蝶は蚕《かいこ》の象徴で蛾を表し、雄蝶、雌蝶が結ばれ、やがて繭《まゆ》が作られ、その繭から絹が生まれるという生産と生命の維持を意味し、種族繁栄という新家庭を象徴するものです。盃は女性から男性、男性から女性、女性から男性の順で三献立ずつ交わし、合盃《あいさかずき》が完了します。

この折、形式的は酒の肴《さかな》として供されるのが昆布、勝栗、熨斗などの膳で、さらに本式にはその他うちみと呼ばれる魚の刺身、あつみという鯉の腸煎《わたいり》のほか、数種が加えられ供されます。この「合盃」の儀式までを「陰の式」といって現代の神前結婚式の神殿部分にあたります。古くは三日後に「陽の式」という現在のお色直しの披露宴をしたものです。

　ちなみに惣領家伝書では、昆布、勝栗、熨斗《のし》の由来について「一、昆布。海藻の中にもこれよりほかに丈長くよろしきはなし。枝葉栄えゆくことかぎりしられず。ことによろこぶという儀をもって賞《しょう》翫《がん》するなり。一、勝栗。これは大公望五湖にありて、釣を垂れしとき、拾いはじめ、三氏三王の師となりしも、これより起これり、ことにものに勝つという儀、笑顔《えみがお》なる儀をもって賞翫するなり。一、熨斗は伊邪那岐《いざなぎ》、伊邪那美《いざなみ》の尊《みこと》より地神五代までは人の形、熨斗のごとくに、肩いかって足細なり、これを学び、大神官の作りはじめたもうによって祝言に用うるなり」と記してあり、これまでを「陰の式」といいます。

『古事記』の伝説に伊弉諾尊《いざなぎのみこと》という男神と伊弉冊尊《いざなみのみこと》という女神の二神が、女性を主体とする「陰の式」と男性を主体とする「陽の式」の結婚をされた故事があるのを基に行われます。

　初めに女性主体の陰の式が行われ、女性が上座に座り、式三献の盃も女性から飲み始めます。衣装も盃も陰の色である白色を用います。三日目に陽の式が行われます。陽の式は、男性が上座に座り、式三献も男性から飲み始め衣装も盃も陽の色である赤色が用いられます。一般には色を変えるので色直しといわれますが、今のお色直しはこの「陽の式」になります。伝書に「飾り（置鳥、置鯉など）三日の朝まで置き、姫君色直しの祝いあり」とあり、盃も陰の式の白土器《かわらけ》から赤土器に改め、男性から飲み始めることになるのです。

　室町時代の武家社会で婚礼儀式の中心となる夫婦固めの盃は、現代のように他人に見せる要素はなく、二人だけの誓いの「合盃《あいさかずき》」と呼ばれる簡素なものでした。古くは双方の両親とも結婚の式には同席せず、「寿《ことぶき》の間」といった挙式の部屋には当事者二人のほかは花嫁の介添役の女性が一人、床飾りや盃事の補佐役が一人、酌を務める未婚少女が二人だけという質素なものでした。

　今日の小笠原惣領家結婚式では、双方の両親の参列のもとに夫婦固めの盃の挙式から、親子固めの盃、親類固めの盃など別々に席を改めて行い、そのあとすぐ色直しの披露宴に移り、周囲の祝福を受けるといった式次第を組み、家庭結婚式という二人を中心にしたあり方ながら、親や周囲の人々への心遣いもされています。簡素な中にも祝福に満ちた結婚式を執り行っています。

　一般的な結婚式でも現在では一つの式場に両家が出会い、結婚式も披露宴も続けて行います。つまり陰の式、陽の式も一日で行い、しかも幾度も着替えますので、元来の意味が曖昧《あいまい》になってきています。

結婚の形式や儀礼は時代とともに変遷してきましたが、結婚そのものの意義は昔も今も変わるものではありません。むしろ様式の簡略化された今日の結婚式にこそ、真に個人の尊厳と両性の平等を確認する意義があるものといえます。それだけに結婚の意義をよくわきまえ、かりそめにも様式の簡略化に惑わされて軽々しく考えてはいけません。よくその精神を理解して慎重に事を運び、人それぞれにふさわしい意義のある式を執り行って、長く記念するようにするのが本来です。

婚約を解消する場合

いったん婚約してからでもこれを解消しなければならない場合も生じます。双方にとっても世間体も悪く、愉快な話ではありませんが、どうしても解消しなければならない事情があるときは、無理にまとめようとすることは大変な間違いを起こします。結婚前のことであり二人を傷つけることは少ないのですから、絶対に無理をしないで、だめなものはさらりと解消するのが正しいのです。

婚約解消の原因が誤解や思い違いでない限り、元に戻そうとするのは誤りです。双方を傷つけないよう、しこりが後に残らないよう、良識を持って解消できるよう取り計らわなければなりません。

婚約がすでに発表済みの場合は、双方それぞれの通知先に取り消しを簡単に知らせます。

「○○と○○の結婚は双方円満に話し合いのうえ、解消することに致しましたので、この旨を通知申し上げます」と、ただそれだけの通知状を出すのが作法です。理由など述べることはお互いを傷つけることになりますから、どんな親しい仲でもこれ以上立ち入らないのがエチケットです。また、解消と同時に婚約中贈ったもの、いただいたものはそれぞれ元に戻すべきです。ことに宝石類、写真、手紙などは後に残っては不快ですし、残すべきではありません。仲人の方がいらっしゃるようでしたら、ここまでの後始末をしなければなりません。

2 結納の作法

「幾久しく」と祝いの口上を述べて結納は納められます。結納の由来についてある説は、二家が新しく姻戚関係を結ぶために共同飲食する酒肴を「結《ゆ》い物」といったことから発したといい、他の説は婿方から嫁方に酒肴、衣類などを贈ることを「言い入れ」と呼んだことからだと説いています。縁談が整って婚約が成立すると、その堅い証拠として結納品を取り交わすしきたりが昔から今日まで引き続いて行われています。形式的であるとか、結納の起源そのものが極めて封建的なものだというような議論もありますが、これによって本人同士が永遠の愛情を誓い、また世間的にも縁談の進行上にも一つのけじめがつくものでもあるのです。

昔はこの結納は大変丁寧に行われ、鰹節《かつおぶし》（勝男節）は、雄節と雌節で一対にし、鯣《するめ》（寿留女）は背合わせに、昆布（子生婦）は「広め」という名もあり一対に、扇は広げると要《かなめ》から見て末広がりになるので縁起を祝ったものです。麻は夫婦共白髪《ともしらが》までという意味で、柳樽は胴と柄が長く朱漆《あかうるし》の酒樽で、真物《ほんもの》を取りそろえたものです。現在ではこのような形式は省略されつつあります。結納もその土地のしきたりによっていろいろですから、その習慣に従って適当に取り決めるのがよいでしょう。

結納日の選び方は、一生の大半である結婚の約束を固める結納を取り交わす大切な日ですから、暦の上でも黄道吉日を選ぶというのが今までのしきたりです。ですが、今日ではあまりこだわらずに双方の都合のよい日を選ぶようになっています。

目録・親類書・受書の書き方

目録には結納品の品目、数量を、奉書紙を縦折りにした二枚重ねに墨で書きます。親類書（家族書・親族書）は、奉書紙を横に二つ折りにし、折り目を下にして尊属から書いていきます。受書は目録同様の奉書紙に書きます。

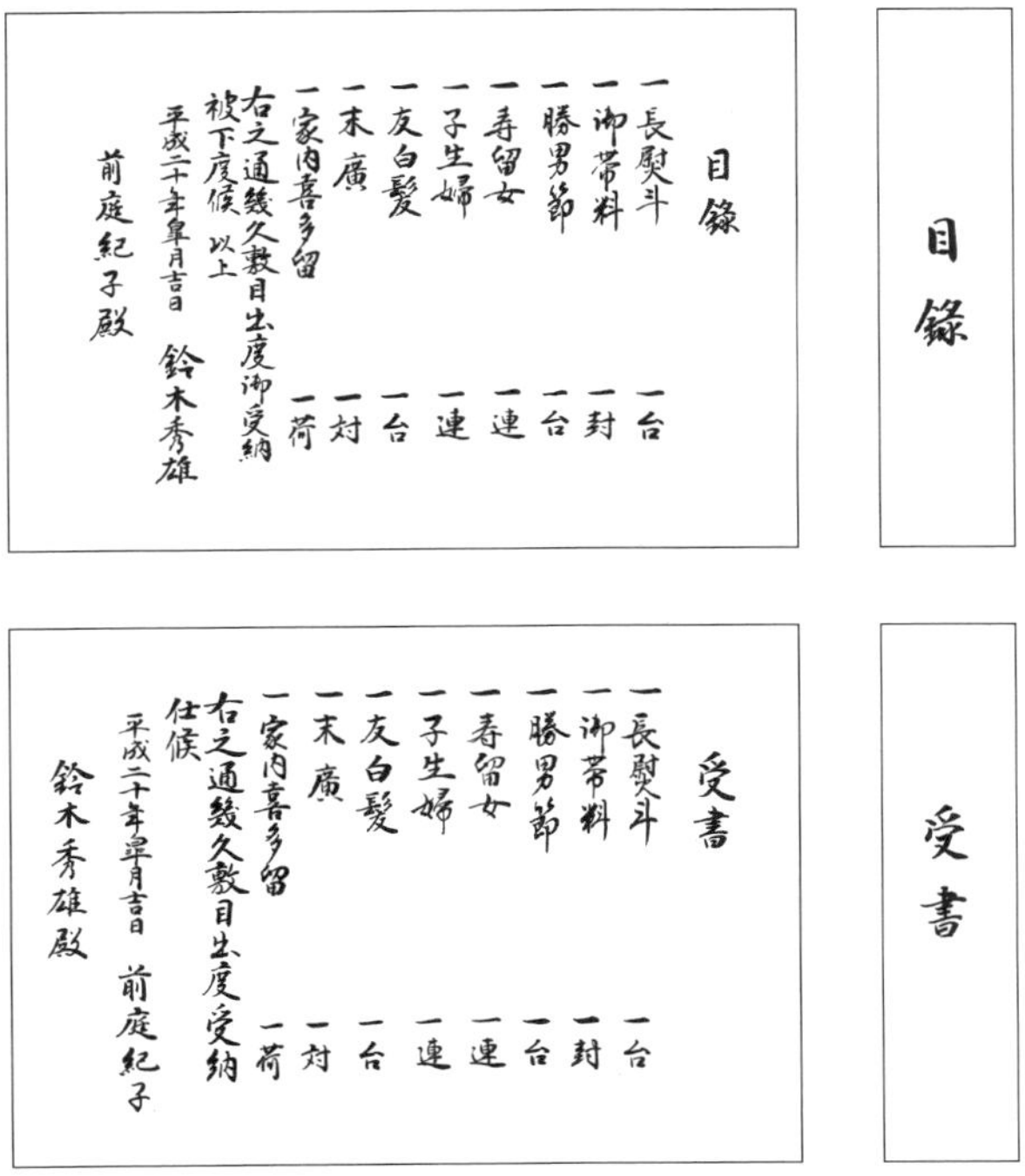
目録

目録
一長熨斗　一台
一御帯料　一封
一勝男節　一台
一寿留女　一連
一子生婦　一連
一友白髪　一台
一末廣　一対
一家内喜多留　一荷
右之通幾久敷目出度御受納被下度候　以上
平成二十年皐月吉日　鈴木秀雄
前庭紀子殿

受書

受書
一長熨斗　一台
一御帯料　一封
一勝男節　一台
一寿留女　一連
一子生婦　一連
一友白髪　一台
一末廣　一対
一家内喜多留　一荷
右之通幾久敷目出度受納仕候
平成二十年皐月吉日　前庭紀子
鈴木秀雄殿

目録、受書の書き方

結納取り交わしの儀

結納の儀式といっても、最近では非常に簡略されてまいりました。古式による結納受授は、縁談が整いましたら、婿方から結納使者を立て、仲人以外の正福二人の使者が両家を往復して結納を取り交わすのが正式ですが、近頃では仲人夫妻が使者になるのが普通です。根幹を生かして簡素化した結納の儀を仲人宅に一堂に集まり、仲人宅で交換する場合を紹介します。

当日、花婿側は定刻より少し早めに着くようにします。付き添いの親は仲人に対して「このたびは、秀雄の縁談につきまして一方《ひとかた》ならぬお世話になりまして、まことにありがとうございます。本日はお言葉に甘え、結納品を持参いたしました。どうか先様へお納めくださいますよう、よろしくお願い申し上げます」と挨拶し、本人も「どうぞよろしくお願いいたします」と挨拶します。

仲人は「本日はお日柄もよろしく、まことにおめでとうございます。わざわざお運びいただきまして恐縮でございます。まことに行き届きませんで申し訳ございませんが、勝手をいたしまして、ここでお役目を果たさせていただきます」と挨拶し、結納品を受け取って床の間などの一段高い所に飾ります。

そこに嫁方が到着し、婿方と同じ要旨の挨拶をし、仲人も同じおめでたの挨拶をして同じく結納品を床の間の下座に飾ります。この場合、仲人宅が何部屋もあれば両家を別々の控え室にお通ししますが、同室の場合は、両家の方々には目礼するぐらいにとどめて、結納品の交換が終わるまで挨拶を交わしません。

両家の方々がそろわれたところで設けの席に婿側、嫁側、仲人夫妻の順で着席します。

仲人夫妻は下座に並んで控えますが、仲人の自宅以外で行う場合は、仲人夫妻は上座に座る場合もあります。一同着座したところで、全員が礼をし、仲人(男)が挨拶します。

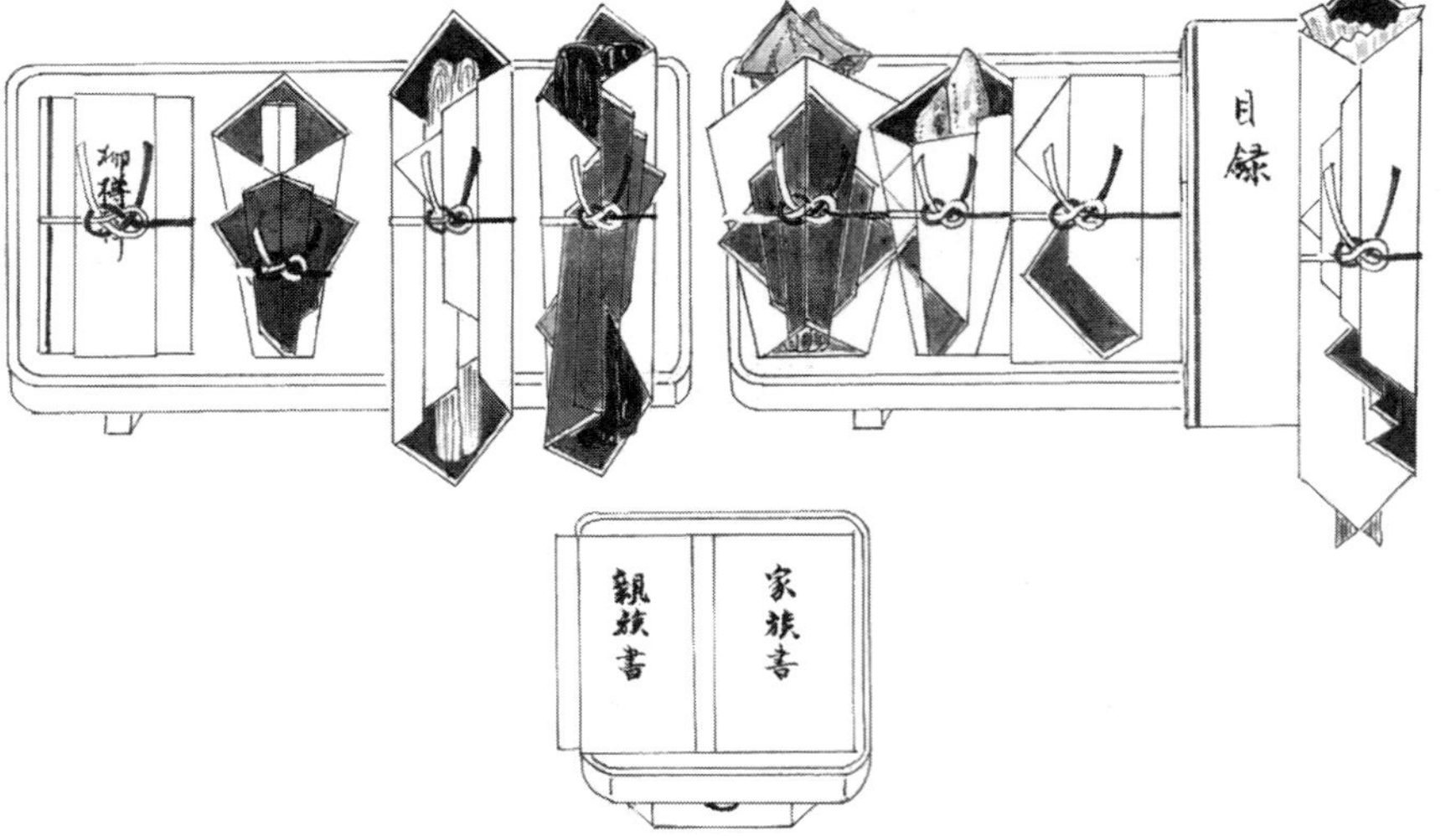

結納品の種類と配列順（九品目結納揃え）

「本日はお日柄もよくおめでとうございます。このたびは鈴木様、前庭様のご縁組が滞りなく成立いたしまして、まことにおめでとう存じます。ただいまよりご結納の取り交わしの儀式を執り行わせていただきます。本来ならば私どもが両家にご使者として伺うべきところ、はなはだ略儀で行き届きませんが、これから堅いご婚約のしるしとして、ご両家の間にご結納品の交換を取り次ぎさせていただきます」

これに対して婿方（男）が両家を代表して「このたびは両家のために何かとご尽力くださいまして、まことにありがとうございます。本日もご面倒をおかけして申し訳ございませんが、なにとぞよろしくお願い申し上げます」と挨拶を述べます。

この挨拶が終わって、いよいよ結納品の受け渡しが次の順序で運ばれます。

1　仲人夫妻が床の婿側の結納品の正面に進み、結納品および家族書、親族書、記念品を嫁側に運びます。一同礼を交わします。

仲人は「鈴木様から前庭様への結納の品々でございます」と言って目録を読みます。品々を取り回して嫁側に押し進め、「どうぞお改めのうえ、幾久しくお納めください」と挨拶します。

2　嫁側は目録に目を通し、おしいただき「幾久しくめでたく納めさせていただきます」と述べます。

3　仲人は「なお、家族書、親族書および記念品でございます。お納めください」と取り回し、嫁側に押し進めます。嫁側は「ありがとうございます」と挨拶します。兼ねて用意してある受書を取り出して「ご結納の品々、幾久しくお受けいたしました。受書でございます。どうぞお納めくださいませ」と挨拶をし、受書を取り回して仲人に手渡します。仲人は受書を婿側に「前庭様からの受書でございます」と手渡し、婿側は「ありがとうございます」とおしいただき、上座に置きます（仲人夫人は夫の後につきます）。

4　ついで仲人が立って、嫁側の結納品を床の間から下ろし、婿側の本人の前に運び、1、3、と逆に嫁→婿の順序で進めます。

5　婿側の受書が嫁側へ渡されたところで仲人（男）は結納受授の式の終わった挨拶をします。

「これにて鈴木様と前庭様のご結納のお取り交わしの儀、滞りなく、めでたく相済みおめでとうございます。秀雄さん、紀子さん、お二人をはじめ、ご両家の幾久しいご多幸をお祈り申し上げます」

これに対して嫁方からお礼の挨拶を、「お二方様のお骨折りで二人の堅い婚約が成立いたしまして、まことにありがとうございます。これからもどうぞよろしくお願い申しあげます」と述べます。両家一同そろって仲人夫妻に丁重にお辞儀します。

結納式場などで一堂に会した場合でしたら儀式終了後、婿側からでも「続いて別室にて祝膳の用意がございますので、どうぞそちらにお渡りください」と案内します。仲人宅などでしたら、別室で両家の方々にくつろいでいただいて桜湯と紅白の菓子でおもてなしをします。

双方で納めた結納品は、受書とともに、それぞれ風呂敷に包んで上座に置き、後で持ち帰ります。

結納取り交わしの主が親の場合は親の言葉で、本人の場合は本人の言葉を交わすようにします。

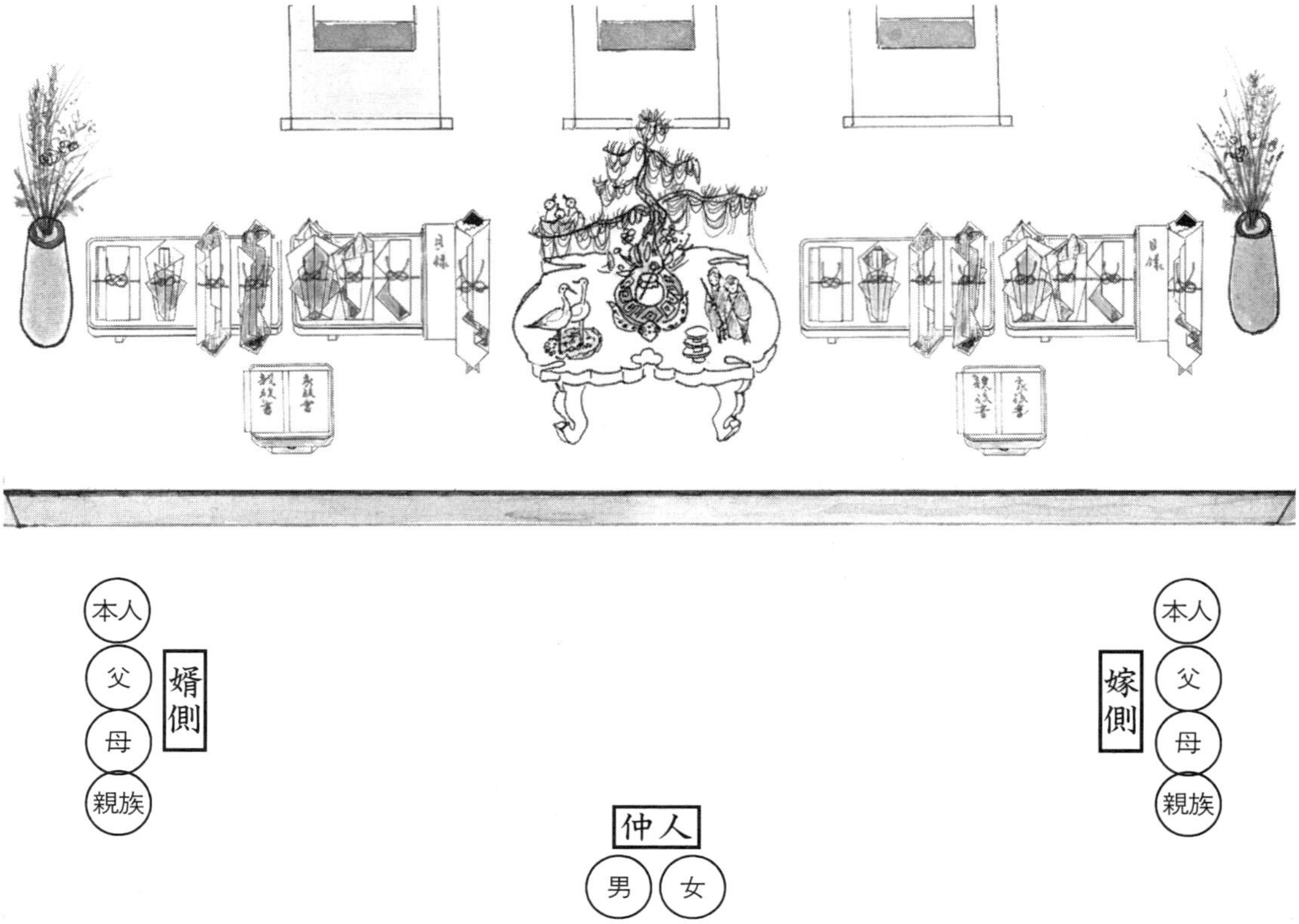

結納会場設定図

3 結婚式

婚礼には次の三つの儀式があります。

1 婚約式（婚約成立についての儀礼）
2 結婚式（婚姻関係を結ぶ儀礼）
3 披露式（新郎新婦の親族、家族関係の披露）

以上三つの儀礼を基本として結婚式は次のような様式で執り行われます。

（1）家庭結婚式（古来からの結婚式で自宅結婚式。式当日に新婦が新郎の家に出向いて式を挙げるもので、床の間には床飾りを飾って、式三献《しきさんこん》が中心の結婚式です。）

（2）神前結婚式（現在最も一般的に行われている結婚式で、神棚の前で式三献（三々九度）の盃を交わし、神に誓詞を奉上する儀式が中心になっています。）

（3）仏前結婚式（それぞれの檀那寺《だんなでら》で行うことが多く、式場は本堂に設けて、焼香や誓いの盃事、礼拝などを中心に執り行われます。）

（4）教会結婚式（二人の結婚について意志の確認と周囲の

祝福、指輪の交換などの儀式です。現代の神前結婚式で指輪の交換を行うことが多いのは、キリスト教式の結婚に影響されています。）

（5）人前結婚式（新式ともいいますが、式場には神仏は祭らず、式次第も参列者の祝福を受けながら婚姻届に署名するという簡素な結婚式です。）

以上の様式のうち、どれを選ぶかは二人の希望やその家の宗旨、地方の習慣などによって決めるものですが、いずれの場合も、婚約、結婚、披露に至る挙式の手続きの正しい礼法は一つで、古式による自宅結婚の式次第が基本になっています。この基本を心得ていれば、あとはそれぞれの好みや家風によって趣向をこらし、礼を失しないようにすることができるわけです。

小笠原惣領家結婚式（古式婚礼式次第）

小笠原惣領家の家庭結婚式では、床の間には古来からの飾り物が置かれ、式三献の中心になります。床の間にはめでたい軸を掛け、左右に立花一対を飾ります。横に手がけの熨斗《のし》三方と、お祝いですので丸い赤白の二重餅は陽とし、上の四角いお餅が陰で、陰陽そろえたことになります。松は寄《よ》り代《しろ》で松を伝わって神様が来ると考えられています。

松にあげ巻き結びをします。神社の幕や相撲の土俵の上の幕もあげ巻きでとめてあります。古代の子どもの髪を左右に結いあげ結んだのが始まりで、死者の霊魂から子どもを守る象徴の結びです。中央に島台を飾り、その前に神酒《みき》が入っている瓶子《へいし》一対に雌蝶《めちよう》雄蝶《おちよう》の折形《おりかた》が飾ってあります。その前に長柄と堤を載せた白木の台を置きます。両脇に飾ってある置鳥（雉子《きじ》）と置鯉ですが、日本では鳥の代表の雉子、魚の代表の鯉を使っています。いずれも三方や白木の台に飾ります。

島台

昔は厄除けも兼ねており、大きいですが盃台です。州浜型《すはまがた》といって浜の形をした台に鶴亀をのせ、亀の背には中国の伝説にある、不老不死の仙人が住んでいるといわれる蓬萊山《ほうらいさん》を築き、松竹梅など長寿を表す木や花が立てられ、三枝の松には糸をかけ、鶴の下には米がまかれ、松の枝にはこの鶴の巣がかけられ、仙人の作った不老のお酒が壺の中に入っており、それぞれ衣食住を表しています。共白《ともしら》髪《が》になるまでと願いをこめて、翁《おきな》・媼《おおな》を飾って変化をつけます。手前には三つ重ねの盃を置きます。

この島台は、寛永十六年、小笠原惣領家第二十世忠真の島台の図

古式結婚床飾りの一例

面によります。

1 花嫁が介添え役につきそわれて入場します。続いて花婿が入場し定座に座ります。

2 通いが出て式三献の神酒《みき》をこぼす「すて土器《かわらけ》」を介添え役にすすめます。

3 通いは床から初饗の熨斗《のし》三方を捧げとります。

4 嫁、花婿の順に捧げ持ちます。

初饗《ういきょう》の儀

初饗の儀とは熨斗を載せた三方を嫁婿がそれぞれにいただく儀式です。熨斗は神に供えた肴《さかな》である鮑《あわび》をのしたもので、神人共食の思想に基づくものです。

愛敬《あいぎょう》の守袋《まもりぶくろ》

花嫁は自分一人だけで嫁入りするのではなくて、里で祭る産土神《うぶすな》の守袋を胸に掛けて神とともに来ます。この守袋を「愛敬の守袋」といいます。花嫁はこの守袋を外して花婿に渡し、花婿はこれをいただいて床柱に掛けて祀ります。

5 介添えが嫁の愛敬のお守りをはずし三方に置きます。

初饗の儀

6　通いの者が愛敬のお守りを婿に見せ、婿はこれをいただいて、床の間の左に掛けます。

7　本酌と次酌が出て一同礼をします。
床から本酌が雌蝶、次酌が雄蝶を捧げます。

8　末座に持っていきます。

9　末座で向き合います。

神酒移《みきうつ》しの儀

雌蝶、雄蝶の瓶子口をかけた瓶子《へいし》の神酒と長柄、堤の銚子に移し、この神酒で三献《さんこん》の儀を行います。雌蝶、雄蝶は蝶ではなくて蚕《かいこ》の蛾を表し、雄雌が結ばれてやがて繭《まゆ》を作るという種族繁栄を象徴したものです。

10　通いの者が床の島台を嫁の前に持ち出ます。

11　本酌が花嫁に酒をつぎます。

12　通いが肴をのせた押《おさえ》を花嫁にすすめます。

13　島台を婿方に移し、押も同様に移します。

14　雄蝶が雌蝶へ再び酒を加えます。

引渡し

お酒の肴、昆布・勝栗・するめを載せた押《おさえ》の物を運ぶ女房等の給仕によって三献の儀が進められます。

三献《さんこん》の儀

神酒移しの儀

式三献は、古来より伝わる盃事です。陰の式の場合、嫁がまず一盃飲み、その盃を婿に思い差《ざ》します。婿はこれを受けて一盃飲み、さらに一盃飲んで、嫁に思い差します。嫁はこれを受けて飲み、さらに一盃飲んで婿に思い差します。婿は受けて一盃飲んで盃を納めます。この間に押《おさえ》の物が運ばれ、互いに肴をいただきます。このように互いに一種類の肴に一つの盃で三度飲むことを一献といいます。

二献目は、次の盃を婿が先に飲み始め、お互いに三度ずつ飲み嫁で納めます。このときは二種類目の肴が行き来します。三献目の盃は三種類目の肴とともに嫁から始め、婿で納めます。

これでお互いに三度ずつ三盃飲むわけで、いわゆる三々九度の盃となります。このように二人だけで神酒をいただき合うことで、結婚が成立します。

三献の儀

15 本酌、次酌ともに向き合い床の間へ進みます。

16 雌蝶、雄蝶を戻します。

17 酌のものは陰陽結びで帰ります。

18 陰陽結びは夫婦の末永い結合を象徴しています。

一同終礼して、合盃の儀が終了します。

陰陽結び

三献の儀がすみ、本酌、次酌が元のように銚子を持って戻ります。本来ならば、本酌、次酌が交差することは忌まれていますが、結婚のときは二人が交差しながら戻ります。これを結びの酌、または陰陽結びといって嫁婿の末永い結びつきを願うものです。

以上が小笠原惣領家に古代より伝わる結婚の儀の一部です。日本人の結婚に対する思いに触れていただければ幸いです。

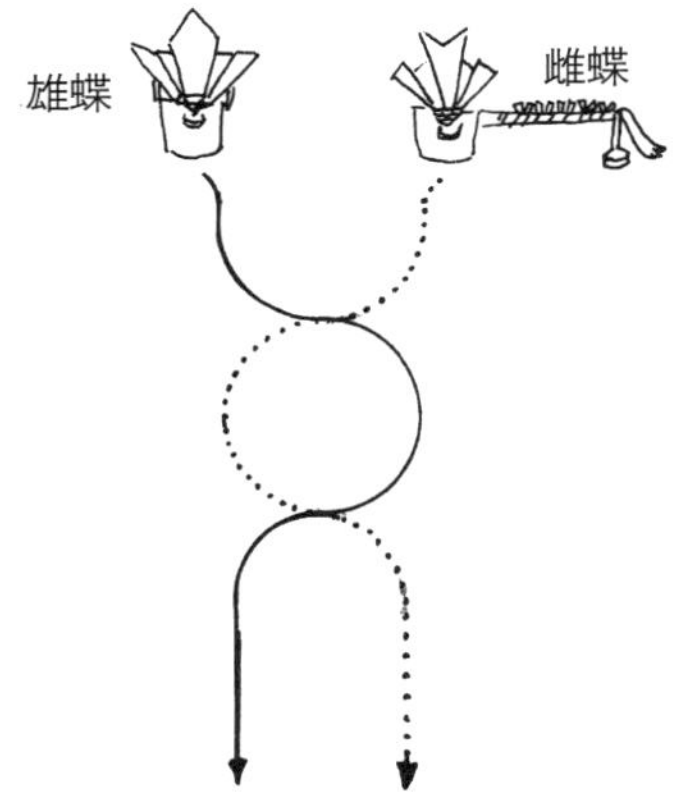

陰陽結びの歩み

十四　結婚記念日

結婚記念日

結婚記念日というものは、年を重ねるにつれてだんだん意義深いものになっていきます。記念日を祝う風習は十九世紀頃イギリスで始まり伝わったものです。日本では夫婦よりも家の絆が強かったために、こうした風習はありませんでしたが、今ではかなり行われるようになりました。

まだ若かった新婚から出発し、数年後には仕事に育児に没頭し、夫婦の間も平穏無事の日ばかりは続きません。いろいろなことが起こり、あるときは夫婦の危機を思わせるようなことも起こったでしょうが、なんとか結婚生活をつつがなく過ごし得た、そんな感謝を込めた意義ある慶事が結婚記念日です。

元来、結婚記念日は夫婦二人で祝うもので、記念日の名称にふさわしい品をお互いにプレゼントし合うなり、二人で祝宴を開くなり、あまり他人を交えないで祝うことが多いようです。

小笠原忠統宗家は「私の記憶では、両親の銀婚式を記念して、兄弟姉妹でサインした銀の花瓶を贈ったように思う」とおっしゃっておられました。

結婚記念日の名称は国によって多少の違いはありますが、夫婦のきずなを象徴してか、薄くもろいものから年ごとにだんだんと強固で硬く価値あるものに変わっていくという考え方は、どの国も同じようです。

一年…紙婚式（ペーパー）、二年…藁婚式（ストロー）、三年…菓婚式（キャンデー）、五年…木婚式、七年…花婚式、十年…錫婚式、十二年…絹・麻婚式、十五年…水晶婚式、二十年…陶器婚式、二十五年…銀婚式（シルバー）、三十年…真珠婚式（パール）、三十五年…珊瑚婚式、四十年…緑玉婚式（エメラルド）、四十五年…紅玉婚式、ルビー婚式、五十年…金婚式、七十五年…ダイヤモンド婚式〈七十五年目までは長すぎるので、普通六十年目で祝うようです〉

銀婚式・金婚式

夫婦の結婚記念日を二十五年目の銀婚式、五十年目の金婚式として祝うことがあります。

これは西洋から始まった風習で、日本では明治天皇、皇后の銀婚式が「大婚二十五年式典」として祝われ、その後一般に広まったといわれています。夫婦そろってのお祝いだけに格別のめでたさがあるわけです。

銀婚式では夫婦とも五十歳前後でシルバー・ウエディングのわけで、結婚後二十五年経った夫婦の健在を祝う欧米の風習で、結婚記念日に行い、かつての結婚式に出席してもらった人には、できる限り出席してもらうことになっています。この日は夫婦も花嫁、花婿と呼ばれ、それぞれの結婚式に用いた思い出の品を身につけ、みんなの祝福を受けます。

金婚式は、結婚五十年目に行う、いわゆるゴールデン・ウエディングで、夫婦はすでに七十歳を超えている場合が多いでしょう。目的や行い方は銀婚式の場合と同じです。

子どもや孫たちなど極く親しい人たちで話し合って、五十年もの長い間連れ添った二人を招いて祝宴を開いてあげるのも、よいのではないでしょうか。

十五　寿賀（長寿の祝い）

寿賀のこと

人生の通過儀礼も、初誕生に始まり、成人を過ぎてから働き盛りを経て、社会での働きも積み重なり、老後に近づいてくるに従って、周囲の人たちからも重んじられるようになってくるでしょう。少しでも長寿を保ってほしいとか、あるいは長い間生き抜いてきたことを祝ってあげたいと思うのは、家族や親しい人たちの願いでもあるでしょう。

長寿を祝うといってもどんな時期を選ぶのかなど、その時代の平均年齢にもよることでしょうが、人生の区切り方にもいろいろな見方があると思われます。

孔子は『論語』の中で人間の一生の中の節目を、

「子曰く、吾れ十有五にして学に志す。三十にして立つ。四十にして惑わず。五十にして天命を知る。六十にして耳順《したが》う。七十にして心の欲する所に従って矩《のり》を踰《こ》えず」

と言っています。

孔子のような聖人は、四十歳ともなれば、自己の学問にも、また人間生活の面においても、正しい方向を歩んでいるという自信があって惑うことがなくなったのでしょう。この四十歳の区切りの不惑、五十歳の知命、六十歳の耳順《じじゅん》などは日本でも年齢の区切りを表す慣用語となり、例えば「不惑を超えたのにまだ迷いの多い人生です」などと使われたりもします。

長寿となった現代では、長寿祝いは数えで、六十歳、七十歳、七十七歳、八十歳、八十八歳、九十歳、九十九歳、百歳というように多彩です。由来等を順に述べてみましょう。

1　還暦の祝い（満六十歳）

昔は四十を初老といったり、五十で長寿の祝いをしたりすれば、今や平均寿命八十歳を越える日本では老人扱いともなり、当人が怒ってしまうでしょう。

還暦の意味は、中国や日本では年数を表すのに十干《じっかん》と十二支を組み合わせて数えていきます。

十干…甲《こう》・乙《おつ》・丙《へい》・丁《てい》・戊《ぼ》・己《き》・庚《こう》・辛《しん》・壬《じん》・癸《き》

十二支…子《ね》・丑《うし》・寅《とら》・卯《う》・辰《たつ》・巳《み》・午《うま》・未《ひつじ》・申《さる》・酉《とり》・戌《いぬ》・亥《い》

例えば十干の最初の甲と十二支の最初の子を組み合わせ、甲子となりますが、さらには干支《えと》（陰〈弟〉・陽〈兄〉）と五行（木・火・土・金・水）も組み合わせていきますので、実際には「甲子」の年になります。

礼法の習い歌に、「還暦の祝いは六十一（数え年）にして、本卦《ほんけ》かへりの祝ともいふ」とあるように、暦が一巡して最初の組み合わせの「甲子」に還るので還暦とか、本卦返りなどと呼びます。

満六十歳の祝いで、六十一回目の誕生日は自分の生まれた年の「干支」に還る、初めに還って赤ちゃんから出直すという意味で赤い頭巾《ずきん》やチャンチャンコを贈って祝うことになったようです。

古式の還暦祝い

床の間にはめでたい掛軸、例えば「寿」の字などを書いた「開寿」などを掛けます。紅白の餅、長熨斗《のし》、神酒《みき》の瓶子《へいし》一対をそれぞれ三方に載せて飾り、男性なら松（女性なら竹など）を中心にめでたい花を生けて飾ります。引き出物には、盃、扇子、袱紗《ふくさ》などに「寿」の字をデザインしたようなものがよいでしょう。

家族と近しい人で、祝いに招いた客とともに祝い膳を囲み、酒を三献《さんこん》することも他の祝いと同様です。祝う側の人は、昔は赤い頭巾や袖なしの羽織などを贈ったものですが、今ではいかにも年寄りじみて、いただいたほうでも困ってしまいます。

贈り物は高価な品というよりは、遊びのある、気持ちを豊かにするような物を選ぶとよいでしょう。一般的には赤色のネクタイ、マフラー、セーターなどもよいでしょう。

内祝い（お返し）はパーティに招待して本人の書いた短冊や色紙を差し上げたり、赤飯や紅白のお餅をお届けしてもよいでしょう。

還暦の祝いは老年に入る関門として、年寿を祝う儀礼の最初のものとして、今日まで広く行われています。昔はこの満六十歳を機に一切公役を退き、家長の地位をも去って隠居するという習慣ともつながっていました。

今日では、事実六十歳といっても働き盛りという方が多いので、社会的に隠居する意味はなくなり、還暦を祝う意味は自分の生まれた年の干支に還るので、生まれ変わってこれから元気で働くための祝いにしましょう、というのが一般的のようです。

六十歳ぐらいのお祝いならば、あまり大げさにならないよう、祝ってあげる本人の意向を十分取り入れた会を心がけることが大切でしょう。

2 古稀《こき》の祝い（七十歳）

還暦から先の賀寿では、古稀の祝いがあります。

習い歌に「七十を古稀の祝いと申すなり、古来稀《まれ》なる意味にとりたり」とあるように、中国の詩人杜甫《とほ》の詩の中に「人生七十古来稀」の句に因《ちな》んだ祝いです。

平均寿命の短かった昔のことですから、七十歳まで生きることは稀《まれ》だったのでしょう。古稀の祝いは現在でも広く行われています。

お世話になった人々が当人を招いて簡略なものにせよ祝宴会を持つという形もみられるようです。

3 喜寿の祝い（七十七歳）

七十七歳の年寿を祝う賀礼です。喜という字を草書体で書くと七十七に字画が似ているのに因んだ祝いです。

この喜寿の七十七歳と米寿の八十八歳はともに同じ数が重なるので、嘉年《かねん》の高齢という意味から年寿をするようになりました。本人の意見を尊重したお祝いの記念パーティを開くのもよいでしょう。そして当日は積極的にお祝いの言葉をかけてあげるのが何よりかもしれません。

4 傘寿《さんじゅ》の祝い（八十歳）

傘寿という祝いはあまり行われなかった祝いですが、七十七歳から米寿の八十八歳までは大分年数があるので、この間にも八十歳の区切りのところで何かお祝いをしてあげたいという気持ちから最近よく行われます。これは傘という字を草書にした「仐」と「八十」とが似ていることに因んだものです。昔は八十歳になると太白（「太白星」の略で金星のこと）の餅を配ったそうです。

5 米寿の祝い（八十八歳）

八十八歳の長寿を祝う儀礼です。米寿は昔からよく行われたもので、「米寿をば八十八の祝いとす。米という字は八十八なり」とあるように、八十八の字を重ねると「米」の字になるので、これも字体から来たものですが、古くからこのように言い習わしてきたものです。

還暦に始まる長寿の年祝いでは、普通最後の祝いにあたりますので、この上なくめでたい祝いとして、親族縁者を招いて祝宴をし、贈答も行われます。米の字にちなんだ引き出物や祝いの品が用いられます。

6 卒寿の祝い（九十歳）

これも卒の字の草書体が「卆」、九十からなっているということで、九十歳を祝う賀礼をこう呼んでいるのです。祝儀のやり方などは、還暦の方法に準じて行えばよいと思います。

この年齢から先の年寿は健康のことも考えて、会場を借りて祝宴することよりも、ご本人のお宅にお祝いに伺うほうがよい場合もありますので、ご家族の方はご本人の気持ちを尊重して進めるとよいでしょう。

7 白寿の祝い（九十九歳）

九十九歳を祝う賀礼です。百に一画足りない、または百の字から一字を引くと「白」という字になるという、これも字体の上のことで、あと一年さらに長寿をという願いの九十九歳の祝いから、こういう呼び名ができたものです。

いずれの場合も長寿を祝うこの上ないめでたいお祝いなので、紅白の餅や赤飯を炊き、親戚、知己などに配り、子どもや孫、近親が集まって祝宴を開くとよいでしょう。

どの場合でもお年寄りの気持ちを尊重して、本人の気が進まないようでしたら取り立てて賀寿の祝いをせず、誕生祝いとして祝ってあげるのも一つの方法です。押しつけにならないよう気を配って差し上げましょう。

百歳以上は次の賀礼があります。

上寿（百寿）の祝い（百歳）

茶寿の祝い（百八歳）…煩悩と同じ数です。

皇寿の祝い（百十一歳）…白（白寿）が九十九、一《いち》を十《プラス》して三十一は王になることから、この上なくめでたい年寿になります。

このごろはだんだんと長生きになってまいりましたので、随分先の年を考えておかなくてはなりませんが、これも長寿を寿《ことほ》ぐお祝いのことなので、この上なくおめでたいことといえます。

これからも日本は世界一の長寿国を続け、百歳から上のお祝いの数も増えていくことでしょう。祝ってあげる本人の健康にも配慮しながら、そう大仰《おおぎょう》な事はせず、その人にふさわしい長寿祝いを考えていくのも楽しいことです。

第九章

日常の心得

1 感じのよい挨拶は心根をしのばせます

「おはようございます」「行ってまいります」「ただいま帰りました」「お先に失礼いたします」「ご機嫌よう」など、挨拶は忘れずにはっきり致しましょう。挨拶は後輩からするものだと決めつけずに、顔を合わせたらお互いに、にこやかに挨拶するようにしたいものです。挨拶を交わすことは、社会全体を明るくします。家庭でも社会でも、いつも感謝の気持を忘れずに、気軽に挨拶できる人でありたいものです。社会に出れば、年齢も立場もそれぞれ違った人たちと付き合うことになり、親しい友達同士でいるようなわけにはいきません。折り目、けじめをはっきりさせ誰にでも分け隔てなく感じのよい挨拶を交わすことです。挨拶に慣れないでスムーズにできない人には、こちらからつとめて明るく挨拶することです。同じ挨拶でも小声でボソボソでは相手の受ける印象も違ってきます。明るく感じのよい挨拶、とくに「どうもありがとう」が、いつでもどこでも言えるような人でありたいものです。年長者から注意されたときでも言い訳はやめて「ご注意ありがとうございます」と先に言えることです。会社人でしたら、社員が外回りから戻ってきたときの「お疲れさまです」の一言や、来客への「お待ちしておりました」の感じよい応対は心根をしのばせる行為でもあるのです。

また自分の仕事から手が離せないときでも、すぐに「はい」と返事をして、相手の言うことにしっかりと耳を傾けることです。席を立つしぐさなどもぐずぐずしていると悪気がなくても相手には、やる気がないと思われ、不快な感じを与えます。全体に言動はきびきびとし、あらぬ不快感を与えないようにするのが賢明です。お茶くみや簡単なコピー取りも、雑用とは考えず、仕事の流れ全体から見て大切なこととしてきぱきと処理することに心がけましょう。返事の遅い人や腰の重い人は、仕事のできない人というより、何事にも気くばりのない人と思われてしまいます。職場では老若男女、社歴もいろいろな人の集まりです。自分の責任ある立場を的確に把握し、日々の成長に努め、社会的地位を一歩一歩築いていく心構えが大切です。

2 言霊といわれる「言葉」

言葉は生きものであり、「魂」を持っているといわれています。「ものも言いようで角が立つ」という諺《ことわざ》のとおり、表現の仕方で思わぬ誤解を招くことがあります。言葉は人から人へと心を伝達するもので、その中には知識、情報、社会規範すべてを含みますから、そういう意味では言葉は人類の文化そのものといえるでしょう。

言葉は人間の思考や感覚や感情を表現する手段であると同時に、

言葉そのものが思考や感覚を形成しています。その言葉遣いの一つひとつが人間性を表すといえるでしょう。自分の使う言葉にもっと細やかな神経を遣えば、思考や感覚まで繊細で行き届いたものになってくるといえるのではないでしょうか。

言葉遣いは人間が社会生活を営むうえでいちばん大事なコミュニケーションの役割を果たすものです。日常生活のごく当たり前の挨拶も礼儀の一つです。最近は、家庭でさえ日常的な挨拶がおろそかにされているといわれます。子どもの頃から「おはようございます」「行ってきます」「ただいま」「おやすみなさい」などの当たり前の挨拶が躾《しつ》けられていないために、社会人になってから挨拶一つできないと言われてしまうのです。

公の挨拶や敬語になれば、礼儀作法の意味合いがもっと強くなり、社会に出てから好むと好まざるとにかかわらず必要になってくるものです。若い人たちは仲間同士では自分たちの言葉でうまくコミュニケートできるのに、そこから一歩外れて社会に出ると言葉遣いに戸惑ったり、聞いているほうが戸惑ってしまったりということがよくあります。それは特に敬語に関していえるようです。日頃から何気なく使っている自分の言葉を見直してみることも必要なのではないでしょうか。

会話でも文章でも、平常はわかりやすく、やさしい、使い慣れた言葉を使うことです。女性には日本特有の優雅な言葉もありますが、努めて上品な言葉を使いたいものです。

また、表情も言葉同様、接し方で与える印象がずいぶん違ってくるものです。表情というものは、人情の機微に通じる奥ゆかしい作用で、特に社会人には最も大切なものです。表情ということに一段と関心を持つように心がけたいものです。

3　美しい敬語の使い方

若い人たちの仲間内の会話は、流行語を操り、言いたいことを率直に言い合い、リズミカルで活気があり、それはそれでよいのでしょうが、社会に出ればどうしても敬語が必要になってきます。

敬語は敬意を表すための言葉ですから、上司、先輩に対して使うのはもちろんですが、同僚でも職場ではその場にふさわしい敬語を使わなければなりません。相手に応じて敬語を使い分けることができないと、人柄や教養を疑われることにもなり、場合によっては大変失礼にもなります。

日頃あまり敬語を使わないで過ごしていると、いざ敬語で話さなければならないような場面に出会うと「○○さんご存じですか」と尊敬語で尋ねられ、「はい、ご存じです」とうっかり自分に敬語をつけて答えてしまったりします。正しくは「存じております」と答えるか、対話している二人より目上の人でしたら「存じ上げております」と答えるべきですが、緊張しすぎてかえっておかしな言葉遣いになってしまうことがあります。

敬語は日本文化を反映した日本語独特の言い回しで、正しく使えば美しい表現方法なのです。実社会において、対人関係の潤滑油としての役割を果たしたり、礼儀作法における慎みを表現するのに、より望ましい形で身につけることが必要になります。

敬語には大きく分けて尊敬語、謙譲語、丁寧語の三つがあります。その形式の多様さに混乱してしまいがちですが、形式ばかりにこだわらずに、日常生活の中で使い慣れていくことが大切です。

尊敬語

直接相手に属するものや行為に対して「お」や「ご」をつけ、「ご家庭」「お店」「お手」「お帽子」などと表現する、割合わかりやすい尊敬語です。

また、目上の人に関係した動作や事柄を、する→なさる、くれる→くださる、などと敬った言い方で表します。

また「お」や「ご」には二つの使い方があり、一つは相手に属するものや行為に「お」や「ご」をつけて、「お宅」「お読みになる」「ご病気」「ご覧になる」と相手を尊敬して言うものと、自分の物や行為でも、それが相手と関係する場合には「お」や「ご」をつけて、間接的に相手を尊敬する言い方で「お待ちしておりました」「お手紙差し上げます」「ご報告いたします」となり、少々難しい使い方になります。

謙譲語

自分の物や事柄をへりくだった言い方で表します。自分をいやしめることで相手を尊ぶもので、ついつい混乱しがちになります。「申し上げます」「まいります」「おります」など自分の物や行為を謙遜《けんそん》して、もらう→いただく、やる→差し上げる、などと相手への敬意を表す言い方になります。

丁寧語

自分の物や行為でも、それが相手と関係のある場合には「お」や「ご」をつけて間接的に相手を尊び「お待ちしておりました」「ご挨拶が遅れまして」「後刻お手紙差し上げます」などと尊敬する言い方になります。

すべてのものや事柄を、あっち→あちら、行く→行きます、などと丁寧な言葉で表します。名詞でも「お勉強」「お仕事」「ご本」というふうに相手にかかわるものには「お」や「ご」を用いたほうが自然ですが、あまり使いすぎてもわざとらしくなってしまいます。あまりつけすぎないほうが好感がもてます。

尊敬語の「ご存知ですか」はうまく使えても、丁寧語で「あなたをご存知ありません」という使い方はなく、このときは謙譲語で「存じ上げません」としなければ言葉になりません。

また、「おコップ」「おワイン」ではおかしいです。変ですが「おビール」はそれでも次第になじんでしまいました。同じ飲み物でも「お酒」は「お」をつけた歴史が長いので「酒になさいますか」といわれると、かえって耳障りに感じます。また「おつけ」などは「御御御《おみお》付」と三つも「お」がついても慣用が古いので抵抗なく聞くことができますから趣が深いです。

〔間違いやすい使い方〕	〔正しくは〕
これから伺って結構ですか。	これから伺ってお差し支えありませんか。
この本を拝見なさってください。	この本をご覧ください。
お寸志いただきましてすみません。	ご厚志をいただきましてありがとうございます。
椅子におかけして待ってください。	椅子におかけになってお待ちください。
どうぞお構いしないでください。	どうぞお構いなさらないでください。

〔親しい間柄で使う言葉〕	〔敬語の言葉〕
です。あります。	でございます。
する。	なさる。
します。	いたします。
見ます。	拝見いたします。
見せます。	ご覧に入れます。
言います。	申します。申し上げます。おっしゃいます。
思います。	存じます。
くれます。	くださる。くださいます。
聞きます。	承ります。うかがいます。
行きます。	まいります。うかがいます。
来ます。	いらっしゃいます。おいでになります。おみえになります。
着ます。	お召しになります。
もらいます。	いただきます。頂戴します。
食べます。	いただきます。(自分)、召し上がる。

	(相手)
借ります。	拝借します。
わかりました。	かしこまりました。承知しました。
しなさい。	あそばせ。なさいませ。
来なさい。	お出《い》でください。いらっしゃいませ。
行きなさい。	お行きなさい。いらっしゃいませ。
帰る。	おいとまする。

〔普通語〕	〔尊敬語〕	〔謙譲語〕
する。	なさる。	いたします。
いる。	いらっしゃる。	おります。
行く。	行かれる。	まいります。
来る。	来られる。	まいります。
言う。	おっしゃる。	申し上げます。
思う。	思われる。	存じます。
たずねる。	おたずねになる。	うかがいます。
食べる。	召し上がる。	いただきます。
知る。	ご存じ。	存じております。
見る。	ご覧になる。	拝見する。

品が良く、すてきな敬語を使うのを聞くと、こちらまでよい心地がします。言葉は心の表れと申して、人の教養や人柄のよさが自然と言葉のはしばしに表れるものです。「……でございます」という言葉が自然に美しく聞こえるのは、その人にとってその話し言葉が生活の中で板についているからです。少しずつ慣れていくことが大切です。敬語は使いこなせばそれだけ自分のものになり、T・P・Oに対応できるようになります。

4 電話での作法

学生時代は友人と電話でおしゃべりを楽しんでいたような人でも、就職したての頃は「仕事の内容がよくわからないので、何か聞かれると困る」とか「どういう言葉遣いをすればよいか、敬語が正しく使えるかどうか」などが気になり、机の上の電話を取るのが怖いといいます。

電話はお互いが見えないだけに、声の調子で相手がわかってしまうものです。「すみません」「ありがとうございます」を少し頭を下げながら話すと、相手にその思いが伝わります。電話を受けたときもかけるときも、きちんとした姿勢をとり、いつも明るい声でゆっくりと正確に話すということをまず心がけたいものです。

電話を受けたとき

電話のベルが鳴ったら、なるべく早く出ます。もし三回以上鳴らしてしまったら、「もしもし」よりも初めは「お待たせしました。○○です」と言って出るほうがさわやかです。「○○さんをお願いします」と言われたら、「失礼ですが、どちらさまでいらっしゃいますか」と相手の名前を聞き、「△△ですが、○○さんをお願いします」と言われたら、「△△様でいらっしゃいますね」と相手の名前を確認します。そして「少々お待ちくださいませ」と言って取り次ぎます。

このとき明らかに私用の電話とわかるとき以外は「いつもお世話になっております」と言い添える心遣いも忘れないようにしましょう。当人が留守のときは「申しわけありませんが、○○は出かけておりますが」というだけでなく、「いかがいたしましょう。何かおことづけでもありましたら」と聞くと親切です。そのときのためにも、職場でも自宅でも電話のそばにメモとペンを用意しておくとよいでしょう。

電話をかけるとき

ベルが鳴って相手が出たら「もしもし」よりも「○○ですが、△△さんでいらっしゃいますか」と先に名乗って相手を確認します。そして、「今、お話ししてもよろしゅうございますか」と相手の都合を聞いてから話し始めましょう。

特に他家に電話する場合、早朝、深夜、食事どきは避けますが、朝の九時前だったら「朝早くから申しわけありません」、夜の八時以降なら「夜分に申しわけありません」という言葉を添えるようにします。相手が自分より年長の人であれば「お呼びたていたしまして申しわけありません」という言葉を忘れないようにします。

受話器は、電話をかけたほうが先に置くのが原則ですが、相手が年長者の場合は、少し間をおいてから手でそっと切るようにするとよいでしょう。話が終わったか終わらないうちにガチャンと向こうから切られてしまうと、電話をかけた目的は果たしているのに、何か物足りないような気がしてしまいます。話がすんでも、受話器をすぐに置かないで、一呼吸おいてから静かに下ろして切る心遣いも大切です。

5　「目立たぬことが最上」とする真意

供養《くよう》の礼

社会における礼儀作法は複雑なように見えます。上司を立てることは必要ですが、行き過ぎると単なるゴマスリとなってしまい、自分を主張し過ぎると、出る杭《くい》は打たれるのたとえ通りになってしまいいます。忘れてならないのは、上下関係とはいえお互いの心遣いの在り方が大切になります。

組織の中で礼儀作法が問われるとき、古い惣領家伝書には、上を育むことを「供《く》」、下を育むことを「養《よう》」というとあります。上を戴せて謙譲にするときには「供《そな》える」とか「供《とも》をする」ことになります。「供《おそなえ》」という字は上を育むという意味があります。また、「養《やしなう》」とか「子を養う」というのは下ではなくても弱い人、力のない人を大切にすることで、体の弱くなった老人を大切にすることを「養老」といい、併せて供養といいます。

「供」と「養」の関係が一体となった供養の人間関係が礼法の基本であることを説いています。

上の者の心遣い

武田信玄や織田信長が生きていた戦国時代の小笠原惣領家の古い伝書には、下の者を立てる作法がきちんと記されています。

例えば、正使と副使の二人が使いに行く場合の作法があります。使いの趣意を相手に伝えるときには、まず副使が正使に「趣意を」と促します。すると正使は副使に「そなたより」と譲ろうとし、少しやりとりがあって正使が先に趣意を述べることになります。もし五か条あれば、正使が二か条だけを申し述べ、三か条は副使の顔を立てて、副使に述べさせるのを作法としています。席次の順序にもその心遣いがあります。

さらに食事の作法でもご飯のお代わりの椀を受けたときは「次の下」の者がお代わりの椀を受けるまでは「少し待つ心して」ほかの菜などを食べ、下座の人が椀を受けてから自分の椀に箸をつけることなどを説いています。このように、上位に位置する者が常に下位の者に対して心遣いをするところに、日本の伝統の礼儀は成り立っているのです。

下の者の心遣い

下に位置する者は、やはり上下関係の中で上の者を立てるのが心遣いです。伝書には「惣別（大体が）人は身の程よりも過分に振舞うこと然るべからず。末重き物はかならず折ると云えり」、「上をかろしめ、おのれをさきとするたぐい、もっともあるべからず」といった教訓が繰り返し説かれています。そういった上下の秩序のほかに、モラルとして長上を敬う心が説かれてもいます。

また、下位の者が上位の者に対するとき「主人の御気に合い候わんとするは悪し」として上の気持ちに迎合すること、いわゆるゴマスリは礼を外れることとして戒めています。これは上を敬うことではなく、自分が気に入られ自分が得をしようとするもので、礼を外れるものだとしているのです。そして、このような人間は自分を目立たせようとして「前きらめきなる」ことを言うので人にも憎まれるとして、このような自己顕示を慎むことが礼の本質であることを説いているのです。

陪席《ばいせき》

陪席とは身分の高い人と同席することです。目立たないほうが礼儀にかなう場合の一つとして、例えば目上の人とともに顧客の家あるいは会社などを訪れた場合、どのように振る舞えばよいのか迷うことがたくさんあります。

相手先の人を立てる

自分一人で訪ねるときと違って、まず玄関を入るにもどちらが先に入ったらよいか迷ってしまうことがあります。相手の主人が迎えに出ているときと、そうでないときによって違ってきます。相手が迎えに出ていないときならば、まず自分でドアを開けて目上の人を通します。引き戸などの場合は、外側から引いて目上の人を通すようにします。

ベルなどを押して相手が出迎えに出ている場合などは、目上の人を立てる礼儀をとると相手への礼儀が欠けることになります。このときは、目上の人自身が開けて先に入るようにし、自分は後から入って扉を閉める役にまわるようにします。履物を脱ぐときには、目上の人を先にして、自分も上がってから少し体を斜めにして相手に背を向けないように気を配り、二人分の履物を靴脱ぎの少し脇のほうへ寄せて、そろえ直すようにします。

客としての立場をわきまえる

主人が自ら応接間へ案内してくれるようなら、相手先の主人、目上の人、自分の順で部屋の入り口まで行きます。相手がドアを押さえて目上の人を先に通す礼をしてくれたときには、目上の人に続いて部屋に入りましょう。ここで気を遣いすぎて相手を先に部屋へ入れようとすると、かえって客としての立場から出すぎてしまうことになります。

部屋に入り相手に挨拶をするときは、自分が相手に面識がある場合には、主人に目上の人を紹介することもできますが、そうでない場合には、目上の人の挨拶が終わりその場で紹介されないようなときには、目上の人について静かに礼をするだけにします。自分から名乗ったり、挨拶をするとかえって出すぎることになります。話の途中で「今回の仕事はこの者に担当させますのでよろしく」というような紹介があって初めて自分としての挨拶をし名刺も出します。

名刺は自分から出す

名刺を出すときに、先方の名刺をまずもらおうとするのは失礼です。「ご高名はかねてより存じ上げております」というような気持ちで対する心からいえば、自分の名刺は出しても相手の名刺は出されたらありがたくいただくというほうがかなっています。

相手が名刺を出してくれたら、軽くいただく形をとり、目を通してから名刺入れなどにしまいます。見もしないでしまったり、ズボンのポケットに入れたり、机の上に出しっぱなしにしておいたりするのは大事に扱っていないという素振りになります。またそのまま置き忘れたりするのは失礼も甚だしいことです。心得として「名刺入れだけはよい物を使ったほうがよい」というのも、相手を大切に思うことからきているのでしょう。

目上の人とともに、さらに目上の人に会う場合には、むしろ自分の人格をいったん消すぐらいの気持ちで対したほうが無難です。もちろん商談などの具体的な話題に移ったら、はきはきと応対するほうがよいでしょう。

相手の前で目上の人と話すときは、いつもより敬語や礼儀を控えるほうが相手に対する礼儀になります。相手に対しては目上の人といえども身内です。敬称、敬語を省くことはもちろんです。

茶菓のもてなしがあっても、目上の人が手をつけるまでは控えます。菓子は手をつけたら食べ残しがないようにし、格式ばったもてなしなら紙に包んで持ち帰るくらいの心がけがほしいものです。

用件がすんで部屋を出るときには、相手がドアを開けてくれたなら、目上の人に続いて出るようにし、そうでない場合は自分で開けて先に出るようにします。玄関でも相手が送りに出ていたら自分が先に出た後に目上の人が出るようにして、自分が戸を閉めるようにします。

複雑なようですが、要は分をわきまえるということです。第一は相手先の主人、そして目上の人、自分ということを忘れずに振る舞うことです。

6 茶道の「心」と「作法」

茶道とは客をもてなす亭主の心と、それを受け止める客の心の「叶《かな》い合い」の時間の持続があって初めて生きたものになります。茶道を完成させた利休の残した「叶いたるはよし、叶いたがるはわろし」という言葉は礼儀作法においても大きな意味を持っています。

礼儀の心を説明するのに、茶道の例、特に利休の逸話が多く引用されます。茶の湯は千利休によって「道」として確立され、隆盛を招きますが、その後、利休を凌ぐあるいは拮抗《きっこう》できる人物が現れず、いまだに利休の作り出した体系が変革されていません。それだけ利休が傑物だったということでしょうし、逸話も多く残されています。江戸時代以降、瑣末《さまつ》主義に走った礼法の欠点を茶道が補った部分があるからでもあります。

礼法が瑣末主義に陥ってしまった原因の一つには小笠原惣領家では、その奥儀を「一子相伝《いっしそうでん》」として余人には伝えなかったことにあります。もう一つには、江戸時代、小笠原惣領家は「お止《と》め流」で将軍家以外ではむやみに行うことができなかったことが挙げられます。

江戸時代も五代将軍綱吉の頃になると経済の実権は商人が握り、豪商の金力に頼らなければ武家社会の経済は成り立たなくなっていました。紀伊国屋文左衛門や奈良屋茂左衛門の豪遊が今も語り伝えられているように、町人階級の実力は大名を凌ぐほどになっていました。町人に経済力がつくにつれて、「格式のある礼法」がそれらの人たちに要求されるようになり、その基準となったのが小笠原惣領家礼法だったのです。

「一子相伝」、将軍家の「お止め流」であったわけですから、広まるのには無理があり、自称小笠原流の師範が輩出してくるわけです。江戸時代の伝書にも、小笠原惣領家を出て、浪人をしながら糾法《きゅうほう》を教えて蓄財を図る者がいることにふれ、「何ごとによらず、小しゃくなることを小笠原流とて、習いたる躾《しつけ》のうちに入れ、人に教え申す」と似非《えせ》小笠原流の出現を嘆いています。小笠原惣領家の礼法とは何の関係もない礼法専門家たちは町家の好みに応じてぜいたくで華美な事大主義の匂いの強い「小笠原流」を作り上げ、礼法を煩雑で瑣末主義なものにしていったのです。これが明治時代になって作法教育に取り入れられ、小笠原流は窮屈で堅苦しいものというイメージになってしまったのです。

町屋で求めた「格式のある礼法」が小笠原惣領家とは何の関係もない御家人、つまり武士層によって歪められてしまったのに対し、茶道は江戸時代以降、町人階級の文化として隆盛をみました。利休の死後、秀吉は千家の再興を許しましたが、利休の孫である宗旦は、以後千家は大名家の指南をしないことを原則としたのです。その後、千家の茶道は武家茶道とは異なり、町人の中に深く入り込んで発展したのです。しっかりした体系ができていたために、華美に流れることなく、その心と作法が町人階級の礼儀に大きく貢献することになったのです。

茶道では、客をもてなす亭主の心と、それをしっかり受け止める客の心との交流を「叶い合う」という言葉で表現します。亭主は客の人格やその場の状況を的確に判断し、この客には一生に二度と会えない「一期一会《いちごいちえ》」の心で対するのです。一方、客は亭主の心遣いをピタリと受け止められなくてはなりません。こうした「叶い合い」の時間の持続があってこそ、初めて茶道が生きたものになるのです。

茶の湯と茶会

茶の湯は千利休によって「道」として確立されました。現代において、茶道の細かい作法がやや一般的でない、ちょっとくどすぎるといった点が指摘されるのは、利休以後の体系がいまだに変革されていないことも一因でしょうが、逆にいえば利休の確立した茶道がそれだけの形と精神を持っているものだともいえるのです。

茶道の精神

茶葉は中国から日本に渡来しました。一説によると栄西禅師がその種子を持ち帰ったとされていますが、八一五年、崇福寺の大僧正永忠《えいちゅう》が嵯峨天皇に茶を献上したのが最も古い記述です。また茶道の始まりというのは、室町時代足利義政公の命で大和の僧、村田《むらた》珠光《じゅこう》が、現在も茶の基本とされる「台子《だいす》手前《てまえ》」といわれる方式を編み出したときとされています。珠光は茶の心を「清礼和」と表しましたが、そのひ孫にあたる利休はさらに「和敬清寂」という言葉を茶の精神と規定しました。よく和し、よく敬し、清く寂しくあれ、ということです。

「和」は、「礼はこれを和を用うるを貴しとなす」と同じく調和の和です。対人関係においても、自然の万物の中にあっても、すべてに和することです。

「敬」は尊敬であり、謙譲の礼です。和敬と二文字が結ばれて、平等主義を表す言葉となっています。

「清」は字の如く、清潔を尊ぶものですが、身のみの清ではなく、心の面も併せて清くあることで、精神の高潔が求められます。

「寂」は、寂《さ》びであり、悟りです。和・敬・清の三つが備わって達する境地のことをいうのです。

茶会の要素

茶の湯の精神は、茶会という場を得て初めて成立します。茶会の要素は、①人々が寄り合って茶を味わいながら心の交流を持ち、②亭主と客、吟味された茶道具が茶室という限られた空間で取り合わされ、調和し、③亭主が客に茶を振る舞う鮮やかな手前の作法が一服の茶の味わいに興趣を添える、といったことでしょう。

茶道の各流儀が行う茶会には「茶事七式」といってほぼ七種の茶会があり、最も本式で茶道の礼の基本となるのが「正午の茶事」です。

茶会の手順

茶会を開こうとすれば、まず亭主は客に招待状を出し、出欠の確認をとったうえで準備にかかります。

手順は次のようになります。

1　所定の時間の二十分、三十分前に集合します。

2　寄付《よりつき》という一種の待合室で相客のそろうのを待ち、ここで服装を整えたり香煎茶か白湯をいただき、合図を聞き、正客を先頭に露地へ出ます。

3　つくばい（石の手水鉢《ちょうずばち》）でしゃがみ、手を洗い口をすすいで清めます。

4　茶席のにじり口から静かににじり込み、はいてきた草履《ぞうり》をそろえます。

5　客に炭をつぐところ（炭点前）を見せ、香をたきます。

6　煮物、焼き物、吸い物、八寸からなる懐石料理が出てお酒が三献、後に香の物と湯桶《ゆとう》で懐石が終わると菓子が供されます。

7　中立ちとなって、客はいったん茶室を出て露地の腰掛けに戻り、亭主は床の軸物をはずし、花を活け濃茶と薄茶の準備をすませ、銅鑼《どら》を鳴らし客を招じます。

8　客は再びつくばいで手水を使ってにじり入り、花、花入れを拝見、濃茶が点《た》てられます。濃茶の点前中にはみだりに話しかけないようにします。茶器を拝見します。

9　後炭を入れ、薄茶に移りますが、このときは主客ともにくつろいでもらい、干菓子、薄茶をいただきます。

現在、一般に茶会と呼ばれるものは、この薄茶を独立させたものがほとんどです。

10　挨拶の後、客は寄付に戻り、客同士での挨拶を交わして、各々の家路につくことになります。

以上で約四時間程度を要します。現代では大寄せの茶会といって、百人、二百人が寄り集まることが多いのですが、本式の茶会は以上のようなもので、客も四、五人ほどです。

諸流によって作法が細かに異なります。時と場合によって、よく知っている方に尋ねるなどして、礼儀の心をもってこれに当たりましょう。

小笠原家古流の起原と伝統

室町時代、足利義政公の命で大和の僧、村田珠光が日本茶道の基をなし、上流武士を中心とした茶の湯を一般の人にもと心をくだき改革しました。珠光のお茶には道徳が加味され「わら屋に名馬つなぎたるがよし」と侘《わ》びたわら屋と立派な馬との対照美を見出し、上流武士を中心とした絢爛《けんらん》な茶の湯から、侘《わ》び、さびの茶の湯を取り入れた奈良流茶道を起こしました。

珠光は数多い高弟（大名）の中から古市播磨守澄胤《ちょういん》（小笠原古流祖二代）を一の弟子として、神髄を託しました。あらゆる文化に才能を現し、当時の一流教養人とも伝えられ、茶儀の形式よりも茶を学ぶ者の心の在り方に重きを置いた、珠光の書簡や教書等を心の諭として意志を継ぎ、「仏法も茶の湯の中にあり」と、茶禅一味を説いた教理を心の支えにし、珠光流の茶の湯を修め、流派を成しました。

小笠原家古流

「我執を戒め、我が心の師とすることなく我が心の師たれ」「初心の者が巧者を妬んだり、巧者が初心の者をみくだしたりすることの無いよう」「心の文」として戒め、控えめな茶人の心が茶を催すおりに、侘び、さびの形となって自然に現れることを念願した教理を深く心に留め、珠光の茶教を広めました。後に侘茶《わびちゃ》を発明した武野紹鷗《じょうおう》が珠光の弟子の十四屋宗悟について茶の湯を学びその弟子に千利休が現れ、江戸時代に入ると三千家ほか数多くの流派も興りました。小笠原家古流は小笠原藩主（小倉城入城より）に仕えてきました。

三十二世小笠原忠統先生は十六代総裁兼務の家元として流儀発展にご尽力くださいました。

小笠原流惣領家煎茶道

隠元禅師は、中国の禅僧で、日本黄檗《おうばく》宗の開祖。一六二〇年に出家し、三七年に中国の黄檗山万福寺の住職になり五四年、長崎興福寺の逸然性融《いつねんしょうゆう》らの重なる願いで来日を決意。六十三歳にして弟子二十人あまりを伴い興福寺に入りました。後に、江戸に向かい将軍家綱の尊信を受け、生涯日本にとどまって、後水尾天皇の庇護の下、宇治に黄檗山万福寺を建立。中国と山号寺号も同じく建築や生活様式まで明風の独特の明朝の禅を伝えました。その影響は仏教各派に及び、書にもすぐれ弟子の木庵、即非《そくひ》とともに「黄檗三筆」とうたわれ、中国式煎茶（喫茶法）も伝え、煎茶道の象徴としての地位を占めました。なおインゲンマメは隠元が伝えたとされますが、正しくはフジマメだったといわれます。

「小笠原流惣領家煎茶道」は、初代小倉城主、小笠原忠真侯が隠元禅師の愛弟子、即非禅師より手ほどきを受けたのが始まりです。

小笠原流惣領家煎茶道

即非禅師は隠元の印可を受けた中国僧で一六五七年に来日、長崎の崇福寺にとどまり活躍、宇治の本山の隠元、木庵の下に参画して教化に努め、帰国にあたり小倉城主の小笠原侯に請われ広寿山福聚寺を開山させました。即非如一《そくひにょいち》禅師《ぜんし》が最初の和尚で、境内にはお墓もあり、小笠原惣領家の菩提寺でもあります。中国文人がたしなんだといわれる煎茶道は自分を慎み、相手を思いやる心は礼法と同じです。煎茶の味・香・色を楽しみ、その場に合ったお菓子の取り合わせなどに心を配りながら楽しみます。

7 手紙の書き方

電話ではよくおしゃべりする人も、手紙となると字の上手下手や文章構成を気にしたりしているうちに機会を失い、あとあとまで負い目を感じるということはよくあります。字の上手下手や文章上のことは二の次で、要は普段の言葉でもよいから心のこもった手紙を億劫がらずにそのつど書くことです。

今では年賀状などもほとんどが印刷にまかせていますが、余白に少しでも自筆で書き添えてあると、ほのぼのと心が通ってきます。大切なのは手紙にどう心を込めるかということです。

昔はややこしい手紙の書き方がこと細かく決められており、小笠原惣領家の原典ともいうべき「礼書七冊」という伝書はその中の二冊が「書礼」といって、書簡、感状、安堵状、目録などの書き方に費やされています。主君の手紙一本でその家の禄高が上がったり、切腹させられたりする時代でしたから、書き方に神経を遣うのも無理のないことだったのでしょう。ですが、伝書の中にある同輩間の手紙の雛型を見ると、意外に簡略で要を伝えているのに驚きます。「その後は久しく拝顔にあたわず候。本位に背き候。何等の事共候かな。御暇の時分参り申し入るべく候。此辺御通り候わば光臨希う所に候。諸事は面上の時を待ち候。恐々謹言」という短いものです。現代風にすると、

「その後心ならずも久しくお目にかかる機会がなく残念に存じます。お変わりありませんか。お暇なときに一度お訪ねしたく存じます。あなたももし私の家の近くをお通りになるときは、ぜひお立ち寄りください。いろいろお話ししたいこともお目にかかりました折に。敬具」というようになります。

無沙汰《ぶさた》の侘《わ》び、近況伺い、訪問の予告、来訪の期待などを短い一通の手紙の中に収めています。「諸事は面上の時を待ち候」の数語には、再会への期待を込めた余情も含まれています。

手紙というのは文字を書いて送るもので、一定の形式があります。そのうえで必要な挨拶を盛り込みます。そのような基本を踏まえて一通り例示してみましょう。

Ⅰ　前文

①頭語と書き出し…手紙の最初に書く言葉、一般には「拝啓」で始まる挨拶です。これを省略したり簡略したりするときは、「前略」にします。女性の場合は、「一筆申し上げます」などの書き出しも使われます。頭語は一字下げにせず、行の最初から書き、頭語の後は、一字あけて次を書きますが、主文が短いときは、別行にしてもよいです。頭語の後に前文の挨拶が続きます。

②時候の挨拶…そのときの時候に触れ「早春の候」のようにしてそのまま次に続ける形と、「寒さも緩み、一雨ごとに春めいてまいりました」のような短文の形とがあります。季節感と結びついた日本人の心は時候の挨拶を大切にします。

③安否の挨拶…相手の安否を尋ねる。さらに自分の消息を伝えるなど、主文への導入の部分。「皆様お変わりなくお過ごしでしょうか。お伺い申しあげます」、少し堅いのでは「ますますご清栄のこととお喜び申し上げます」。安否の挨拶、自分側の場合は無事だけを知らせます。「なお私どもも一同無事過ごしておりますからご休心ください」などとします。

・感謝の挨拶：日頃受けている恩顧を感謝する場合に書きます。「日ごろは何かとお世話になり、お礼の申し上げようもございません」など。格式張ると「毎々格別のご高配を賜りありがたく厚く御礼申し上げます」などとなります。

・疎遠の陳謝：平素ご無沙汰していれば、その事に触れて陳

謝します。「その後久しくご無沙汰いたしましたこと、心からお詫び申し上げます」など。

・迷惑の陳謝：「いつも何かとご迷惑をお掛けし申しわけございません」など手紙を書くまで迷惑をかけていれば、それについて陳謝します。

・返信の挨拶：返信の場合は頭語を「拝復」とし、時候の挨拶を省いて、「このたびはご丁寧なお手紙を頂き、ありがたく拝見いたしました」など。その後、相手方の無事を祝福して「ますますお元気でご活躍の趣、お喜び申し上げます。」などとします。

・未見の挨拶：面識のない人に初めて宛てる場合は、時候の挨拶を省き、頭語から未見の挨拶に入ります。「まだお目にかかりませんのに、突然のお手紙を差し上げる失礼お許しください」などとします。

2　主文（用件）

④起辞…手紙の本文で、用件を伝える主要な部分を書く際、「さて」「このたび」などの類を用います。必ず行を改めて書き、一字下げにしてもいいのですが、格式張った場合は下げないこともあります。また主文の中で別の用件に移るときも、行を改めた最初に用いたりもします。

⑤主文…手紙本来の用件を書きます。内容を整理し、文脈を整え、用件が正しく伝わるように書きます。目上の人に宛てる場合は特に丁重に、「ます」で統一するようにします。同輩でしたら「です、ます」を普通に用い、目下や親しい人には「ますね、ですよ」の形を用いてもよいでしょう。

敬語の用い方も尊敬と謙譲を正しく使い分け、「お書きになる」「書かれる」など敬う言い方が尊敬表現で、「お書きする」「お書き申し上げる」などへりくだる言い方が謙譲表現になります。手紙文は相手方に用いる語と自分側に用いる語と異なりますから注意しましょう。

3　末文（後文）

⑥自愛の挨拶…本文の終わりのほうで、相手の健康への気遣いの言葉、相手方の無事を祈る「季節の変わり目、ご自愛のほどお祈り申し上げます」「寒さに向かう折、くれぐれもご自愛下さい」「とりあえず御礼まで」など。末文の挨拶のうち一つだけ書くとすれば、自愛の挨拶がよいでしょう。相手方が会社などの場合は、自愛の挨拶は書かないで、発展を祈る言葉「末筆ながら貴社の一層の御隆盛をお祈り申し上げます」などとします。

⑦伝言の挨拶…相手方によろしく伝えることを述べる挨拶。

「ご家族の皆様にもよろしくお伝え下さい」「末筆ながら、ご主人様（あるいは奥様）へよろしくお伝え下さい」などの類で、他の家族などへの気遣いを述べます。

⑧要旨のまとめ…主文の内容について、締めくくりとして念を押す部分。別行にして書き始め、一字下げにするかしないかは、主文の起辞の書き方と同じにします。結びの部分でもあり、一般的には「右とりあえずご案内申し上げます」、簡略にする場合は「右とりあえずご案内まで」としてもよいでしょう。「いろいろご迷惑お掛けした事、重ねてお詫び申し上げます」と迷惑の陳謝や、乱筆の陳謝は「取り急ぎ乱筆の段、どうぞお許し下さい」、悪文の場合は「長々と勝手な事ばかり書き連ねましたこと、幾重にもお詫び申し上げます」など。そのほか返信を請求したい場合は「折り返しご返信を賜りたくお願い申し上げます」などとし、後日の約束として「詳しくはいずれお会いしたときに申し上げたいと存じます」などがあります。

⑨結語…手紙の最後に書く言葉で「拝啓」に対して「敬具」、「前略」に対して「草々」。女性の場合は「かしこ」など、若い人なら「さようなら」などで結ぶのもよいでしょう。

本文の最後の行の下に書きますが、本文が下まである場合には次の行の下に書きます。

4 後付け

⑩日付…その手紙を書いたときの年月日「平成二十年四月八日」のように書きます。書く位置は本文の後で、行を改めて本文よりも少し下げ、やや小さい字で書きます。

⑪署名…その手紙を誰が書いたかを明らかにするため、書いた当人が氏名を署名します。原則として姓と名を書きます。署名は日付の行の下または次の行の下で、書き終わりが本文より一字分上ぐらいで止まるように、やや大きい字で書くようにします。

⑫宛名…その手紙を誰に宛てたかを明らかにする部分です。原則として姓と名を書いて敬称をつけます。武士の社会では相手との地位関係が基本でしたので、殿、様の字だけでも真、行、草の書き方があり、目上の人の名を書くときは黒色をさらに濃くしたりもしたようです。宛名の氏名は署名の次の行の上で、日付より上、本文より下のところから、署名よりも大きい文字で書きます。目上の人に対しては、本文と同じ高さまで上げて敬意を表し、宛名の左下に「侍史《じし》」「机下《きか》」、父母に対して「御前」、女性に対しては「御前に」「御許《みもと》に」など脇付けを添えることもあります。直接相手に書くことを遠

慮して、取次ぎの人にという意味の気持ちを添えたものですから、今ではこの脇付けにそれほどこだわることはありません。あまり仰々しくて、相手に窮屈な印象を与えかねません。また、あまりたいした用事でもないのに「親展」とか「御直扱」と書くのもいかがでしょうか。特に目上の人には避けたいものです。

脇付けの例として「侍史」は目上の人に対して最も一般的で、そばに侍する秘書役や書記を指す言葉です。「秘書役を通してお届けしいたします」「そばに置きます」という意味で「尊下」「御前」とも書き添えます。「机下」は同輩に対して用いる「お机の下へ置きます」という意味で「案下」「玉机下」とも添えます。

⑬敬称…宛名には「様」などをつけましょう。

5　副文

⑭追伸…本文で書き漏らしたこと、補足などを書き加えるなど、本文に準じて書き加える場合に用います。または本文とは別の用件で本文とは一緒にしないほうがよいこと、特に注意を引く必要のあることなど、本文よりやや下げて、追伸などの頭語を書き、その後一字分あけるか、別行にして、本文よりやや小さい文字で書きます。

封筒

便箋《びんせん》に書いた手紙は、封筒に入れます。封筒の表に受信者の所番地・氏名を書き、敬称などを添えます。裏に発信者の所番地・氏名・日付を書き、封をしたところに封字を書きます。

〈表書きの書き方〉

枠内に郵便番号を書き、右側に受信者の所番地を書きますが、長くて二行にわたる場合は、市・区・町・村・番地などの区切りで改行し、一行目より少し下げて書きます。受信者名はほぼ中央に、所番地より大きく、間をやや離して書き、同じ大きさで「様」などの敬称をつけます。「侍史」などの脇付けを添える場合は、受信者の左下にやや小さく書きます。

〈裏書きの書き方〉

郵便番号の枠が上にあればその下に、下にあればその上に発信者の所番地と氏名を書きます。日付は上方に、所番地より小さく書きます。角封筒を縦に使う場合は、三角の蓋が向かって右からかぶさる形にします。

〈封字の書き方〉

封筒の封をしたところにまたがるように「〆」などの封字を書きます。

出欠の返信

案内状や招待状を受けたのに対して、出席か欠席かを伝える返事の場合、出欠が決まったら、さっそく返信用のはがきで返信します。出席か欠席かを丸で囲めば一応は用は足りますが、余白にひとこと書き加えるとよいでしょう。

出席の場合でしたら「○○先生はじめ皆様にお会いできるのを楽しみにしております」「喜んで出席させていただきます」など。欠席の場合でしたら「どうしても都合がつかないので、やむを得ず欠席させていただきます。○○先生はじめ皆様には、くれぐれもよろしくお伝えください」「よんどころない用事でやむを得ず欠席させていただきます」などと添え書きをしたほうがその心は通じるものです。

以上が一般的な手紙の構成ですが、何も型どおりに書く必要はなく、相手と自分の関係に応じた、心の通ったものであれば手紙の効用はそれで十分なはずです。

肝心なのは上手に書こうとすることよりも、自然に口をついて出る自分らしい言葉で書いたほうが、かえって味のある文章になります。

手紙の返事やお礼状を早く出すのはもちろんですが、ただ形式的に感謝の意を表すだけではなく、自分がどれだけ感謝をしているかを具体的に付け加えると、その心は相手に素直に伝わり、相手の気持ちもひとしおというものです。

第十章

折形の礼法、贈答の包み・結び

一　折形《おりかた》

1　折形の発生

礼法としての折形は、折紙から始まったといわれます。古代の神祭りなどで、神が依りつく依《よ》り代《しろ》として、また禊《みそぎ》や祓《はら》いを受ける人間の形代《かたしろ》として作り出されたものです。雛祭りの雛人形も本来は禊のための人形《ひとがた》だったものが、江戸時代になって現在のような雛人形に変化したものです。

今では、折紙といっても、鶴や兜《かぶと》などの折紙がすぐ思い浮かびますが、これはもともと儀式のための道具でした。

このような折形や占いに用いられた折紙に、日本独特の美意識や中国から渡来した陰陽思想を加え、神祭りの儀礼のための折紙から贈答儀礼のための折形へと変化させ、現在に伝わる折形の形を編み出してきました。

おそらく最初は神官かあるいは神祭りに携わる人が、手慰《てなぐさ》みのような軽い気持ちで品物を和紙で包んでみたところ、それが意外に美しかったので、次第に多くの人が用いるようになり、一定の作法として定着したものと思われます。

そのような発達過程を経て折紙は折形となり、礼法の体系に組み込まれ、贈答の際になくてはならないものになりました。室町時代には、はっきりしているだけでも四十数種の折紙が完成され、小笠原流として伝えられています。

しかし小笠原惣領家の礼法は、室町の頃も江戸時代も一貫して将軍家の礼法を司り、一般の武家や町方には指南しない「お止《と》め流」でした。また主要な事柄はすべて「秘伝」として代々当主にのみ伝えられたため、その体系の全容は現在でも公にはなっていません。したがって、室町時代に体系が作られた折形も、一般にはあまり縁がないものでした。

やがて江戸時代になって、それまで戦乱に明け暮れた日本も安定した徳川政権の下で平穏が続くと、町方でも礼法が普及するようになります。それは一つには、町人階級が経済的な実力を蓄え、礼儀作法という一種の格式を求め始めたことや、そうした動きに呼応して諸藩の浪人や礼法の素養のある御家人が礼法指南を職業にし始めたためです。

2　折形の普及

江戸時代中期には礼法の普及とともに折形が一般庶民に広まっていきました。これは町民に、折形を生活の中に生かしていく礼法の基盤ができつつあったことにもよりますが、その背景には、当時急速な発達を遂げた和紙の生産と木版印刷の技術があったからです。これによってそれまでは高価で日常の贈り物には使うすべもなかった和紙が比較的手に入りやすくなりました。

「お止め流」である小笠原惣領家の礼法をそのまま使うことは禁じられていましたから、町方に礼法を指南する者たちは、諸流の折形に手を加え、仕上がりの形を少し変えて弟子たちに教えたのです。そんなわけで、江戸末期の折形は総数四百とも五百ともいわれる種類があったと伝えられます。こうして折形は日本の礼法にかかせぬ項目となり、明治に至ります。

明治から戦前までの女学校で使用された作法の教科書は、五点から十点ほどの折形の図が必ず添えられ、女学生たちは立ち居振る舞いの作法とともに折形の作り方も教えられたものです。また昭和の初め頃まで、日本の家庭では奉書紙や半紙が常備され、心づけやいただき物のお返しにも必ず和紙で包んでから手渡す習慣がありました。

折形の復活

折形の礼法が現在ほとんど行われないのは、戦後の混乱に続くいわば日本文化の空白期に、折形の技術が伝えられなかったこともありますが、何といっても日本人の贈答の形体が変化しつつあったことが第一の原因といえます。

明治の末期頃から続々と誕生した百貨店（現・デパート）を代表する流通は、それまでの日本人の包装に対する考え方を大きく変え、同時に包装の変化は贈答の礼儀をも変えてしまいました。そして今では、老舗《しにせ》や有名デパートの包装紙に包まれた品物をそのまま贈ることが当たり前になりました。

折形が作り出されて七百年が過ぎました。その間に連綿と受け継がれた折形という贈答のデザインを私たちは持っています。贈る心の温もりが相手にそのまま伝わる民族の奥ゆかしい習慣ともいえる折形の礼法を、現代に生かしてみてはいかがでしょうか。

3　贈答の心

日本人の祖先は物を包み・結ぶという行為を単なる機能としてだけではなく、包みあがったもの、結びあがったものの形を美化して、物を贈るときや収蔵するときの心の拠りどころとしてきました。

小笠原惣領家礼法の中で、包みや結び、あるいはたたむという項目は、独自の位置を持っています。一般に礼儀作法を考えるとき、つい立ち居振る舞いの面だけを考えてしまいがちです。そうした作法が誕生したのは、相手を気遣う自分の真心を、共通の約束事の中で表現しあうためなのだということは、いままでも強調しているところです。実は折形や水引が表すところもそれと同じで真心が形となったものなのです。

小笠原惣領家に伝わる伝書類の折形や結び方の多くは、清楚な、シンプルな形の中に、物を贈る相手に対して込めた心遣いが表れているのが特徴です。古人はものを美しく折り、包み、結ぶことが自分自身の贈る気持ちを相手にそのまま伝えることだと考えたのだと思います。

包むこと、結ぶことが、すなわち礼儀作法であるわけで、小笠原惣領家礼法の中で、包み、結びが重要視されるのは、そうした理由からなのです。

めでたいから贈る、慎んで贈る、その心はもちろん大切なのですが、現在ではどうもお金さえ届ければ、それで義理が果たせると思い違いをしているような気がします。

私たちは現金を贈る際に「贈る」とはいわずに「包む」といいます。それは「包む」ことによってむき出しのお金が持つ一種の生臭《なまぐさ》さといったものを消し去るのだろうと思われます。

ものを贈る場合も、贈るのは本来こちらの「心」なのですから、その心をどう表すかというところに贈り物を「包む」ことの原点があるのです。

「心」を「形」に表す、小笠原惣領家の包み、結びが拠ってきた礼儀の真心を理解したうえで、自ら包み、結ぶことをする、そうであって初めて身にもつき、力も得られると思います。

小笠原惣領家に代々伝えられてきた雛形《ひながた》には、太刀の柄《つか》包み、砂金包み、硯《すずり》包み、こしょう包み等、今ではほとんど日常接する機会のない折形の数々があり、伝書とともに数百年を永らえてきました。幕府の「お止め流」である小笠原惣領家礼法と同様、これらの折形も一子相伝《いっしそうでん》という宿命のため、ごくわずかの人々の目にしか触れることがなかったのです。

古式の礼法では折形の種類は実にたくさんあり、古来より用いられたものをことごとく挙げますと何百種になるかわかりません。儀式用を省き、慶事《けいじ》、弔事《ちょうじ》、進物《しんもつ》等の折形の種類だけでも四百とも五百ともいわれています。

4 紙について

紙の種類と選び方

ここでは、室町時代に考案され定着した折形と、江戸後期に考案された折形の中から実生活に生かせるものを選び、主に金子《きんす》包みや慶事の進物の包み方を紹介します。したがって、儀式などに用いる儀礼の折形は省いております。

折形に使用する紙は、表包みは奉書紙、中包みは半紙が原則とされています。

檀紙《だんし》は、漉《す》き目に直角にしぼりがあり、独特の風合いを持っています。壇《まゆみ》の繊維を漉いて作ったところからこの名前があり、「みちのく紙」とも呼ばれ、現在では楮《こうぞ》が主原料です。古くからその高貴な雰囲気が愛好され、贈答用として珍重されています。

奉書紙《ほうしょがみ》は、一般に「奉書」と呼びならわしています。「奉書」とは、室町時代に足利将軍の命を受けて執権や奉行が発行する公文書のことで、この奉書に用いた紙を「奉書紙」と呼んだことから発した名です。

手漉きのものから機械漉きのものまでいろいろですが、どちらを使ってもよく、祝儀、不祝儀の贈答に広く用いられています。大きいものから順に、大、中、小の三種があります。奉書には紅《べに》で染めた「紅奉書」もあり、二枚重ねて折ると、白と赤の美しい折形に仕上がります。

美濃紙《みのがみ》は、儀式以外だと、その用途に応じて美濃紙大杉原、小杉原等を用います。さらに簡略な場合ですと半紙を用いてもよいでしょう。奥ゆかしく見える紙質を選ぶようにしましょう。

懐紙《かいし》は、茶会や和服のみだしなみとして欠かせないものですが、小菊判の名称で市販されています。かいしきや心づけの包みに最適です。

そのほかの紙には「もみ紙」があり、独特の風合いを持っています。また四辺を紅で縁取った「縁紅紙《ふちべにがみ》」は、かいしきや粉包みに適し、美しく仕上がります。

紙を折る

和紙にははっきりとした繊維の流れがあり、その紙目を縦に使うのが原則です。特に檀紙は、しぼりの向きが垂直の折り目と直角に使うと美しく仕上がります。

紙の巻き癖は一晩置くと取れますが、急ぐ場合は平らな板などで押さえます。アイロンは和紙の持つ風合いを失わせますので絶対に禁物です。

折形には一枚の紙と二枚（紅・白）で重ねて折る場合があります。二枚重ねるのは慶事が重なるようにと願いを込め、凶事には必ず一枚で用いるようにします。

5 折形の種類

紙幣の内包みの折り方

これから紹介する「金子包み」の中には必ずこの内包みが入ります。

用紙：半紙

古式の場合

(吉事内包み)

紙幣を包み入れる 2

下の長い幅のほうを上に重ねる 3・4

吉事内包み仕上がり 5

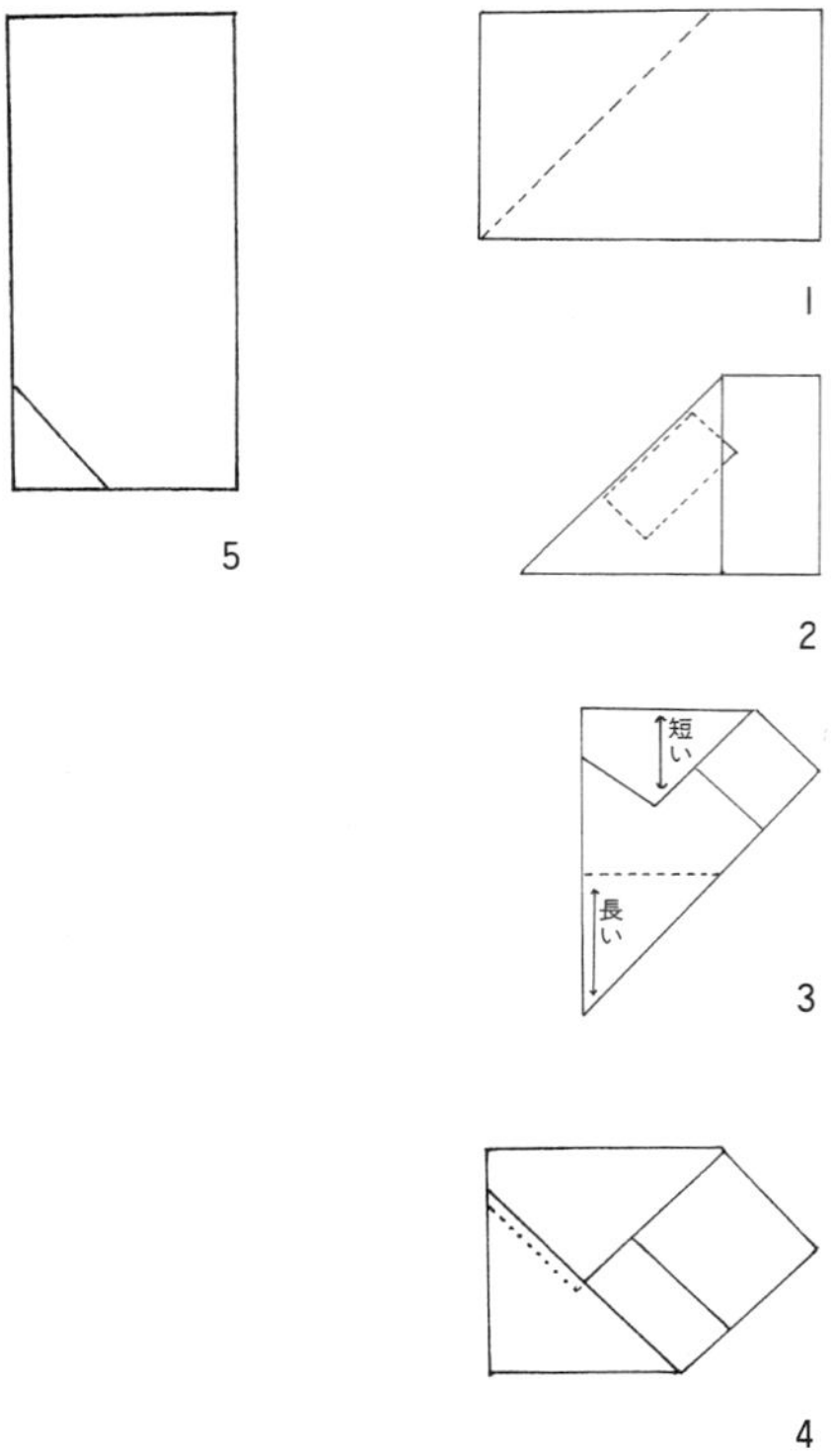

(凶事内包み)

上の長い幅のほうを上に重ねる 3・4

凶事内包み仕上がり 5

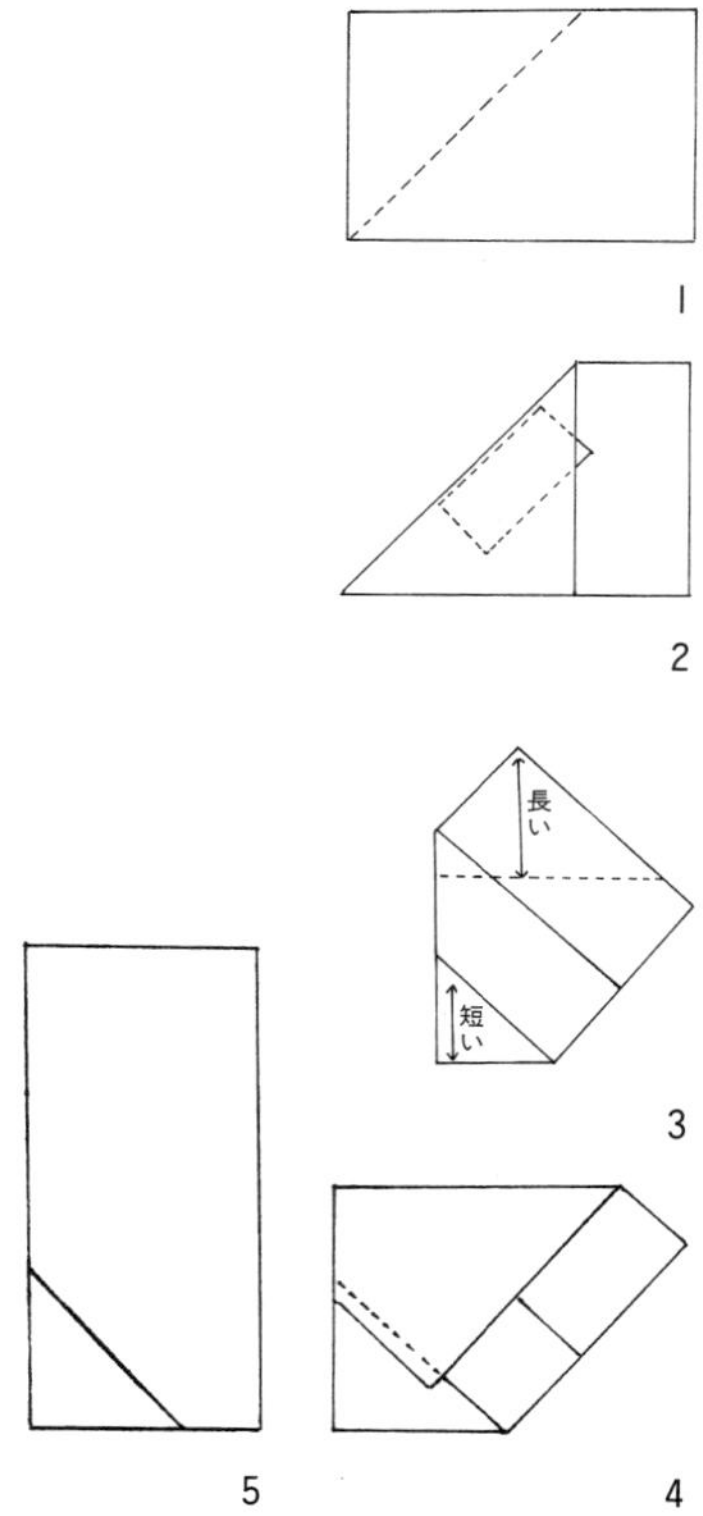

現代の場合

吉事は下を上に 1

凶事は上を下に 2

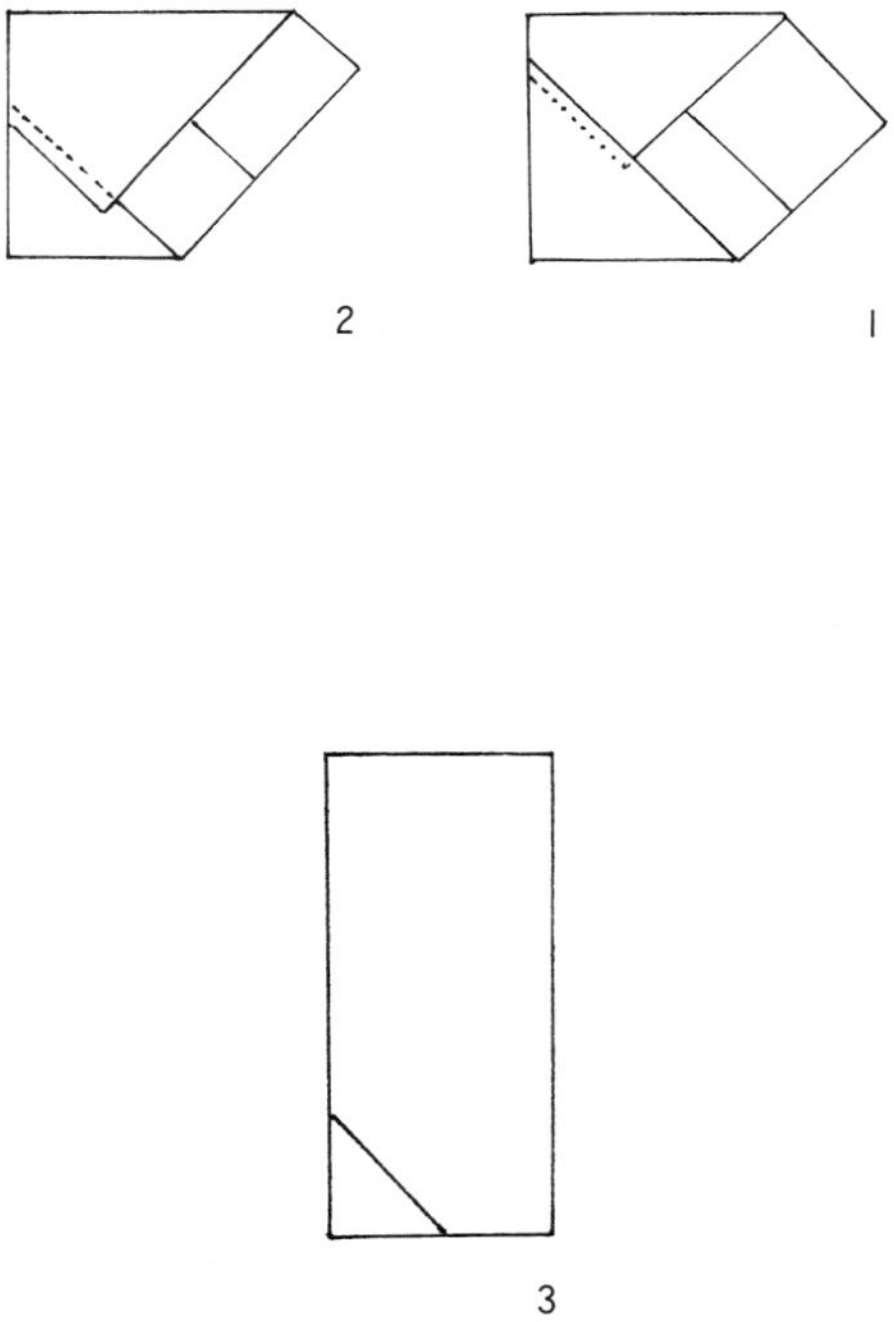

吉事の金子包み

慶事《よろこびごと》は幾度重なってもうれしいものです。その気持ちを表す金子包みは「この幸が何度も重なるように」と願いを込め、福を再び受け止められるよう下側の折り返しを上に重ねて折り上げるのです。水引は金銀・紅白などのめでたい色を使い、鶴を折り出し、熨斗《のし》をつけることによって、贈る人の喜びをいやまし、贈られる人の心を一層引き立てます。折った人の心、折り上げた手の温かさがそのまま伝わるような祝い包みです。

たとう包み

包みとして最も簡単な折形ですが、それだけにゆるぎのない端正な形に折り上げるようにします。吉事にも凶事にも用いることができます。ま結びの水引(陰)と組み合わせれば、金子包みとしては多面に通用する折形です。

用紙：檀紙小半裁・奉書半裁・赤奉書半裁

吉事の仕上がり　下の折り返しを上に重ねる（裏）5

凶事の仕上がり　下の折り返しが下になるように重ねる（裏）6

吉事は子熨斗をつける　7

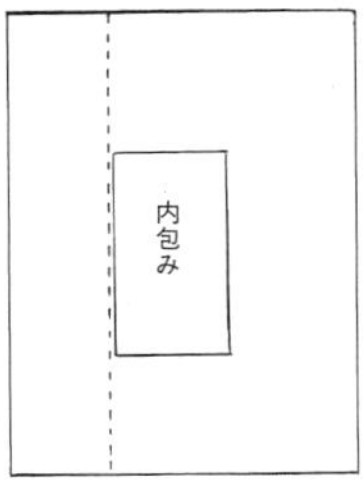

1

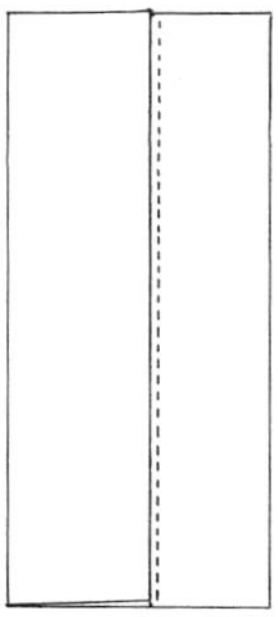
2

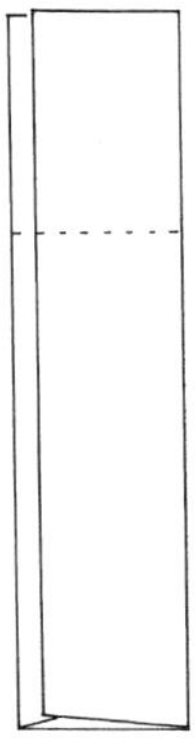
3

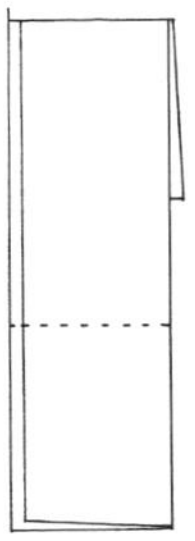
4

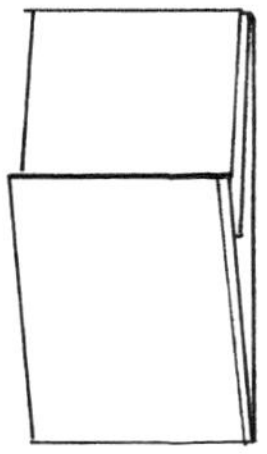
5

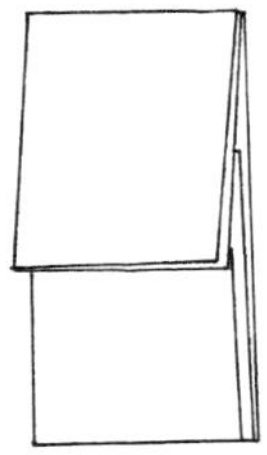
6

7

慶事の折形には、いずれの場合もめでたく赤奉書を重ねて使用しますが、控え目に表に折り出すことが古式からの心得です。

祝い熨斗《のし》包み

中央に熨斗を折り込んだ慶事のための金子包み。熨斗は先様の伸展を祝ってつけるものですので、凶事には用いません。この包みに限って「御祝」や「御礼」は右側に書き、自分の名前は左下に書くことになりますが、これは礼法でいうと目上の方に対する慎みの表現でもあり、目上の方への祝儀包みとしても適した包みです。

用紙：奉書半裁

子熨斗を左右対称に折る　6

仕上がり　7

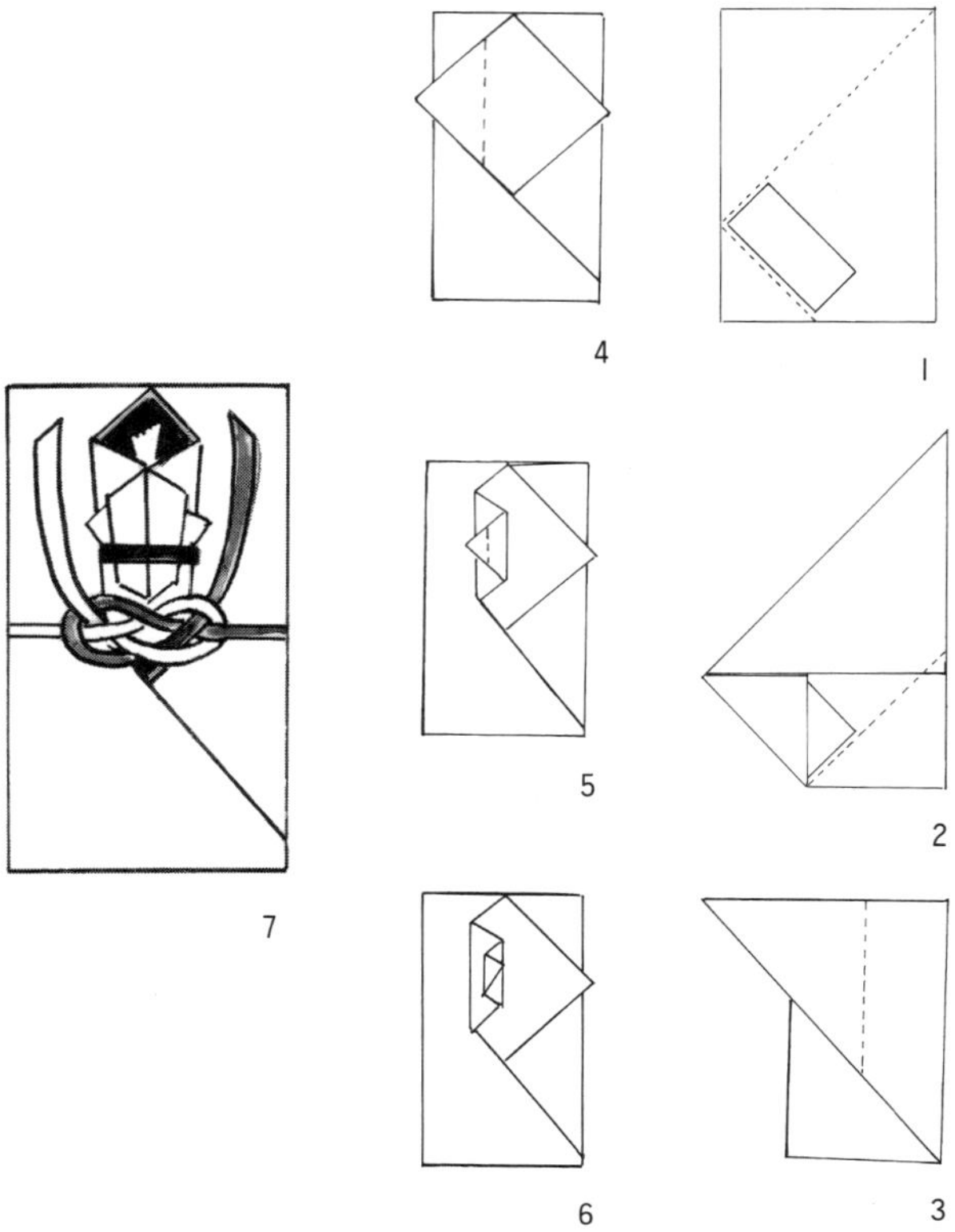

祝い鶴包み

中央に鶴を折り込むと慶事の金子包みです。熨斗はつけませんので成人前の方へのお祝いに適しています。

用紙：奉書半裁

祝い熨斗包みの折り方と最初の三コマまでは同じです。

3/4ほどハサミで切り込みを入れる　3

菱にひろげ鶴を折り仕上げる　4、5、6

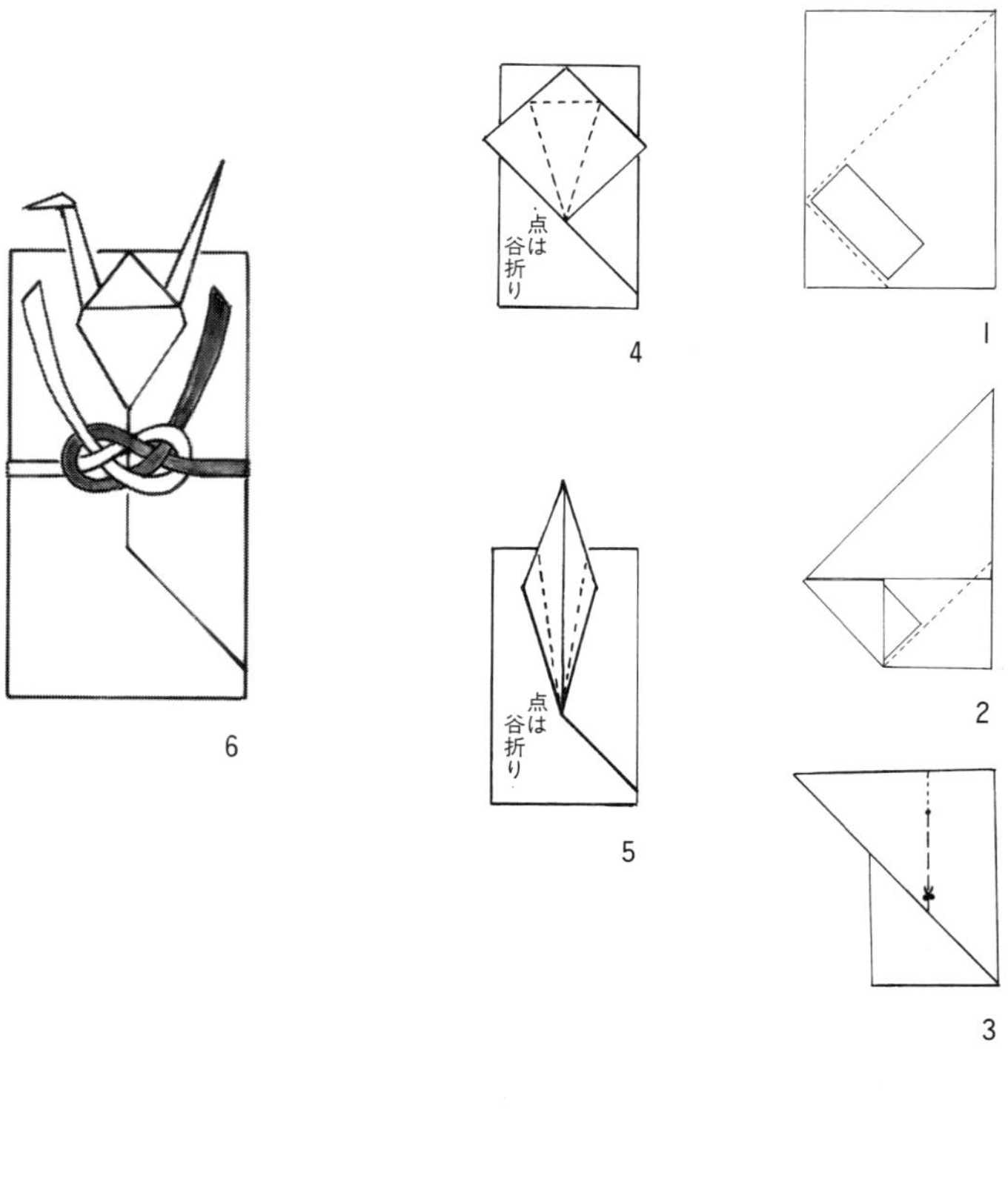

月謝金子包み

月謝にしてもむき出しの紙幣をそのまま渡すのではなく、心を込めて包むのが物事を教わる者の礼儀だといえます。稽古《けいこ》事は師弟の心の交流が生まれて初めて上達するものです。この包みは「万葉包み」の一種で、月謝のほかにも一般のお礼の包みとして気軽に利用できる紙幣包みです。

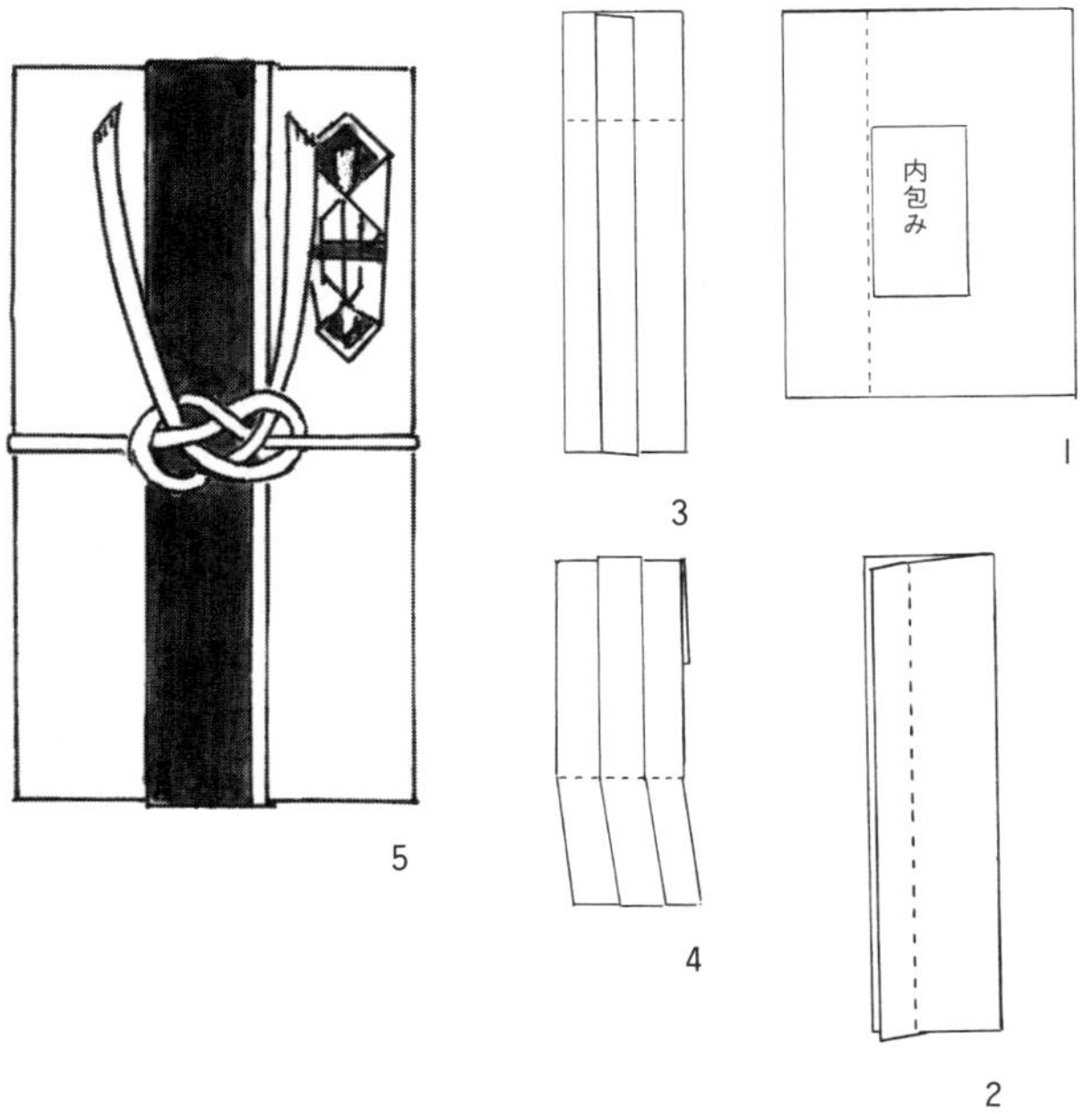

仕上がり。中央に赤奉書が2ミリくらい控えて出るようにする　5

子熨斗をつけ、水引を結ぶと、一般の「御祝」としても使用できます。

万葉の包み

箱などの贈り物を包む包み方を、万葉包みといいます。包む品物の上部に紙の折り目がきれいなデザインで強調されています。箱のほかにもいろいろな品物の包みに使われ、金子包みや布製品の包みなどにも応用できます。日本人は古来、礼儀正しいことを「折り目正しい」といいました。こんな言葉がぴったりの包みがこの万葉包みです。慶事の場合は、紅奉書を二枚重ねにすると色鮮やかに仕上がります。表に出る赤は控え目に折り出すのが作法です。

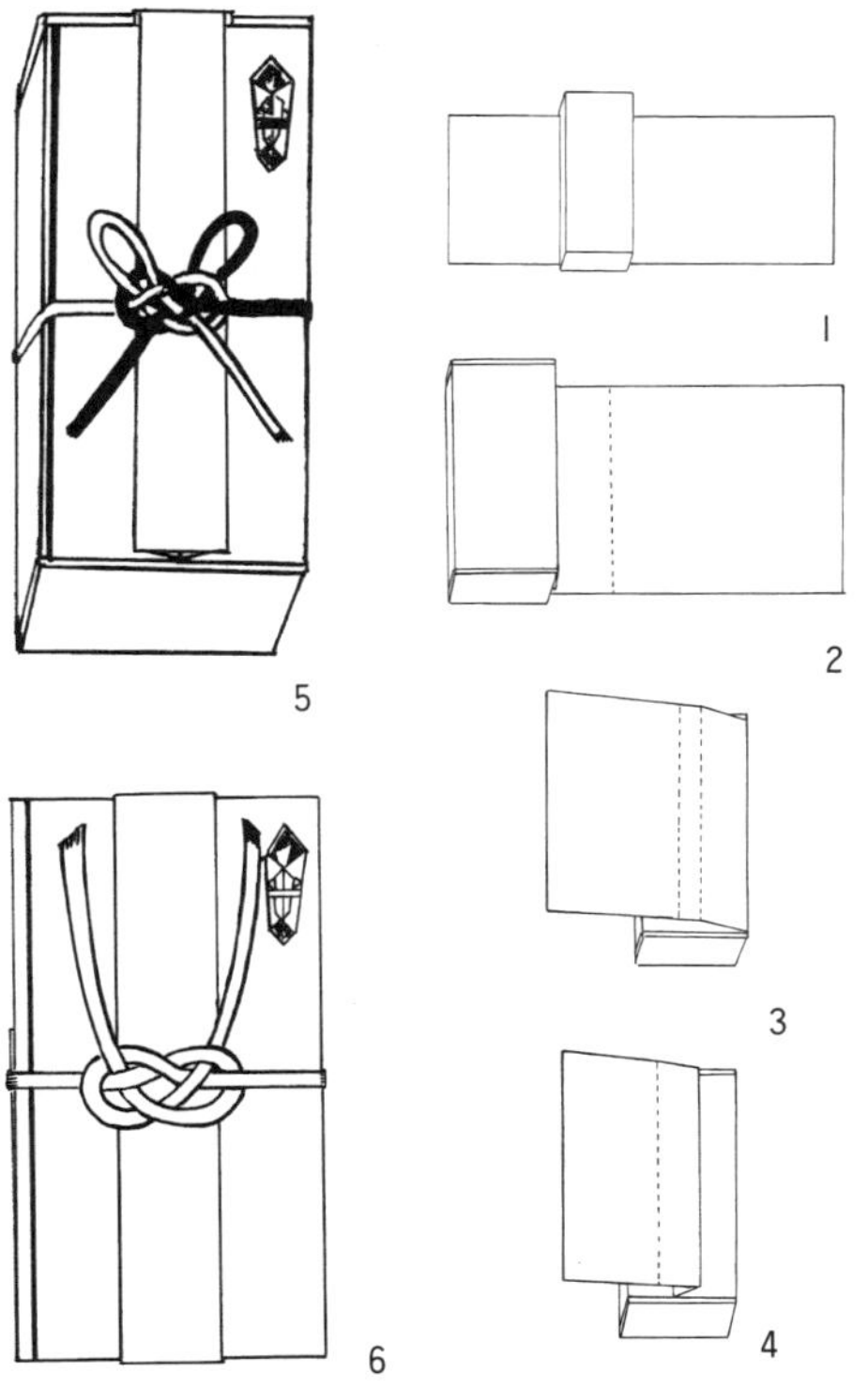

箱の上下が少し見えるように紙の幅を調節して切る　1

紙で箱をくるむように巻く　2　ひだが中央にくるように折る　3、4

仕上がり。右封じした左端に赤奉書が少し出る　5

子熨斗をつけると金子（紙幣）包みとしても格式をもって利用できます　6

万葉包みを応用した金子包み

結納の「御帯料」「御袴《はかま》料」等に使用したりもします。

用紙：奉書半裁

仕上がりは用紙の裏側が表に出るところは赤奉書が少し控え目に見えることになります。

万葉包み同様、格式のある金子包みのうちの一つです。

子熨斗をつけると格式ある祝い包みとして使用できます 6

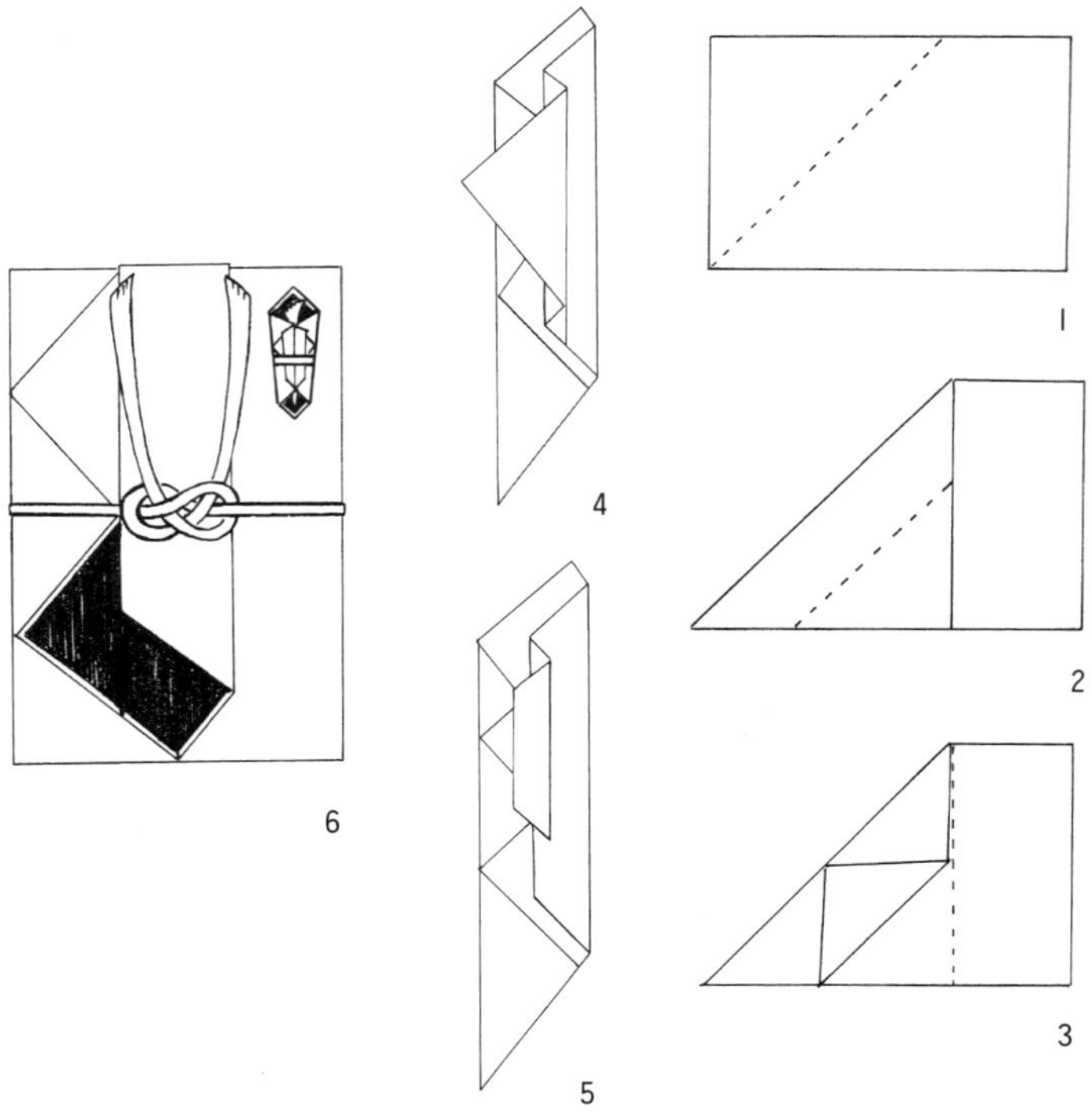

餞別《せんべつ》の紙幣包み

「お元気でいってらっしゃい」「ご無事にお帰りください」という心を込めて、二つの子熨斗（真の略式）が折り出されています。贈答の習慣は相手方とのお付き合いを大切にする心から生まれたものですが、この包みは相手への心遣いがそのまま「形」になって表れています。

用紙：奉書正方

紙を三角に半分に折る 1

上の三角を裏に折り返す 2

左右対称に折り、子熨斗を作る 4、5

右側も同じ手順で折り熨斗を作る 6

仕上がり。水引(陰)かける 7

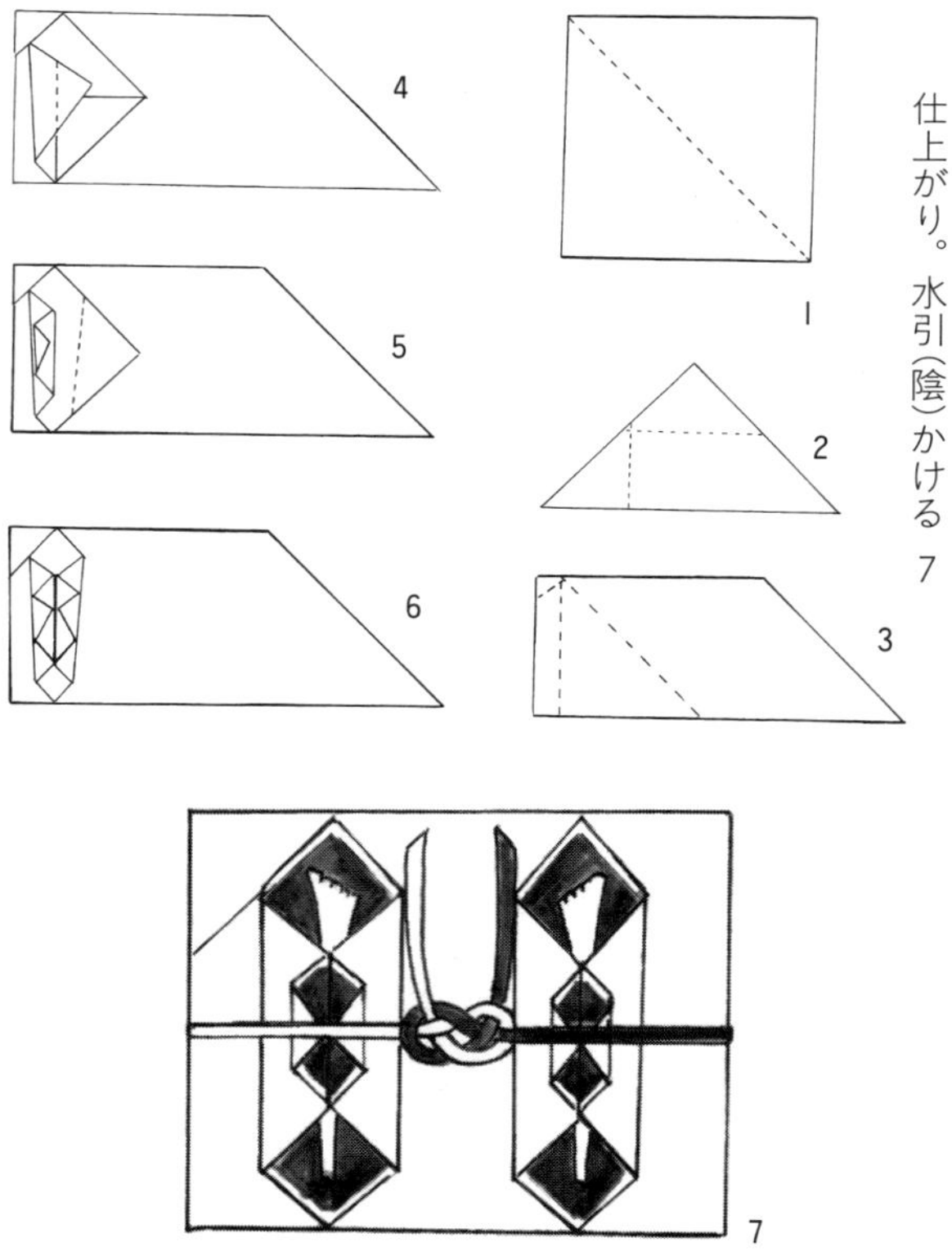

子熨斗《このし》（真・行・草）

進物に添えます。

お祝いの金子包みの右上に糊《のり》づけしてつけ、よりめでたく仕上げたりして使用します。

用紙：奉書正方（四・五センチまたは五センチ）

真（正式）

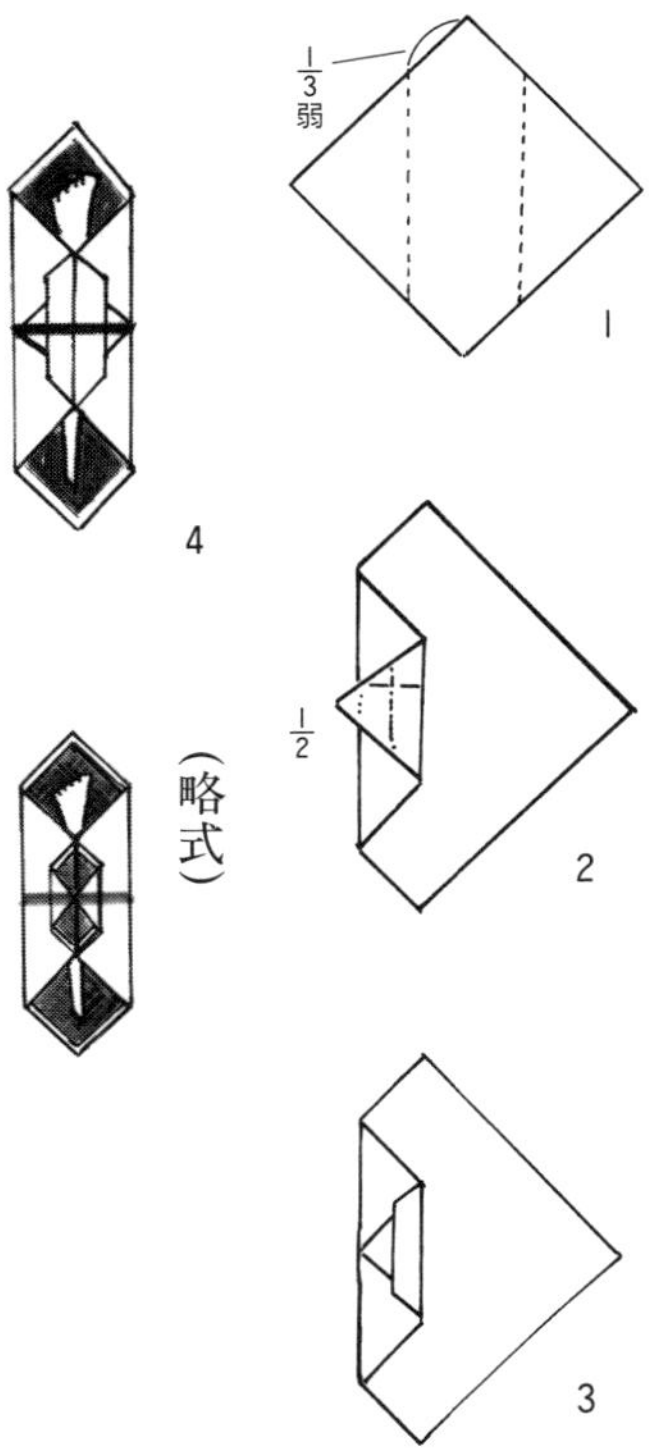

行（一般的で、結婚式などのお祝いにも適しています）

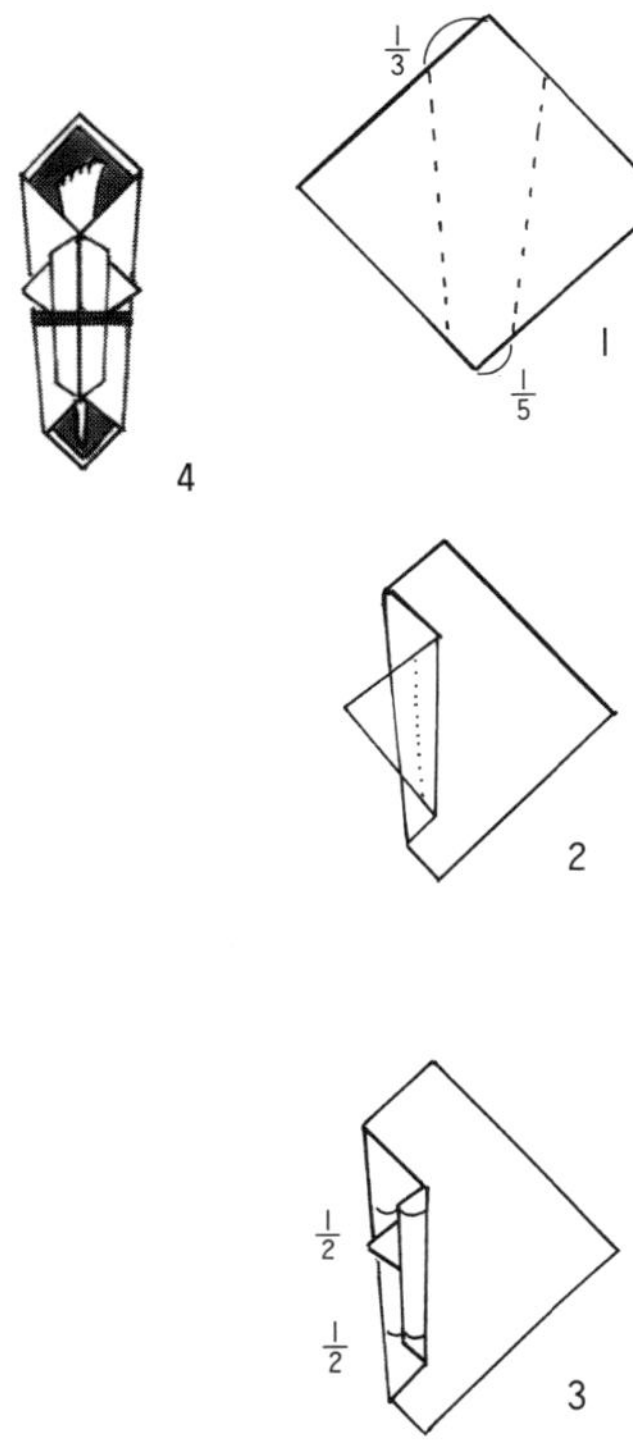

草（一番略された子熨斗。菓子折り等の上に使用したりします）

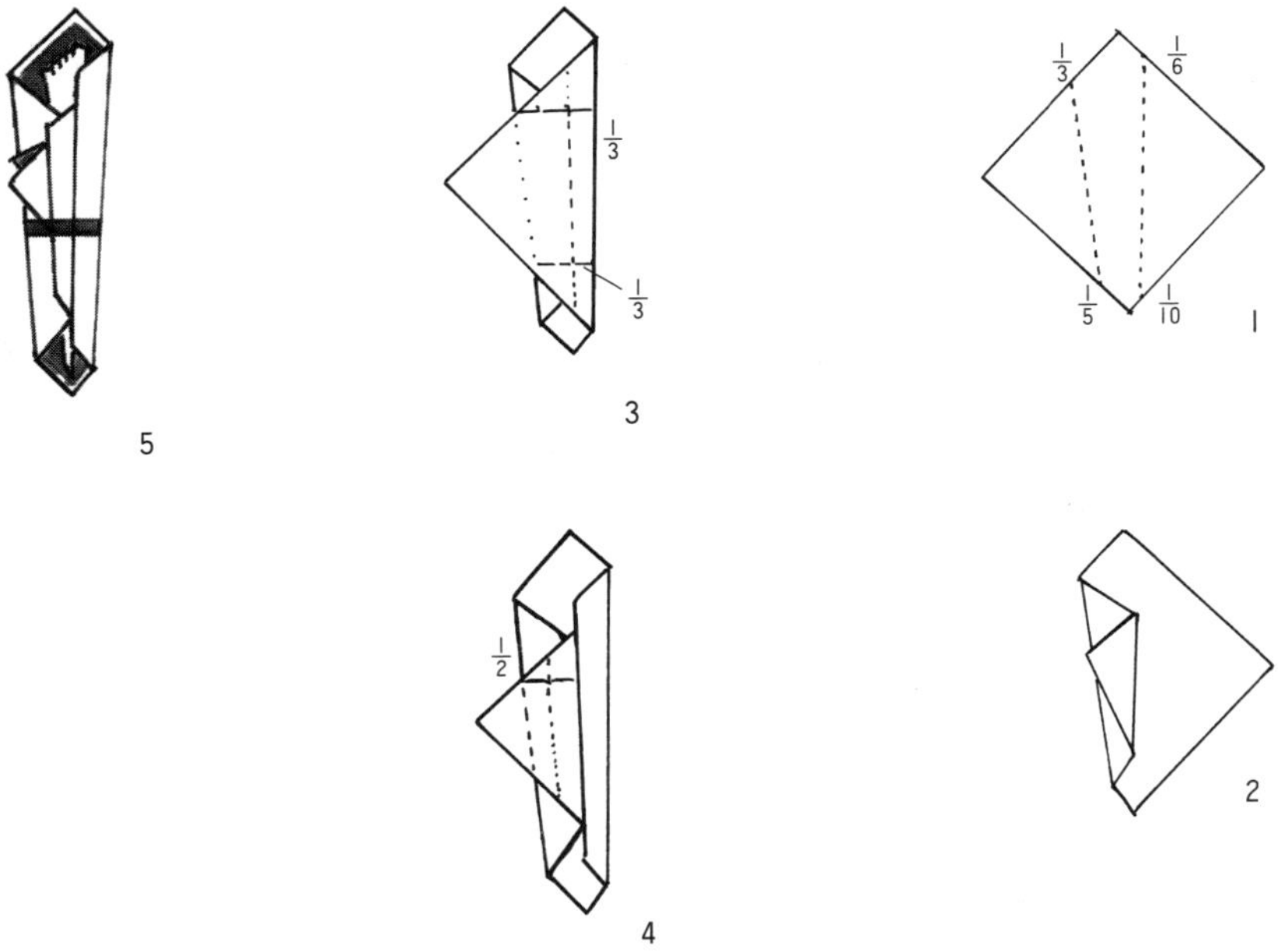

長熨斗《ながのし》（真・行・草）

贈り物に縁起物として熨斗をつけます。熨斗とは本来鮑《あわび》を引き伸ばして乾燥させたもので、伸ばすときに「火のし」を用いて伸ばしたことから「熨斗」といいます。のし鮑は昔、来客の饗応の際には「初饗《ういきょう》」といって最初の酒の肴として必ず添えたものでした。また物品を贈るときにも海の生《なま》ものとして熨斗を添え、その品物が穢《けが》れていないことを表したのです。ですから鳥や魚などの生ぐさを贈るときには、生ぐさが重複するので熨斗をつけないのが作法とされています。

用紙：檀紙・奉書　半裁

真の長熨斗

格式があり、初饗の熨斗三方飾りや結納《ゆいのう》などに使用します。

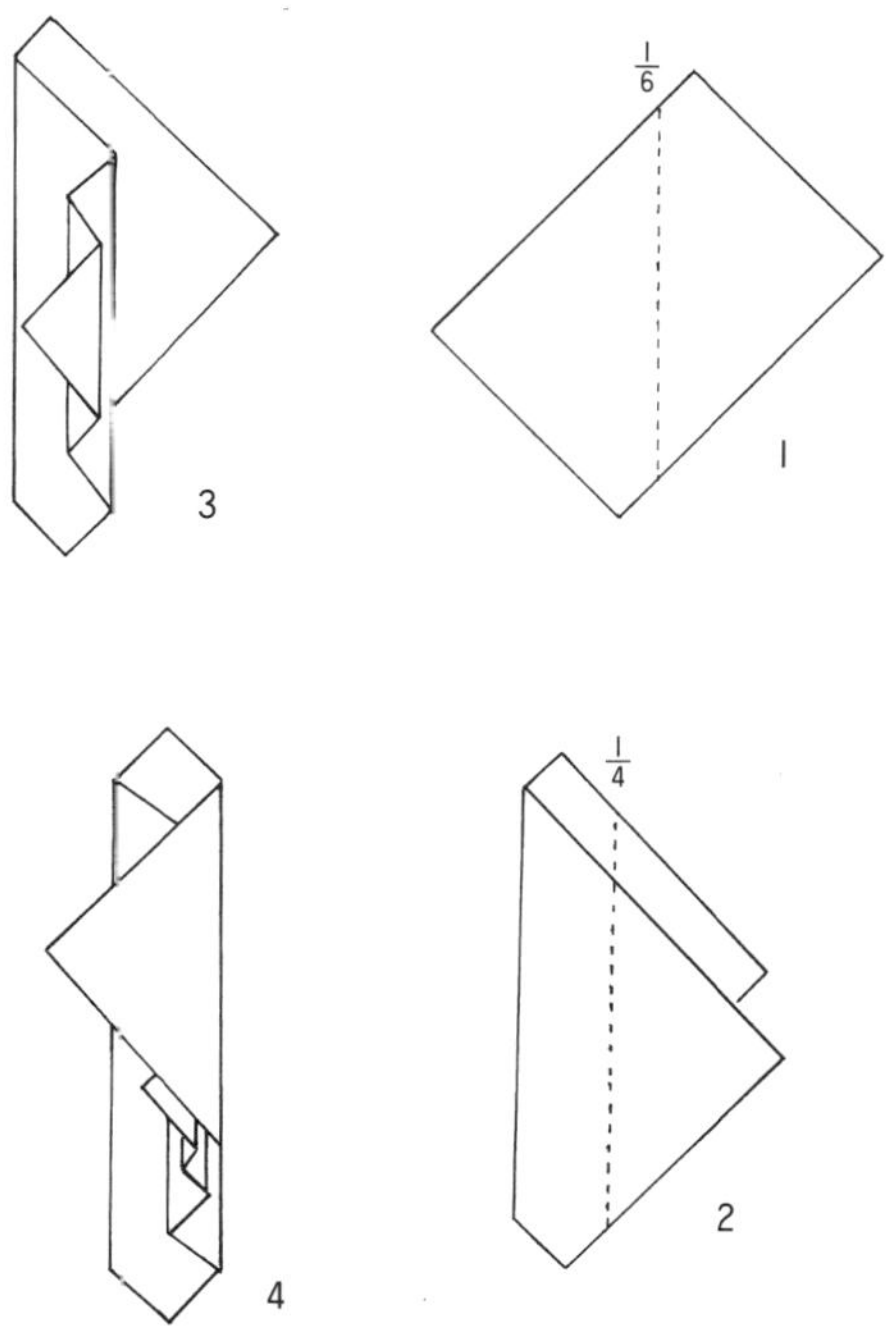

行の長熨斗

一般的な長熨斗。五節句の床飾り等に使用します。

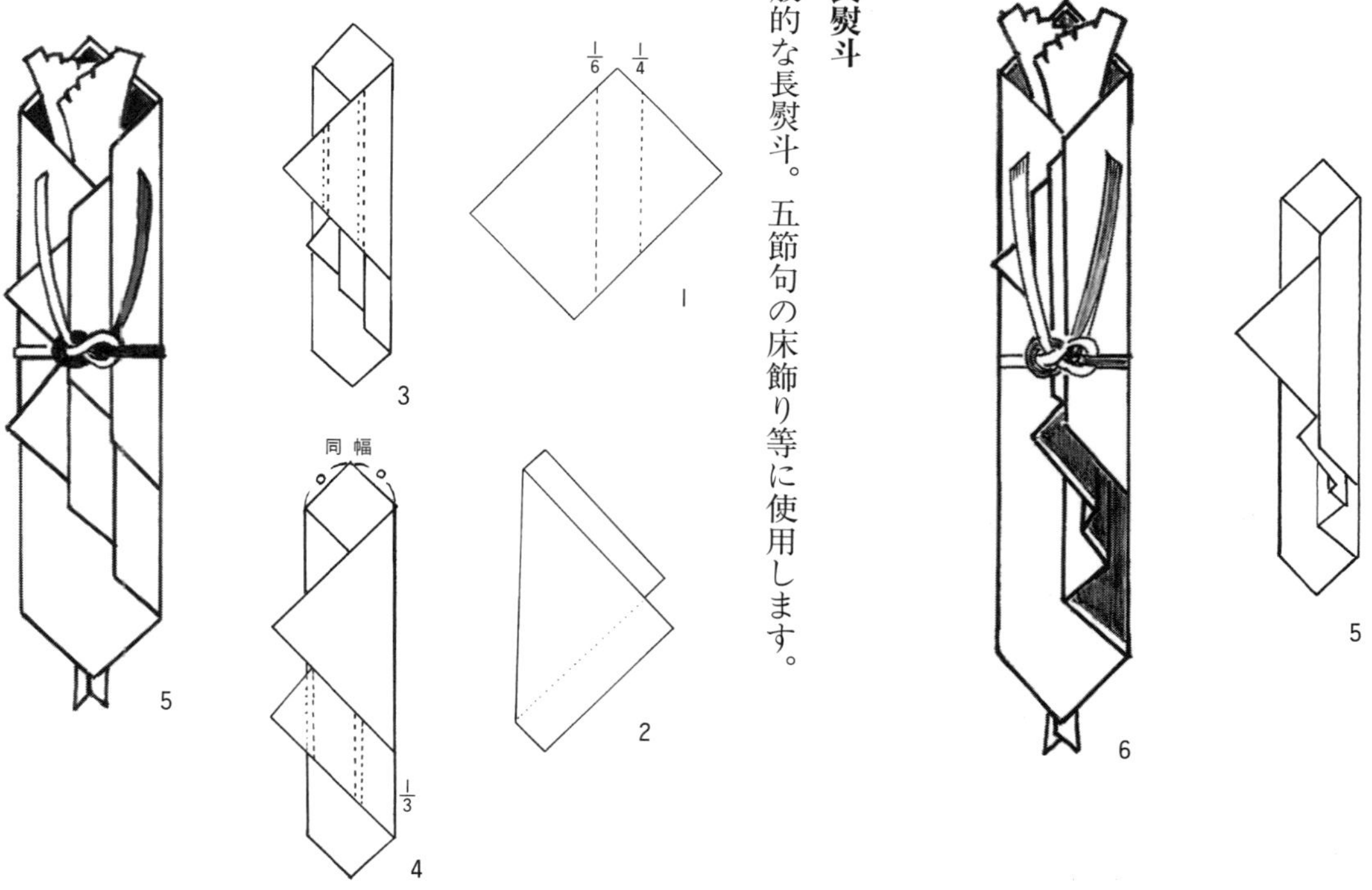

草の長熨斗

長熨斗の中ではくだけた折り方です。仕上がりも華やかになります。

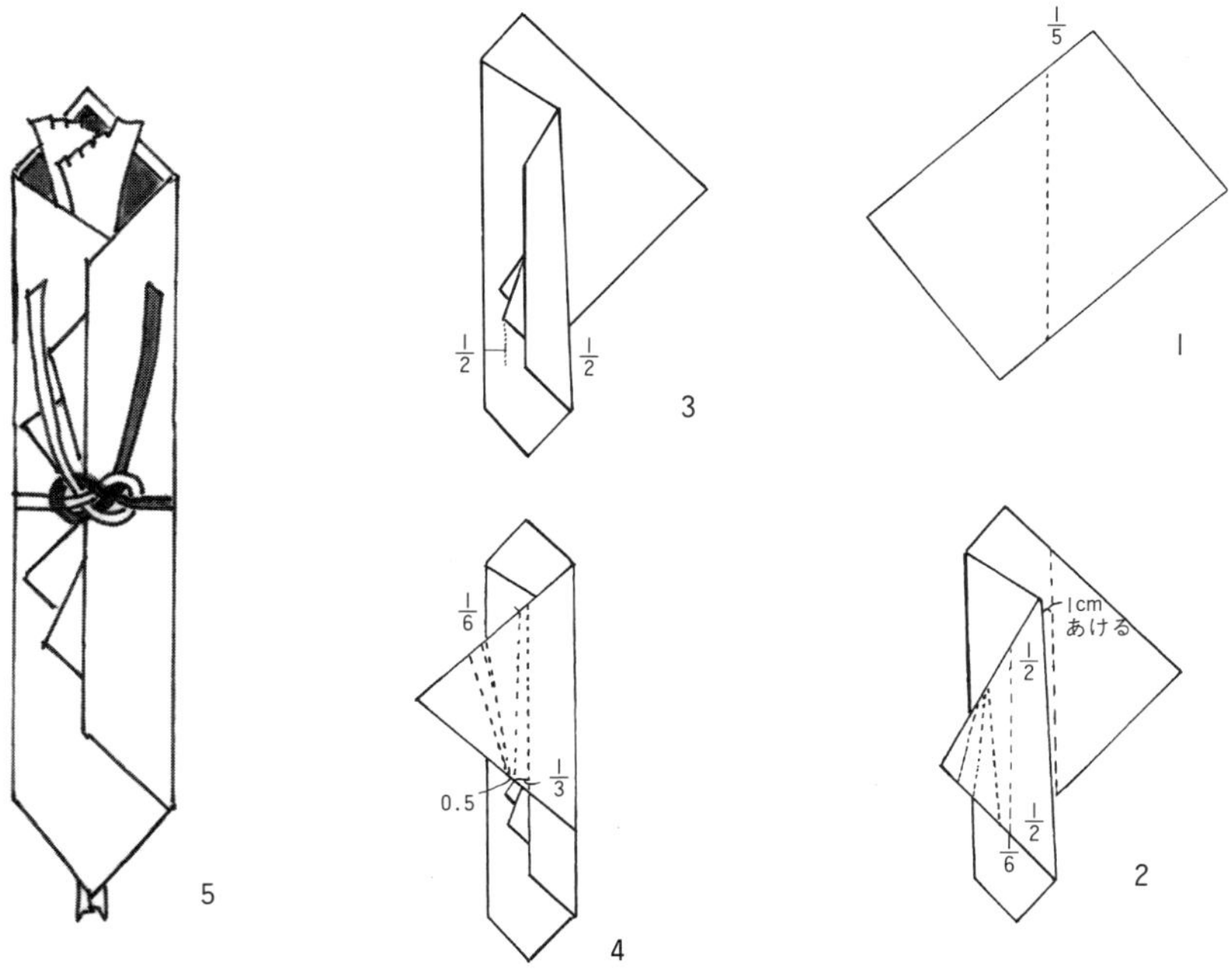

心づけの包み（当座金子包み）

ちょっとしたお礼に、手早く折ることができます。祝い事に限らず、手数をかけた方に感謝の「心」を包んで贈ることから「心づけ」と呼びならわし、急場にもすぐ間にあう簡単な包みであることから「当座金子包み」とも名付けられています。

用紙：美濃紙半裁・半紙・懐紙など

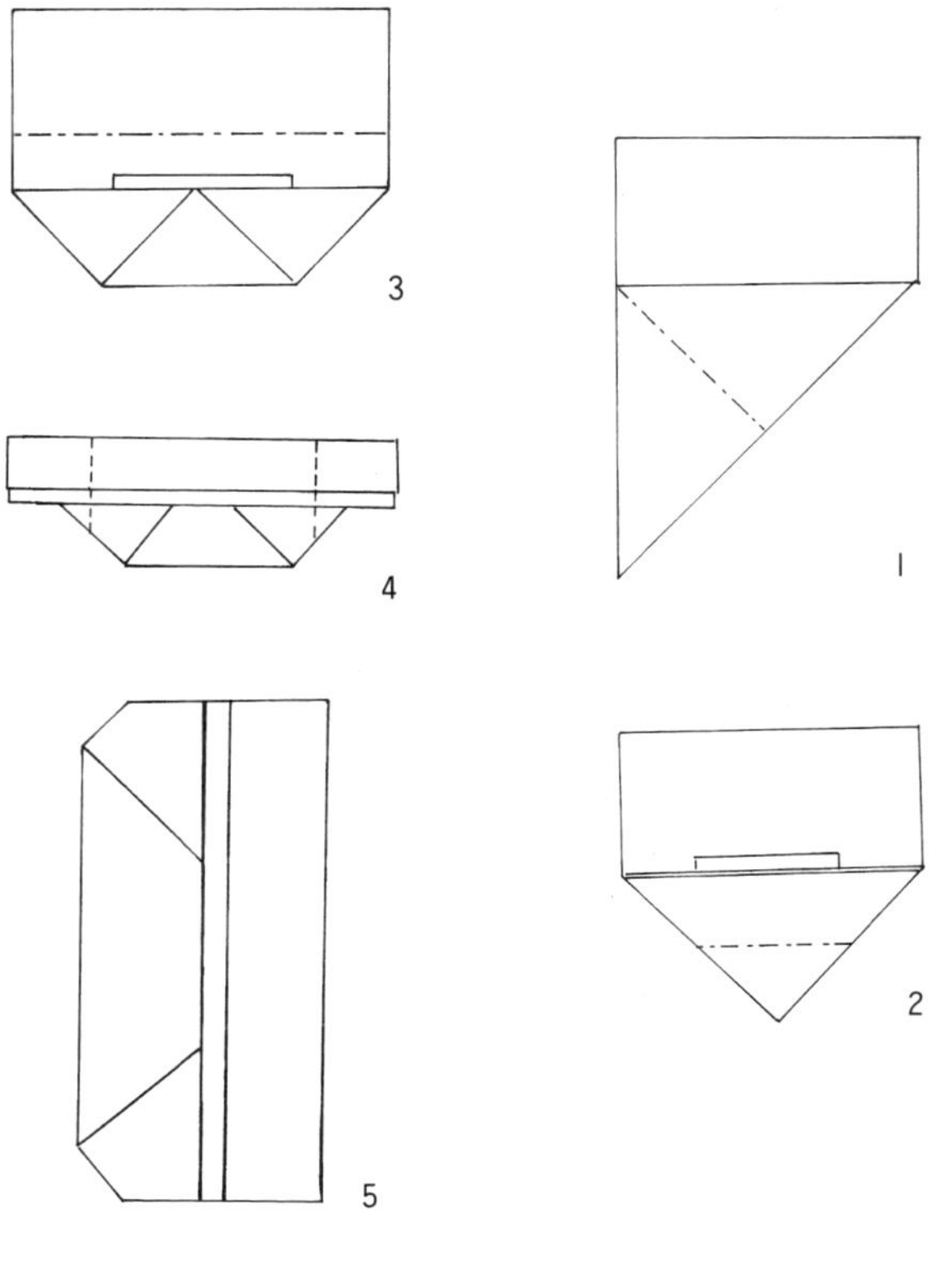

祝いの粉包み

祝い事には赤飯を炊き、餅をつき、赤飯にはごま塩、餅には黄粉《きなこ》を添えて近隣に振る舞い、喜びを分かち合いました。黄粉は大豆を煎《い》り、それを碾《ひ》いて粉にし、ふるいにかけたものですが、その黄金《こがね》色をめでて、祝い事にはつきものでした。また香り高いごま、江戸期までは大変な貴重品だった砂糖なども贈り物によく使われたものです。そのデザイン性を生かして金子包みに応用します。

黄粉(ごま塩)中包み

用紙：半紙方形

方形の紙を斜めに置き、下の角を上の角に重ねて二つ折りにする　1

左のほうを右へ少し折り返す　2

右の端を左と同寸法で左に折り返す　3

仕上がり。この袋の中へ黄粉またはごま塩を入れる　4

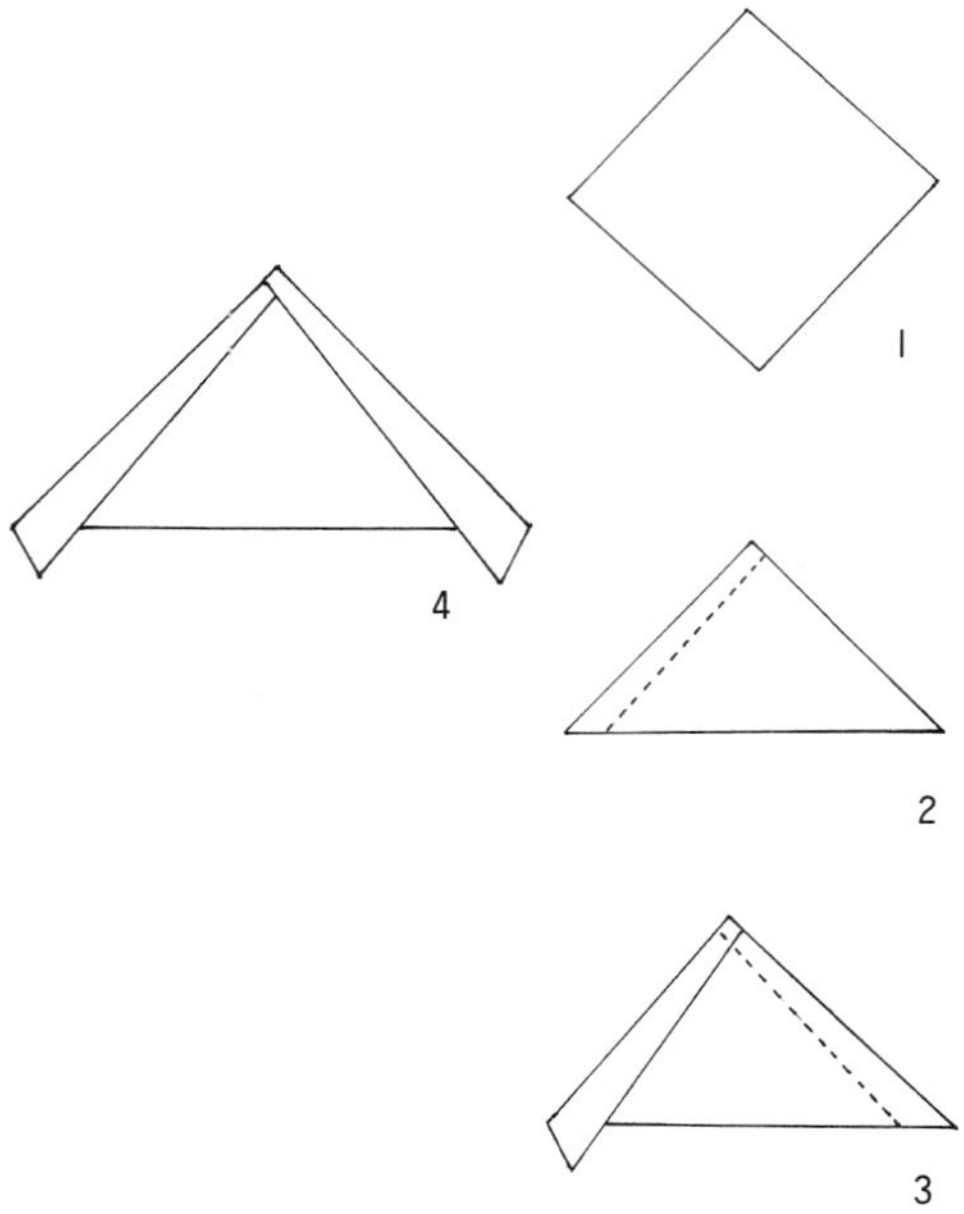

内祝い粉包み

祝い事に用いる黄粉(ごま塩)包みで、表記には「内祝」または「祝」等を記入して下に名前を書きます。

用紙：奉書半裁

左右対称に折り、片側に子熨斗を折る

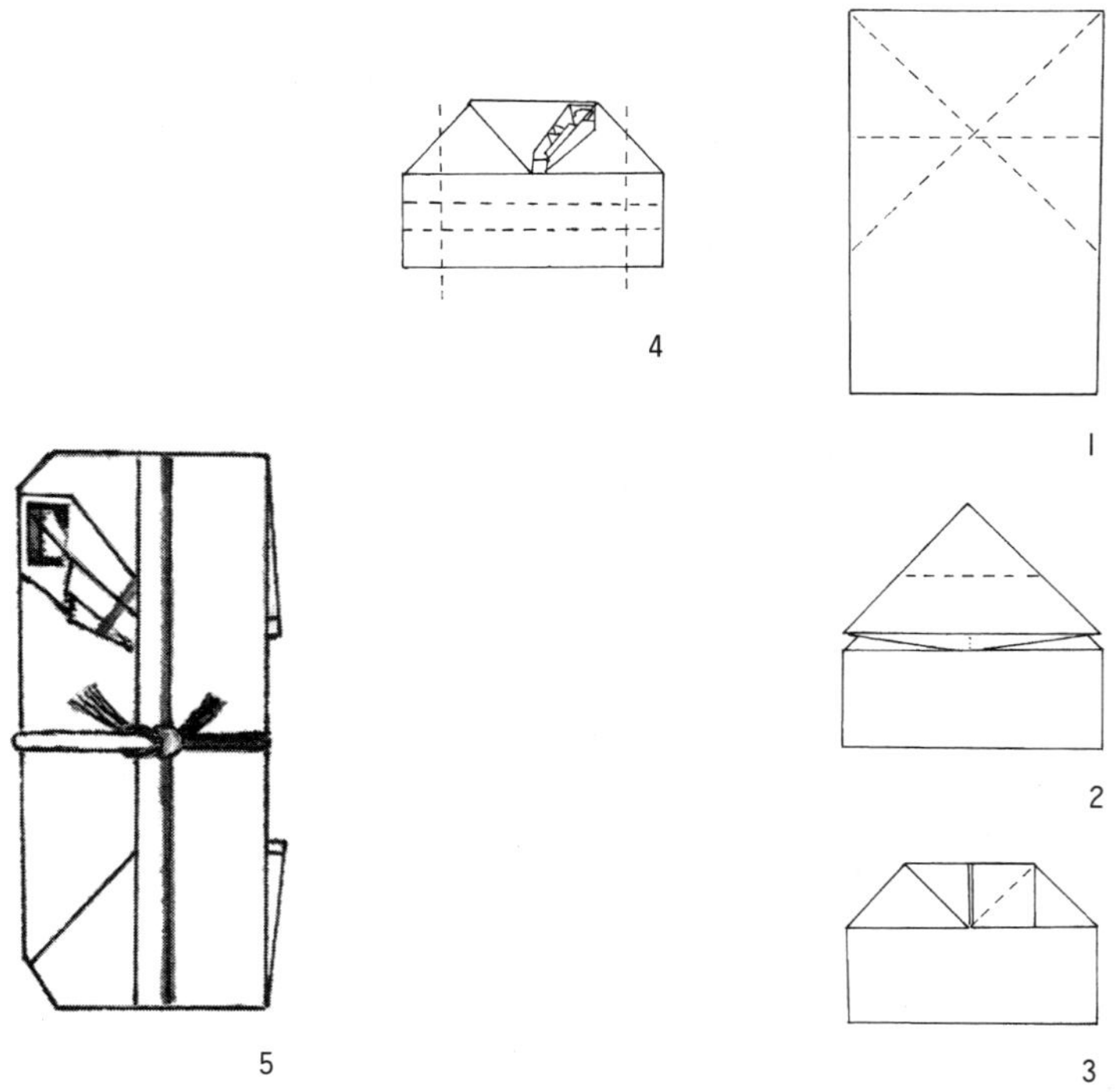

鶴の粉包み（鶴のお年玉包み）

子どもの祝い事に用いるごま塩（黄粉）包みです。鶴の形を折り出すところがちょっと難しい折形ですが、白地に赤の線がくっきりと浮き出る袋になります。現在では、お年玉袋として使用しても楽しい袋になります。

用紙：奉書四分の一裁

上図の折り線を作り 1　袋状にする 2
前面の形を一度開き 3　点線に折り目をつけ、折り進める 4
三重に折る。5　蓋《ふた》を半分に折り 6　さらに折り間に赤奉書紙を控え目に差し込む。左右を折り 7　左を右に差し込む 8
鶴の頭をかぶせ折りする。水引をかけ仕上がる 9

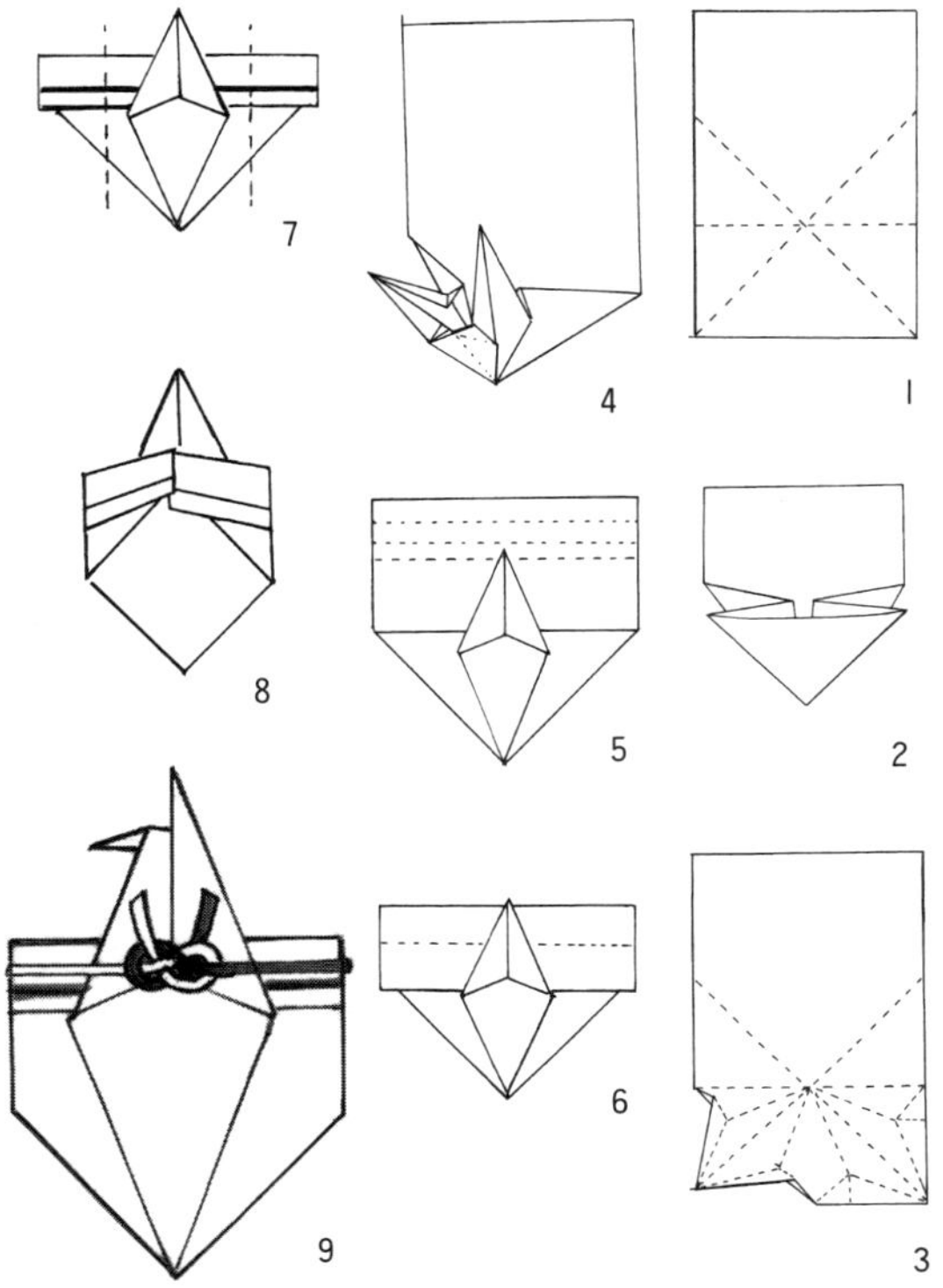

祝い鶴熨斗《のし》包み

もとは厄除《やくよ》け祈願の粉包みでしたが、丹頂鶴《たんちょうづる》と熨斗を折り出した華やかさを生かして、祝儀の金子包みに使ったりもします。水引をかけた格調高いこの包みは、通り一遍でない贈り主の心入れを感じさせます。

用紙：檀紙中または奉書大

開いた方形で子熨斗（行）を折る 2
$\frac{3}{4}$ほど切り込みを入れ丹頂鶴を折る 3
裏へ折り返す 6　蓋を同じ方向へ二回折る 7
間に赤奉書紙を控え目に入れる。左右を裏に折り 8
仕上がり。水引をかける 9
場合によっては立てて使用してもよい 10

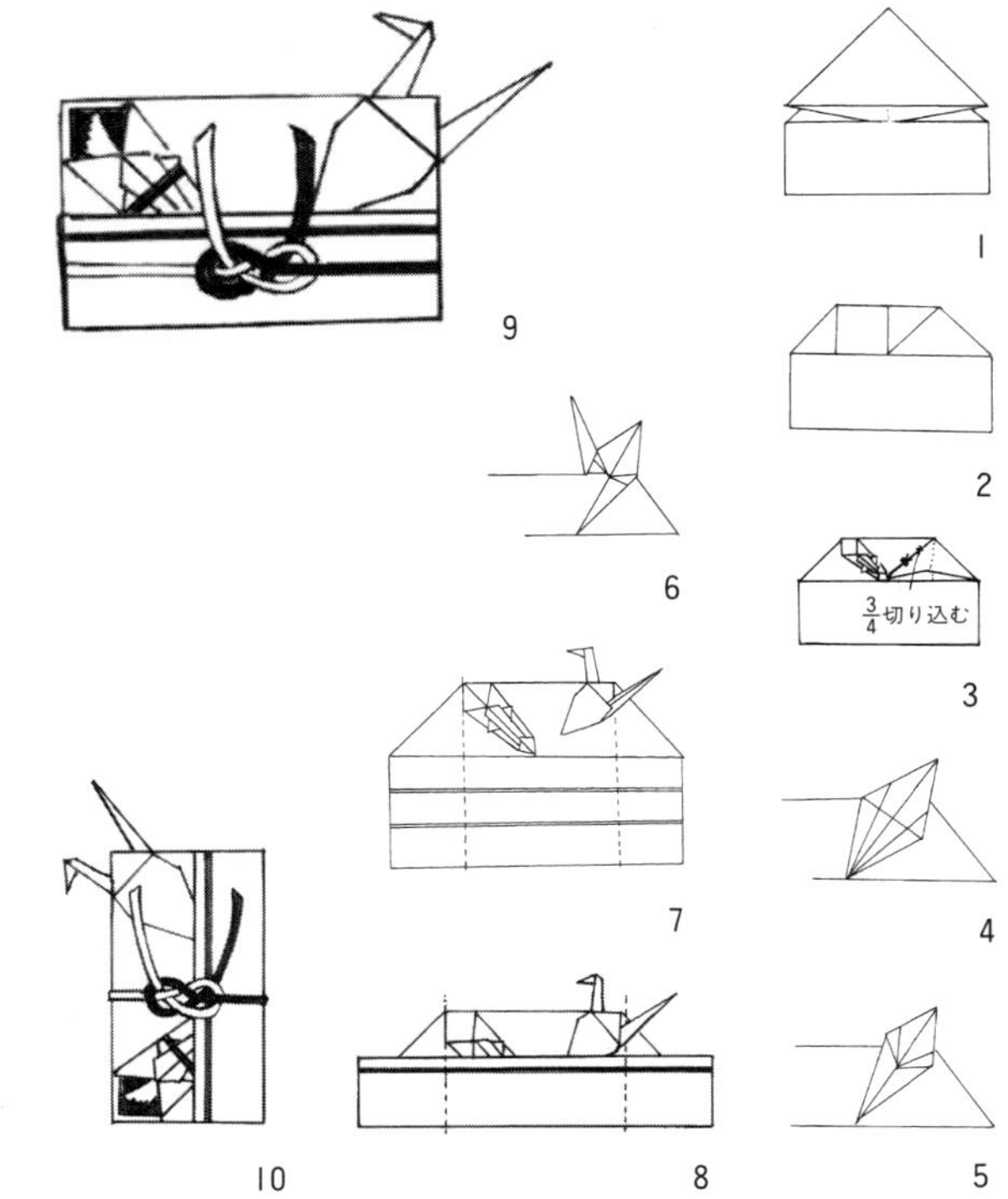

雛節供《ひなせっく》(上巳《じょうし》)の祝い菱粉包み

昔、雛祭りに菱形《ひしがた》の餅を配ることがあり、そのときに添える黄粉《きなこ》包みの折形で、菱形に仕上げます。女の子の初節供は盛大に祝いました。

用紙：奉書縦半裁

半裁をさらに半分に折る。角を三十度折る　1
2、3、4の順に折り進める　5の端を矢印に切り落とす
点線を開く　6　菱に開いたところを草の子熨斗《このし》を折る　7、8
子熨斗の下を袋の中に差し入れ仕上がり
子熨斗の左端に桃色ともえぎ色を少し出してもよい　9

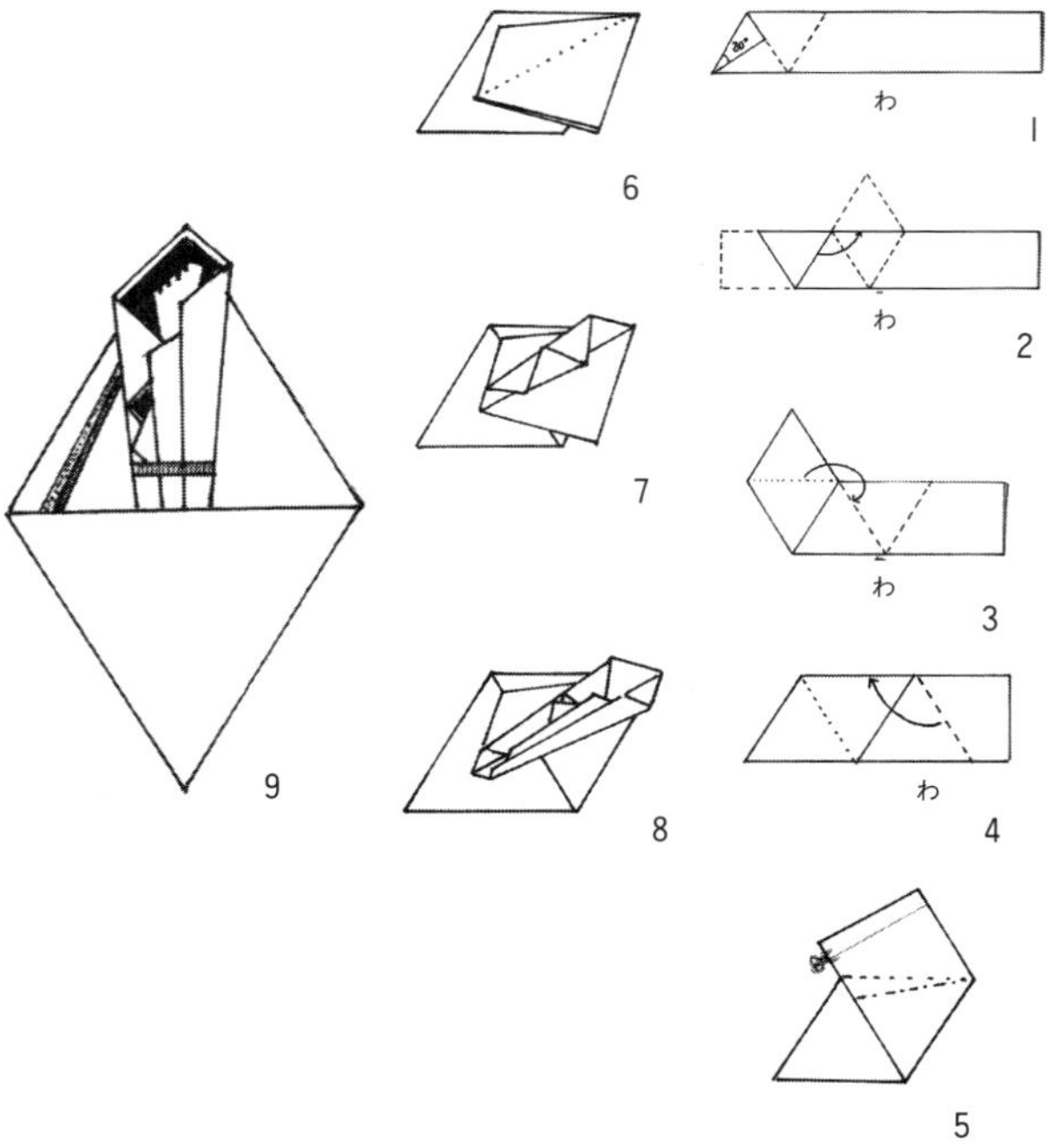

祝いかぶと包み

男の子の初節句のお祝いに使います

用紙：奉書縦半裁

1、2、3の順で袋になるように折る　3でかぶとを折る
下を三角に折り　4　かぶとの中心まで折りあげる　5
蓋《ふた》を二回同じ方向に折り、左右をうしろに折る　6
水引をかけ仕上がり　7
好みで部分を色紙などでデザインしてもよいでしょう。

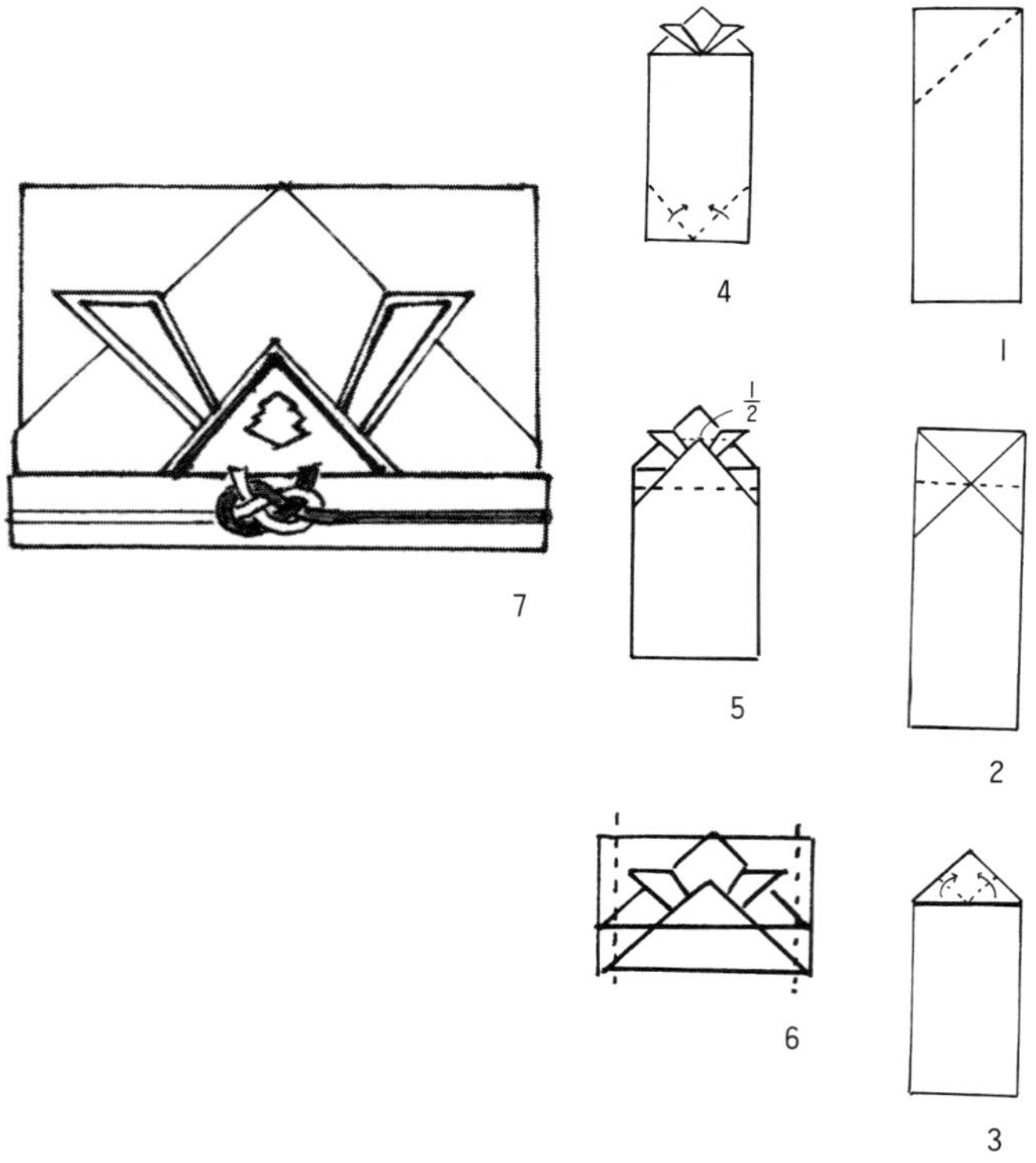

祝菖蒲《しょうぶ》包み

昔、五月の男子の節供には粽餅《ちまきもち》を配る儀礼がありました。初節供の場合は特に盛大に祝いました。このとき粽餅に添えて配る黄粉《きなこ》包みです。

用紙：奉書四つ折り（四分の一裁）

袋状に折る　1　左右対称に菖蒲の形に折る　2

裏返し、上を半分に折り、さらにもう一度折る　3　左、右と折り重ねる　4

左右のバランスをとりながら加減する　5

仕上がり。水引をかける　6

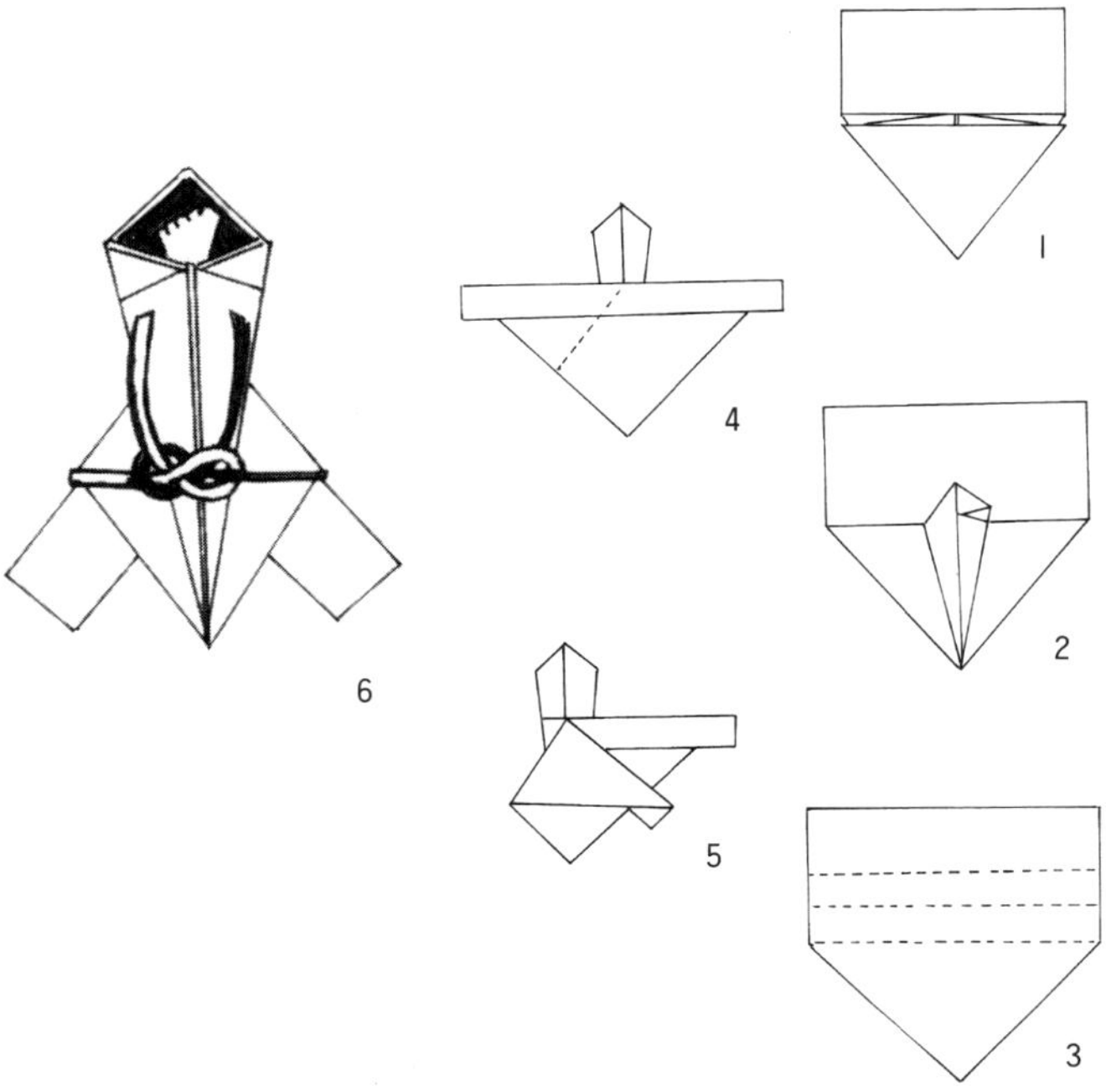

婚礼祝い餅黄粉包み

婚礼の式後、餅や赤飯を配るとき使用します。餅のときは黄粉、赤飯のときはごま塩を包んで添える折形です。

用紙：奉書四分の一

右の細いところに「祝」と書き、新郎新婦の名前を書きます。

仕上がり　6

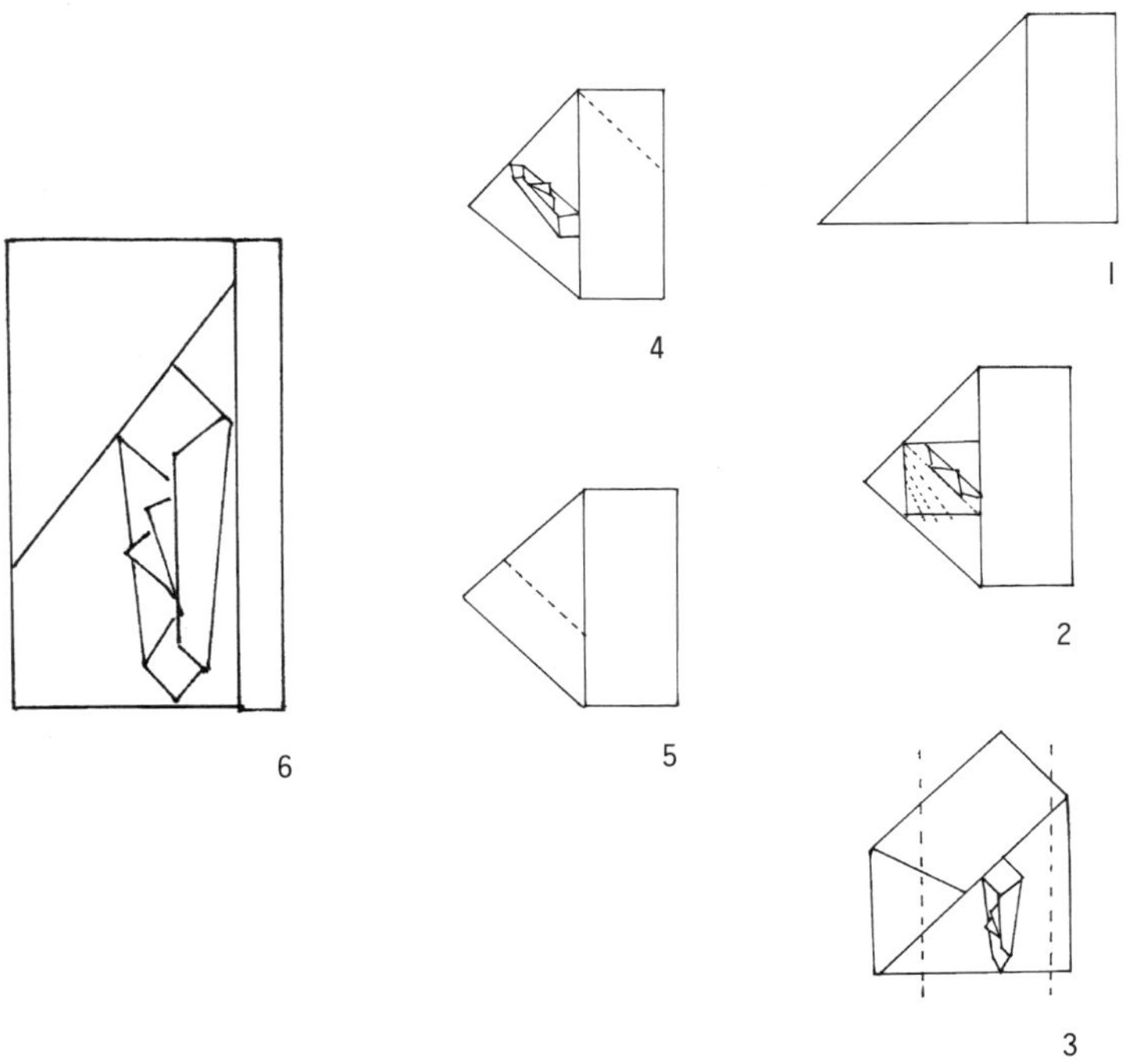

鶴亀ごま塩包み

寿賀のお祝いなどの粉包みとして使用します。鶴亀を折り出すことで、よりめでたさを表現しますが、亀の折り出しはかなり難度が高い折形です。

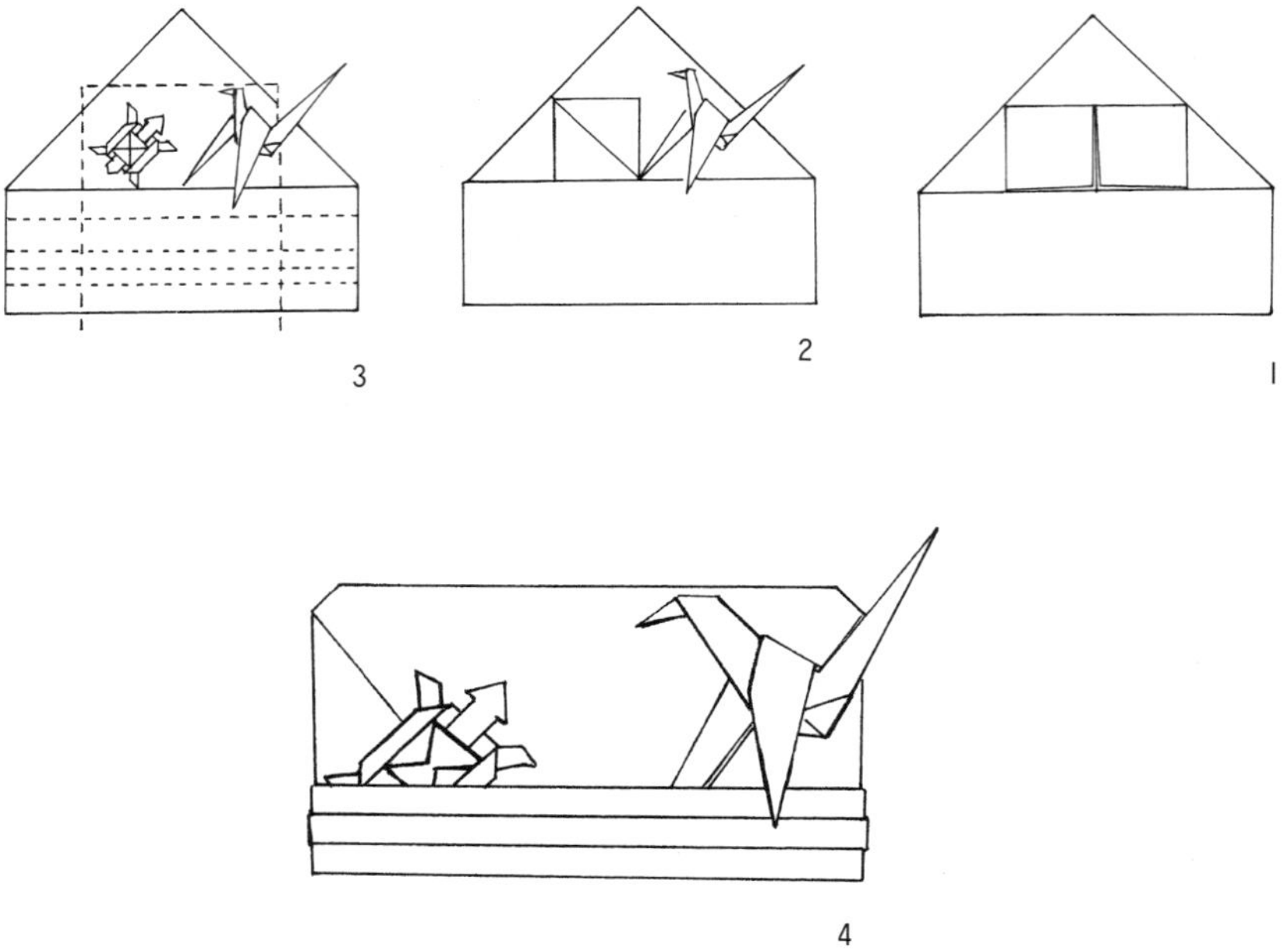

還暦《かんれき》の祝い包み（着物の粉包み）

還暦は「本掛け帰り」で、十干《じっかん》十二支の組み合わせが一巡することから長寿祝いの中でも盛大に祝われます。還暦に贈るちゃんちゃんこをかたどったのが、この粉包みです。現在では長寿祝いに金子包みとして用いてもよいでしょう。

用紙・檀紙小半裁・奉書半裁

裏へ折る　2
もう一度裏に折り、左右を半分に折る　3
中央の左右の点線は上に折り、着物の内側は曲線に折り開く　4
上を少し手前に折り返し肩に蓋《ふた》をし、仕上がり。水引をかける　5

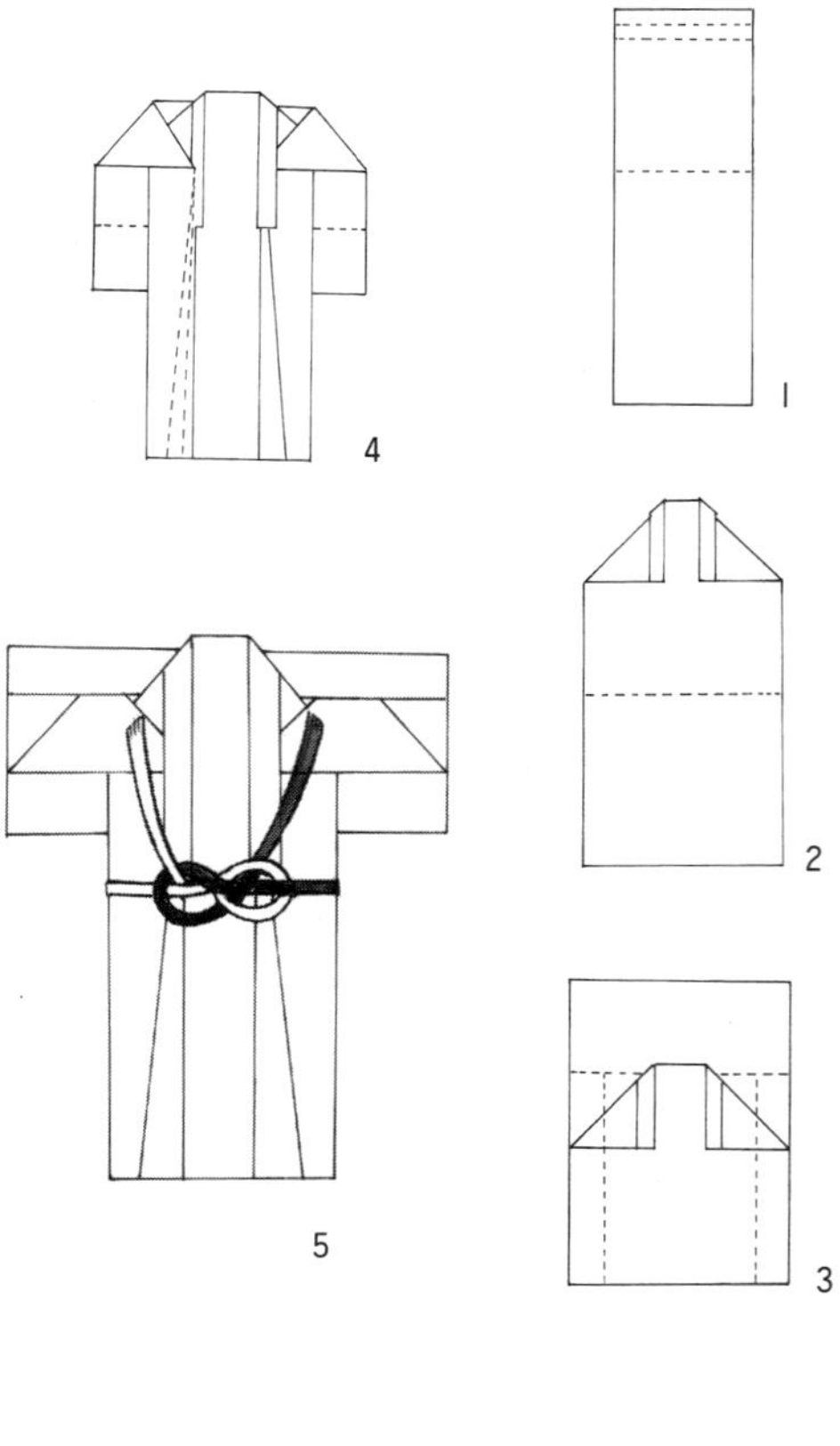

草花の包み

純白の和紙に包まれた季節の草花は、種類や形に合わせて大きさを決めますが、やや余裕をとり、花や茎を傷めないように折り上げます。

用紙・檀紙・奉書半裁

線を上に折り上げる　1
折り返してひだを一つ作り、残った先を三角に残す　2
右側を折り、中心より少し左側から折り返す　3
箱ひだが中央にできるように折り進め、最後に下の方を後ろに折り返す　4
仕上がり。水引をかける　5
松とバラを包むと「不老長寿の花包み」になります。長賀の祝いに差し上げるとよいでしょう。

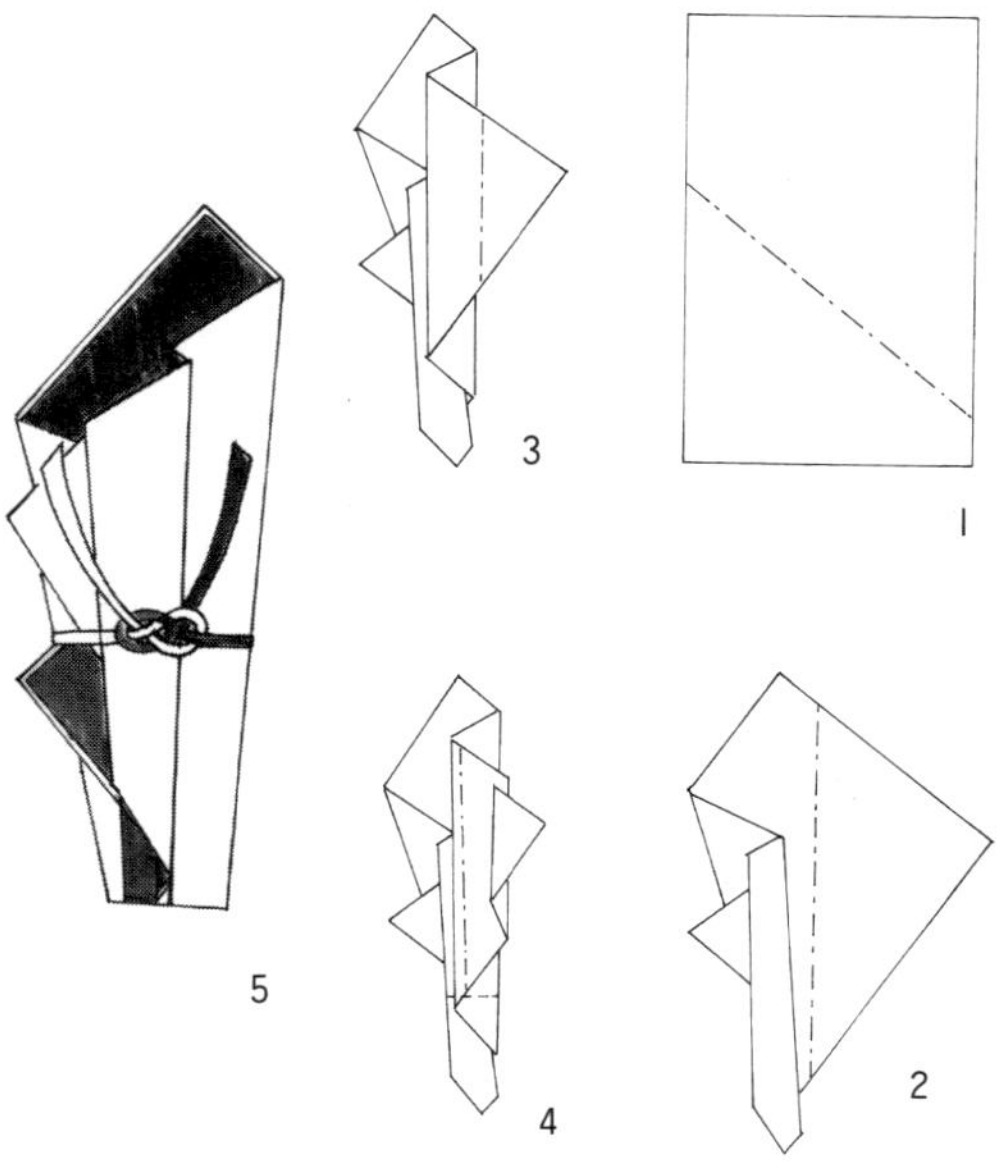

草木の包み（銚子口《ちょうし》の折り方）

木花、草花ともに使います。日本の礼法では、花が重く茎の弱い草花は花を下にして手渡し、茎の丈夫な木花は花を上にして手渡すという細やかな心遣いがあります。茎がまとまりにくい花の場合は、和紙に水引が通るくらいの穴をあけ、そこに水引を通して結ぶと根元が落ち着き、しっかりとまとまります。

1～5と左右対称に折りすすめる
全体を開き、点線を折り込む　6　仕上がり　7　水引をかける　8
十二センチ正方の縁紅紙で折り、お正月にいただくお屠蘇《とそ》の入れてある銚子口を飾ったりもします。奉書を正方にして折りますと、上巳《じょうし》の節供《せっく》の床飾りに用いる桃の花の花包みとしても使用できます。

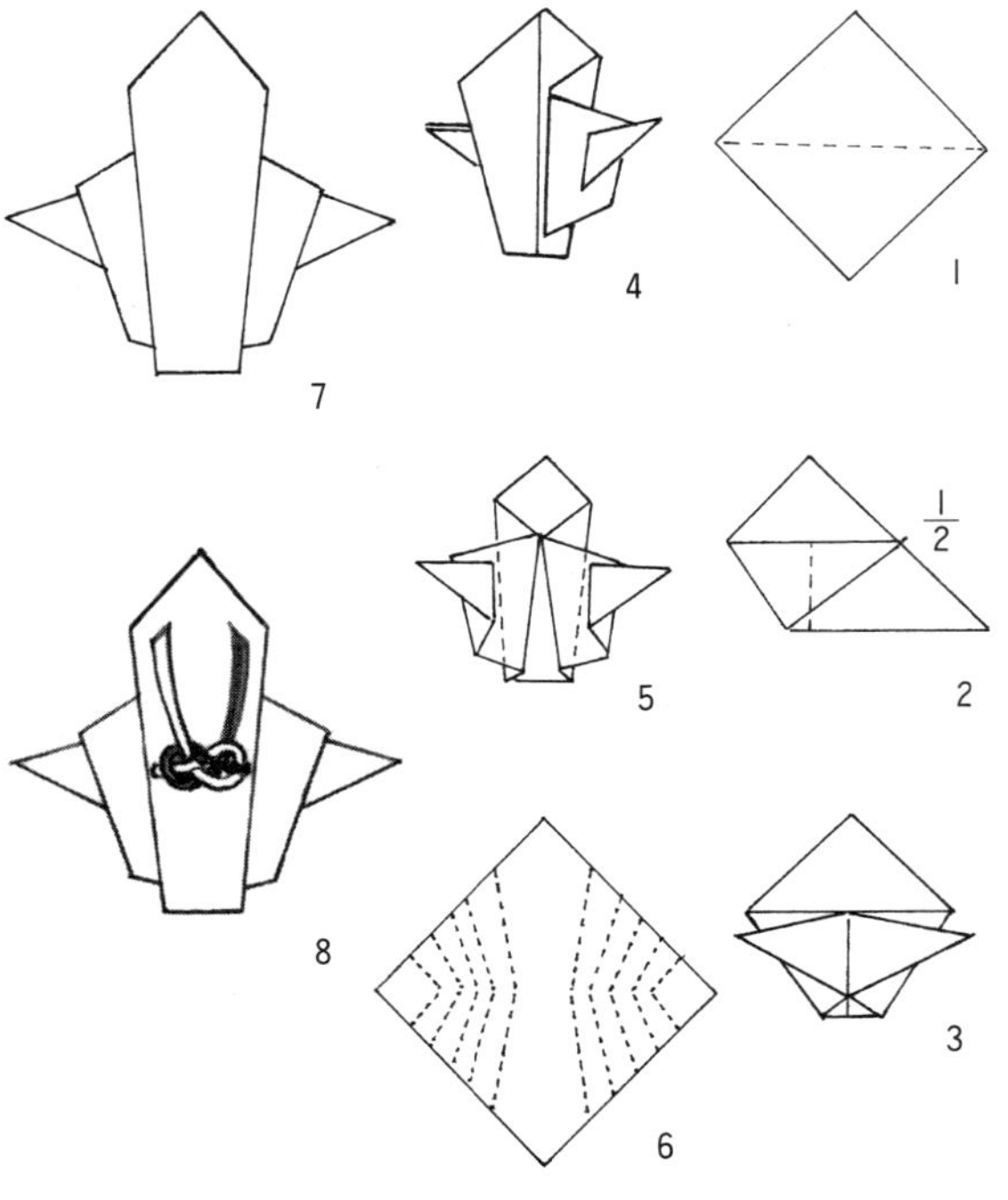

贈進色紙包み

万葉の昔から、歌を贈り、また返歌するという風雅なやり取りが日本にはあります。歌はさまざまな色に染めた紙に書いたので、歌や絵をかく紙を「色紙」と呼ぶようになりました。その色紙を包む折り方ですが、この包み方にはいろいろ形の変わったものがあります。ここではその中から最も多く用いられているものを紹介します。

贈進色紙包み（1）

用紙：檀紙・奉書正方

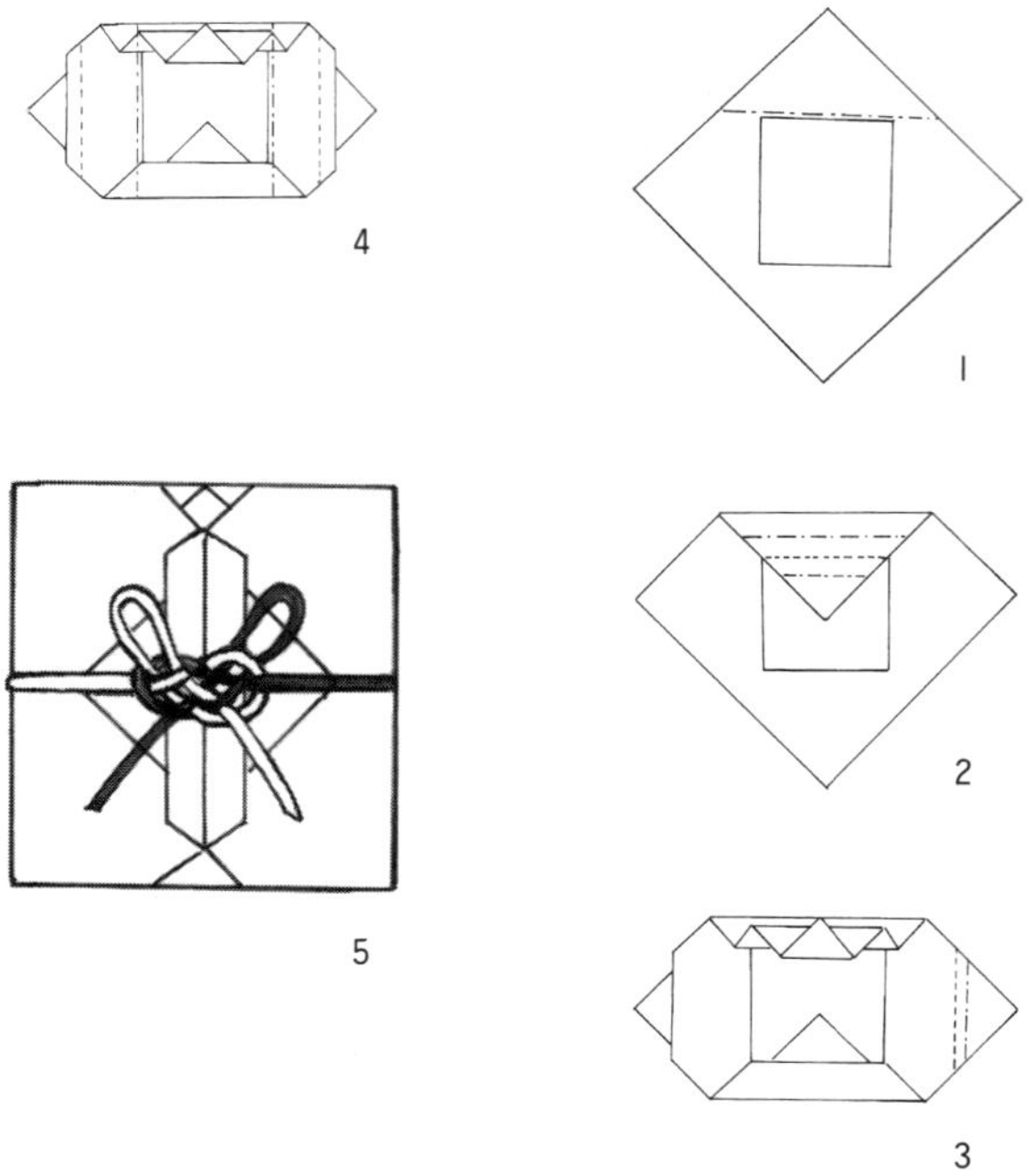

贈進色紙包み（2）

用紙：檀紙・奉書長方形

左右は対照に折り、上下は下は狭く、上は広くなるように仕上げます。手の込んだ水引で仕上げますが、特別な色紙を差し上げるのに適しています。

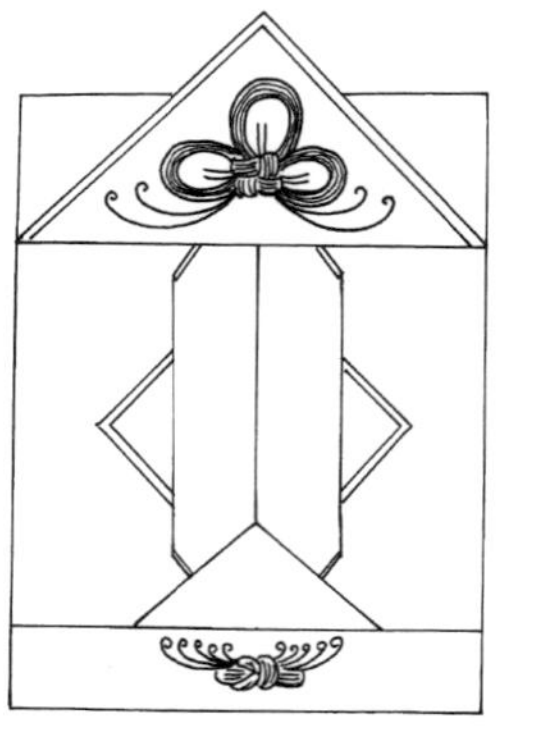

贈進色紙包み（3）

用紙：正方

詩や絵を描いた色紙を差し上げる場合の折り方です。

四方を対称に折るようにします。

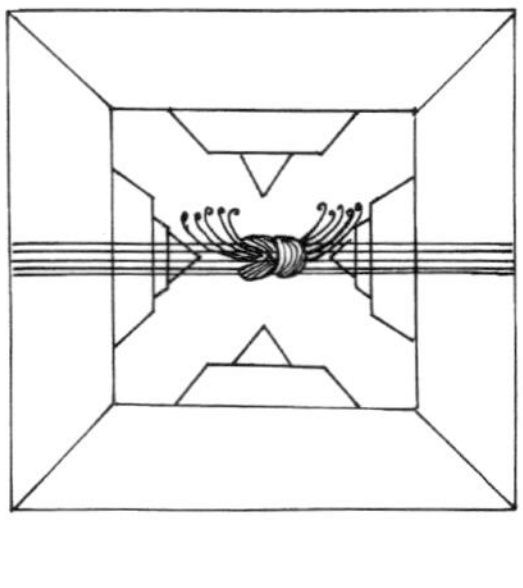

贈進短冊《たんざく》包み

短冊を人に贈る場合の包み方も色紙包み同様にさまざまありますが、最も多く用いられている包み方を紹介します。大きさは短冊の形に調和よく折ればそれでよいのです。

贈進短冊包み（1）

用紙：檀紙・奉書方形

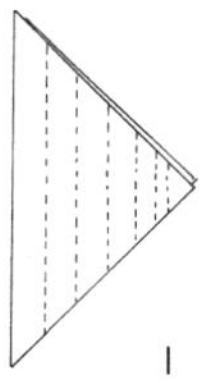

1

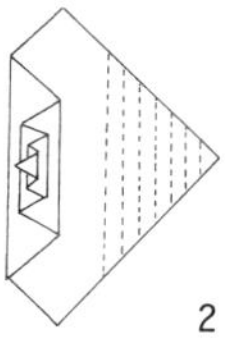

2

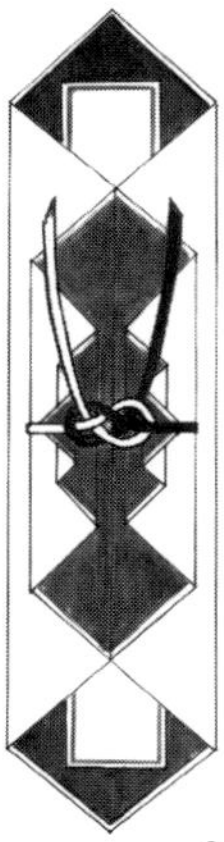

3

贈進短冊包み（2）

用紙：長方形

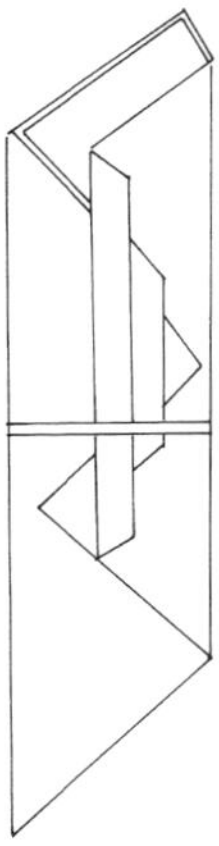

贈進短冊包み（3）

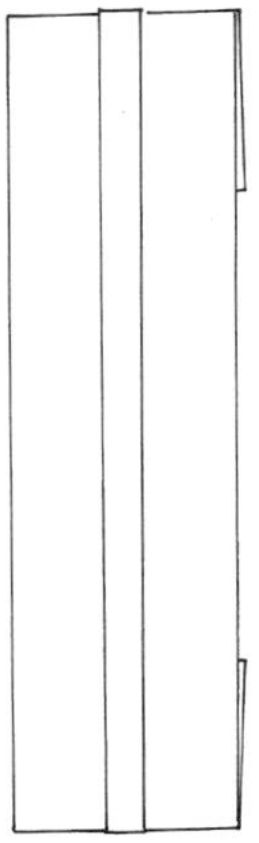

贈進筆包み

書のたしなみのある方に墨《すみ》や筆、またその両方を贈る場合に適した包みです。入学時のお祝いにボールペンや万年筆を贈るときにも応用できます。そのほか細長い品物を贈るときにも適した利用範囲の広い包みです。

贈進筆包み（1）

用紙：檀紙小・奉書大半裁

仕上がり。水引をかける　5

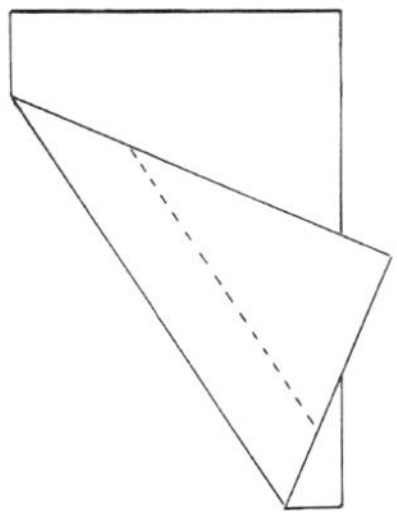

1

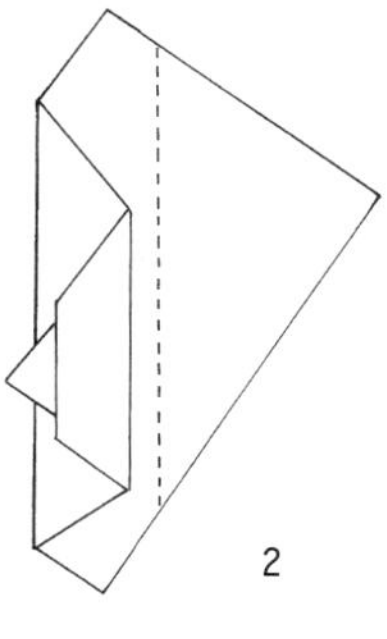

2

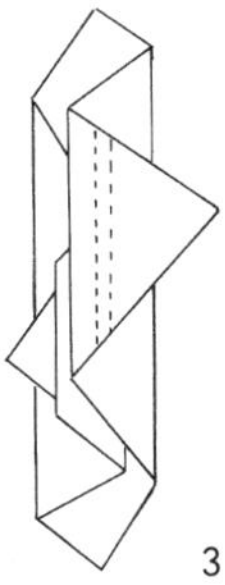

3

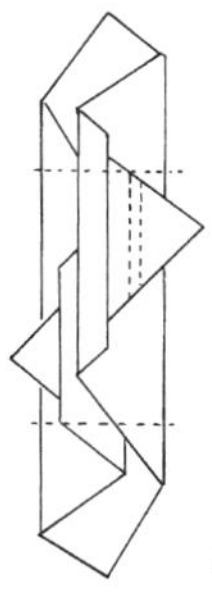

4

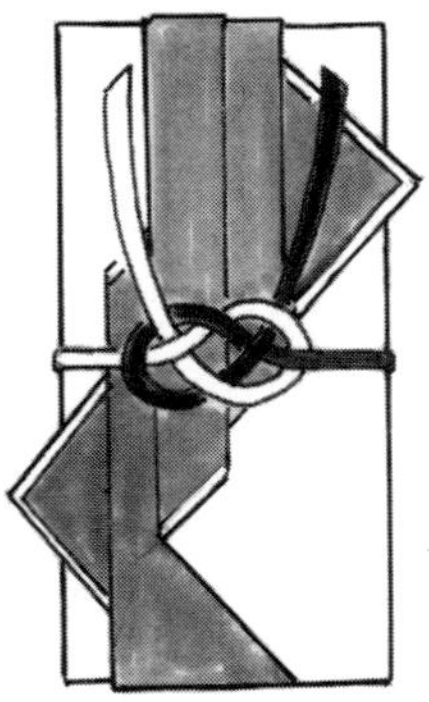

5

贈進筆包み（2）

用紙：檀紙・奉書正方

小筆を対《つい》で差し上げる場合などの折形です。

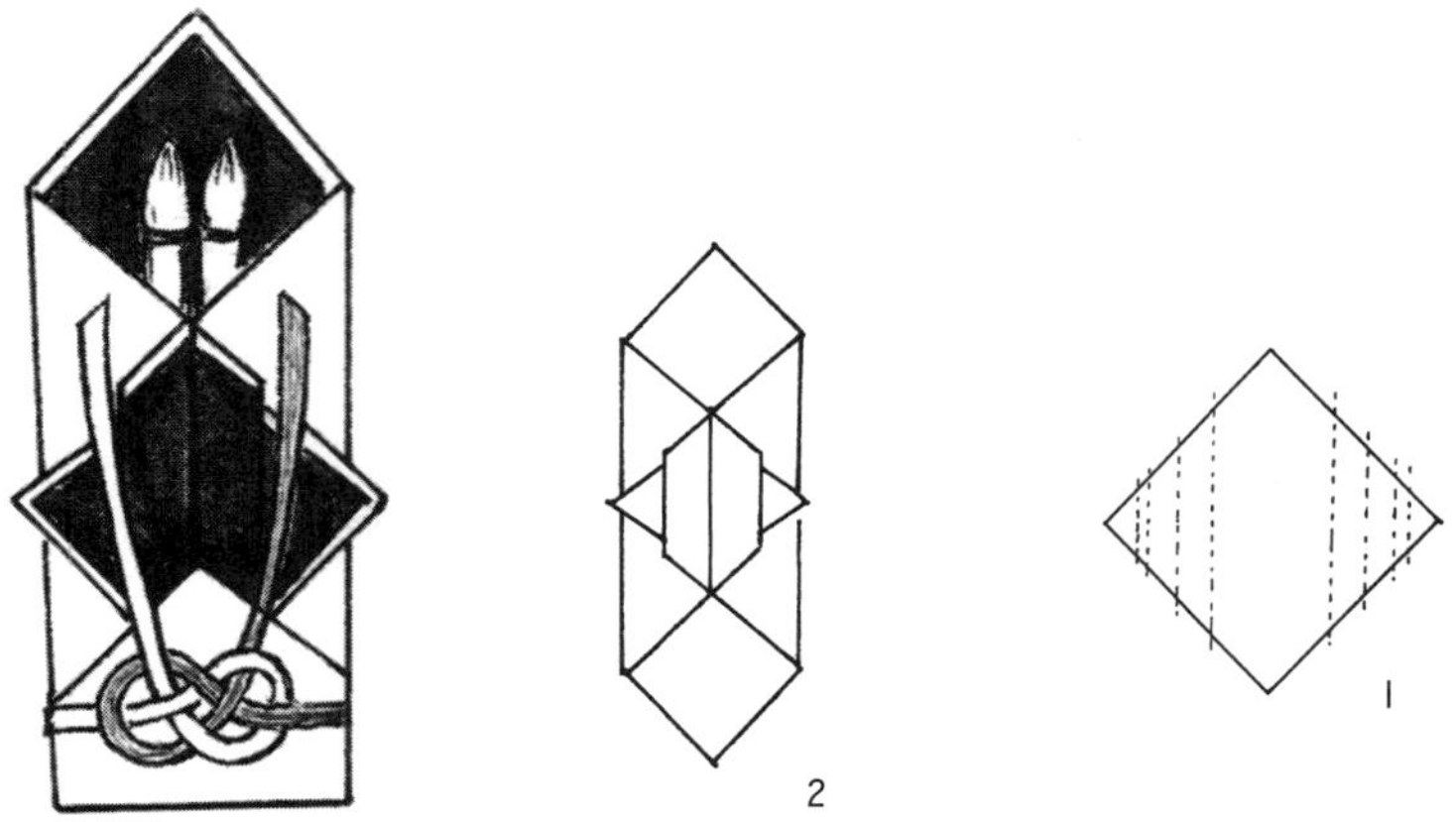

1 2 3

墨包み

墨包み（長方）

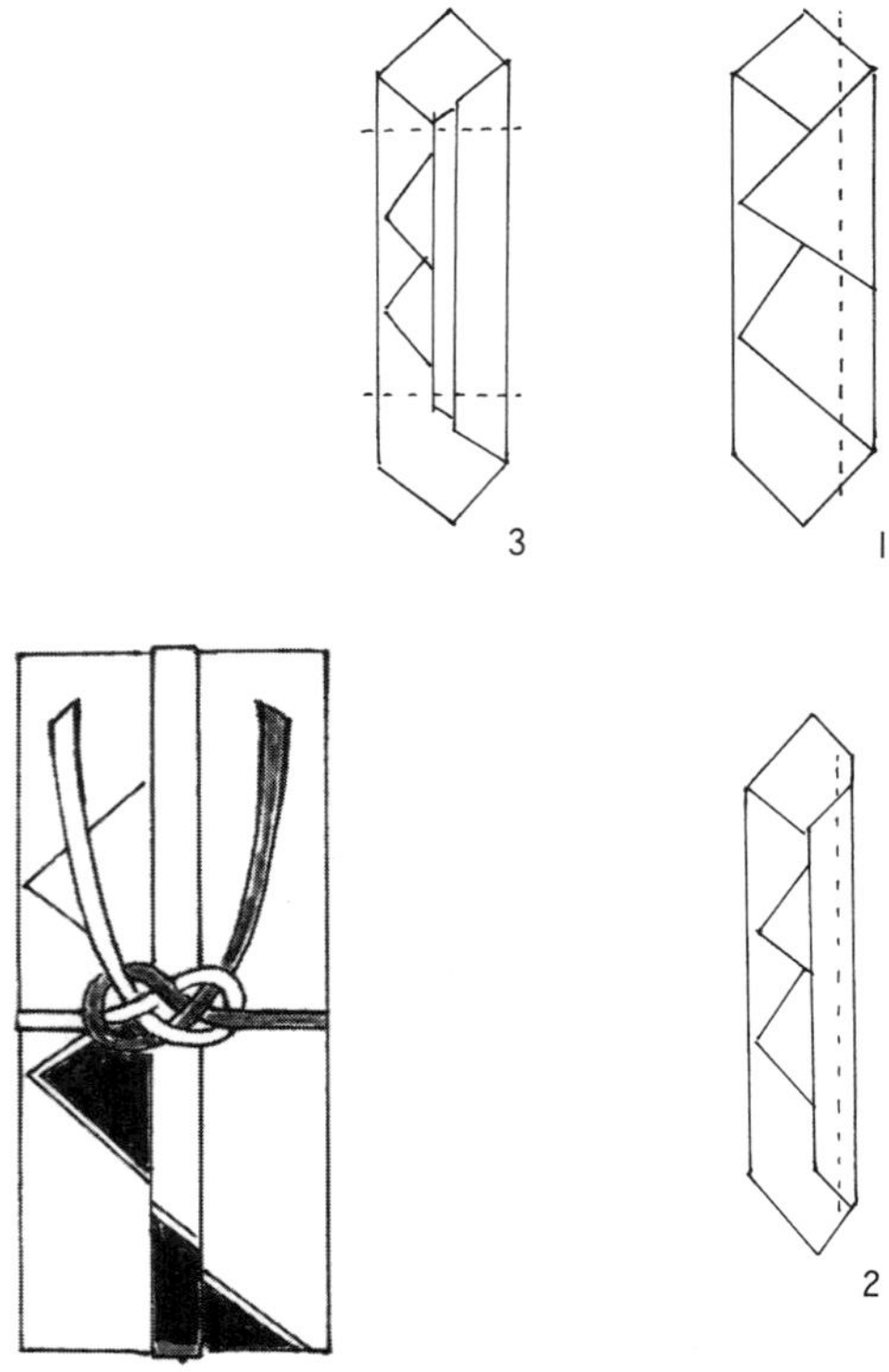

1 2 3 4

墨包み（正方）

用紙：檀紙・奉書半裁

良い墨が手に入ったとき差し上げる場合の折形です。

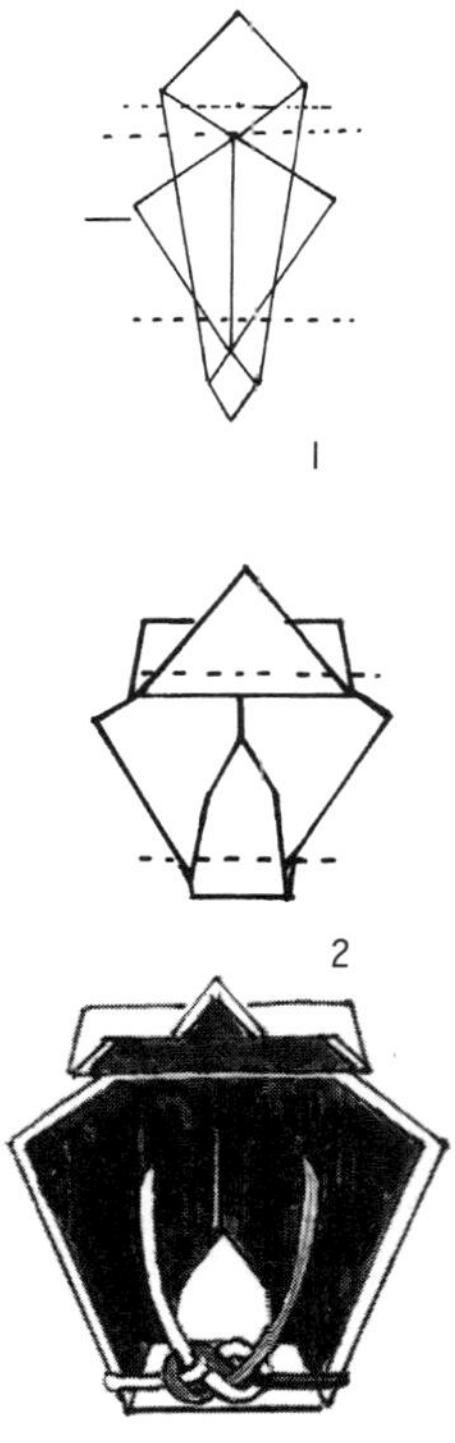

1 2 3

産衣《うぶぎ》包み

産衣は母方の里から贈ることが多いようです。誕生してしばらくして、初めて袖《そで》のついた産衣を着せ、産後三十日頃に宮参りに詣で、氏神様に出産の報告をします。この包みは単純な折形ですが、新しい生命の躍動が感じられる包みで、産衣のほかにも安産のお祝いを贈るとき等に用います。

用紙：檀紙・奉書（白・赤）

仕上がり。赤奉書紙を入れる　4

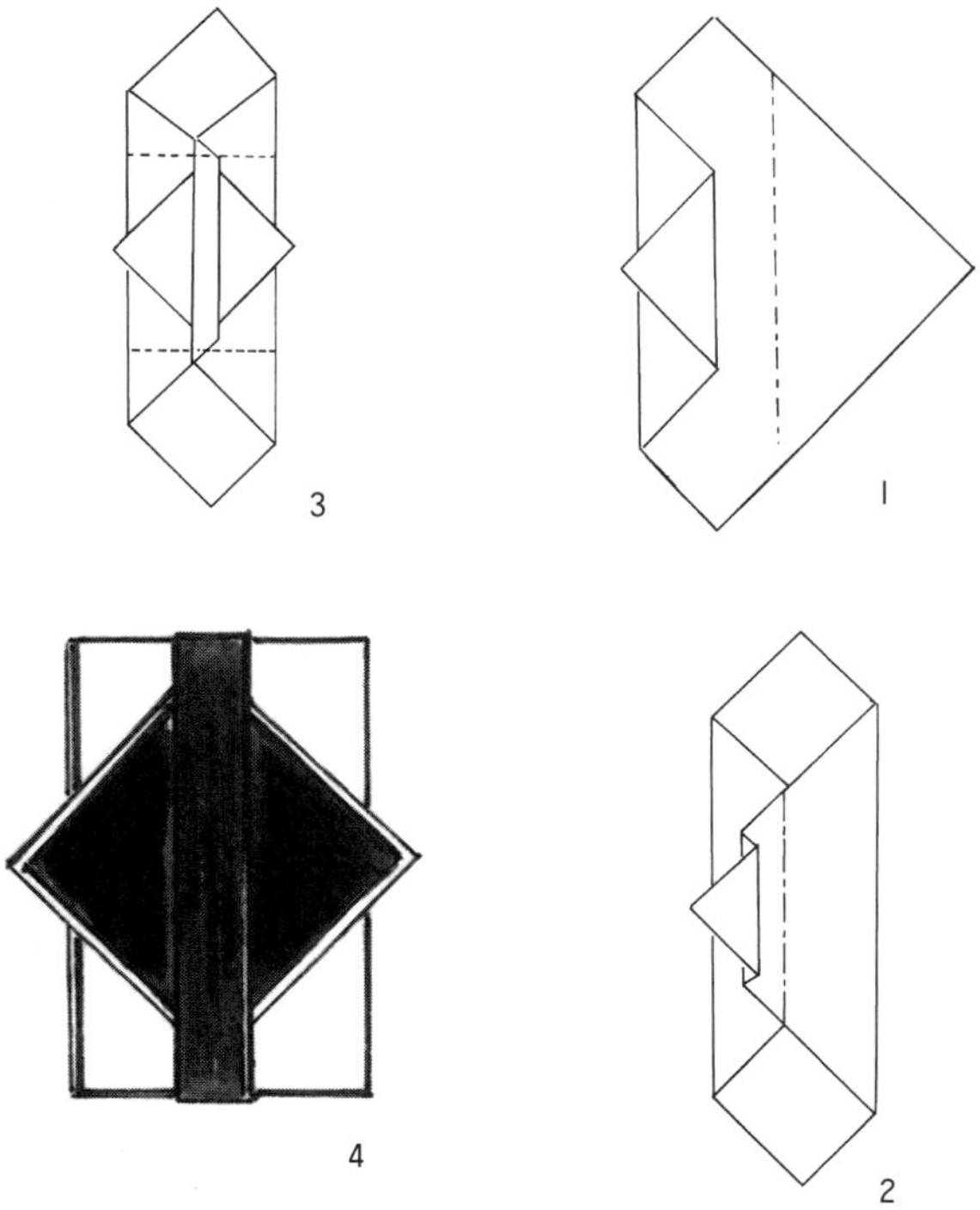

1　2　3　4

風呂敷包み

ちょっとしたお礼に利用範囲も広く、洒落《しゃれ》た柄の風呂敷等で、手軽な贈り物を差し上げる場合などに応用してみましょう。縦の折りひだをすっきりと折り上げます。

用紙：奉書大

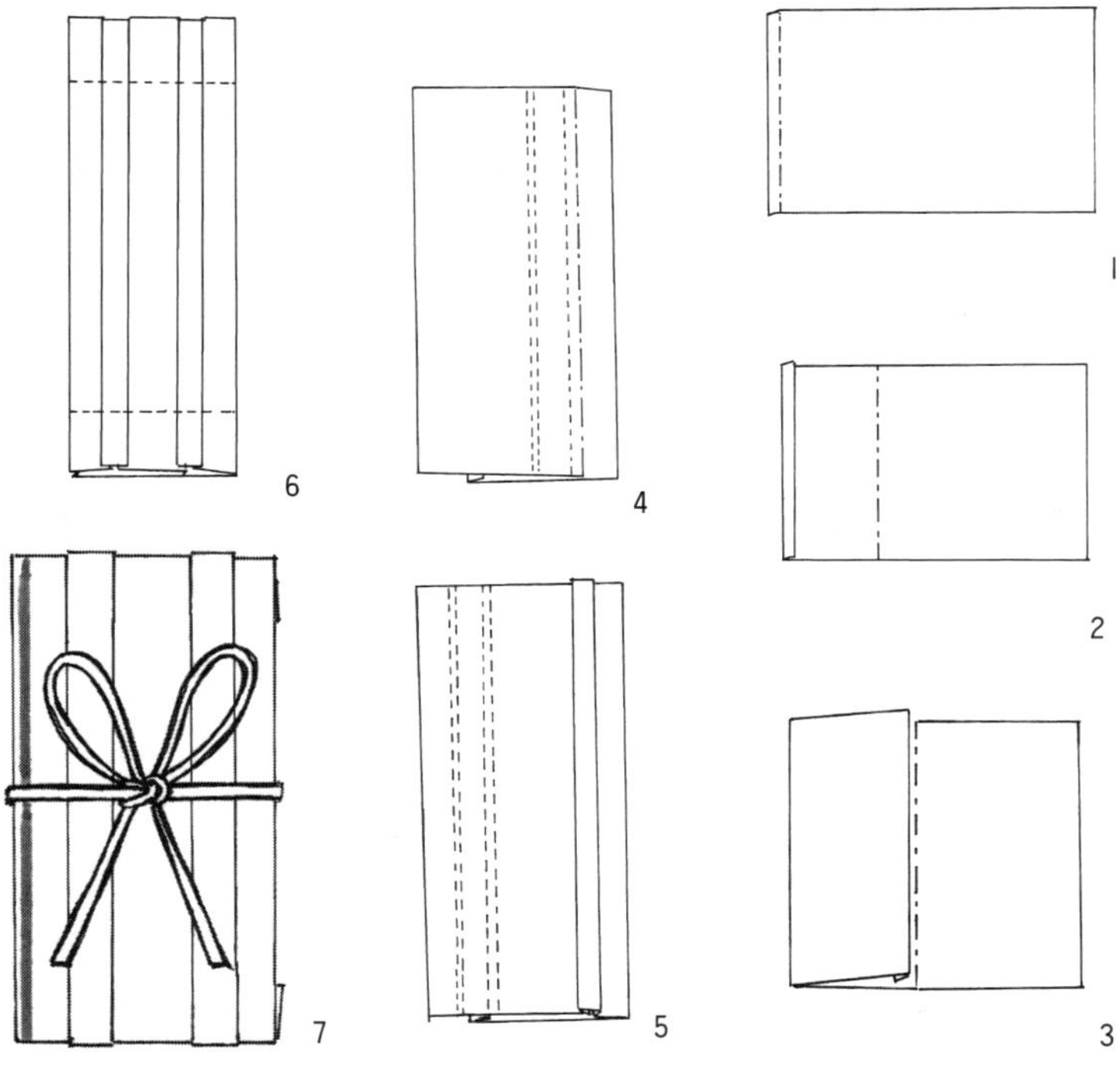

1　2　3　4　5　6　7

箸《はし》包み

婚礼箸包み（古式・慶弔諸饗宴）（1）

用紙：檀紙・奉書

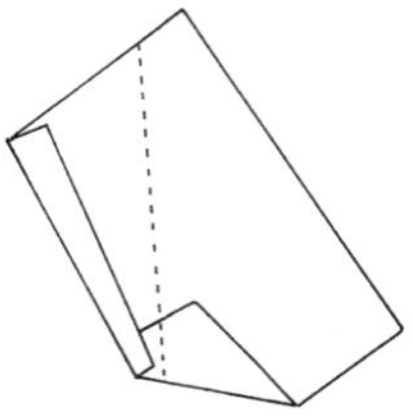

1

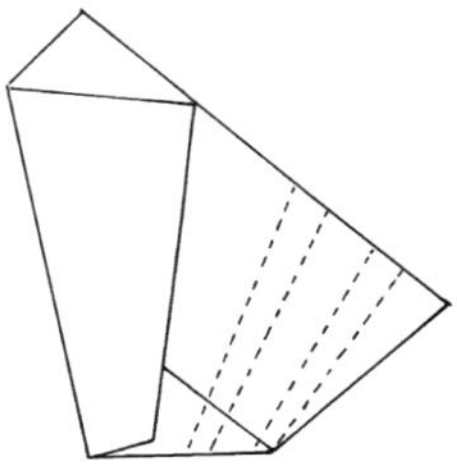

2

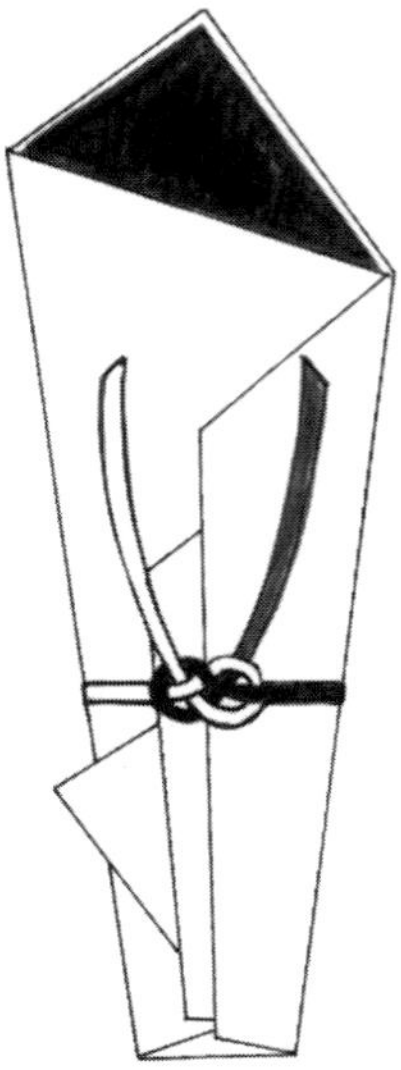

3

箸包み（2）

清浄を尊ぶ日本人の心は白木の箸を好みます。白木の箸には杉、檜《ひのき》、柳といろいろありますが、最も正式とされるのは両口の柳箸です。箸包みにもいくつかの折形がありますが、新年の食膳やお客様用の白木箸を、ちょっと改まった気持ちで包む箸包みを紹介します。

用紙：檀紙・奉書（白・赤）を適宜裁ったもの

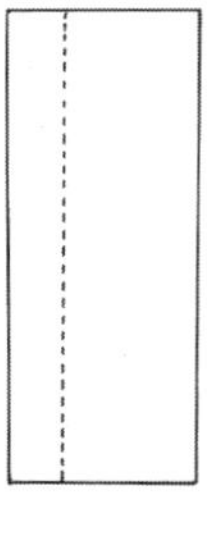

1

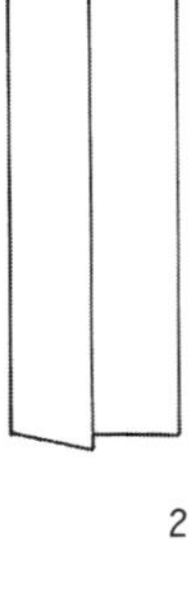

2

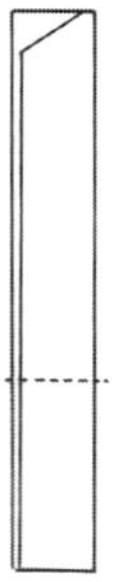

3

4

箸包み（3）

仕上がり。裏に折り、袋状の部分に差し込む　5

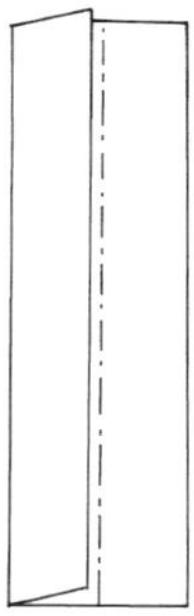

1

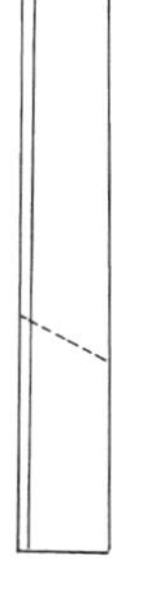

2

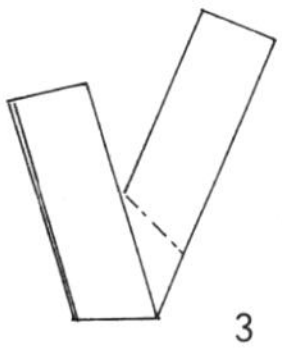

3

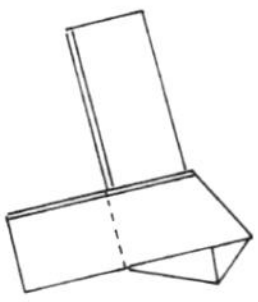

4

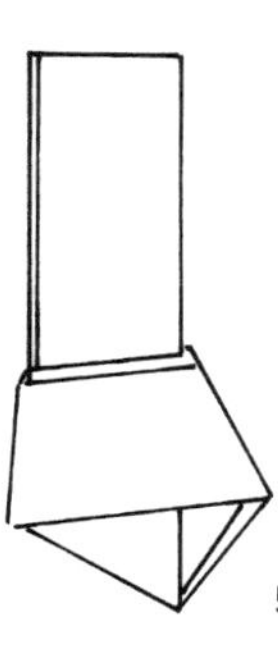

5

箸包み（4）

料理に合った粉を中にしのばせ、箸先だけを包むおしゃれな折形です。

用紙：十二センチ正方・縁紅紙等

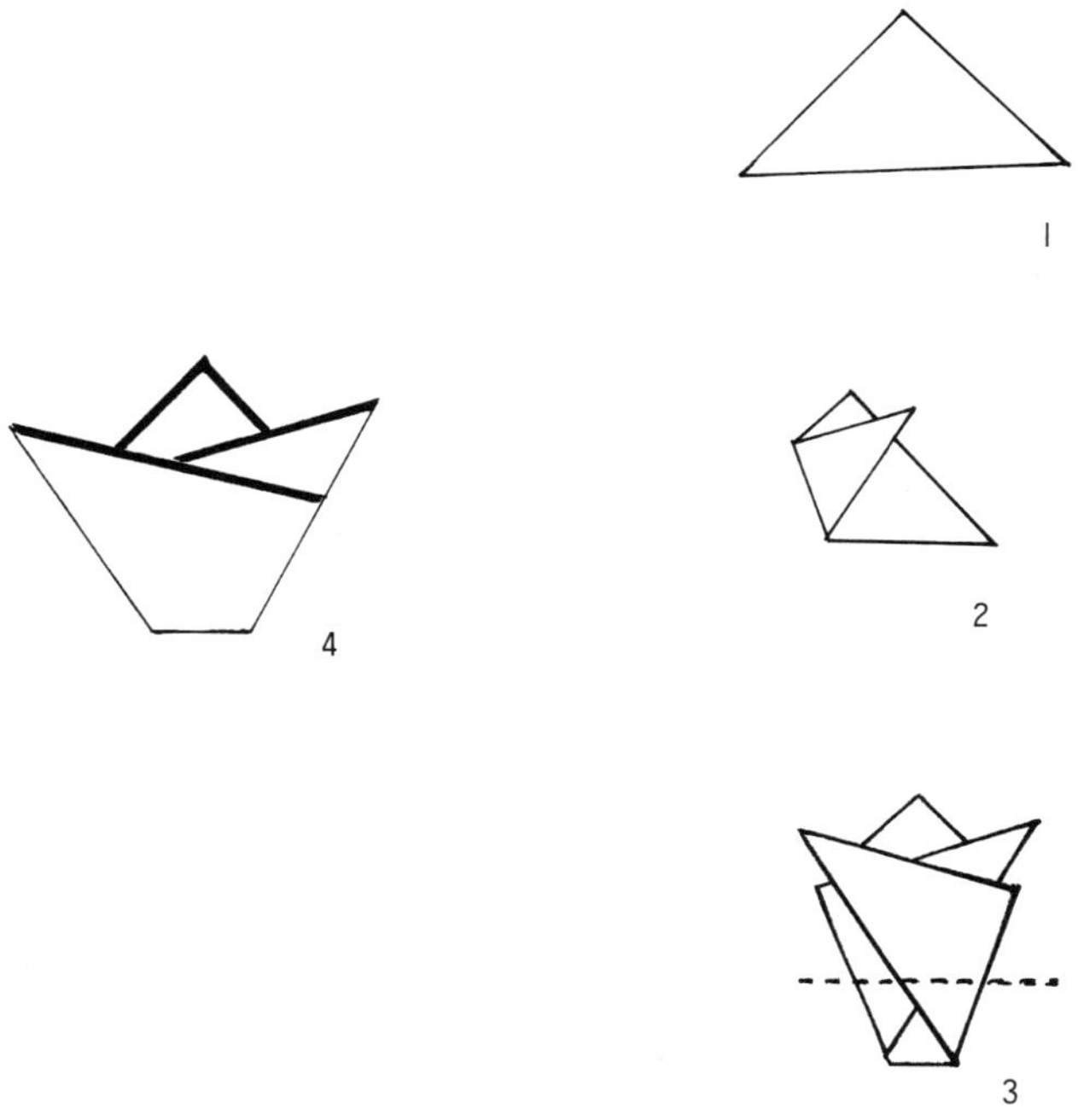

鶴の箸置き

小さな正方の用紙で鶴を折り出し、一回限りの箸置きに使用します。客を迎える側の心がしのばれる折形です。

用紙：十二センチ正方・縁紅紙等

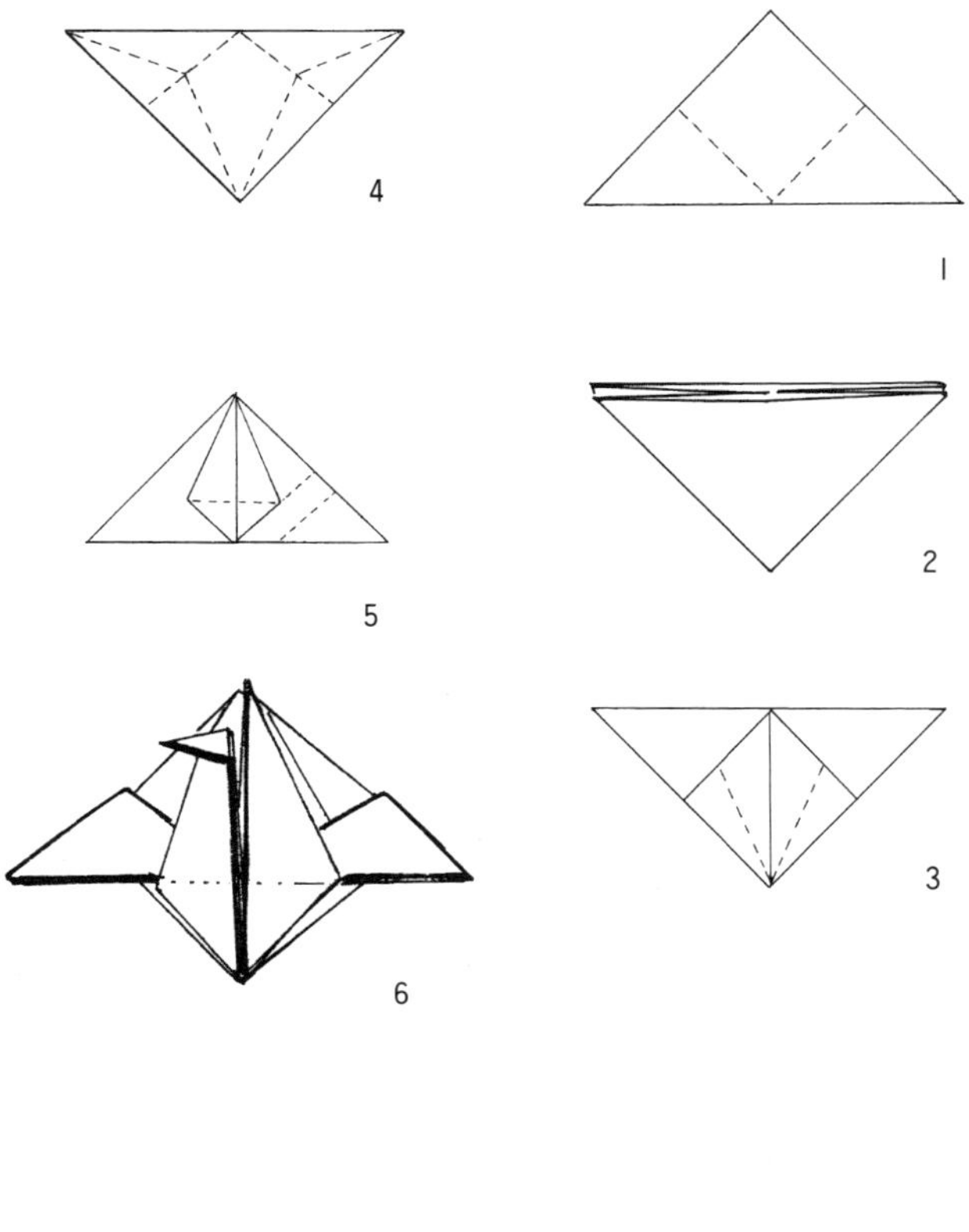

かいしき

神前に供える神饌《しんせん》の下には、白い和紙か常盤木《ときわぎ》の葉が敷かれ、供え物が穢《けが》れていないことを表します。お客様に供する菓子なども同じ和紙のかいしきを敷くのが日本の礼法です。かいしきには吉事用と凶事用があり、区別されていますから、取り違えることのないよう注意して折りましょう。

かいしき（1）

用紙：懐紙・縁紅紙・奉書の断裁か半紙

干菓子用 4
吉事用 4
凶事用 5

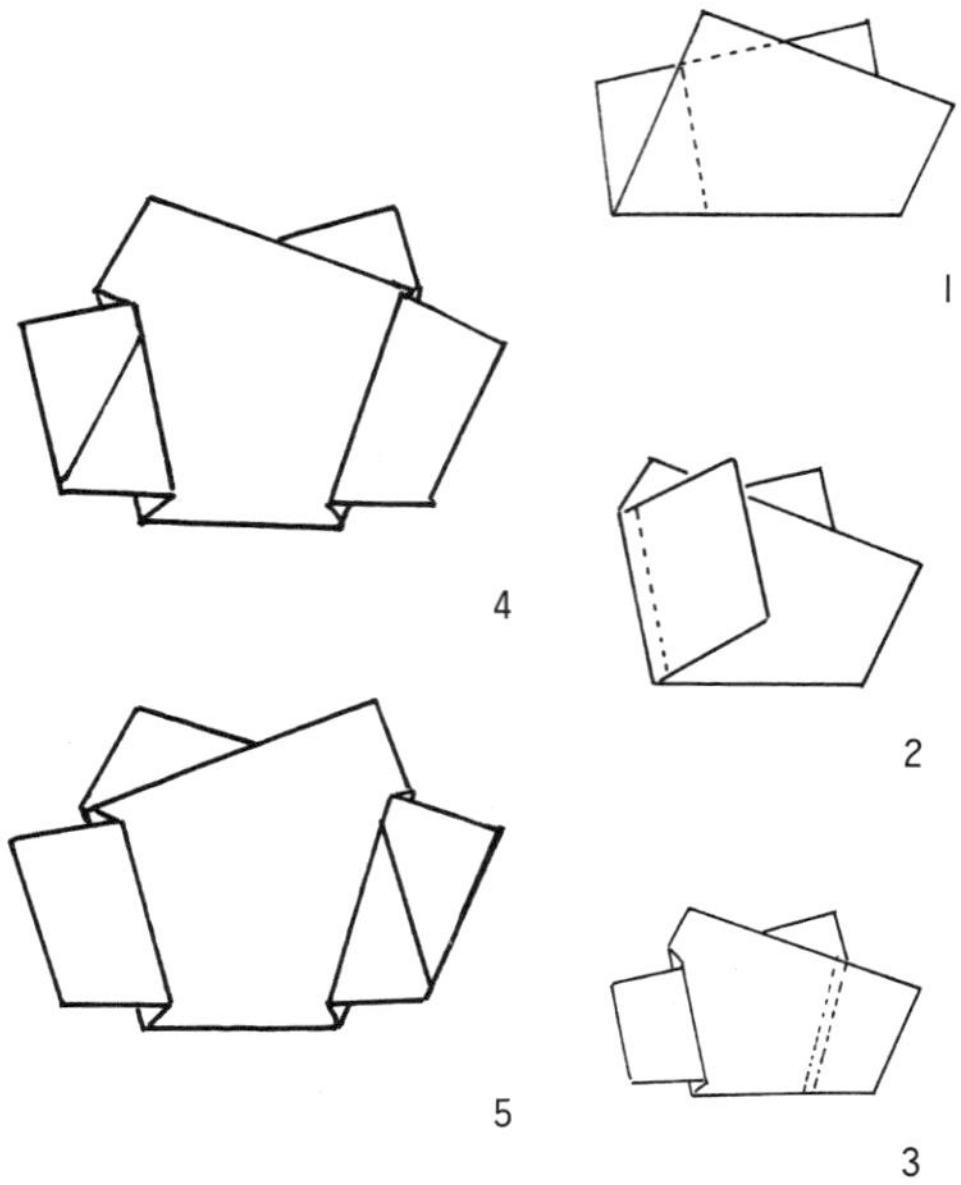

かいしき（2）

生菓子の場合、端を折り込んで楊子《ようじ》を差し込めるようにしたかいしきです。

用紙：かいしき（1）に同じ

吉事用 1
凶事用 2
菓子皿の上に用意する 3

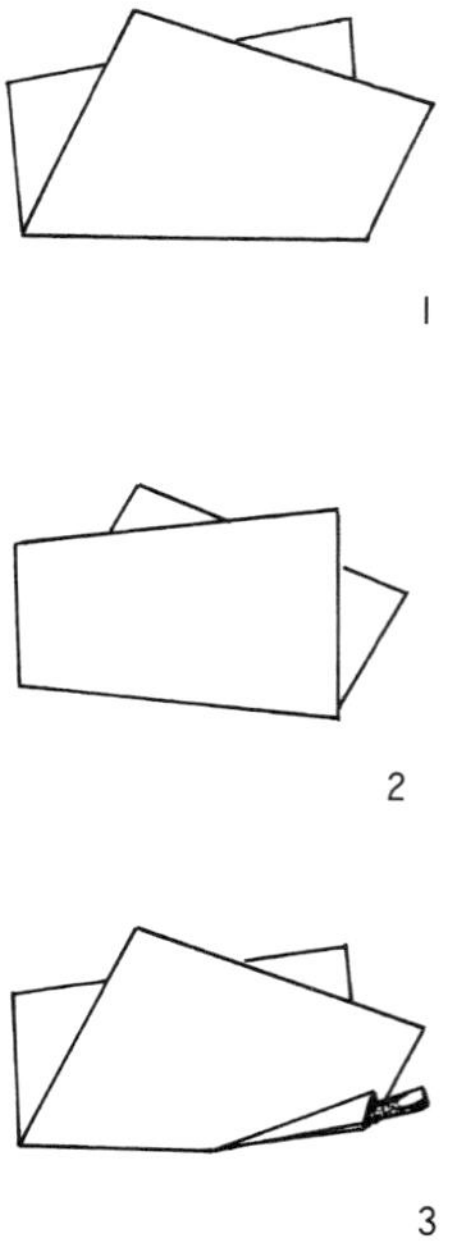

残菓がない場合の心得

お菓子をおいしくいただいた後の懐紙にも心を配りましょう。

懐紙を半分に折り 1
両側を裏へ折り 2　左を右へ差し込む 3
仕上がり（右封じ）4

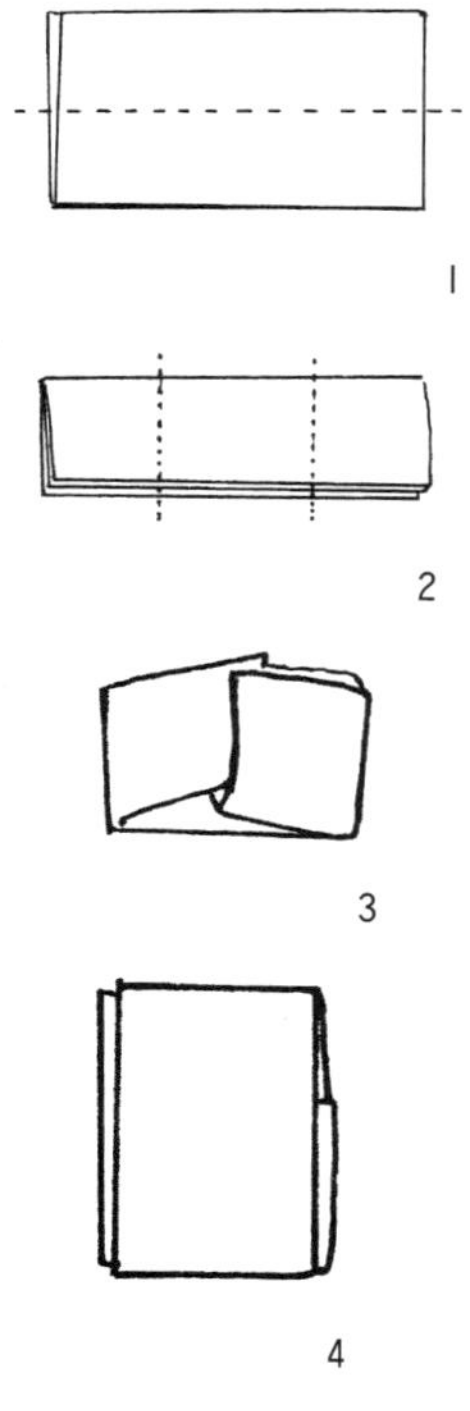

かいしき（3）残菓包み

供された菓子はきれいに食べてしまうのが作法ですが、食べきれず残ったら残菓包みにして持ち帰ります。お客様をもてなすとき、主人側は心を砕いて供するものを選ぶわけですから、食べ残すのは失礼とされています。

折り返し、残菓を中に入れる　1、2
蓋《ふた》を二回折る　3、4
両側を裏へ折り　4　　左を右へ差し込む　5
仕上がり（右封じ）6

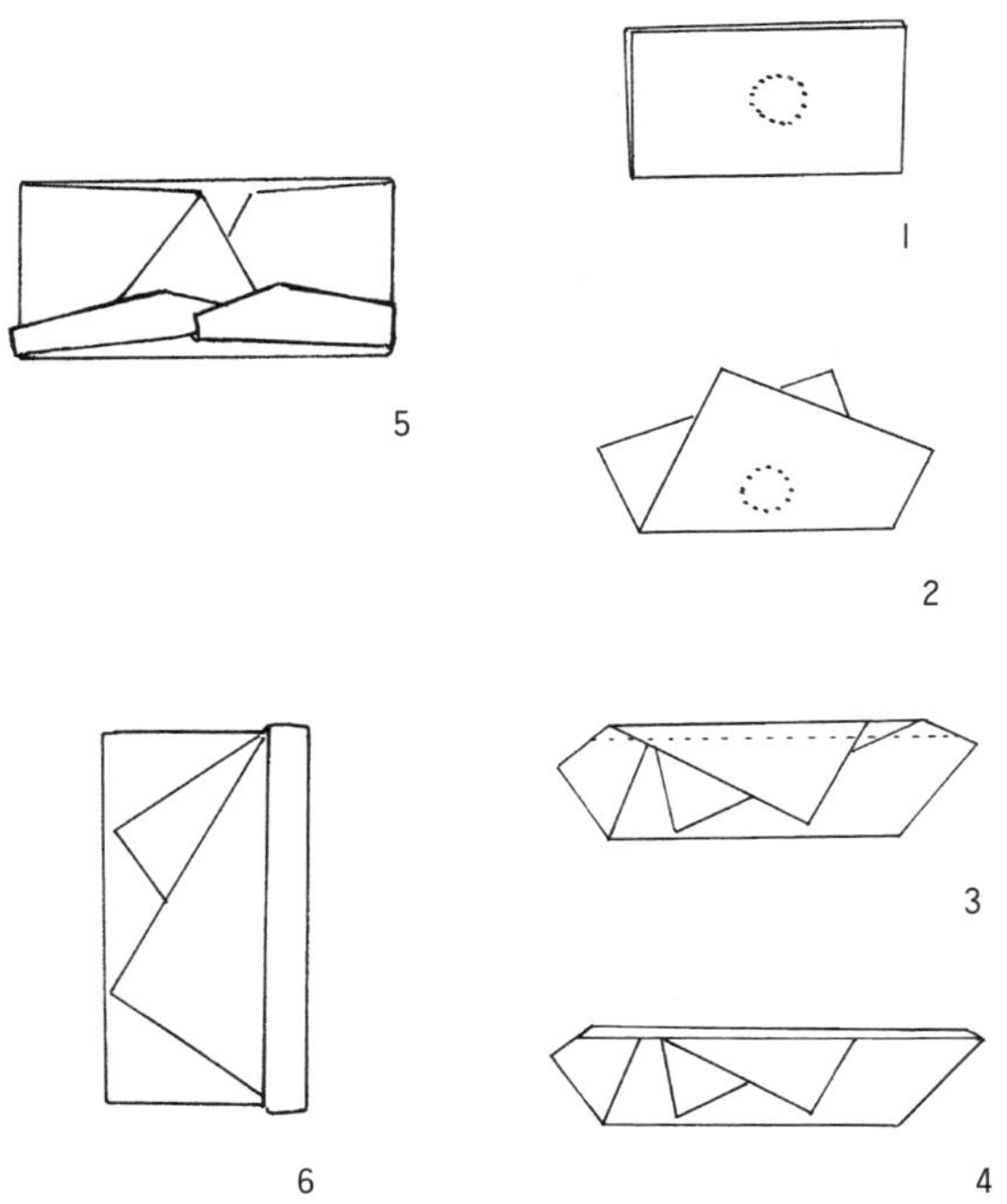

香包み

香は邪を払い、空《くう》を浄《きよ》める力をもっていると昔から考えられ、霊を荘厳するために用いたり、空薫物といって頭髪や衣服に香を薫《た》き込め、たしなみました。お香は香りを楽しむほかにも空間を浄めるという香に対する崇拝の力も併せもちます。

香包み（1）

用紙：奉書の半裁または四分の一裁

香包み（1）、（2）は白一枚で仕上げ、水引も白黒などにすると、凶事用としても使用できます。

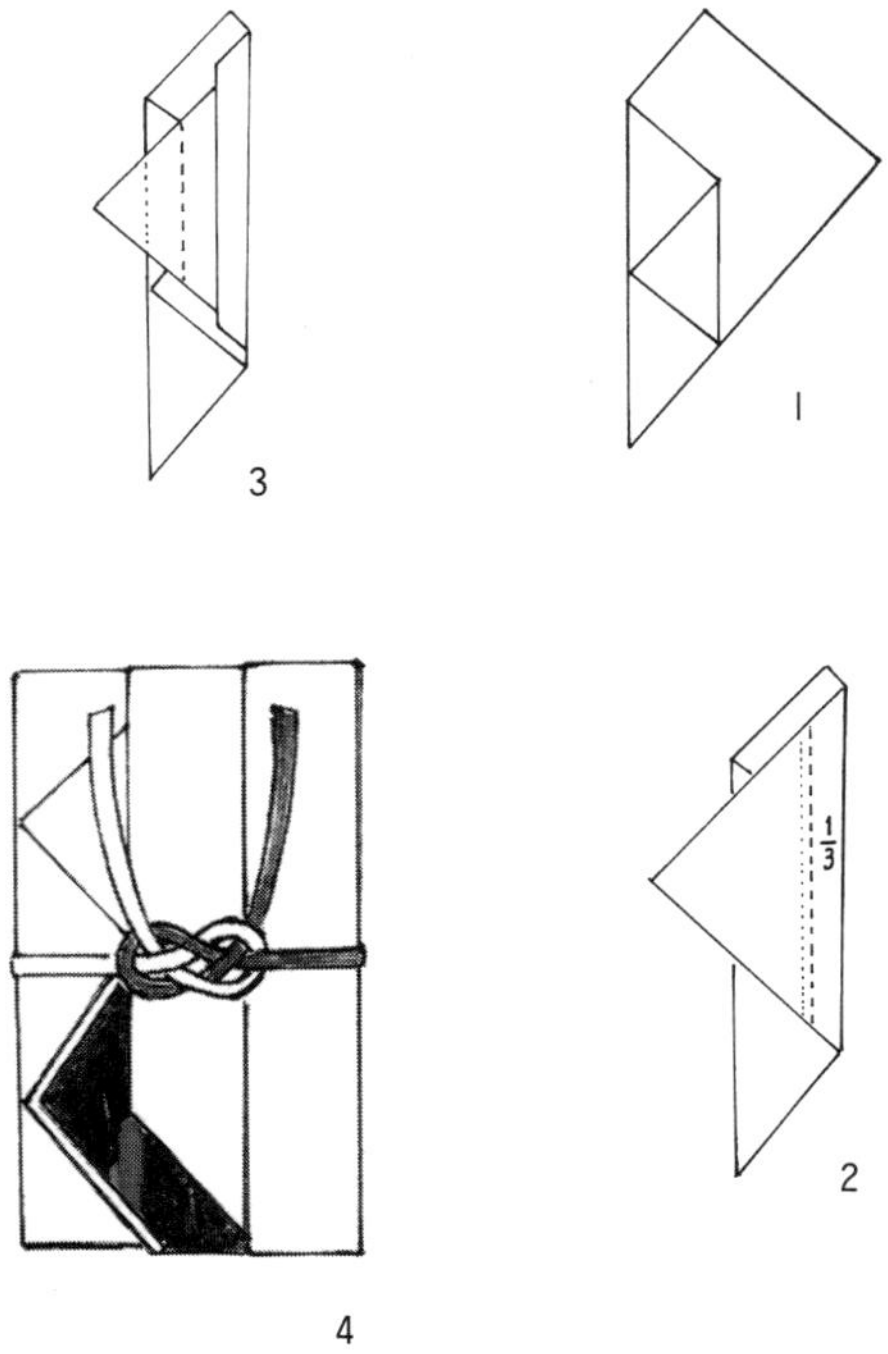

香包み（2）

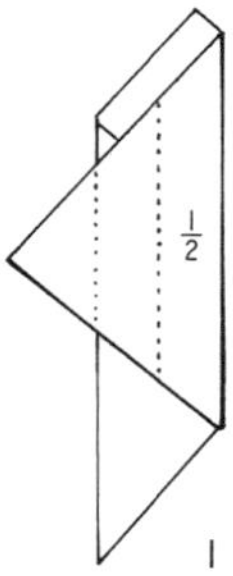

1

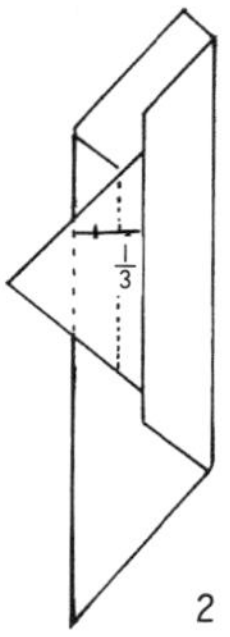

2

3

香包み（3）

良いお香、または相手方の好みのお香が手に入ったとき、差し上げるのに適した折形です。

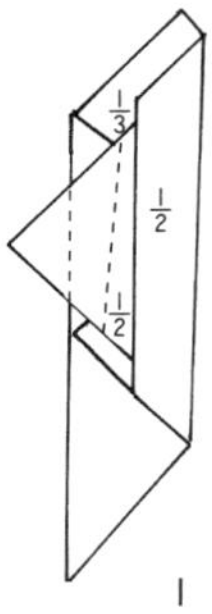

1

2

凶事の包み

凶事のときは香典や供物《くもつ》という形で慎む心を表現します。下部の折り返しは、悲しみのために頭を伏し、再びこのような気持ちを味わうことのないよう閉じて折り上げるのです。紙は同じ気持ちで白一枚のみを用い、重ねて使用することを忌みます。水引は黒白・銀一色などを使い、表書きは「涙で墨も薄くなる」ために淡く記し、凶事は生ぐさを嫌うので熨斗《のし》は用いません。

たとう包み（凶事用）

水引を「逆あわび」（「仏事結び」）ともいい、凶事のみに使用する結びです。

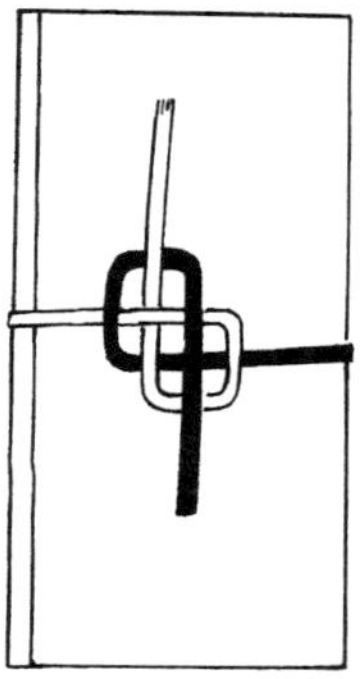

お布施《ふせ》包み

用紙：檀紙・奉書一枚

三角形に折り、さらに半分に折る　1、2
半紙で中包みをした紙幣を入れ、二回蓋《ふた》をする

お布施包み（1）

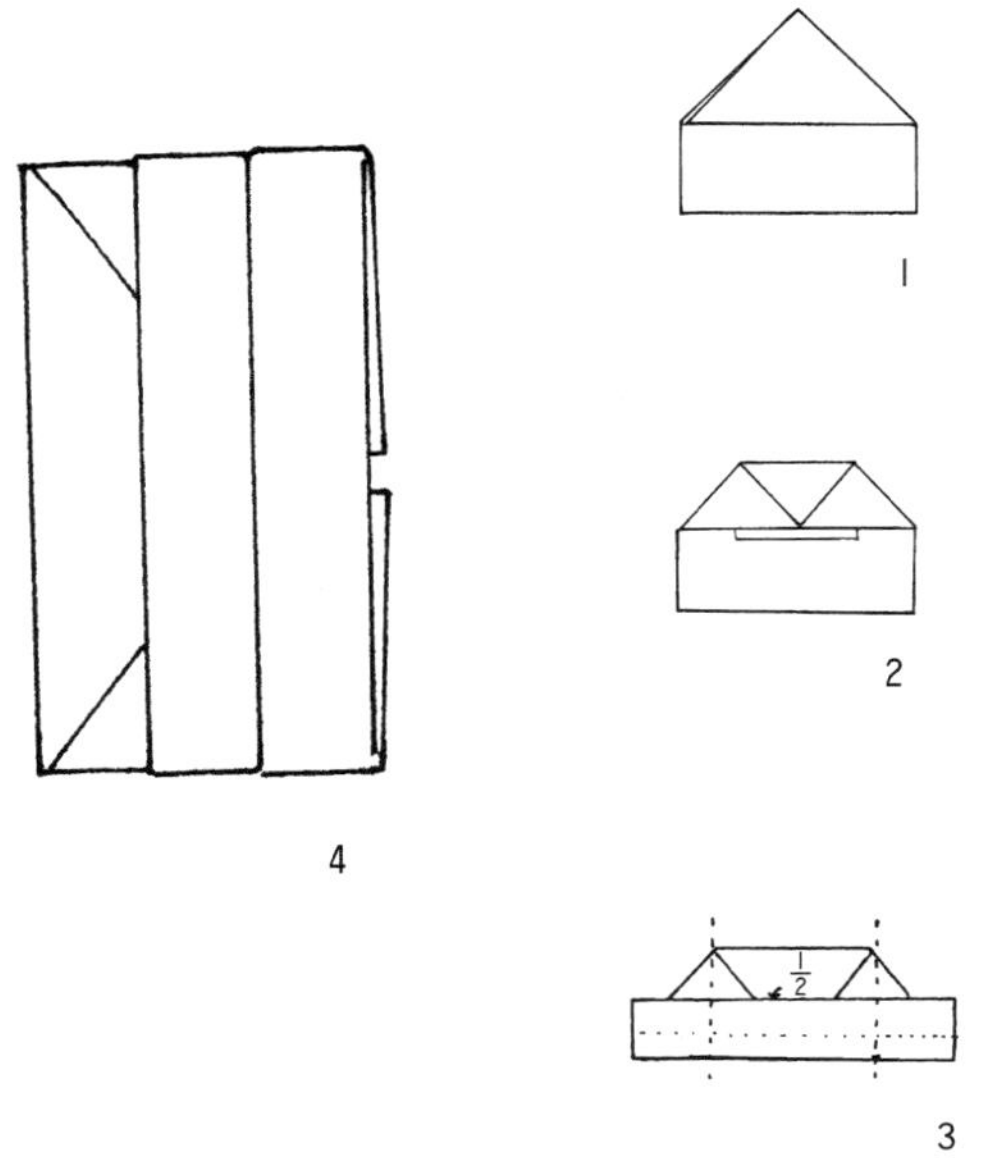

お布施包み（2）

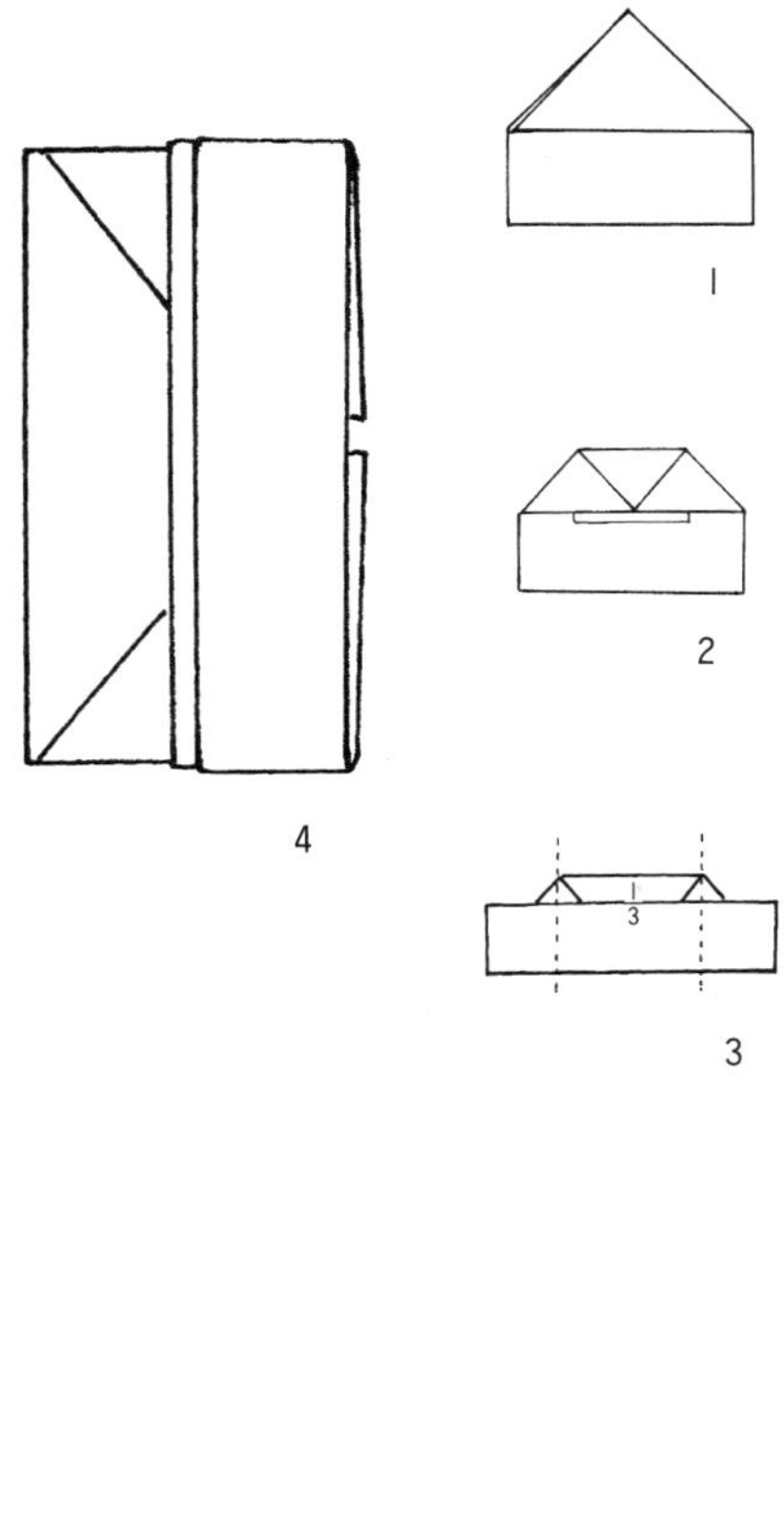

長柄・堤飾りの略式、雌蝶《めちょう》・雄蝶《おちょう》の一例

長柄

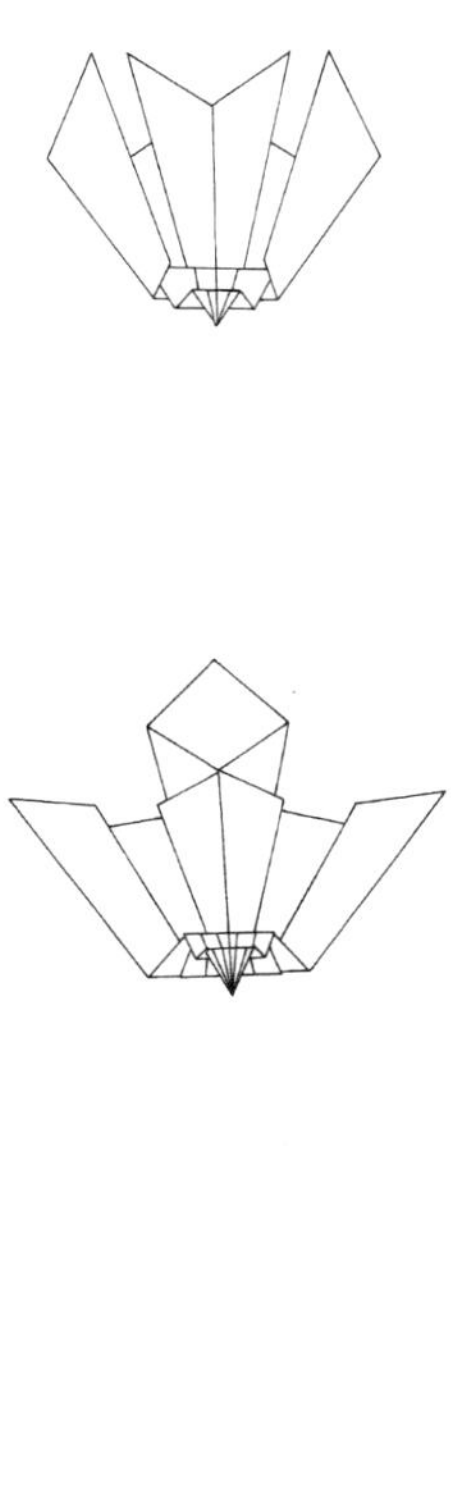

瓶子《へいし》飾りの雌蝶・雄蝶の一例

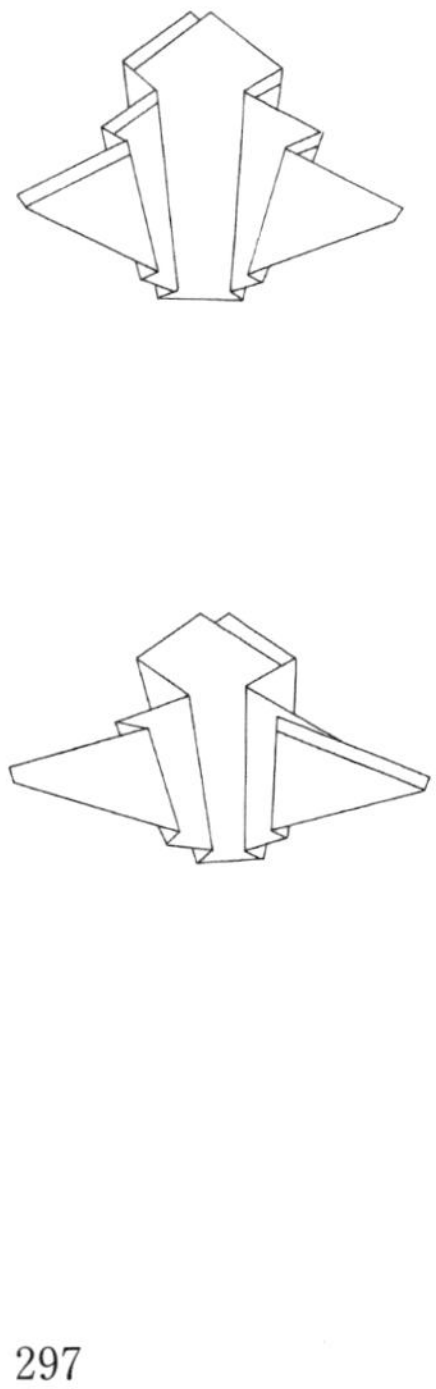

茶道具の包み

一服の茶を点《た》て、味わうために集《つど》う友人知己への贈り物、茶道具三種の折形です。

用紙：檀紙・奉書

茶杓《ちゃしゃく》包み

小さく単純、それゆえに作者の力量がはっきりわかる、茶杓を生き生きと包みます。

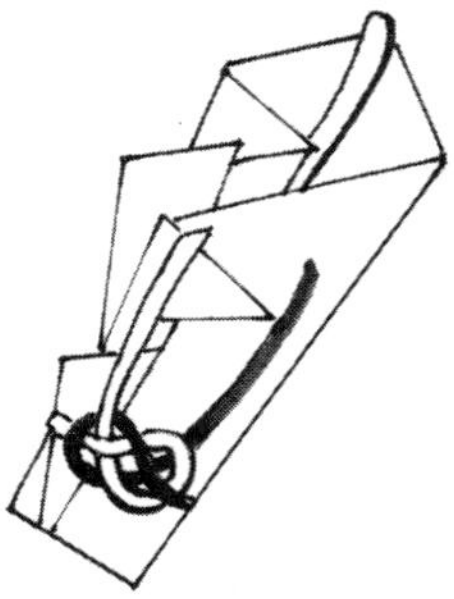

茶柄杓《ちゃびしゃく》包み

竹筒という自然の造形をそのまま柄杓に使った、たおやかな中にも竹の持つ弾力を感じさせます。

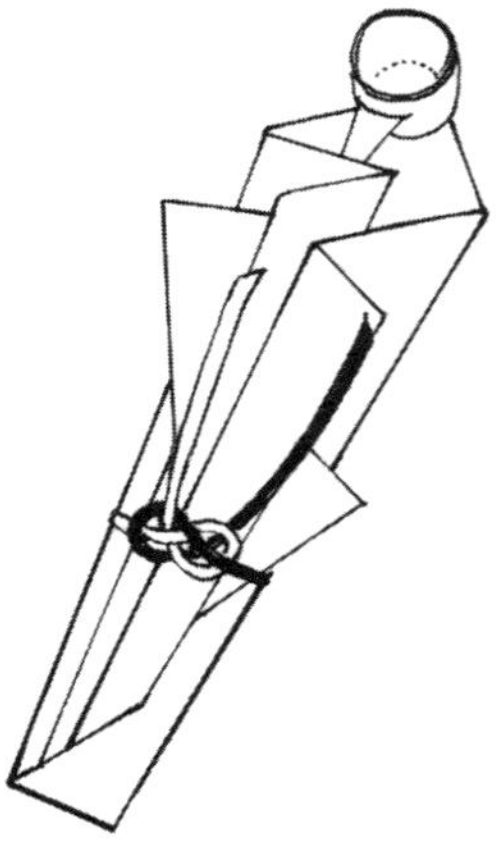

茶筅《ちゃせん》包み

竹の繊維を一本一本に分けたかのような、繊細で整然とした形を包み込みます。

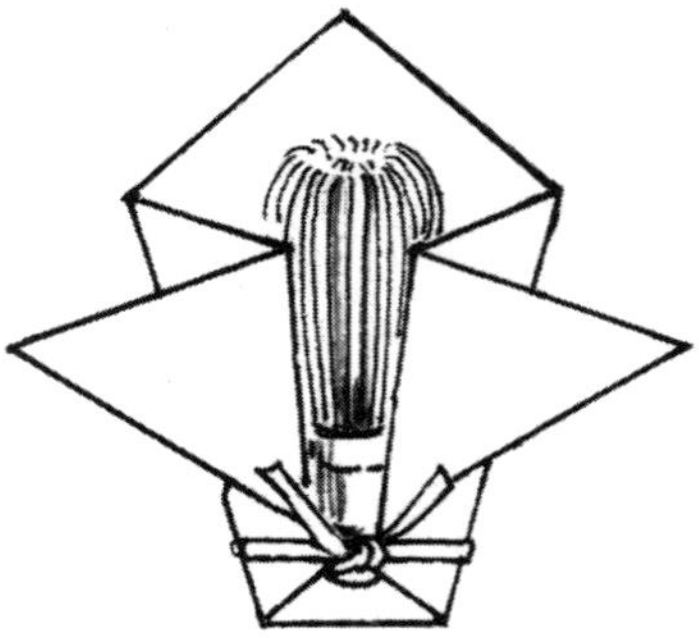

くし包み

用紙：檀紙・奉書

端正な安定した折形です。くしや笄《こうがい》など小さな物を包む折形ですが、墨や硯《すずり》を包んでもよいとされています。

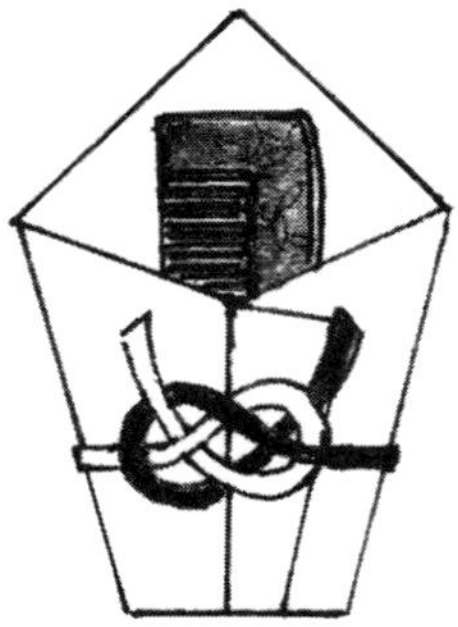

二　水引の結び

水引は元来中国からの渡来品、唐物《からもの》の贈答品を四本にくくった紅白の麻糸から変化したものといわれ、和紙を幅狭く切って指で縒《よ》ってよりにしたものに糊水《のりみず》をひいて乾かして固めたものです。

平安時代には既に使われていたといわれ、連歌を書く用紙を綴《つづ》る紐《ひも》の役目だったのが、紅や黄などに染めて使ったところ、その風情《ふぜい》が「水の流れに秋の木の葉が散り落ちて、紅や黄の枯れ葉が水に引かれるように流れている」ように見えたので「水引」と名づけられたともいいます。

折形の折り上がりには和紙独特の柔らかい空間が生まれ、ややもするとしまりのない形になりがちな、そのまろみをきりりと締め上げて美しい造形を維持しているのが水引です。

1　水引の種類と用途

水引は紅白、金銀など半分ずつ染め分けられたものがほとんどで、まれに金一色や凶事用に銀一色、黒一色などが用いられます。

1　紅白…古くは「うく」と呼びならわしていましたが、現在では「紅白《こうはく》」といっています。最も正式な場合の水引で現在では宮家など以外ではほとんど用いられません。一般に「紅白」と呼んでいる水引は「白赤」の水引のことです。

2　銀…金を右、銀を左に置いて結びます。婚礼、長寿祝い、新築祝いなど慶事に用いられます。

3　白赤…祝い事全般に用い、金銀の代わりにもなる最も利用範囲の広い水引です。目上にも目下に対しても、また儀式の際にも用いられます。白左、赤右で使います。

4　金赤…白赤と同様に用いますが、関西地方で主に使われています。金が左、赤が右で用います。

5　白黒…凶事用で最も多く用いられている水引で、弔事、葬儀、告別式などに用います。

6　白黄…忌明け後の仏事やお布施《ふせ》などに使います。この水引は凶事用とはいっても、白黒ほど直接に印象づけないところに特徴があります。白を左、黄を右にして用います。

7　双白…白一色の水引で、用途は白黄に準じます。

8　双銀…銀一色の水引で、白黄、双白と同様にします。

一般には金銀・白赤・白黒を用意しておけばどんな場合にも間に合います。

水引の長さは号数で表示されており、一号が約三センチで一般には十五号（四十五センチ）と三十号（九十センチ）のものを用意すれば十分です。筋の数は昔は縁起をかついで凶事には陰の偶数、慶事には陽の奇数を用いました。

現在ではそうした区別がほとんどされなくなりましたが、慶事に偶数を用いるのは避けたいものです。一般的には五本の筋の水引が使われています。

2　水引の扱い

心得ておきたいのは、薄い色が左、濃い色が右になるように水引を置いて結ぶということです。金銀の水引は比較的扱いやすいのですが、白赤や白黒は傷みやすいため熟練を要します。最初からうまく結ぼうと思わず、金銀を使って、取り扱いに慣れておくことが一番の上達法です。

結び上がりましたら重なった筋を整え、水の流れのように形を整え「折り目正しい」贈答の心に叶《かな》うようにします。片輪《かたわな》、諸輪《もろわな》などは、輪の部分がふくよかな丸みを持つように形を整えます。

水引の結び方は陰の結び（正式で慶弔いずれにも使用）と陽の結び（慶弔のみ少しくだける）とがありますが、日常の結びとしては陰の結びを心得ていれば十分でしょう。

鮑《あわび》結び（相生《あいおい》結び）は応用結びの基本となる形でもあります。

結び切り、片輪結び、諸輪結び、鮑結びをはじめ、いくつかの応用形の結び方を含めて紹介します。手の込んだ複雑なものもありますが、本書ではできあがり形だけを紹介します。基本結びをマスターした後に挑戦してみるのもよいかと思います。

3　水引の結び方

真結び（結び切り）

真結びは、一名を「結び切り」とも、「こま結び」ともいいます。また二度あることを忌んで「結び留め」と呼んだりします。この結びは慶弔いずれの場合にも用いられ、公式の儀式でもこれでよいとされ、水引の結びはこれ一つ覚えておけばよいといっても過言ではありません。

この結びに限らず、水引を結ぶときは、最初に結ぶ品物なり包みなりの幅に合わせて折り目をつけていくことが大切で、これを怠ると結び上がりがきちんとまとまりません。慶事ですと紅白《こうはく》または白《しろ》赤《あか》を一般に用いますし、弔事ですと白黒または白黄を多く用います。結婚式の場合は「老いの波」（飾り結び）にしたりもします。

どんな結び方も最初に品物に合わせて折り目をつけます。

これは片輪《かたわな》結び、諸輪《もろわな》結びいずれも同様　1、2
左を上にして、右のほうを上から下へくぐらせる　3
もう一度、左を上へ廻して図のように抜き出す　4
両端を静かに結び合わせていくとできあがり　5
両端は必ず天を向くようにする　6

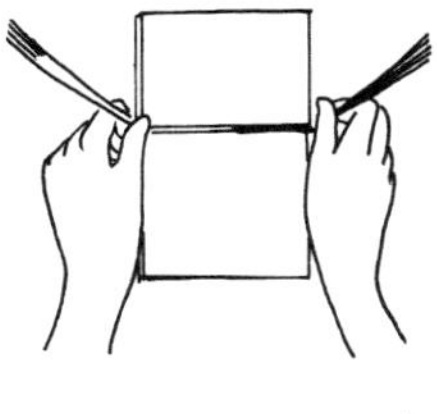

1

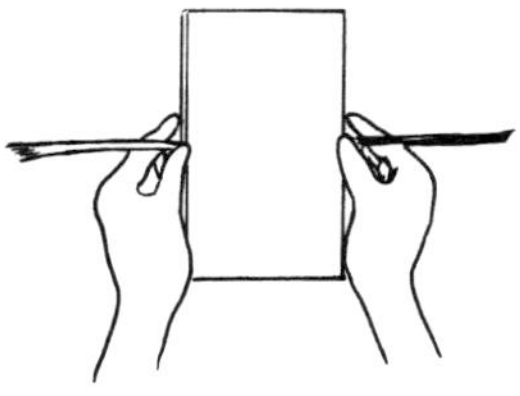

2

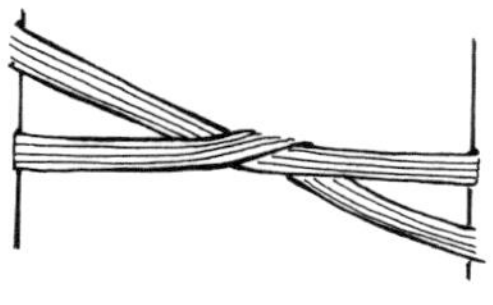

3

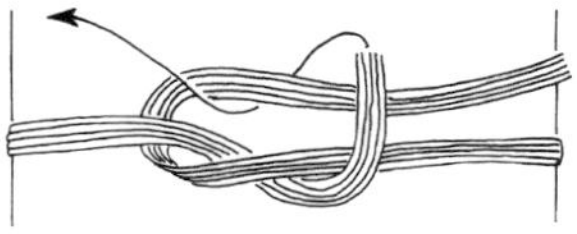

4

5

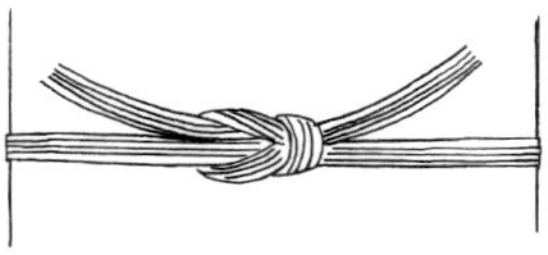

6

「逆真結び」は正式の真結びとは反対に結びます。逆(陽)というだけに「弔事」では絶対に用いません。「祝事」の場合でもこれを好んで用いるものではありません　1
この結びは間違わないように参考として示したものです　2

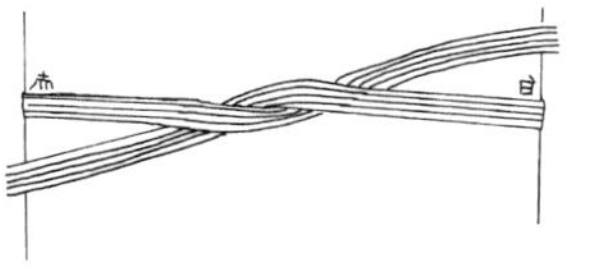

1

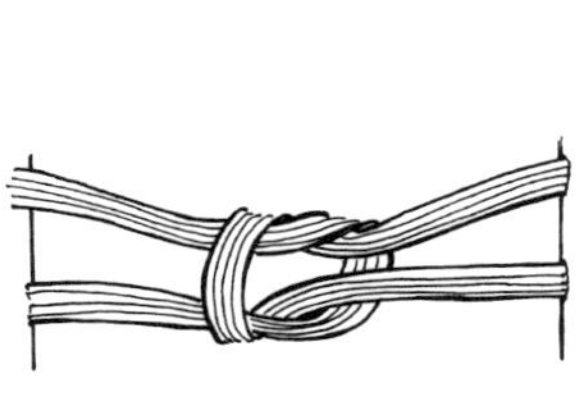

2

これは他の水引の結びにもあてはまります。

水引はどんな結びでも切らないことが原則だとされていることが多いようです。

昔は「切る」ということを忌んで「生《は》やす」という忌み言葉があったほどです。現在では、両端をすっきりと仕上げるためにも切ったほうがよいようです。小笠原惣領家礼法では切っても構わないと教えています。

片輪《かたわな》結び

慶弔いずれも用いますが、最近はあまり見かけません。

水引で片輪結びにするのは二つの場合があります。一つは中を見る必要がある場合で、片輪の輪が左にあるものも右手で引けばすぐ解けるようになっているのです。また一つは丸く包んだ筒形《つつがた》のものにかける場合に多く用いられる結び方です。反物や帯地等は芯《しん》に丸く巻いてありますので、円筒形になっている品物を贈る場合に用いられ、「帯結び」ともいいます。

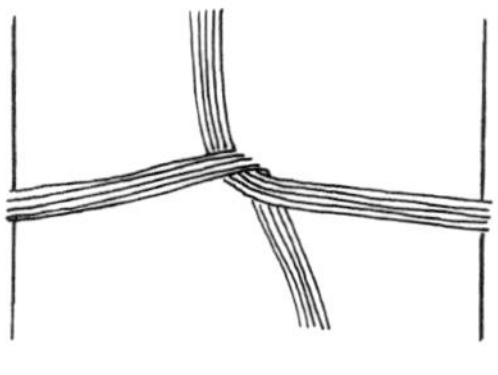

1

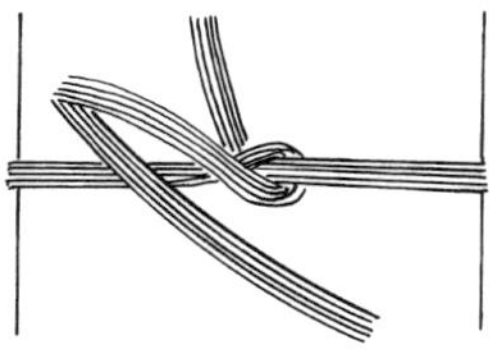

2

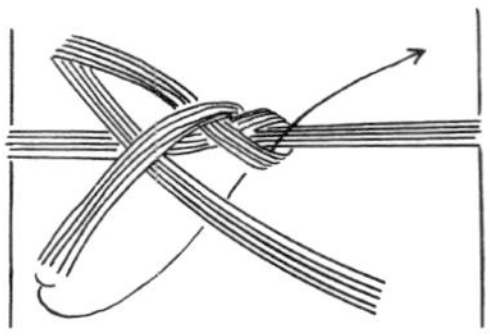

3

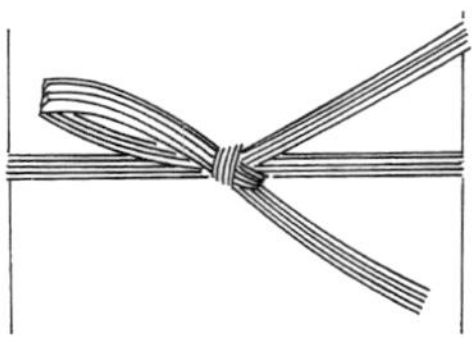

4

諸輪《もろわな》結び

別名「双輪」とも「蝶結び」ともいいます。一般に贈進用として使われますが、平《ひら》たく包んだものに用います。基本の結びの一種ですが、儀式用の結び方ではありません。結び方は上の片輪と途中まで同じ手順に結びます。左右の輪を同じ大きさにして、ふくよかな丸みをつけることが大事です。

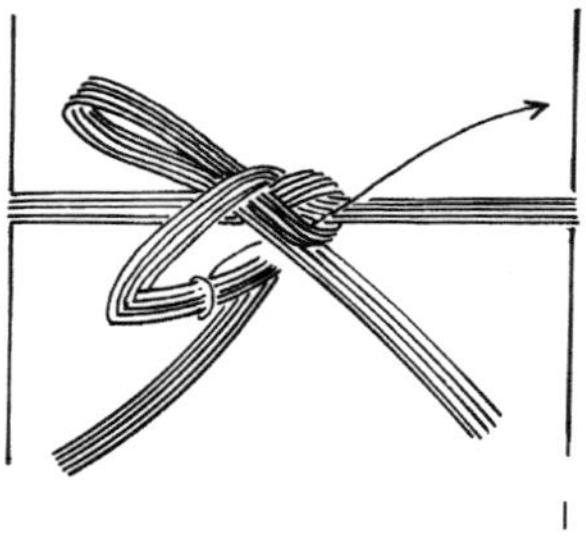

1

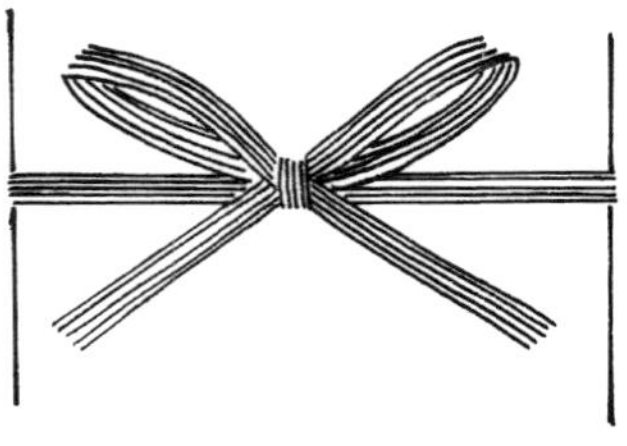

2

相生《あいおい》結び（鮑《あわび》結び）

「淡路《あわじ》結び」ともいい、古くは吉事用のみに用い、特に結婚式の祝儀用でした。今日では凶事にも用います。この結びも一種の基本結びで、応用した飾《かざ》り水引の結び方がたくさんあります。儀式の際には、この結びの正式な結び方をしますが、小笠原惣領家礼法ではこれを「相生結び」といって正式な順から真・行・草に分けています。

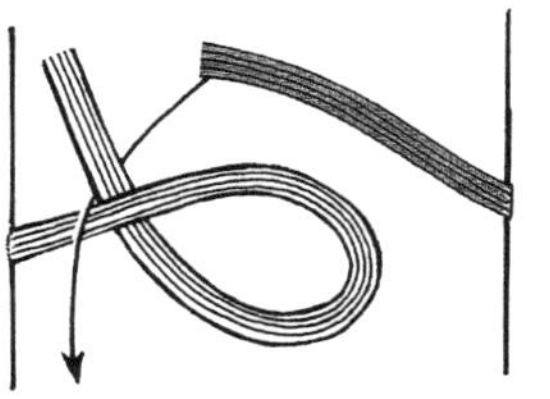
1

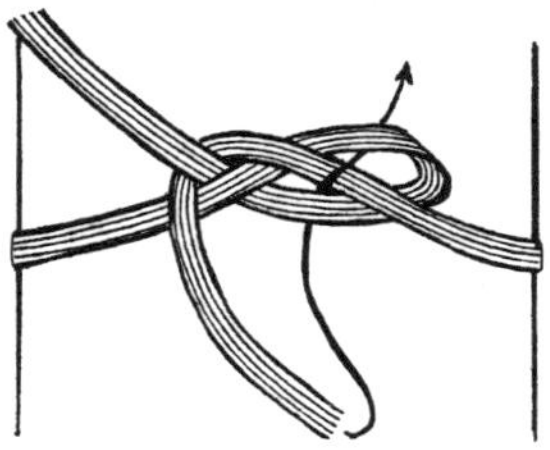
2

3

真の相生結び

三種のうち真の相生結びは正式の儀式用として用いるもの、ある意味から見れば、装飾に用いられるものでもあります。上記の基本の相生結び（鮑結び）ができれば、図解を見て結べるものです。

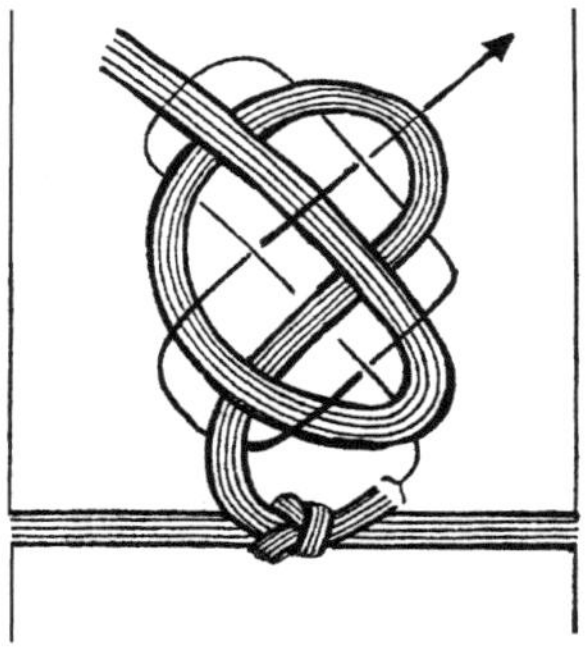
1

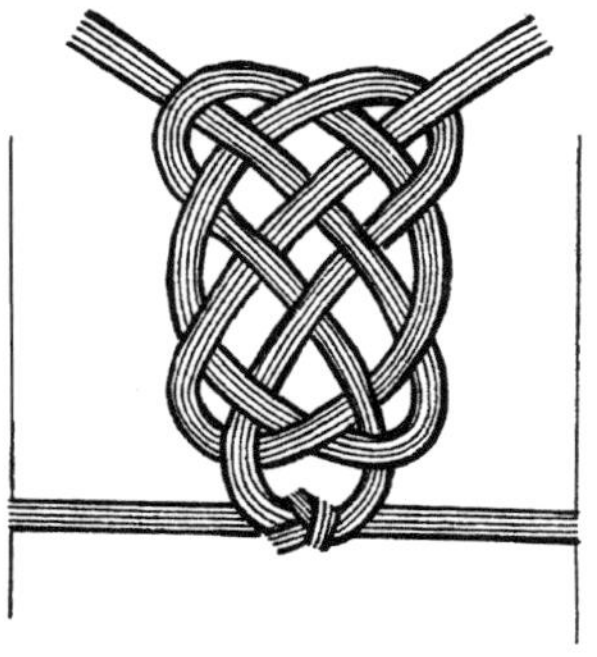
2

行の相生結び

真の相生結びよりもやや厳粛《げんしゅく》さを崩《くず》すものですが、略式ではありません。つまりその儀式が古式どおり真の作法によって行われたものであれば、真の相生結びを用い、行の作法によって行われた儀式であれば、この行の相生結びを用いることになります。一般にはそれほどまで厳重に用いる必要はありません。真ではあまりに厳《おごそ》かに過ぎる場合、行の作法に依《よ》ることが多いようです。

この結び方もやはり初めは真で飾り結びをします。

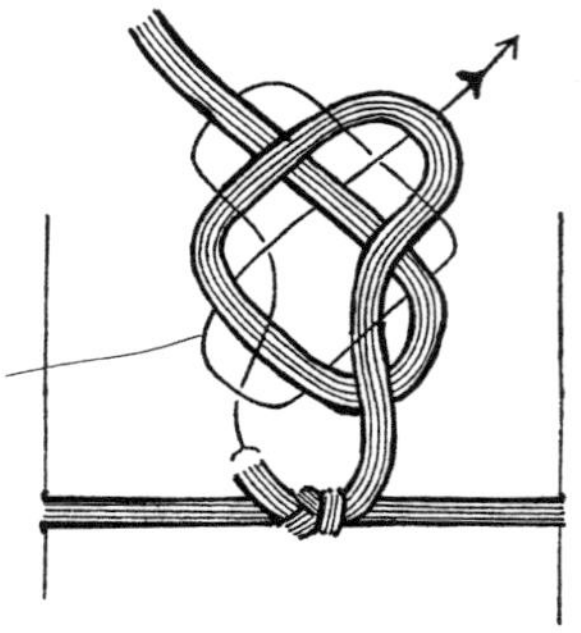

1

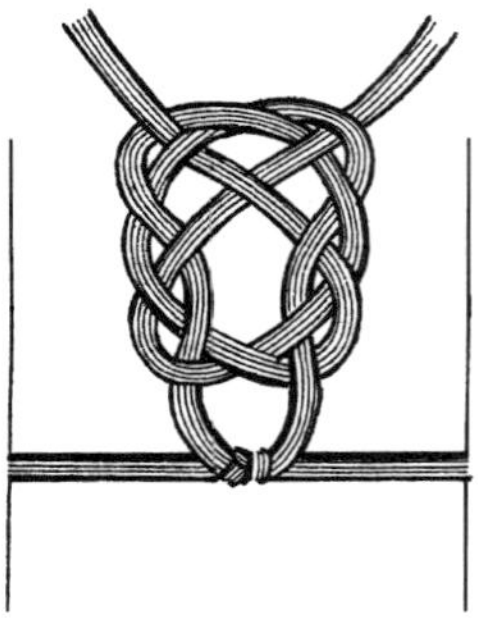

2

草の相生結び

草の相生結びは、真・行よりやや略式の場合に用いられるもので、少し砕《くだ》けてもよい場合に用います。これも最初真結びをしてから、その上に飾り結びをします。真・行より簡略に姿を崩したもので、形の整え方が異なっているだけですので楽しく結べます。

図解で示したように、やはり左へ出ているほうを上から左方へ曲げて輪を作り、右方へ下から廻して左方斜め上へ引いて原型の輪をこしらえ、右方の端を順次に組み込んで、右上斜めに引き出します。そしてできあがり図のように形を整えます。つまり真・行・草は同じ組み方で形を三種に整えるものです。

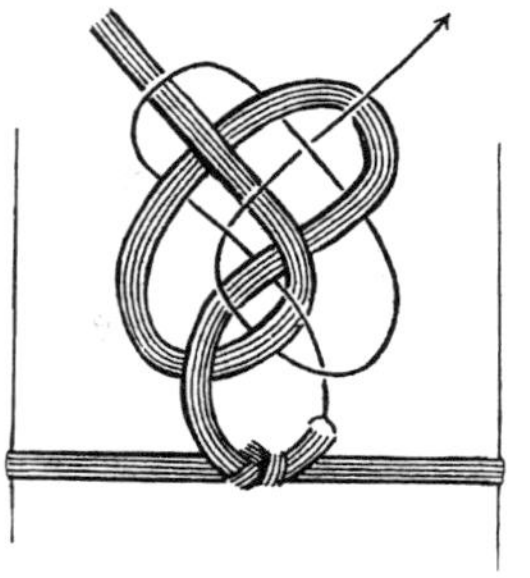

1

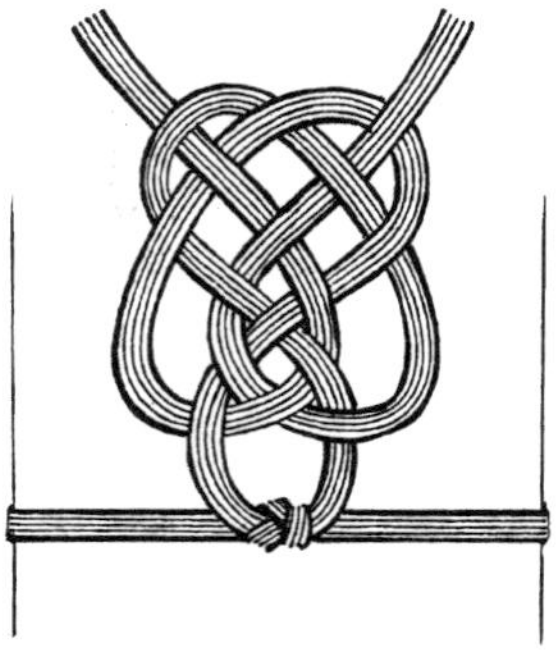

2

逆鮑《あわび》結び（仏事結び）

凶事のみに使用する結びです。ゆるやかな輪に結んで白が天を向き、黒が地を向く形に整えるか、図のように直角に曲げて結んでもよいでしょう。

1

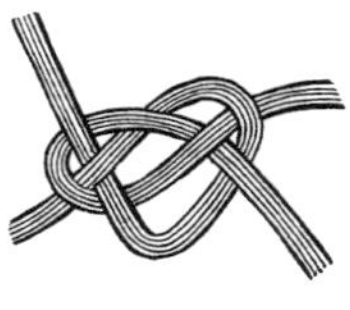
2

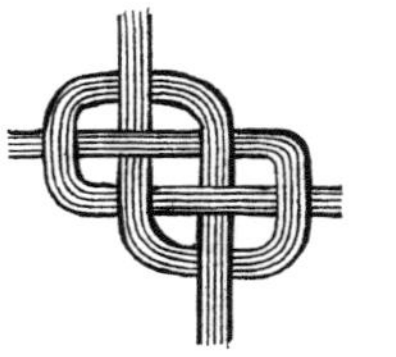
3

鮑返しの結び（片返し）

吉事の進物用に用います。鮑結びの形に作り、天へ出た双方を下へくぐらせた結びです。諸輪《もろわな》相生《あいおい》結びともいいます。

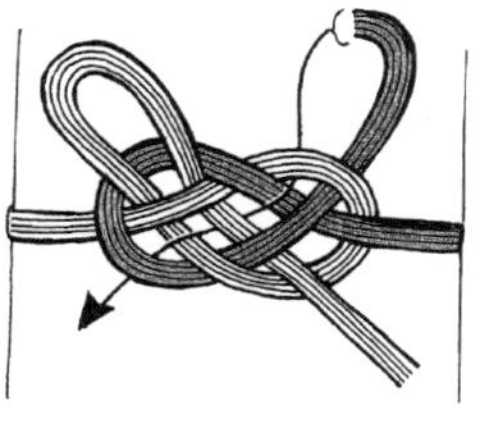
1

2

飾り結び

特に丁重《ていちょう》にしたい場合は、水引の端を巻き上げにすることがあります。「老いの波」といって、真結びや鮑結びにした水引の先端にラセン状の飾りを施したものです。特に結婚式の場合は、「偕老同穴を寿《ことほ》ぐ高砂の岸に寄す波」にあやかって喜ばれます。巻き上げは千枚通しなどの先に水引の先端をかけ、指先で、水引を巻きつけるようにすると、できあがりの細かい「老いの波」を作ることができます。

1

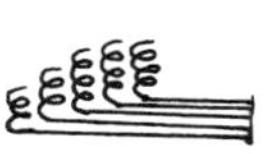
2

1

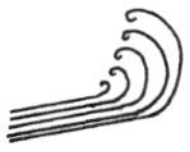
2

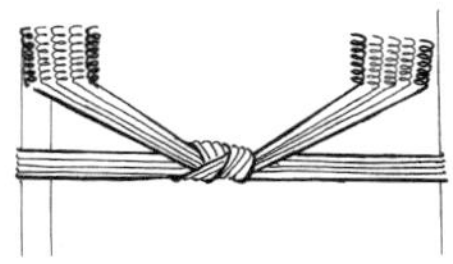

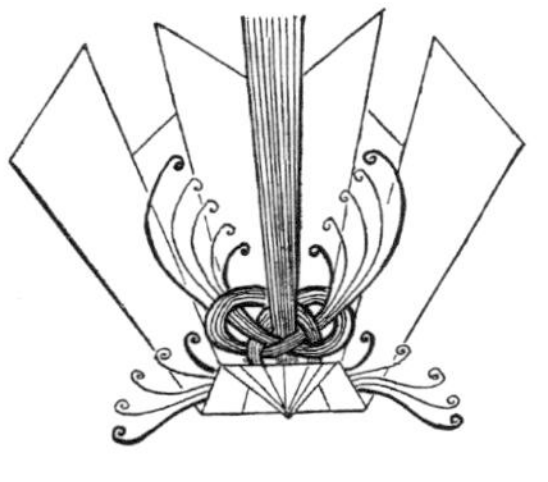

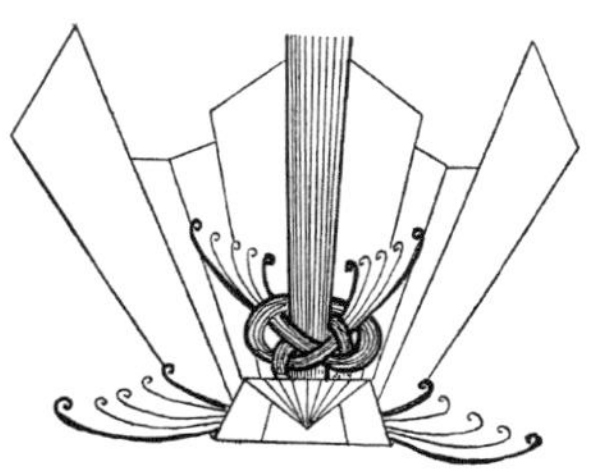

松結び（相生《あいおい》〈鮑《あわび》〉の応用結び）

相生の松竹梅の一つで、三つ揃って飾ります。時には各々好みで一点でも用いられます。

紅白または金銀の水引を中央から曲げて相生(鮑)結びをする　1
次は引き出した端をさらに右の方で輪を作り、相生結びの上から斜め左の方へ引き抜く。それと同じように左も結ぶ　2
両端を揃え、真結びをし、十筋ある一本ずつを両方同じように配列して飾る。竹串の先を芯《しん》にして巻き、型をつけて抜くと形を整えるのに楽　3

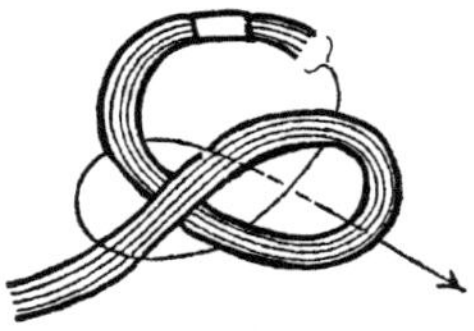

1

2

3

竹結び

だいたいにおいて上の松結びと同じですが、少し形を変えればよいのです。竹は中央から上に曲げて形を整え、上部に引き抜いた端はさらに上に向かって捻《ひね》り合わせます。

梅結び

最初に相生結びをして、順に左右二輪ずつ作り、両端は中央の方に引き出し締めます。端は一本ずつ巻き上げ飾ります。以上で相生の松竹梅はできあがりました。

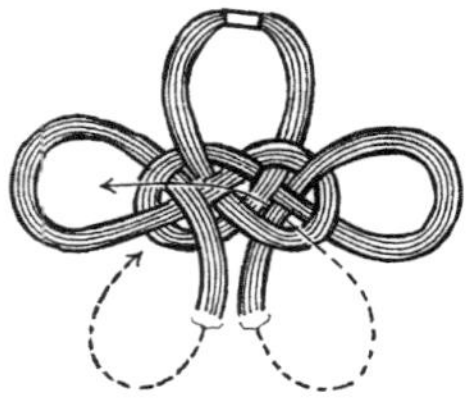

1

2

蝶形相生結び

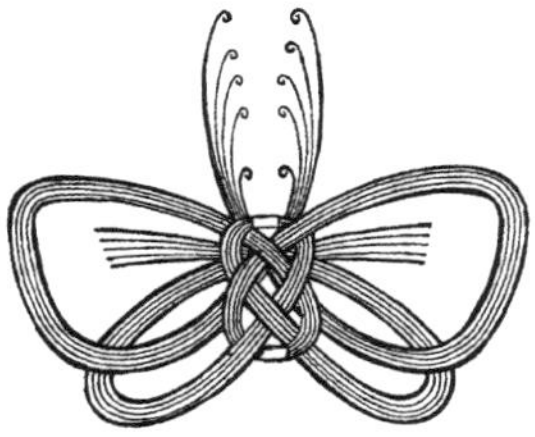

鶴結び（相生《あいおい》と諸輪《もろわな》の応用）

亀結び

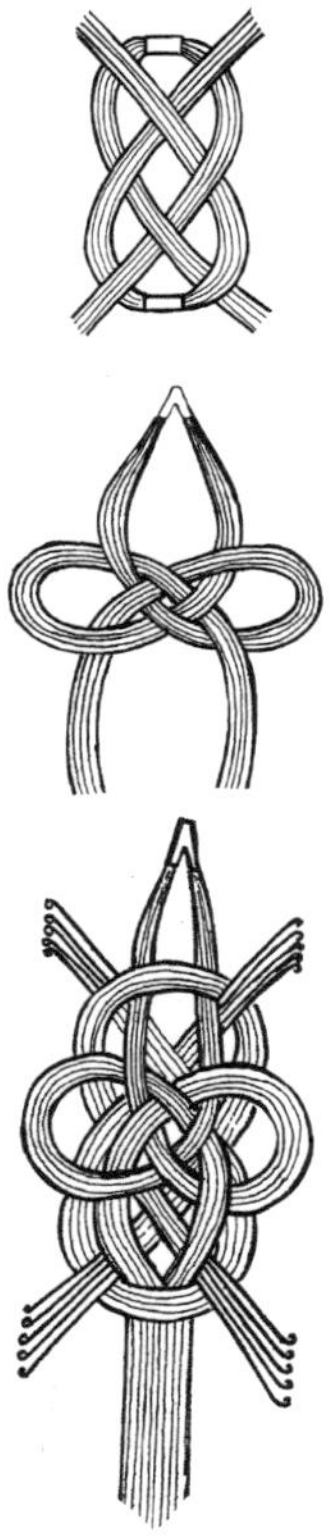

四ツ組松結び

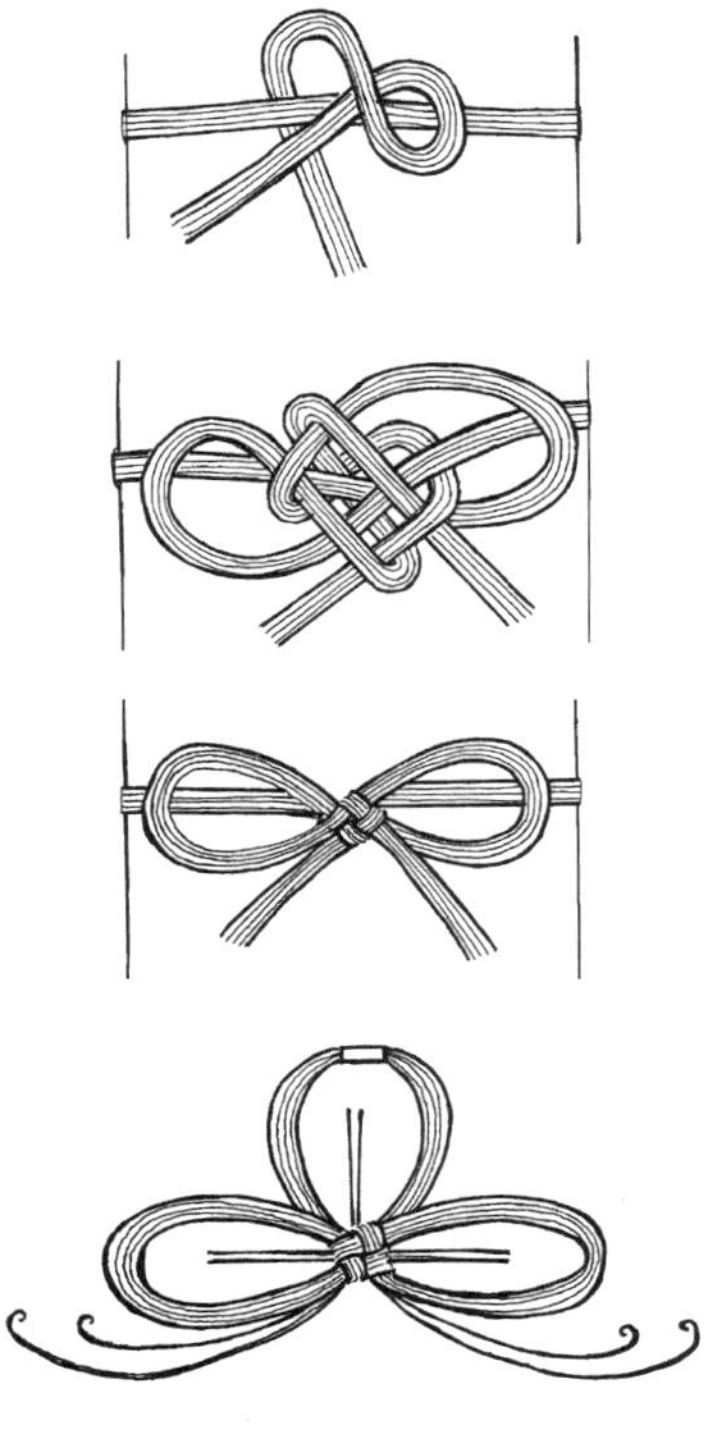

組淡路《くみあわじ》の結び方

三組作り　1
それを組んだ端を三か所飾る結び。水引を五筋揃えて淡路結びにし、最後に老いの波を寄せて仕上がり　2

1

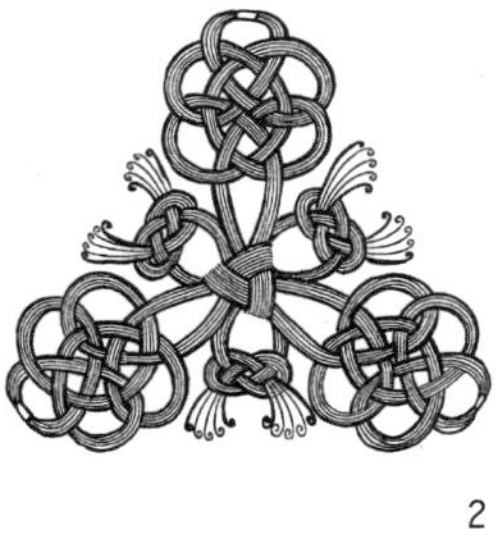

2

荘厳《しょうごん》の結び

神社の注連《しめ》縄や神殿の儀式結びなどに、さまざまな形に組み上げられた紐《ひも》結びを見ることができます。これらの結びはその空間を清め、邪を祓《はら》うという荘厳のための結びです。

日本人にとって「結び」という言葉はみむすびの大神《おおかみ》などの縁結びの神が象徴しているように、新しい生命の誕生を表し、和合に続く新たな活動を示す言葉でした。陰陽の対《つい》である男女が契《ちぎ》りを交わすことを「縁《えにし》を結ぶ」というのは、そうした意識の表れです。

結びの中に霊的な変化を直感した祖先たちが、結びを実用の結びと、霊的な護符としての威力を備えた荘厳の結びに区別して考えたのは、当然だったといえるでしょう。

三　生活の中の結び

結びは日々の暮らしに深く関わっています。私たちの祖先は結びの文化を育てるうえで、結びや結ぶという行為を機能面のみでなく、ある種の霊力を持つものとして受け止めてきました。

結びの語源は「陰陽相対するものが和合して新たな活を起こす」ことから発生したといわれ、結びの「結《む》す」は「産《む》む」「生《む》む」であり、「び」は「霊《ひ》」なのだとも説かれています。

全国に分布する産霊《むすび》の神が、子授けの、あるいは男女の縁結びの神として「結ひ神」の異名を持つことにも、私たちの祖先が「結び」をどのように考えたかが偲《しの》ばれます。

たしかに縁を結ぶことによって、一人の男、一人の女の個が一体になり、家庭という新たな場を持つことになります。二本の紐は結ばれることによって一つになり、新しい機能を得ます。

人間が「結び」の中に新しい生命のいぶきを感じ、それが邪を祓《はら》い、魔を封じる力を持つと考えたのは当然であったといえます。そんな思いが、結びの歴史を日本人の生活の文化として今につないできました。

その一つに機能面を重視する「作業結び」があります。もう一つは魔除けなどの呪術信仰の流れに沿う「儀礼結び」です。作業結びには「ひとえ結び」や「はた結び」など、儀礼結びには「総角《あげまき》結び」や「けんま結び」などがあります。

結びの文化が発展する段階で、儀礼結びは徐々に姿を消していき、装飾の結びに変化していきました。

ここでは礼法を習得するのに必須な文箱や掛軸などの結びや、アクセサリーなどに応用して生活に生かすことのできる装飾結びのいくつかを紹介します。

男結び

堅く締まって解けにくく、結びの基本といえます。

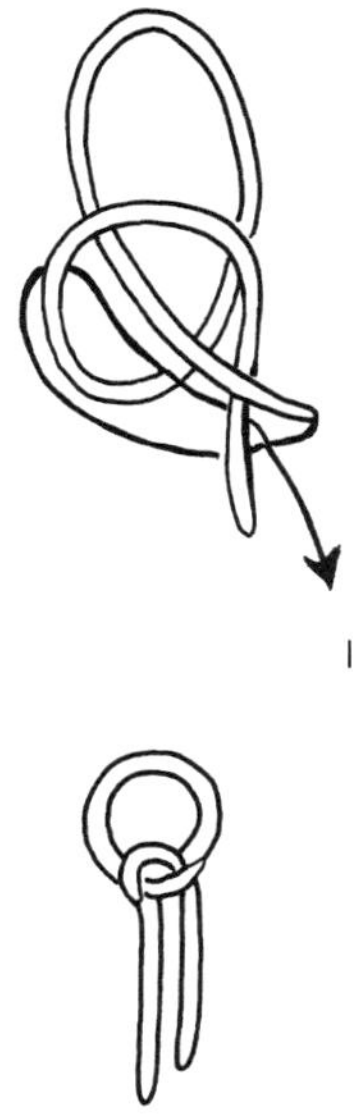

女結び

対《つい》の品物を結ぶとき、男結びとともに用いられ、陰陽一対を象徴します。

叶《かのう》結び

願い事が叶《かな》う結び方です。

仕上がり（表）6
仕上がり（裏）7

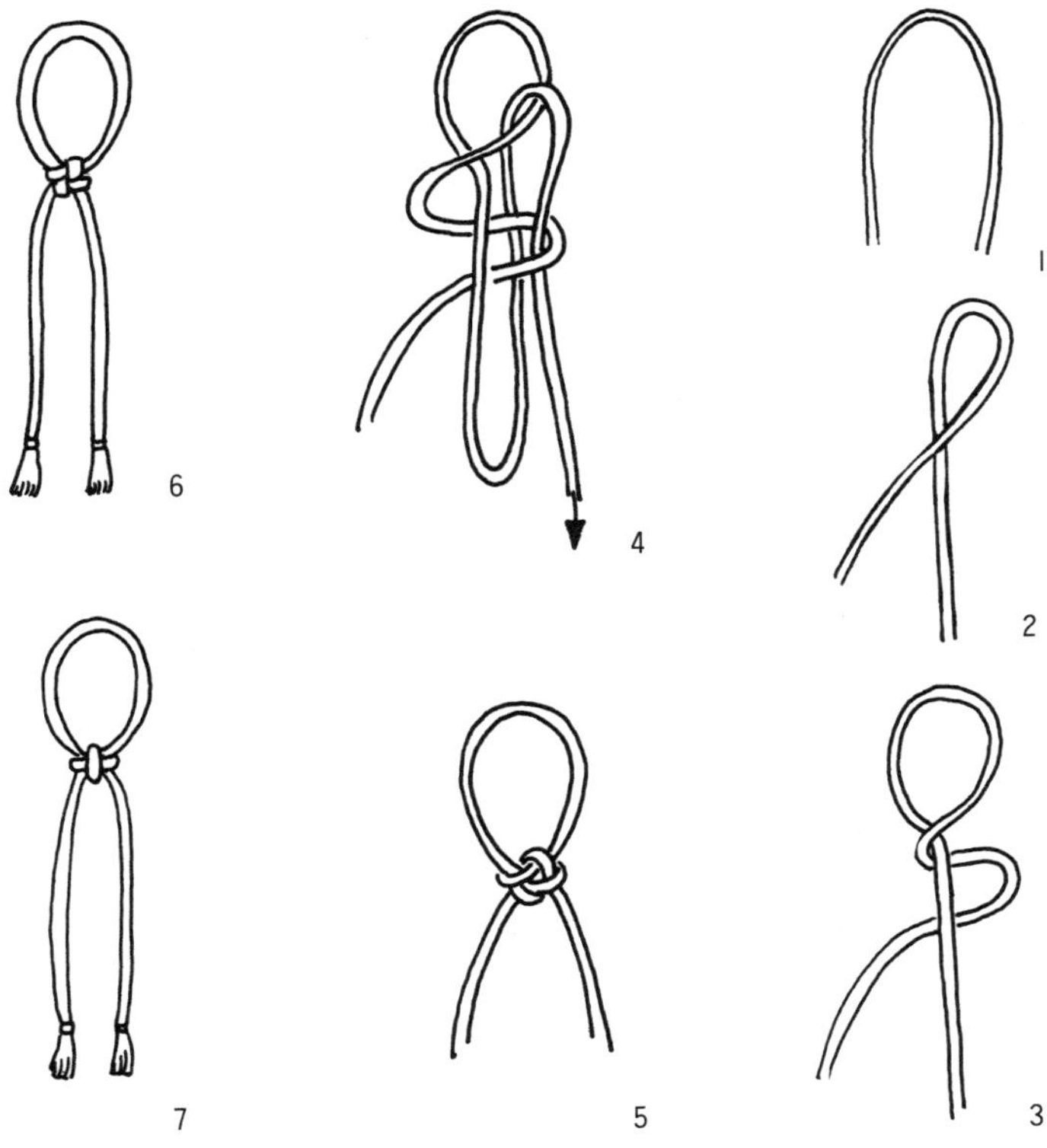

総角《あげまき》結び

古代、子どもの髪を左右に分けて結い、あげ巻きで結んだのが始まりで、この結びは死者の霊魂から子どもを守る象徴の結びでした。古鏡の房飾りや、御簾《みす》、鎧《よろい》、旗竿《はたざお》の房飾りや、神殿を荘厳にするための結びとして現在も広く使われています。ループタイやループベルトの飾り結びに応用してみましょう。

　中央の結び目が「人」の字型になる「人形総角《ひとがたあげまき》」と「入」の字型になる「入形《いりがた》総角」があり、小笠原惣領家礼法では人形総角は武具の結びだけに用いられ、入形総角は常の結びとされています。

人形総角

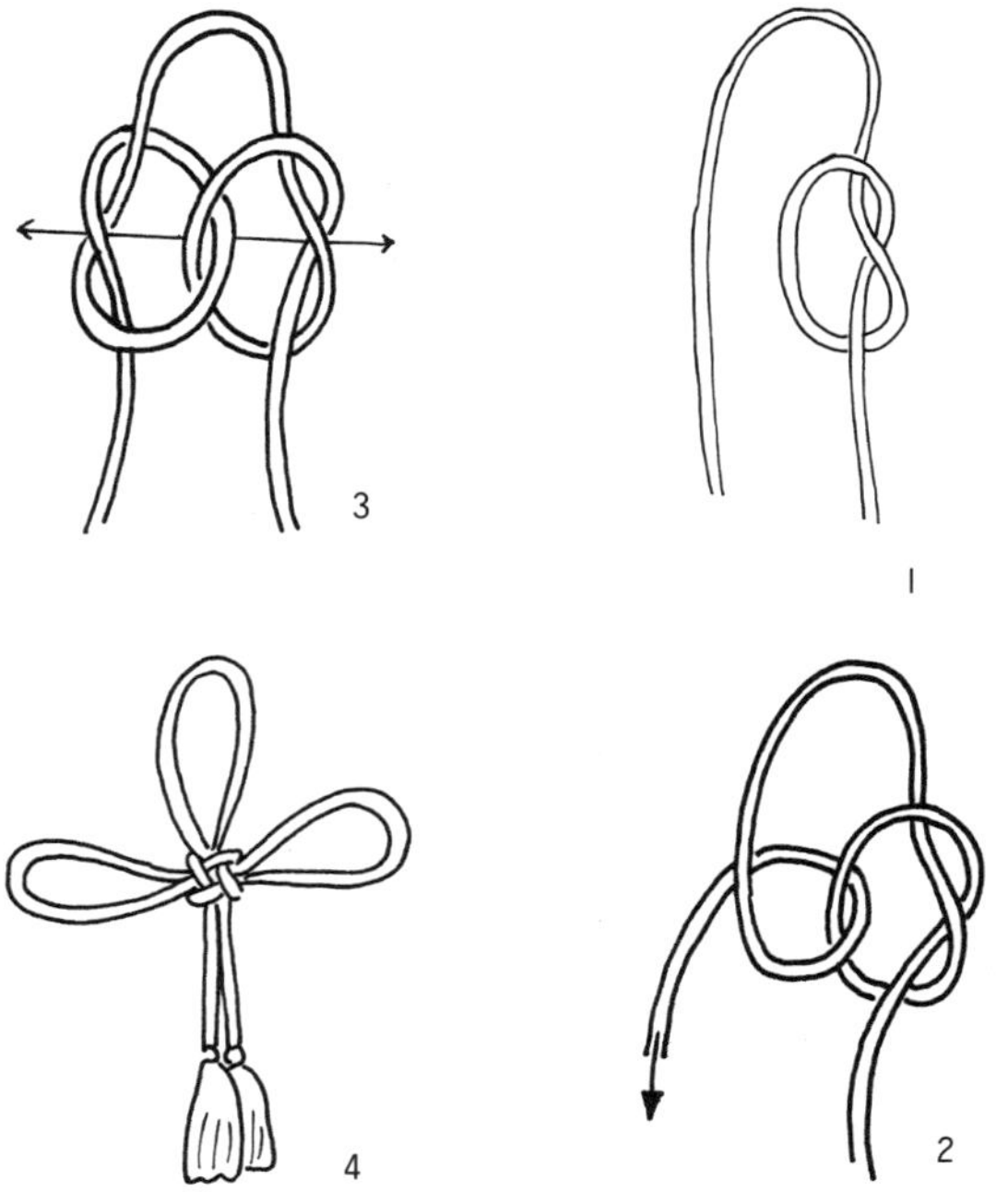

入形総角

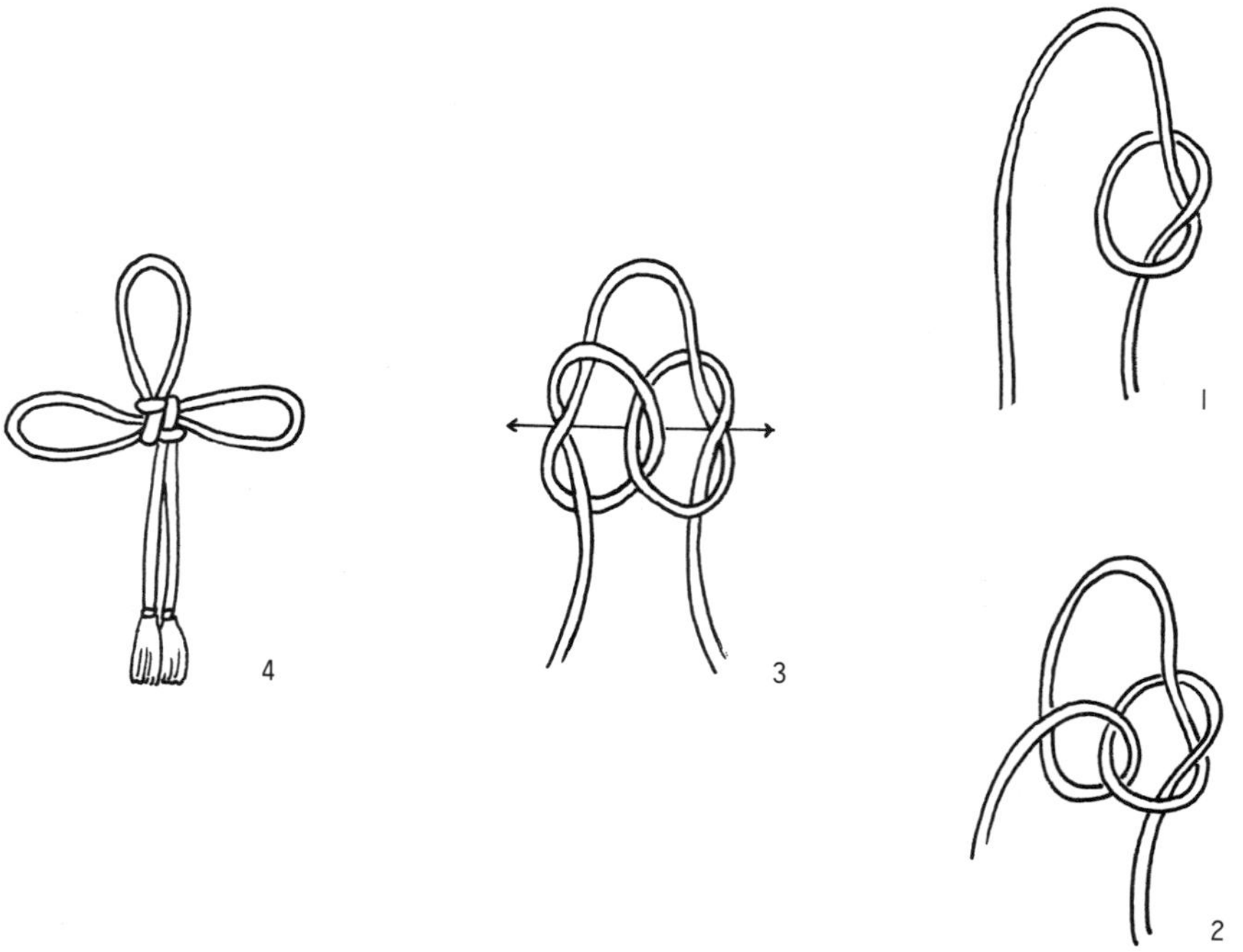

菊花結び

日本の装飾結びは、花鳥風月をかたどった風情《ふぜい》のある結びですが、中でも菊や梅などの花びらをかたどった花結びは、袋物の長緒結びや衣服の装飾用に広く用いられ、実用と美観を兼ね備えた結びです。ここでは菊の花をかたどった結び方を紹介します。

三つの輪を同じにする　1
②、④は1でできた輪に通す　2
各々の輪を軽く締めながら整える　3
2、3の工程を繰り返し、各々の輪を軽く締めながら整える　4
2、3、4の工程を逆に組んだ仕上がり　5
長寿を願い、羽織の両胸に飾ったりもします。

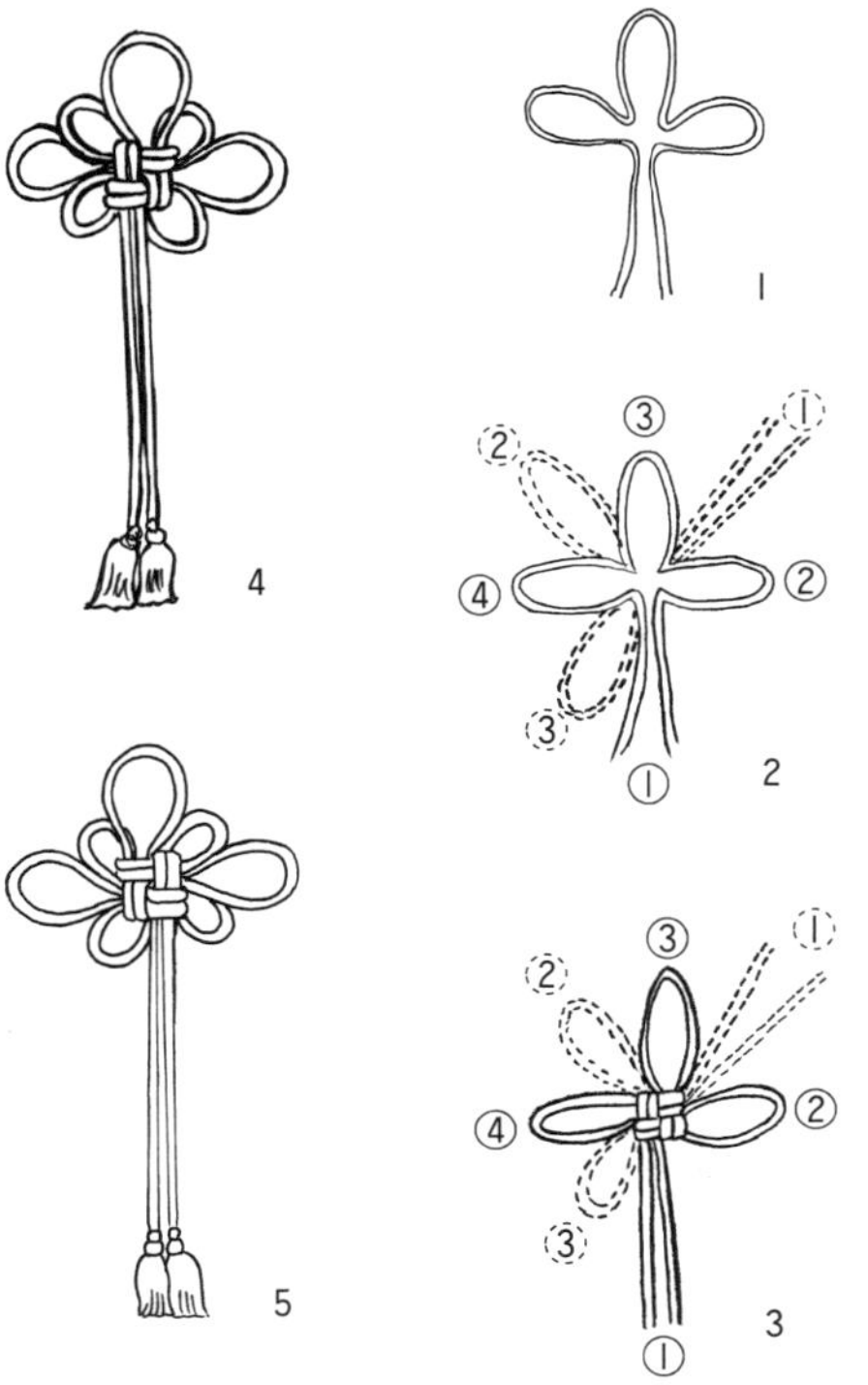

本願寺結び

花結びの一種で、小ダンスなどの装飾結びにも向きます。

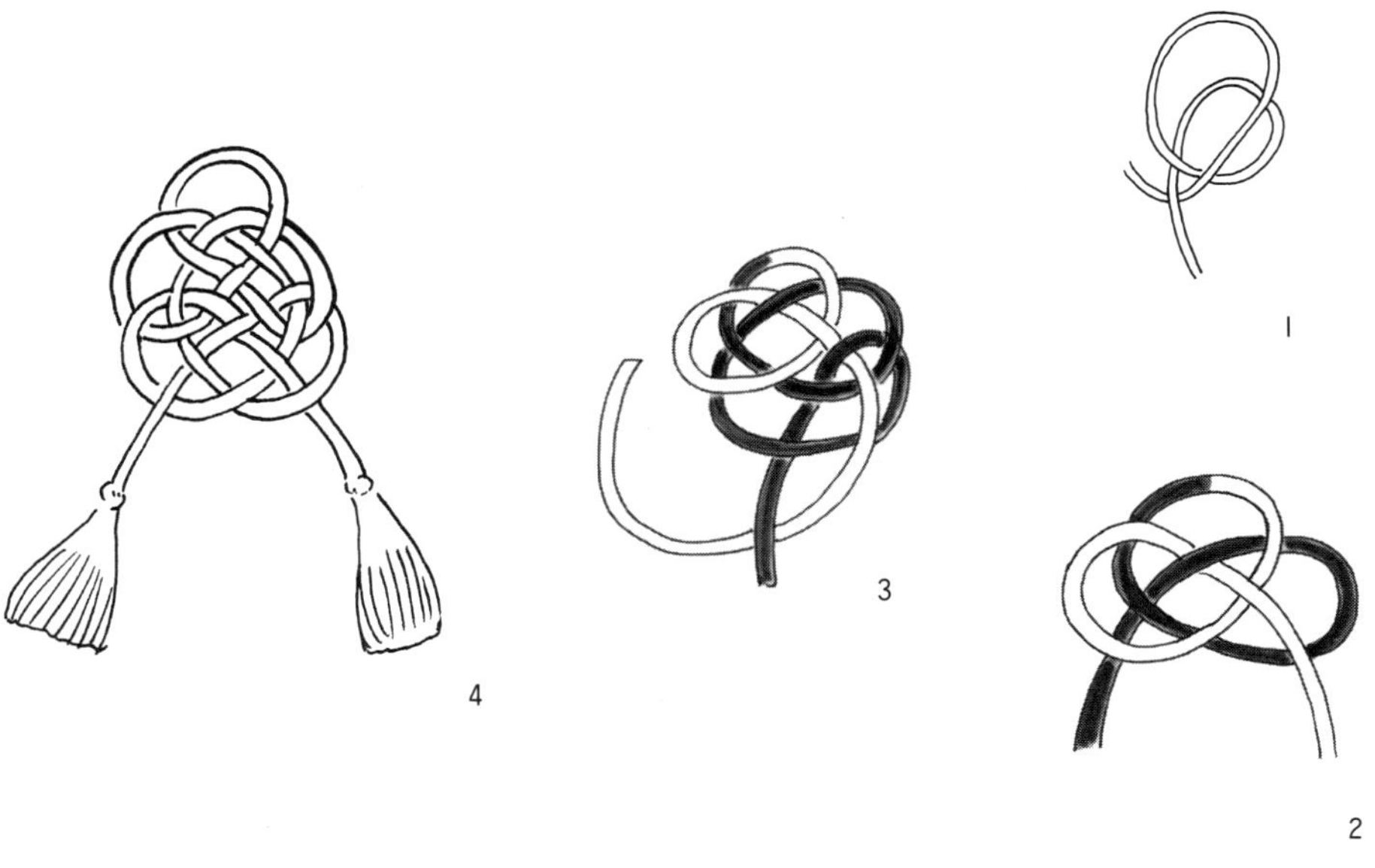

襖《ふすま》の引き手結び

花結びの一種で、小ダンスなどの装飾結びにも向きます。

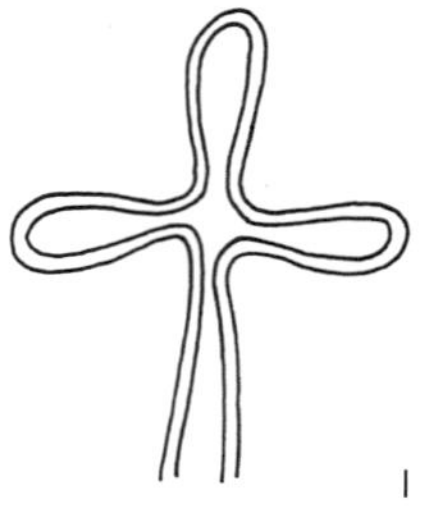

1

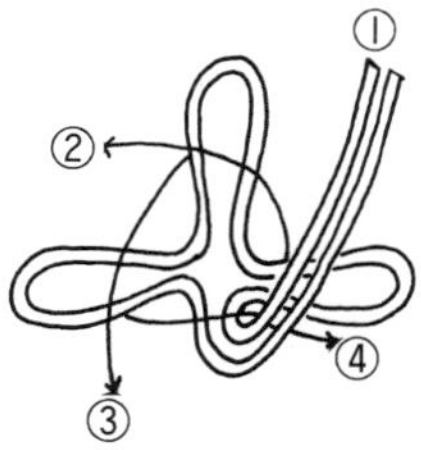

2

3

にな結び

カワニナの形に似ていることからついた名称で、作業用の引き綱などを縮めてしまっておく場合にも使われますが、多くは服装や調度品の飾りとして用いられます。一本の紐《ひも》をベルト状にして肩から吊《つ》り下げるために用いたりもします。

仕上がり（表）4
仕上がり（裏）5

1

2

3

4

5

とんぼ頭結び

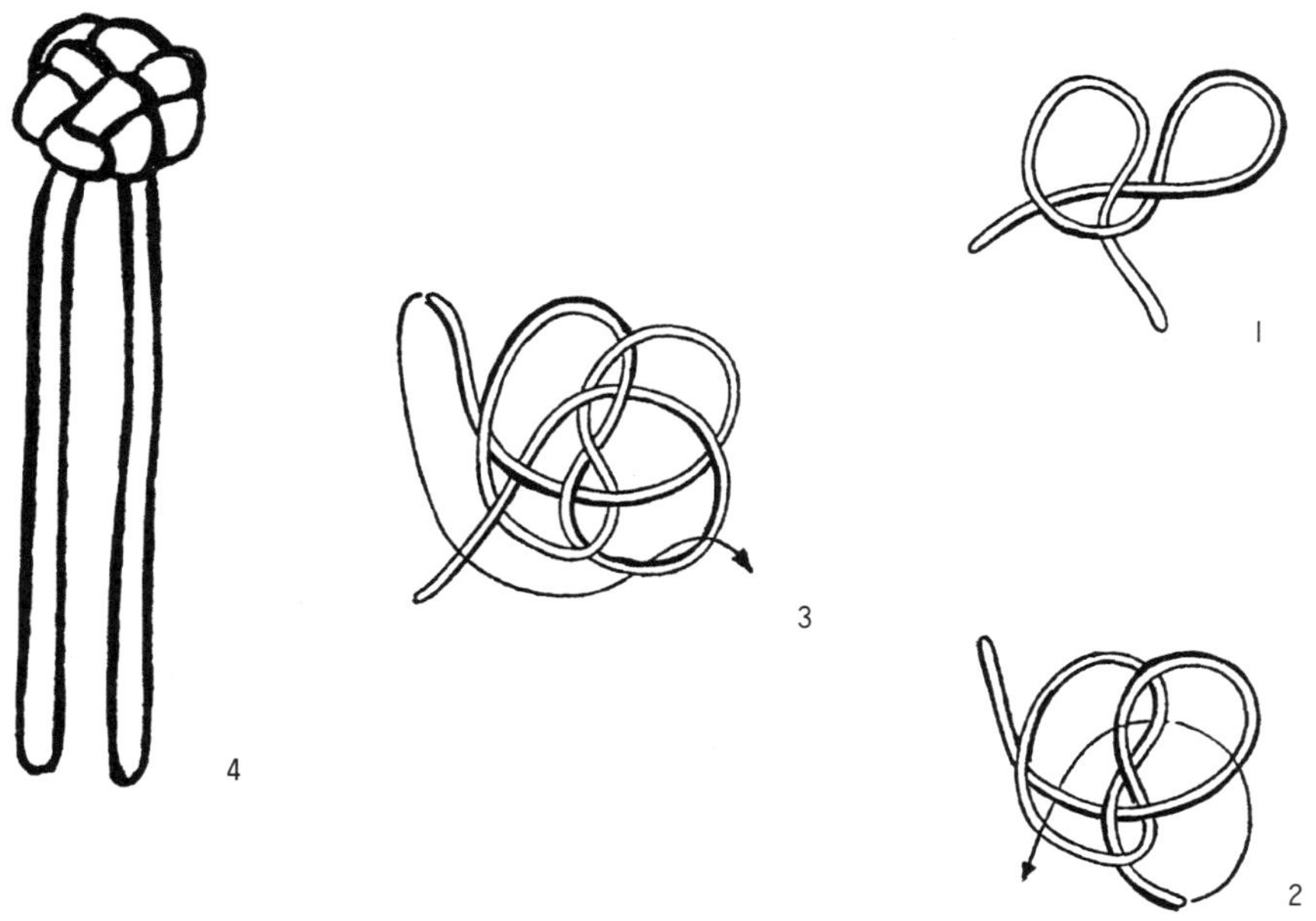

けんま結び

「とんぼ頭結び」と「けんま結び」は服装のボタンとボタン穴の役割として用いられました。

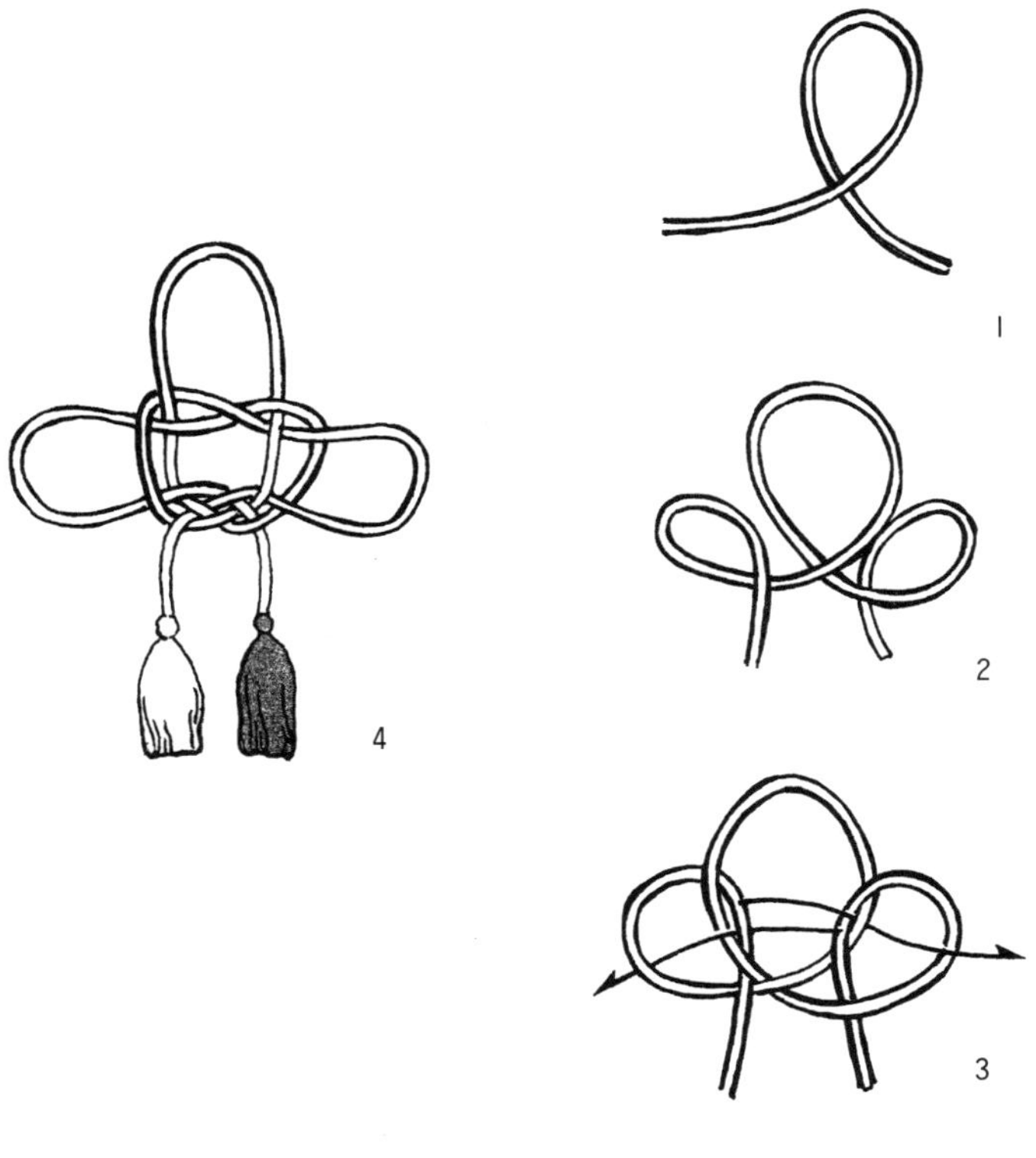

袋物の下結び

長緒を結ぶ場合は、下結びをしてから本結びをします。

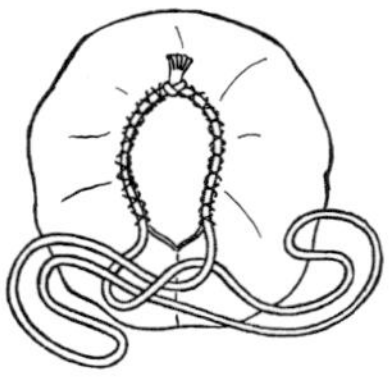

1

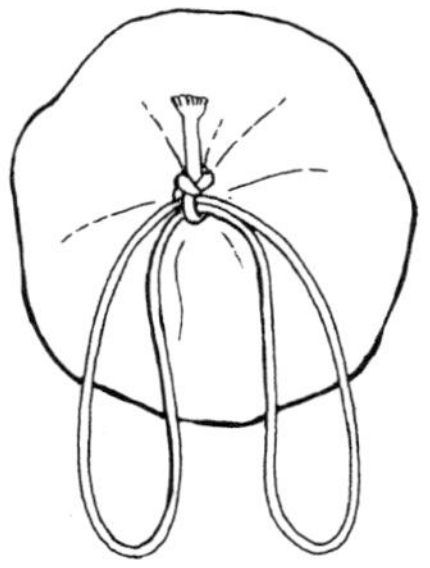

2

常の長緒結び

香炉袋や棗《なつめ》、茶碗の包み袋など、幅広く応用できます。普段よく使用するものの結びはすぐ解けるように結び、礼法では「常の結び」といい、他見を許さない「封じ結び」と区別しています。

右側の紐を左側の三倍ほど長く取り、右側だけ二重にする 1
左右に二本ずつ紐が出るように形を整える 2
仕上がり 3

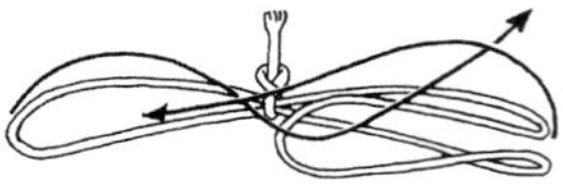

1

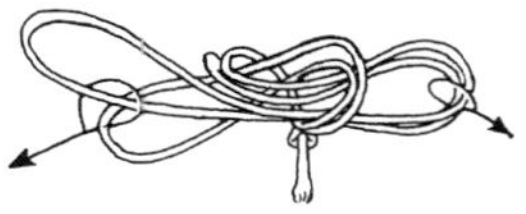

2

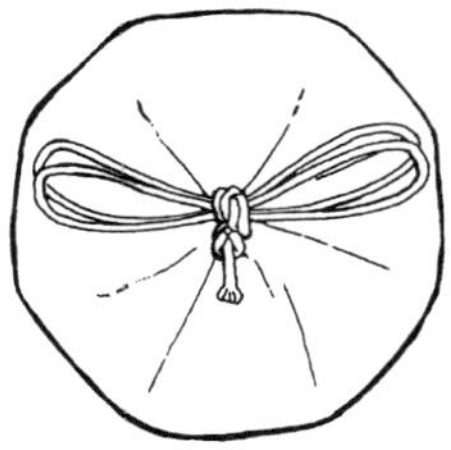

3

三つ輪封じ結び

日本人の美的感覚と手わざの巧みさが生み出した飾り結びは、美しい造形を組み上げ、楽しむという要素も見逃せません

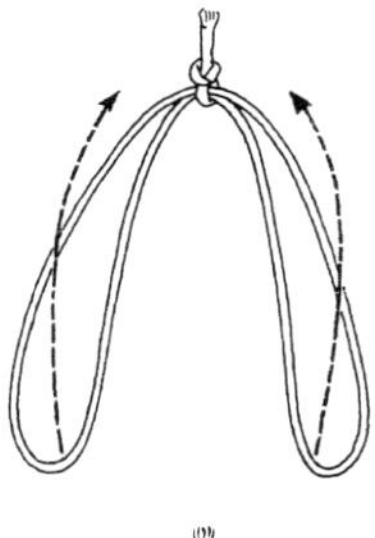

1

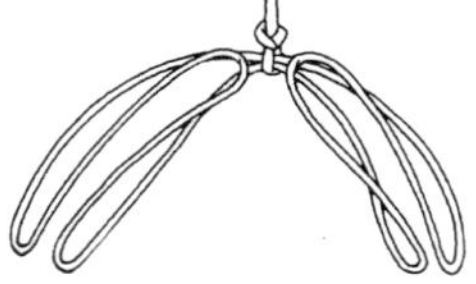

2

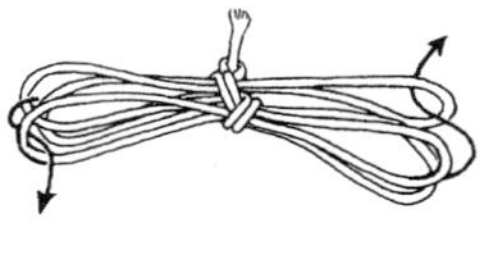

3

4

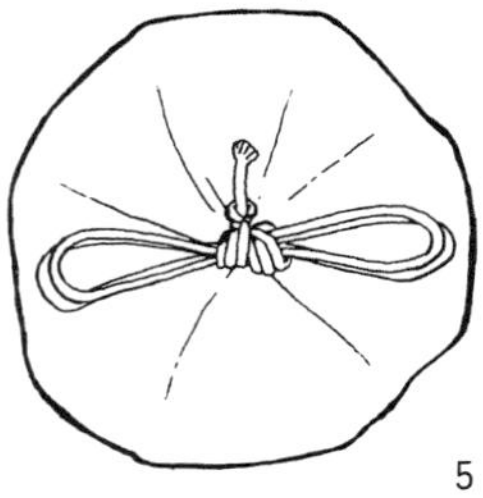

5

六葉《ろくよう》結び

「葵《あおい》」とも「淡路」ともいわれ、鮑《あわび》を連続させて大きな装飾が必要な場合に用います。二つ並べて用いる場合は左右の形を違《たが》えて結び上げます。綴《と》じ紐の飾り結びや文箱の結び等に用います。

左鮑　2
右鮑　3
仕上がり　4

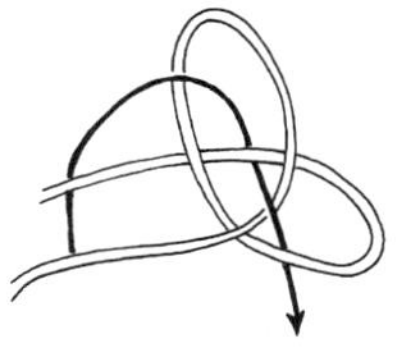
1

2

3

4

吾妻《あずま》結び

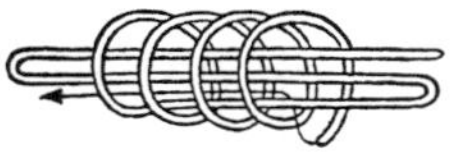
1

2

文箱の結び

大切な手紙や書類などが入れてある文箱は他見を許しませんから、封じ結びにします。小笠原惣領家礼法では、実用と装飾を兼ねたこうした結びは、最も正式な結び「真」、やや略した結び「行」、略した結び「草」と三段階の結び方があるものが多いのですが、結びやすくできあがりの美しい形のものを選んで紹介しました。

文箱の封じ結び（真）

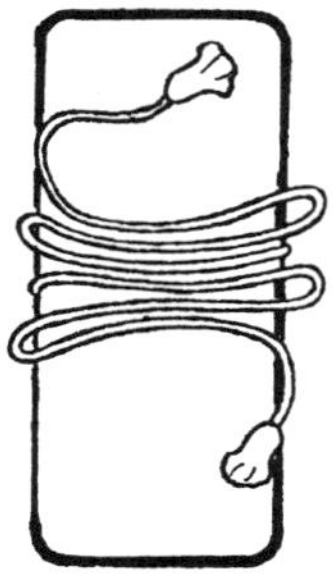
1

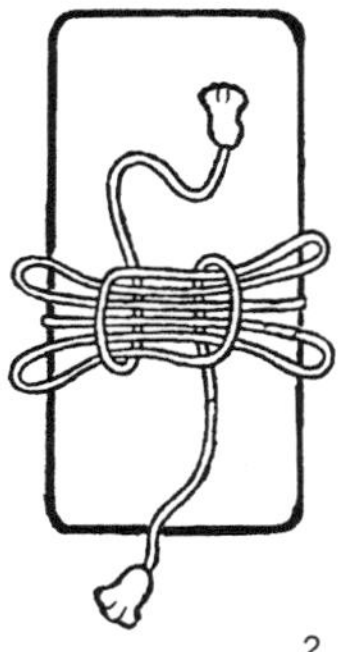
2

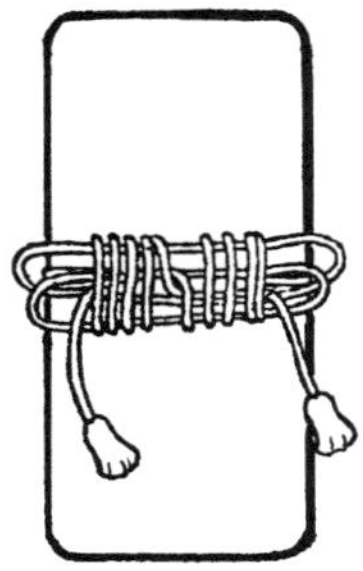
3

4

文箱の淡路結び（行）

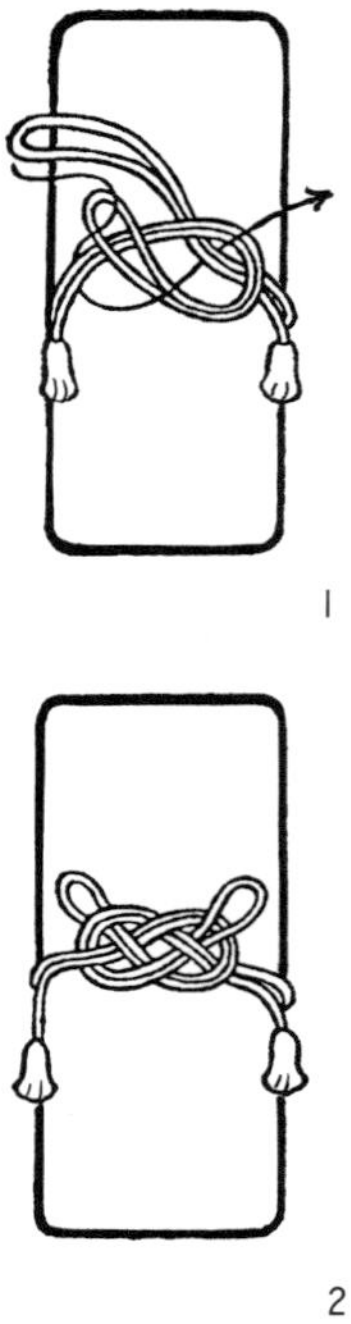

文箱の結び（草）

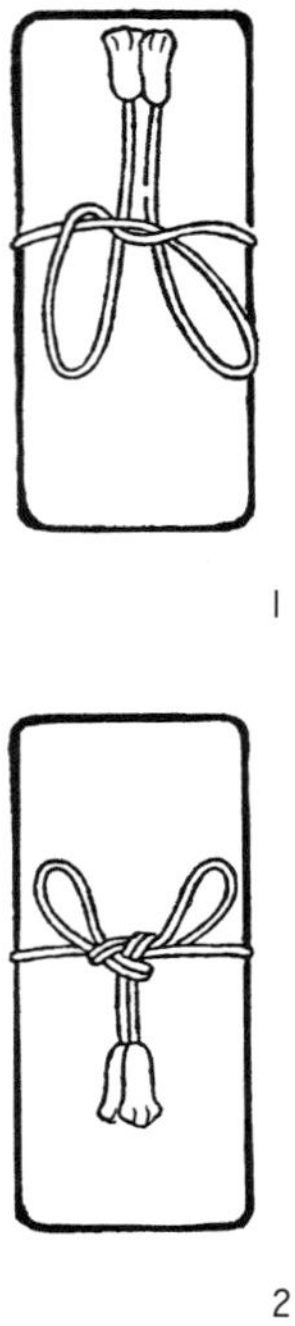

略式

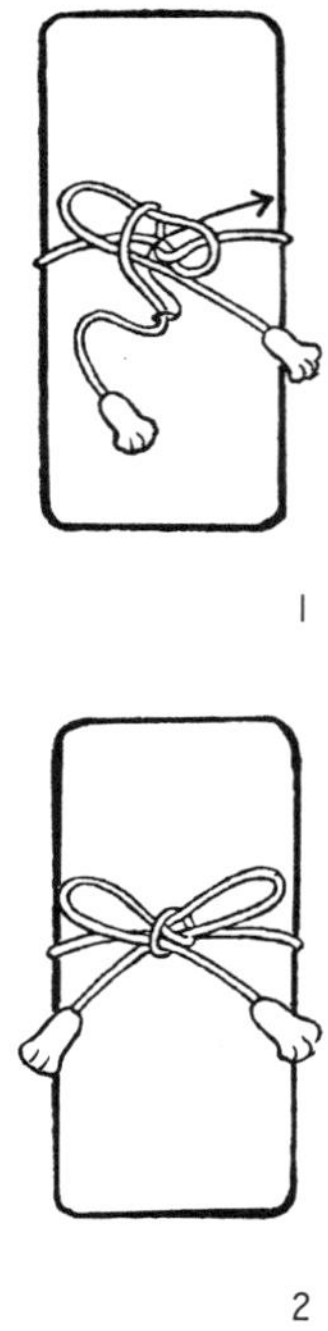

樽《たる》結び

箱物で下に紐《ひも》が固定され二本の紐と一つの輪ができている場合の結び方をいいます。

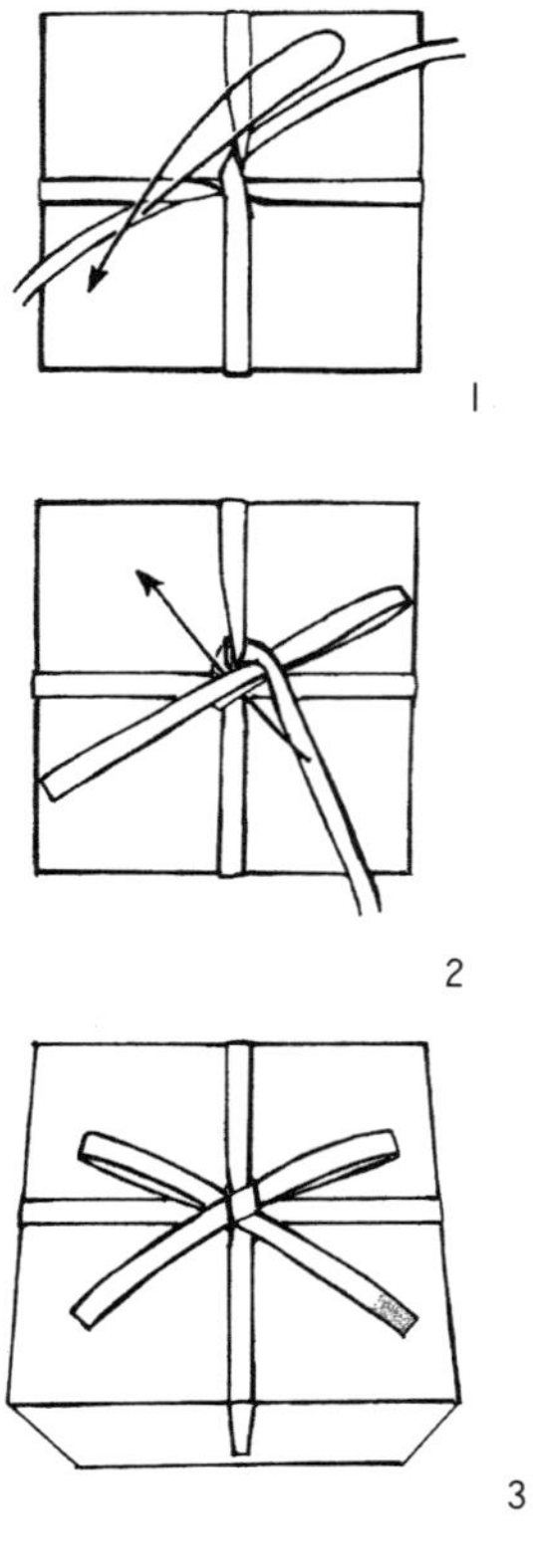

数人の重臣しか知らないという小笠原惣領家独特の紐のかけ方です。

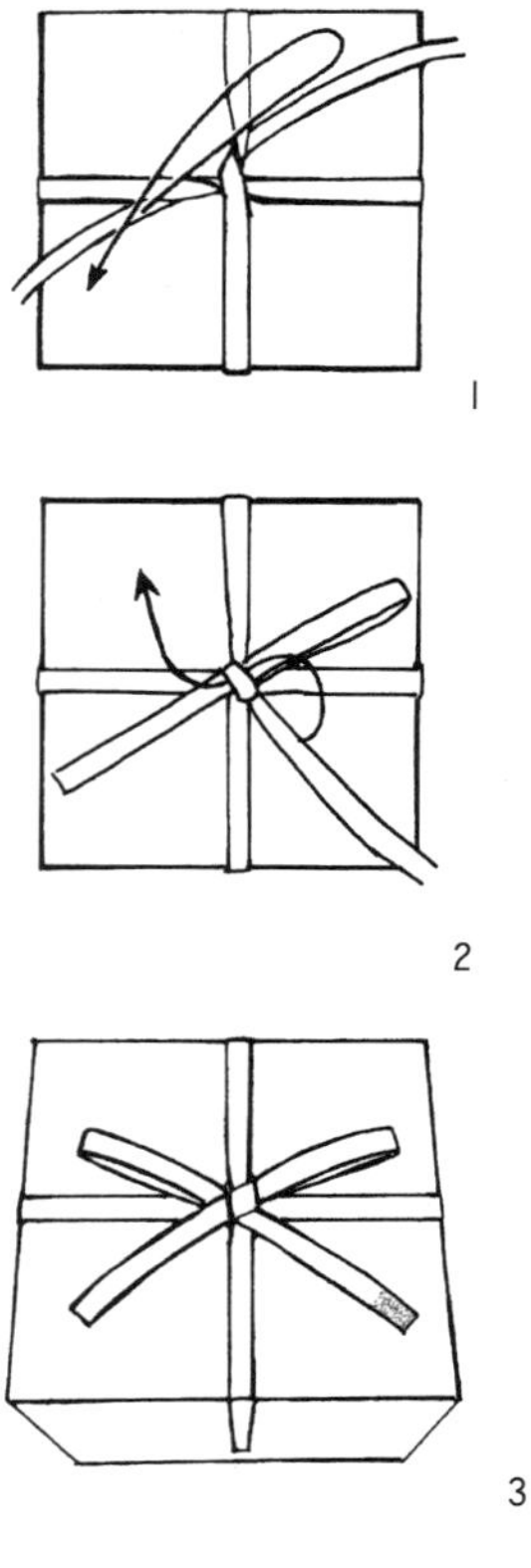

掛軸、巻物の結び

掛軸の結びは三幅対や二幅対、一幅の場合などや中尊、客位、主位の結び方などいろいろあります。緒を引けばすぐに解《ほど》ける結び方です。掛軸を左手に緒を右手に持って巻きつけると巻きやすいです。書や絵を傷めないよう丁寧に扱いましょう。

一幅の場合

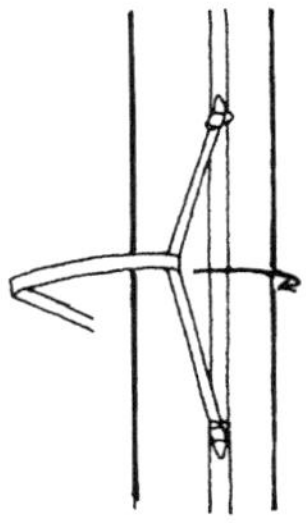
1

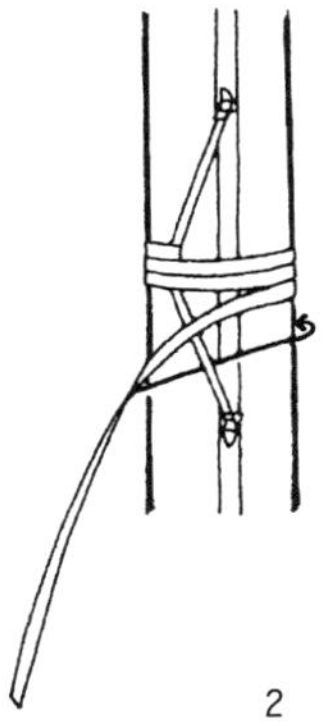
2

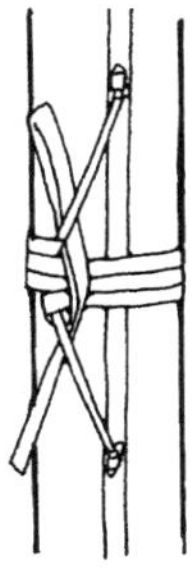
3

主位

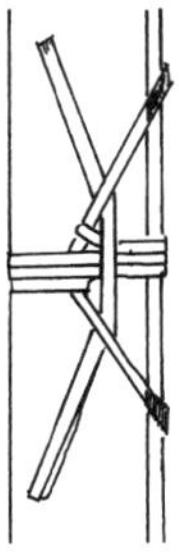

客位

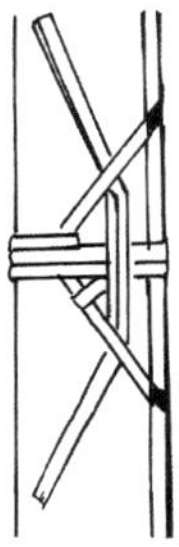

中尊

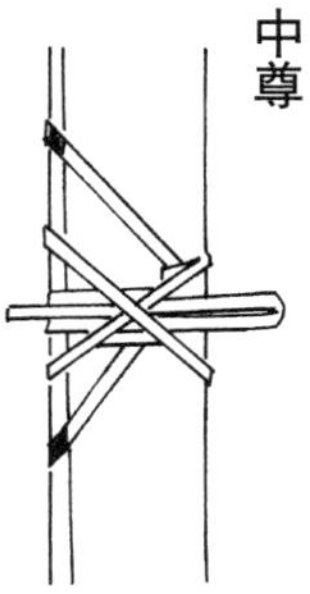

中尊

巻物の結び

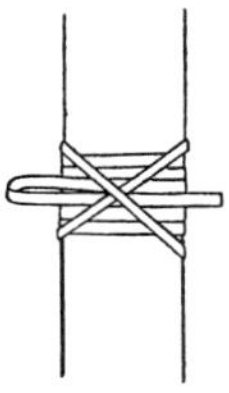
1

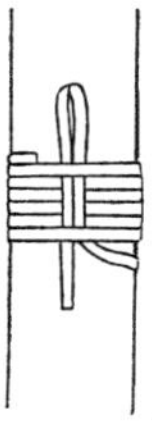
2

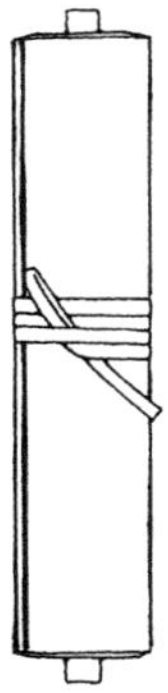
3

あとがき

礼儀や躾の空白の時代といわれる現今、国際社会においては日本の礼節は、ますます重要視されていくものと思われます。

礼法は人の生き方すべてです。変化していく世の流れに適応していく過程で、その芯になるものは伝え残していく責任があります。価値観が多様化するなか、自分の中に信じるものがない人は、当面の利害に縛られ、角をたて、寒々とした行動をとるのも致し方ないことです。しかし、これではかつての日本人の美徳とされた思いやりやいたわりの心、やさしさに目が届かなくなり、自分さえよければという利己的な人間になってしまい、幸福で充実した日々は送れません。礼節の基本は相手への思いやりに尽きます。家族に向けるやさしい思いやりの心を隣人へ、そして社会へと広げることによってあたたかい人間関係が生まれるのです。

家庭から躾が消え、温もりのある人間関係を求める声が高まっていますが、それは決して復古調ではなく、人間本来の「心のゆとり」を取り戻そうという人々の願いからなのです。

八百年の歴史を支え、伝統文化を大事にする家風の小笠原惣領家は、鎌倉期の守護大名で、弓馬の秘伝を伝えてきました。武田信玄との戦いに敗れ遠く奥州に落去した時でも、昇殿を許されていたため、京都まで将軍家に弓・馬術を教えに行っていました。一時、他の守護大名と同じように滅亡寸前になりましたが、武力だけでなく伝統文化を大事にしてきた家ということで、鎌倉・室町時代そして江戸時代に入っても将軍家の弓・馬・礼法の師範として尊重されていました。

朝日新聞社刊『有楽《うらく》』「小笠原忠統氏の剛直なる典雅」（一九九三年三月一日号）の取材で、小笠原惣領家三十二代宗家として小笠原忠統先生が語っている中に、「私の代までは門外不出でした。当家は江戸時代は大名、明治以降は伯爵でしたから、一般の人に簡単に教えるわけにいかなかったのです。私もその教え通り、最近まで弟子を取らず、一人で守ってきたんですが、我慢できなくなった。なぜかというと、小笠原流があまりにも誤解されて伝えられているからです。遅ればせながら、小笠原流の真の心を世に問うつもりです。小笠原流がいろいろあるため、惣領家を名乗り弟子を集めた」とあります。恩師はそのことに人生後半の力を注ぎ、歴史に残る画期的な改革をなさいました。

礼法は、どれひとつとっても背景にそれなりの合理的な理由があり、美の追究といわれるほど簡素な動作です。幾多の先人が考え、長年かかって育んできた礼の心を受け継ぎ、現代に役立つことを願ってやみません。相手を賞翫する（大事にする）心を、目立たぬうちに、その場に、その人にふさわしく示すという小笠原惣領家の礼儀の真髄を原点に立ち返って、真の礼法を、恩師の小笠原忠統先生よりお預かりした弟子達や、縁のあった方々と共に高めて参りたいと存じます。

恩師の奥様には多大なご理解を賜り、心を寄せていただいております。また、小笠原惣領家三十三世主小笠原長雅様にはお父上でいらっしゃる三十二世小笠原忠統先生の写真掲載を心よくお許しいただき深く感謝申し上げております。本書が日本文化の中に社会が占めてきた歴史を織り、これからの社会における礼法の何たるかを理解する一助になれば幸いです。

なお、本書は小笠原忠統著『小笠原礼書』現代史出版社(一九七三年)、小笠原忠統著『日本人の礼儀と心』ダン社(一九八八年)、大妻コタカ監修『新時代の礼儀作法』愛の事業社(一九六〇年)を参考にさせていただきました。また、本書の出版にあたり、玉川大学出版部長・山本信成氏の懇切なるご教示、松井文恵氏の種々のご指導、及び多くの皆様からご協力いただきました。ここに厚く御礼申し上げます。

前田紀美子

稽古中の小笠原忠統先生「天目茶碗でのいただき方」

惣領家三十二世主小笠原忠統宗家真筆

小笠原流
こどもの礼法

私が礼法教育の教壇に立っておりましたとき、小笠原忠統宗家より「礼法の教科書を早く出しなさい」と上記の表題と目次を賜りました。上記の礼法教科書は『「小笠原流」はじめての礼法』として、当時出版いたしました。今年（平成二十年）、恩師小笠原忠統先生の十三回忌に上記の真筆を報告申し上げることができ、幸せのかぎりです。

□著者

前田《まえだ》　紀美子《きみこ》

小笠原惣領家第三十二世主、正五位、元伯爵、小笠原忠統宗家直門
小笠原流礼法総師範、本部教授（宗家代範等）
小笠原流煎茶道総師範
小笠原家古流教授
龍生派華道教授
元玉川学園女子短期大学講師
元聖徳大学付属小学校講師
元聖徳大学短期大学部講師
元聖徳大学講師
日本伝統文化・海外文化使節団員
NHK教育テレビ『からだであそぼ「今日の作法」』礼法指導、他
著書『「小笠原流」はじめての礼法』

□イラスト

藤井《ふじい》　ひろみ

東京藝術大学美術学部彫刻科卒業
同大学院美術研究科彫刻専攻修了
1991年より彫刻個展、グループ展多数

やさしさが伝《つた》わる　日本《にほん》の礼法《れいほう》

2008年7月20日　初版第1刷発行

著　者――――前田紀美子
発行者――――小原芳明
発行所――――玉川大学出版部
〒194-8610　東京都町田市玉川学園6-1-1
TEL042-739-8935　FAX042-739-8940
http://www.tamagawa.jp/introduction/press/
振替　00180-7-26665
印刷所――――株式会社　光邦

乱丁・落丁本はお取り替えいたします。

ISBN978-4-472-40373-6 C1039 / NDC385